FAMILIA Y AUTOESTIMA

Ariel

Ariel Psicología

Aquilino Polaino

FAMILIA Y AUTOESTIMA

Editorial Ariel

Diseño de la cubierta: Enric Güell

1.ª edición: enero 2004

© 2004: Aquilino Polaino

Derechos exclusivos de edición en español
reservados para todo el mundo:
© 2004: Editorial Ariel, S. A.
Avda. Diagonal, 662-664 - 08034 Barcelona

ISBN: 84-344-0912-7

Depósito legal: B. 44.078-2003

Impreso en España

A&M GRÀFIC, S. L.
Polígono Industrial «La Florida»
08130 Santa Perpètua de Mogoda
(Barcelona)

Ninguna parte de esta publicación, incluido el diseño
de la cubierta, puede ser reproducida, almacenada o transmitida
en manera alguna ni por ningún medio, ya sea eléctrico,
químico, mecánico, óptico, de grabación o de fotocopia,
sin permiso previo del editor.

ÍNDICE

Prólogo 13

CAPÍTULO 1. **¿Qué se entiende por autoestima?** 19

1. ¿Qué se entiende por autoestima? 19
2. ¿Qué factores condicionan la formación de la autoestima? 32
   - 2.1. El conocimiento de sí mismo 36
   - 2.2. Los sentimientos y afectos relativos al propio Yo 38
   - 2.3. El comportamiento personal 41
   - 2.4. El modo en que los otros nos estiman 45
3. Autoestima y autocontrol 46

CAPÍTULO 2. **La familia y la autoestima** 49

1. Introducción 49
2. Autoestima, reconocimiento y aceptación del don 50
3. Don y crecimiento del don: lo «dado» y lo «conquistado» 54
4. Autoestima, valores y familia 55
5. El carácter genitivo de la autoestima en el contexto familiar 56
6. Autoestima y libertad 58
7. Autoestima y emotivismo: la personalidad dependiente 60
8. Tres enemigos de la autoestima en el contexto familiar 66
   - 8.1. El ensimismamiento 66
   - 8.2. El individualismo 67
   - 8.3. El narcisismo 70

CAPÍTULO 3. **El apego infantil y el desarrollo de la autoestima** 73

1. Introducción 73
2. Breve aproximación al concepto de apego infantil 74
3. Autoestima y conductas innatas de apego 77
   - 3.1. Las respuestas de orientación 78

3.2.	La respuesta de succión	79
3.3.	La conducta de agarrarse y asirse	80
3.4.	El llanto	80
3.5.	La sonrisa	81
3.6.	El contacto ocular	82
3.7.	Las expresiones faciales	83
3.8.	Los balbuceos	83
4.	Apego, habilidades sociales y desarrollo de la autoestima	85
5.	Del apego a la autoestima, y regreso	90
6.	Autoestima y tipos de apego	92
6.1.	El apego inseguro-evitativo o ansioso-evitativo	93
6.2.	El apego seguro	94
6.3.	El apego inseguro-resistente o ansioso-ambivalente	95
6.4.	El apego ansioso-desorientado-desorganizado	96
7.	La autoestima y el apego paterno	97

Capítulo 4. **La educación sentimental** 101

1. ¿Pueden educarse los sentimientos? 101
2. El laberinto sentimental 102
3. La educación de los sentimientos 105
4. Tres principios en la educación de la afectividad 109
   4.1. Educar en la afectividad es educar para el compromiso 109
   4.2. Educar la afectividad es educar en la libertad 111
   4.3. Educar la afectividad es educar en el sufrimiento 112
5. El conocimiento personal 113
6. Obstáculos que se oponen al conocimiento personal 116
   6.1. El ensimismamiento hermético 116
   6.2. La imagen ideal e idealizada de sí mismo 117
   6.3. El voluntarismo 117
   6.4. La admiración y el reconocimiento sociales 118
7. Autoestima y autocontrol 120
8. El estilo emocional 123
9. Los sentimientos reactivos en la génesis y mantenimiento de la relación yo/tú 127

Capítulo 5. **La autoestima y la educación en la familia y la escuela** .. 133

1. Introducción 133
2. La autoestima y la práctica de la educación 135
3. ¿Cómo motivar a padres y educadores? 137
4. La autoestima y la educación en la libertad 138
5. La autoestima y los estilos de educación 141
   5.1. La sobreprotección 143
   5.2. La dependencia 144
   5.3. La rigidez 145
   5.4. El perfeccionismo 146
   5.5. El permisivismo 148

	5.6. El autoritarismo	149
	5.7. La indiferencia	150
	5.8. La ausencia de autoridad	151
	5.9. La coherencia	152
6.	La madurez personal de los padres: algunas características	152
7.	Felicidad de la pareja y autoestima de los hijos	154
8.	Los criterios de la Asociación Nacional de Salud Mental Norteamericana	155
9.	Diez principios básicos para mejorar la autoestima en la familia	157
	9.1. La disponibilidad, seguridad y confianza de los padres	157
	9.2. La comunicación padres-hijos	157
	9.3. Coherencia de los padres y exigencias en los hijos	159
	9.4. Espíritu de iniciativa, inquietudes y buen humor de los padres	160
	9.5. La aceptación de las limitaciones ajenas	161
	9.6. El reconocimiento y la afirmación de las personas en lo que valen	162
	9.7. La estimulación de la autonomía personal	163
	9.8. El diseño del apropiado proyecto personal	164
	9.9. El aprendizaje realista del adecuado nivel de aspiraciones	166
	9.10. La elección de buenos amigos y amigas	167

Capítulo 6. **El adolescente, sus padres y la autoestima** 169

1.	Introducción	169
2.	La autoestima y los hijos adolescentes	172
	2.1. El conflicto de ser admirados o descalificados socialmente	172
	2.2. El conflicto de la dependencia o independencia afectivas	174
	2.3. El conflicto de querer o ser queridos	174
3.	Roles, autoestima y valores: aspectos diferenciales en la mujer y el varón adolescentes	176
	3.1. La diversidad psicobiológica y evolutiva de los adolescentes	177
	3.2. El desarrollo afectivo	178
	3.3. Los conflictos sentimentales	179
	3.4. Fortaleza física, agresividad manifiesta y autoestima	181
	3.5. ¿Roles, estereotipias o tipos de autoestima?	185
	3.6. La aceptación social	186
	3.7. Ambiciones y expectativas	188
4.	Los errores de subestimación y sobrestimación	189
5.	Autoestima, emotivismo y madurez en el adolescente	193
6.	¿Cómo sobrevivir en la convivencia con un adolescente que no se estima y... no morir en el intento?	200

Capítulo 7. **La autoestima y los trastornos psicopatológicos** 205

1.	Introducción	205
2.	Autoestima, psicopatología y psicoterapia	208
3.	La psicopatología y la evaluación de la autoestima	210
4.	Relevancia de la autoestima para la psicopatología	212
5.	La autoestima y los trastornos psicopatológicos menores	214
6.	La autoestima y los trastornos psicopatológicos mayores	217
7.	Intervención terapéutica, psicopatología y déficit de autoestima	226

CAPÍTULO 8. Las crisis conyugales, las crisis de la autoestima y la violencia familiar 229

1. Introducción 229
2. La autoestima, el ciclo vital y las crisis conyugales 231
   2.1. El primer año de matrimonio 233
   2.2. Los años intermedios 235
   2.3. A los 40 años de edad 235
   2.4. La vida de la pareja a los 50 años 236
3. Cómo superar los «baches» 237
4. ¿Se pueden evitar las crisis conyugales? 238
5. En las redes de la violencia familiar 241
6. Excitabilidad, impulsividad, irritabilidad, agresividad, violencia y autoestima 243
7. Personalidades desajustadas 247
8. Tensiones y conflictos: la antítesis de la ternura 248
9. La negación de la autoestima: el abuso sexual 249
10. ¿Cómo reaccionar ante la violencia familiar? 255
11. La estimación y la «otra» violencia 257

CAPÍTULO 9. Errores, sesgos y distorsiones cognitivas en la autoestima conyugal y familiar 259

1. Introducción 259
2. Autoestima y atribución 260
3. Las atribuciones acerca del éxito y el fracaso, y la autoestima 262
4. Errores y sesgos cognitivos 265
5. Distorsiones cognitivas en la autoestima conyugal y familiar 269
6. ¿Es científico compararse con los demás? 274
7. Las atribuciones, la excelencia personal y el contexto familiar 276
8. Autoestima familiar y excelencia personal: algunos consejos preventivos 279

CAPÍTULO 10. Autoestima y terapia familiar 287

1. Introducción 287
2. La autoestima y la estima en la pareja 288
3. El apego infantil y el apego en la pareja 293
4. Apego, autoestima y estructuras familiares 296
5. Los estilos de estimación en las familias «enredada rígida» y «desprendida caótica» 298
6. Los estilos de estimación en las familias con mucha «cohesión» o muy «dispersas» 300
7. Estructuras familiares y terapia familiar 302
8. La autoestima y la crítica a los suegros 305
9. La infidelidad conyugal y la quiebra del encuentro amoroso 311

CAPÍTULO 11. **La autoestima y los abuelos, y... cómo sacar provecho de todo esto** 317

1. Introducción 317
2. Los abuelos y la autoestima 318
3. La autoestima de los abuelos y la equidad intergeneracional 321
4. La cuestión acerca del origen 323
5. La levedad del ser 326
6. La fragilidad de la vida humana 329
7. La debilidad de la condición humana 332
8. ¿Cómo sacar provecho de todo esto? 335
9. El arte de ayudar a los demás 341

Bibliografía 345

PRÓLOGO

—¿Sobre qué estás escribiendo ahora?
—Sobre la familia y la autoestima.
—¡Qué barbaridad! ¿Por qué te metes en un tema así, en el que todo está tan revuelto?
—Precisamente por ello. Porque en cuestión tan vital el río anda revuelto.
—Pero las personas no quieren oír la verdad. Ya verás cómo tendrás problemas..., incluso para editarlo. En fin, allá tú.
—No soy de la misma opinión. Estoy persuadido de que la gente no es tan necia como para dejar de interesarse por los problemas que están en la calle e incluso en su propia casa, y de los cuales todo el mundo habla.
—Pues creo que te equivocas. Sobre la autoestima ya se ha publicado mucho, acaso demasiado. Además, sobre eso está dicho todo. Muchos de ellos son libros de esos que ahora llaman de autoayuda, pero que luego nadie aplica. Me imagino que tú no serás de ésos. Lo tuyo será como siempre la teoría. Pero la teoría hoy no vende.
—Insisto en que no es esa mi percepción de la gente. Las personas lo que necesitan es ejercitar un poco más su mente, pensar, reflexionar y sólo después... aplicar a la práctica lo que hayan decidido. Además, no es cierto que sobre la familia y la autoestima haya muchas publicaciones disponibles. A mi parecer, lo que se trata precisamente es de hablar de la autoestima en el ámbito que le es más propio: el contexto familiar.

He trascrito apenas un ejemplo del breve diálogo sostenido con algunos amigos benevolentes, mientras este libro se estaba redactando. Mis buenos amigos me han advertido que era mucho mejor no decirle al lector lo que en este libro voy a tratar de decirle. Ustedes dirán si son ellos o soy yo el que estaba equivocado.

No piense el lector que estos bienintencionados consejos me desanimaron. Al contrario. Si ésa era su opinión acerca de este problema y de lo que opina la gente, y yo pensaba lo contrario, lo lógico era continuar con la tarea adelante, sin cansancios y sin desmayos. Ahora ha llegado el momento de la verdad. Es el lector —y sólo él— quien tiene que decir si su contenido no sirve para nada o si pensar es una actividad de la que conviene huir cuanto antes o si lo mejor es desentenderse de la cuestión de la autoestima en el ámbito familiar. En fin, el lector amigo tiene en esto la última palabra.

Un consejo de amplia circulación social sostiene que cuando se lee un libro no debe *saltarse* ningún capítulo. Pero es un consejo que, por fortuna, tiene en la práctica muy poca audiencia. Cualquier persona sensata *se salta* con toda libertad —y cierta elegancia— aquello que a su parecer le resulta muy poco atractivo —si antes ha ojeado el índice—, o no lo entiende bien —apenas comienza a leerlo— o, sencillamente, si intuye que no le va a servir para nada. Proceder así en modo alguno es una insensatez; no proceder de esta forma sí podría serlo, además de demostrar una cierta e inútil osadía.

Al autor de estas líneas le gustaría avisar al lector sobre algo en lo que cada uno habría de poner la necesaria atención, antes de decidirse a *atacar su lectura*. En el capítulo 7 se trata de la *psicopatología de la autoestima*, es decir, de algo que puede ayudar a algunos lectores a satisfacer su curiosidad, mientras que para otros tal vez pueda resultarles una complicación innecesaria. Si alguien pertenece a esta última clase de lectores, el autor le aconseja no molestarse en absoluto, pasar páginas y detenerse allí donde lo considere conveniente.

Si nada más comenzar su lectura advierte, amigo lector, que los temas que se cuestionan nada significan para usted o las preguntas a las que se trata de dar respuesta le dejan indiferente, porque nunca se las ha planteado, lo mejor es que lo deje y no se preocupe.

Si este capítulo se ha incluido aquí es porque hay ciertos trastornos de la autoestima —por otra parte, muy extendidos— que no se pueden entender desde fuera de ella misma y, por eso, será muy difícil encontrarles solución.

Esto quiere decir que la autoestima puede alterarse en la gente o que la gente puede manifestar un síntoma —el déficit o el exceso de autoestima— que forma parte de otras enfermedades. Si no se trata la enfermedad será muy difícil que la autoestima mejore, aun a pesar de la psicoterapia. La cuestión que aquí se debate, como puede observarse, no es meramente teórica sino eminentemente práctica.

La autoestima es un concepto que ha hecho fortuna en la actual cultura. Aunque ha de referirse a las personas, a todas las personas; sin embargo, son muy pocas las que han reflexionado o reflexionan con frecuencia acerca de ella. ¡Y así les va!

La persona ha de procurar conocerse a sí misma un poco mejor, saber dónde están sus «puntos fuertes» y sus «puntos débiles», a fin de que el propio comportamiento no acabe luego por escandalizarle. Lo mismo habría que decir respecto de las personas más allegadas, es decir, la propia familia. ¿De qué le serviría a una persona estimarse mucho a sí misma, si en su casa no le entienden porque no le estiman lo suficiente?

La autoestima de cada persona ha tenido un origen y una evolución. El origen, sin duda alguna, es la familia: las primeras relaciones, las relaciones tempranas entre padres e hijos, que es donde en verdad se acuna. La evolución, en cambio, depende mucho de las vicisitudes por las que haya atravesado la propia biografía.

El origen exige casi siempre la comparecencia de los padres y las personas que con su cariño nos quisieron y nos enseñaron a querer. La evolución, por el contrario, depende más del propio talante afectivo y personal, es decir, de lo que hacemos con nuestros sentimientos, de cómo los expresamos y de cómo acogemos las manifestaciones de afecto de quienes nos rodean.

Origen y evolución suelen estar muy unidos en esto de la autoestima, pero siempre hay una fisura, la de la libertad personal, por donde pueden penetrar otros diversos factores que la robustecen y vigorizan o la fragmentan y disuelven.

La autoestima y la familia son inseparables. De tal familia, tal autoestima. Algo parecido puede afirmarse respecto de la escuela. De tal educación, tal autoestima. Pero, no se olvide, que el modo en que se va trenzando ese talante afectivo —a partir de la autoestima— media luego casi todas nuestras acciones y omisiones. En el ámbito de la pareja, se diría que la autoestima de cada uno de los cónyuges se entreteje, de forma indisociable, con el amor que se tienen.

Por consiguiente, es esta una peculiaridad personal en la que se juega mucho la persona y, por eso, hay que observarla de cerca. Es preciso hundirse hasta el fondo de la propia intimidad para saber qué es lo que bulle o no en el corazón de la persona, cuáles son sus preocupaciones e ilusiones, sus desvelos y satisfacciones, sus éxitos y fracasos, sus deseos de querer y ser querida, la satisfacción o no de ellos; en una palabra, el ideal de lo que se concibió para sí mismo como autorrealización personal en la plenitud y excelencia de la propia vida.

En realidad, algo de eso nos sucede de continuo. A lo que parece, las personas disponemos de un diálogo interior —algo así como si se rumiasen ciertos pensamientos— para relacionarnos con nosotros mismos. En cierto sentido es más bien un monólogo, pero en otro sentido no lo es.

Como psiquiatra, con casi cuatro décadas de ejercicio profesional ininterrumpido a mis espaldas, les puedo asegurar que eso no es un desdoblamiento de personalidad. Es tan sólo uno de los procedimientos naturales de que disponemos para habérnoslas con nuestro propio yo.

Ese diálogo o monólogo entre la persona y su yo es algo natural: una forma de pensar acerca de sí mismo desde sí mismo, que casi nunca se asoma a los labios en forma de palabras. Y que, por consiguiente, aunque se da en todos, no se comunica y casi ninguna persona lo comparte con nadie que no sea su propio yo.

Pero este diálogo o monólogo en cuanto tal se da —¡vaya que si se da!— y, además, desempeña una importante función: la de hacer consciente a la persona acerca de sí misma y tomar ciertas decisiones que, de no darse este «diálogo», tal vez no *se* tomarían.

He escrito «se» tomarían, porque en muchos casos se toman las decisiones sin tomarlas. Me explico: el propio «diálogo» se va abriendo paso hacia su meta natural, aunque los «dialogantes» sean una sola y misma persona que, por otra parte, no suele ser muy consciente de estar tomando esa decisión.

En el monólogo y en las decisiones, que subrepticiamente toma, no se apercibe de que la intimidad de esa persona está habitada y conviven sus propios geniecillos, una especie de «demonios» íntimos y familiares muy difíciles de hacer enmudecer y acallar de una vez por todas.

Entre los geniecillos malvados que le persiguen —y casi le arrastran con sus pequeños discursos a donde no quiere—, se encuentran el Espíritu Crítico, la Impulsividad, el Amor Propio, la Impaciencia, la Vanidad, el Compararse con los demás, la Envidia, el Orgullo Herido, la Frivolidad, el Resentimiento, el Desasosiego, la Pereza, el Temor a lo Desconocido, y la Falta de Sentido Común. Un conjunto de voces más que suficientes para constituir un coro malsonante y desacompasado, en cuya audición nos deleitamos unas veces y en otras nos frustran demasiado.

Una persona que se autoestima como es debido, no hace oídos a quienes conoce demasiado bien como para perder su tiempo escuchándoles. Una persona que realmente se estime podrá despreciarlos, aunque regresen una y otra vez con sus voces desafinadas, porfiando sus desventuradas propuestas.

Algunas personas no están en absoluto orgullosas de sí mismas ni de sus logros, porque saben lo que hicieron y lo detestan, y porque tampoco ignoran del todo lo que no hicieron y les sigue atrayendo, y el balance entre lo que saben y no saben y lo que sí consideran que fue positivo porque lo hicieron o porque no lo hicieron, no les tienen del todo contentos.

En otras circunstancias, hay personas que no se sienten seguras de nada o que se comportan como si nunca estuvieran muy seguras de qué elegir, de lo que deben hacer, de cómo presentarse, de quiénes son o de cómo les gustaría ser en realidad. Pero ninguna de ellas estaría dispuesta a admitirlo delante de otra persona, por muy de su familia que fuera.

En el hondón de su corazón desean ser lo que no han sido y, probablemente, no serán. Pero hay todavía un perseverante caudal de luz que mantiene su esperanza —¿o tal vez sus expectativas?— y enfoca su luz hacia delante. No se dan cuenta que los geniecillos que conviven en su intimidad se comportan como el rayo que no cesa. Tampoco se aperciben de que aquello que todavía desean ser, acaso lo han sobrevalorado y está magnificado y tal vez no sea para tanto.

Pero no deja de ser curioso que mientras todos esos «argumentos» del «discurso interior» se aceptan sin más, si se oyeran en los labios de otro serían, por inaceptables, fulminantemente rechazados. De otra parte, si el balance personal que resulta del monólogo es poco aceptable, no obstante, los oídos permanecen muy atentos cuando el balance de la propia vida realizado por otros resulta ser mucho más positivo. Esto indica que la persona como autora de sí misma y de su autoestima personal es un juez demasiado intransigente y acaso un tanto confundido. Por el contrario, esa misma persona en tanto que actora de la representación de su vida es mucho más benevolente y tolerante, por lo que apenas encuentra resistencia para aceptar las opiniones —siempre que fueren positivas— de su público. Es decir, que el juicio de los otros no coincide con el propio y que, especialmente cuando nos estiman, suele ser mucho más positivo que el nuestro. Lo que demostraría que hasta en la estimación personal necesitamos de los otros.

En cambio, en lo que se refiere a la valoración de las personas que no conocemos ni estimamos, los geniecillos o hermanos menores e invisibles del yo están siempre al acecho y vuelven a las andadas entonando una sinfonía, las más de las veces patética y desafortunada.

En cualquier caso, la función que realiza esta especie de conversación consigo mismo —sin sonido de palabras— es natural, aunque a veces no sea todo lo conveniente que debiera ser. La razón de ello está en que la persona es un ser dialógico, un ser hecho para el diálogo. Y el diálogo exige siempre la comparecencia de dos personas: una que habla y otra que escucha, turnándose en esa actividad de forma espontánea, tal y como viene exigido por los respectivos «discursos».

Esto pone de manifiesto, una vez más, que la persona no puede o no debe centrarse en ella misma, que es tanto más feliz y se autoestima más cuanto más asienta el centro de su vida fuera de sí, es decir, en los otros que le rodean.

La persona que se vive a sí misma como el centro de todo acaba por estar «descentrada». Por el contrario, la persona que asienta el centro de su yo en los otros acaba por centrarse, por estar centrada. Esta experiencia es muy general y puede comprobarse de forma empírica.

Así las cosas, se puede concluir que la persona sana y feliz es «un centro descentrado», que no hace cuestión de sí porque está pendiente siempre de los otros, que ha hincado su corazón de un modo definitivo en un claro destino: el corazón de los otros.

Acaso por eso mismo, precisamente, su autoestima crece y se robustece, va a más, se desarrolla y progresa, se vigoriza y agiganta de continuo, porque es fuerte y verdadera, porque está tejida con su estima por los demás y con el modo de acoger las manifestaciones en que los demás le muestran su estimación.

AQUILINO POLAINO-LORENTE

Sierra de Madrid, 31 de julio de 2003

Capítulo 1
¿QUÉ SE ENTIENDE POR AUTOESTIMA?

1. ¿Qué se entiende por autoestima?
2. ¿Qué factores condicionan la formación de la autoestima?
   2.1. El conocimiento de sí mismo
   2.2. Los sentimientos y afectos relativos al propio Yo
   2.3. El comportamiento personal
   2.4. El modo en que los otros nos estiman
3. Autoestima y autocontrol

1. ¿Qué se entiende por autoestima?

El concepto de autoestima tiene una larga historia y un breve pasado, ambos inscritos en el ámbito casi exclusivo de la psicología. El término *autoestima* es la traducción del término inglés *self-esteem*, que inicialmente se introdujo en el ámbito de la psicología social y de la personalidad. Como tal concepto denota la íntima valoración que una persona hace de sí misma. De aquí su estrecha vinculación con otros términos afines como el autoconcepto (*self-concept*) o la autoeficacia (*self-efficacy*), en los que apenas si se ha logrado delimitar, con el rigor necesario, lo que cada uno de ellos pretende significar (González y Tourón, 1992).

Epstein (1985) reintrodujo el término *autoconcepto* para significar un constructo explicativo que, en tanto teoría de sí mismo, tiene cabal cabida en el ámbito de los estudios científicos. Siguiendo a Kelly (1955), el anterior autor sostiene que la persona actúa como un científico en lo que se refiere a sí mismo. Esto quiere decir que construye teorías acerca de sí mismo y del mundo que le sirven para habérselas con la realidad, de manera que pueda organizar su experiencia según sistemas conceptuales útiles para resolver problemas.

La construcción del autoconcepto es realizada por la persona en muchas ocasiones de forma inadvertida, en función de cuáles sean sus experiencias al tratar de resolver ciertos problemas. El autoconcepto es, pues, un instrumento del que se valen las personas para integrar los datos de la experiencia y adaptarse a la realidad, estableciendo un cierto equilibrio entre el placer y el dolor que se concitan en su vida y mantener así la propia autoestima. Por consiguiente, una de las finalidades del autoconcepto es la de asegurar la estabilidad de la autoestima.

Según esto, la autoestima sería más bien una dimensión o aspecto del autoconcepto, útil para orientar la propia vida (Gecas, 1982; Burns, 1979; Rosenberg, 1979; Wylie, 1979).

Por su parte, Rosenberg (1965) define la autoestima como «la actitud positiva o negativa hacia un objeto particular: el sí mismo». Por contra, para Coopersmith (1967), la autoestima es «la evaluación que el individuo realiza y cotidianamente mantiene respecto de sí mismo, que se expresa en una actitud de aprobación o desaprobación e indica la medida en que el individuo cree ser capaz, significativo, exitoso y valioso».

Para Wels y Marwell (1976), «no es el concepto hacia sí mismo el elemento dinámico del autoconcepto; el elemento crucial es la respuesta afectiva a este contenido». Como puede observarse el mismo autoconcepto ha ido variando desde ser entendido como un constructo teórico al mero resultado de una autoevaluación, fuertemente impregnada de colorido afectivo.

En lo relativo a la *autoeficacia* o competencia personal (*self-efficacy*), la mayoría de los autores la consideran como otra dimensión de la autoestima, que no sólo comporta la eficacia en determinadas habilidades, sino también una cierta cuota de poder o competencia.

Sin duda alguna, del sentimiento de autoeficacia que se tenga depende en cierto modo los resultados que se obtengan. En un trabajo empírico que realizamos hace dos décadas, pudimos demostrar que las personas no depresivas que perciben que sus respuestas no son eficaces (autoeficacia) para resolver problemas suelen rendir por debajo de las personas no depresivas que no perciben así su autoeficacia (Buceta, Polaino-Lorente y Parrón-Solleiro, 1982). En cierto modo, percibir las propias respuestas como ineficaces para resolver determinados problemas supone percibir una relativa incapacidad de controlar la situación (incontrolabilidad) y, por tanto, una relativa pérdida de control.

De hecho, cuando comparamos los resultados de estas personas con baja autoeficacia con otras personas afectadas por la depresión, observamos que los resultados obtenidos por ambos grupos eran muy similares. En cambio, en las personas con más alto sentimiento de autoeficacia los resultados conseguidos fueron significativamente superiores a los obtenidos por el grupo de personas cuya autoeficacia era más baja.

Los anteriores resultados ponen de manifiesto la relevancia que tiene para solucionar los propios problemas y los ajenos la percepción de la eficacia y control personales respecto de las situaciones en que se plantean esos problemas.

En este punto es mucho lo que los padres y educadores pueden hacer por incrementar la autoestima de sus respectivos hijos y alumnos. En realidad, lo que desveló la investigación antes aludida es que los resultados que las personas obtienen en su vida diaria no son ajenos a los sentimientos que experimentan acerca de su valía personal, responsabilidad y posibilidades de controlar el medio, es decir, de la capacidad de competencia de que están dotados.

En este sentido, parece muy conveniente la educación en la eficacia personal. Lo que en otras palabras quiere decir educar en los auténticos valores que cada persona tiene, sin menoscabarlos en modo alguno, lo que es compatible con corregirles allí donde se equivoquen. Es preciso, pues, descubrir en cada alumno, en cada hijo, los valores de que está dotado —o en términos más pragmáticos, la eficacia de su comportamiento ante la resolución de determinados problemas—, de manera que mostrándoselos, se le ayude también a aceptarse como es y a poner los medios necesarios para crecer en ellos cuanto sea posible. De este modo se les ayuda a crecer en su estima personal.

De las explicaciones anteriores se desprende que la autoestima es un término un tanto ambiguo y complejo. La autoestima no es otra cosa que la estimación de sí mismo, el modo en que la persona se ama a sí misma. Lógicamente, es natural que cada persona haya de estimarse a sí misma. ¿Por qué? Porque en cada persona hay centenares de cualidades y características positivas, que son estimables. Pero para estimarlas objetivamente y con justicia es necesario conocerlas previamente. De hecho, si no se conocen es imposible que puedan ser estimadas. Entre otras cosas, además de por las diferencias singulares que caracterizan a cada persona, porque no todas las personas —con independencia de que dispusieran de idénticas capacidades y valores— se estiman de la misma manera.

De hecho, hay muchas personas que personalmente se desestiman, y eso porque no se conocen en modo suficiente. Algo parecido puede afirmarse respecto del modo en que son estimadas por los demás. De aquí que la autoestima, a pesar de ser un valor socialmente en alza, ni familiar ni institucionalmente sea en verdad apreciado como debiera.

William James, en su libro *The Principless of Psychology* publicado por primera vez en 1890, ya hace mención de este término en el capítulo dedicado a «la conciencia del yo». El autor hace allí consideraciones que todavía hoy resultan de mayor alcance, pertinencia y relevancia que algunas de las reseñadas en ciertas publicaciones recientes.

James distingue entre tres tipos de autoestima: la *material* (vanidad personal, modestia, orgullo por la riqueza, temor a la pobreza, etc.), la *social* (orgullo social y familiar, vanagloria, afectación, humildad, vergüenza, etc.), y la *espiritual* (sentido de la superioridad moral o mental, pureza, sentido de inferioridad o de culpa, etc.).

En su opinión, la autoestima es un autosentimiento que depende por completo de lo que nos propongamos ser y hacer; y que está determinado por la relación de nuestras realidades con nuestras supuestas potencialidades. La autoestima puede expresarse según un quebrado, en cuyo denominador están nuestras pretensiones y en cuyo numerador los éxitos alcanzados.

De acuerdo con James, la autoestima puede expresarse según la siguiente fórmula:

$$\text{Autoestima} = \text{Éxito/Pretensiones}$$

Por consiguiente, la autoestima puede aumentar o disminuir en función de los valores que se otorguen al numerador y al denominador. Cuanto más sea el éxito esperado y no alcanzado, más baja será la autoestima. Por el contrario, cuanto menos sean las aspiraciones de las personas, sus pretensiones, o mayores sean los éxitos lucrados, tanto mayor será la autoestima conseguida.

Pero es un hecho que cualquiera que fueren los éxitos obtenidos o incluso cuando todavía no se ha obtenido ninguno —como acontece en un niño de muy corta edad—, la autoestima, no obstante, ya está presente en la vida de la persona.

Hay personas que «han triunfado en la vida» (de acuerdo, al menos, con lo que la opinión pública entiende por «triunfar») y, no obstante, se tienen en muy poca estima. Como me hizo notar en una ocasión un buen amigo, «hay triunfadores que dan pena», es decir, han triunfado en su profesión y en su familia, tienen prestigio social, son admirados por mucha gente, disponen de un excelente futuro, trabajan en lo que les gusta y, sin embargo, se estiman muy poco..., ¡por lo que dan pena! Esta situación la he podido comprobar personalmente en muchas ocasiones.

Por el contrario, hay personas que desde la exclusiva perspectiva del éxito social alcanzado serían calificadas de «fracasadas» y, sin embargo, su estima personal es alta en modo suficiente, incluso demasiado alta en algunos casos. Esto demuestra que la autoestima no puede atribuirse principal o exclusivamente al éxito que se obtiene.

Resulta paradójico, sin embargo, que la autoestima sea al fin un concepto que muy poco o nada tiene que ver con la *bondad* o *maldad* de lo que la persona hace (comportamiento ético), y que sólo dependa, al parecer, de lo acertado o desacertado de las acciones emprendidas por la persona, conforme a unos determinados criterios relativos a una especial productividad (comportamiento instrumentalizado).

La autoestima se nos ofrece así como una mera consecuencia de los resultados del hacer —cuantificables, por lo general, según una mera dimensión económica y de prestigio social—, pero no del bien o mal realizados, que son los que, en última instancia, hacen que la persona se experimente a sí misma como *buena* o *mala* y, en consecuencia, se estime o desestime por ello.

Es preciso rechazar de modo frontal (al menos teóricamente) *cualquier opinión que reduzca el propio valor de la persona a sólo el éxito alcanzado por ella*, a la cuota de poder conquistado o a la realización de las propias pretensiones, en términos contables de prestigio, dinero o popularidad.

Sea como fuere, el hecho es que el concepto de autoestima puesto en circulación y, a lo que según parece, con un amplio consenso —tanto en el ámbito científico como en el de su uso lingüístico generalizado— subraya los siguientes aspectos:

1. Un fuerte enfoque actitudinal.
2. El hecho diferencial entre las actitudes acerca de las propias aspiraciones («yo ideal») y sus respectivos grados de satisfacción («yo real»).
3. Un excesivo énfasis en lo emotivista que colorea o tiñe cualquier contenido con los propios sentimientos, entendidos estos como logros positivos o negativos, éxitos o fracasos, aceptación o rechazo.
4. La configuración de una nueva dimensión de la personalidad, en función de las motivaciones alcanzadas y de la propia capacidad de autorregulación (Pope, McHale y Craighead, 1988; Mruk, 1999).

De acuerdo con las anteriores peculiaridades, no es que las personas hoy se estimen mejor a ellas mismas que antes, sino que, simplemente, se habla más de la autoestima y, por el momento, sólo eso. Han cambiado, qué duda cabe, los criterios que rigen el modo en que las personas se valoran a sí mismas.

No obstante, numerosos autores se han ocupado de la autoestima, desde perspectivas muy diversas. Así, por ejemplo, Tausch y Tausch (1981), quienes hacen depender de la propia estimación el correcto funcionamiento de las capacidades psíquicas de niños y adultos, el desarrollo de sus respectivas personalidades, sus habilidades para la adaptación a la convivencia social y, en una palabra, sus enteras capacidades intelectuales, afectivas y sociales.

En todo caso, hay casi tantas definiciones posibles de la autoestima como autores se han ocupado de ella. En casi todas ellas, eso sí, hay un denominador común, amplio y diverso, que las aúna. Me refiero, claro está, al pragmatismo utilitarista, aunque en una edición mucho más matizada y evolucionada que en el pasado siglo.

Este es el caso, por ejemplo, de White (1963) —otro de los pioneros en el estudio de la autoestima—, quien sitúa sus raíces en la experiencia de la propia competencia y el sentimiento de autoeficacia que sigue a aquella. Pero ¿pueden acaso establecerse muchas diferencias entre la eficacia o la consecución de los objetivos que se habían propuesto obtener y el éxito?

Que la estima de sí mismo sea una *necesidad vital* es algo que ya lo subrayó Maslow (1993), aunque confiriéndole un cuarto lugar en el inventario de las necesidades humanas. En Maslow, la autoestima es una necesidad del «ego» que exige ser satisfecha, aunque después de otras necesidades básicas como el sentimiento de seguridad o la necesidad de asociación.

En este autor la autoestima no se identifica con los logros a que antes se hizo referencia, sino más bien con el hecho de ser reconocidos por lo que somos, necesidad estructuralmente vinculada a la esfera de la *motivación*.

En realidad, es difícil establecer la frontera entre *motivación* y *estima personal*. Lo más probable es que en tanto que procesos diversos, ambos se imbriquen y sus consecuencias reobren mutuamente, tanto en sus aspectos disposicionales y de «puesta en marcha» del comportamiento como en los resultados por ellos logrados. Más allá de estos procesos, lo que parece ser cierto es que están al servicio del «ego», cualquiera que sea el horizonte desde el que se les observe.

Este es el caso de la definición de autoestima apuntada por un estudioso del tema como Rosenberg (1979), que llega a definirla como una actitud positiva o negativa en función del «sí mismo». Hay tres cuestiones en este acercamiento que, en mi opinión, resultan insatisfactorias, por ser poco apropiadas. En primer lugar, el reducir la autoestima a sólo una mera actitud. En segundo lugar, el hecho de considerarla positiva o negativa globalmente, circunstancia que no suele acontecer en ninguna persona. Y, en tercer lugar, el hecho de hacerla respectiva, como tal actitud, de un objeto (el «sí mismo»), sin plantearse ninguno de los problemas que surgen del hecho de que objeto y sujeto coincidan aquí, y sin explicar qué se entiende por «sí mismo».

En el «sí mismo» hay autores que distinguen ámbitos sectoriales muy diversos, en función de que se circunscriba o dé preferencia a esta o aquellas conductas, generalmente vinculadas a las funciones cognitivas y del aprendizaje, a través de las cuales la persona toma conciencia de quién es y, sobre todo, de lo que vale (Fierro, 1998).

Esta sectorización del «sí mismo», en la que se privilegian unos comportamientos respecto de otros, podría llegar a constituir, en algunos casos, una aproximación un tanto espuria a la autoestima y su significado —al menos desde una rigurosa perspectiva metodológica.

¿En función de qué criterio pueden estimarse en más unos comportamientos que otros?, ¿es que acaso las personas proceden de un modo uniforme y riguroso al establecer los valores y criterios a través de los cuales evalúan su propia estimación? No parece que sea así; la experiencia es más bien unánime en sentido contrario. Por otra parte, ¿por qué se ha de valorar más o mejor el propio cuerpo, por ejemplo, que la cordialidad o la simpatía?, ¿quién se atrevería a fundamentar tal modo de proceder?

En estos y otros acercamientos al concepto de autoestima, la referencia al *sí mismo* parece ser la nota obligada, algo así como el axioma de partida sobre el que se funda todo lo demás. Algo parecido acontece con la definición propuesta por Coopersmith (1967), uno de los pioneros en los trabajos relativos a la evaluación de la autoestima, a la que ya se aludió líneas atrás. Sólo que en ella se da prioridad a las *actitudes de aprobación o desaprobación* y al modo en que las personas, según los resultados obtenidos, se valoran como capaces, importantes y exitosas.

A mi parecer se concede en esta definición un valor excesivo a esa «evaluación», de la que, por otra parte, apenas se nos da más información. Como tal actividad juzgadora que respecto de sí misma realiza la persona, considero que es necesario entrar en ella con mayor rigor que el convenido por el mero *funcionalismo*.

Discrepo de otros aspectos también relevantes en esta definición. En concreto, de la supuesta *estabilidad* de la autoestima, pues esta varía mucho en función de la edad, las circunstancias, etc. Lo mismo puede afirmarse respecto de la perspectiva «actitudinal» adoptada, de la rígida y globalizante «aprobación o desaprobación» de la persona, y de los valores («capacidad», «importante», «éxito») que se incluyen en la definición.

Respecto de *la estabilidad de la autoestima*, la experiencia personal pone de manifiesto que las personas cambian de un momento a otro su estima personal, probablemente en función de los espontáneos cambios de su estado de ánimo y de las circunstancias que se concitan en su vida cotidiana. Si las cosas les han ido bien, suelen sentirse mejor con ellos mismos; pero si las cosas no les han salido tal y como esperaban, es posible que se denigren a sí mismos o que atribuyan a otros las causas de sus fracasos. Esto indica que la autoestima es muy variable de unas a otras personas y de unas a otras situaciones.

A pesar de esta inestabilidad, es preciso reconocer que hay algo en la estima personal de mucha gente que resiste a todos los cambios y circunstancias. Sólo en este último sentido sí que podría hablarse de una relativa estabilidad, y ello tanto en los que se estiman bien como en los que se estiman mal, en los que se sobrestiman y los que se subestiman en muy concretos y determinados rasgos.

Por consiguiente, la afirmación a propósito de la supuesta estabilidad de la autoestima hay que relativizarla, porque, en primer lugar, no abarca la completa totalidad de la persona; porque, en segundo lugar, hay rasgos o actitudes de la autoestima que son muy vulnerables a las influencias del medio; y, en tercer lugar, porque hay también otros que de forma consistente resisten cualquier tipo de cambios hasta el extremo de adquirir una consistencia casi inmodificable.

Respecto de la *aprobación y desaprobación* de las personas, según los «valores» citados por Coopersmith, conviene hacer algunas matizaciones. En primer lugar, que las valoraciones, aunque se formulen de una forma global, en absoluto lo son respecto de sus contenidos, en parte porque nadie se conoce a sí mismo por completo y en parte porque cambian los contenidos sobre los que se fundan esas aprobaciones o desaprobaciones personales. En segundo lugar, porque también se modifican los «valores», que sirven como criterio a esas evaluaciones, a lo largo de la vida. Y, por último, en tercer lugar, porque tales «valores» son también relativos y, desde luego, más que discutibles, especialmente los apuntados por Coopersmith (1967).

En efecto, ¿qué se entiende por *una persona importante?*, ¿es que acaso coinciden las personas en lo que significa esa expresión?, ¿no se ha tornado un tanto irrelevante a fuerza de haberse empleado de forma abusiva en la comunidad lingüística?

Lo mismo puede sostenerse respecto de *tener éxito* o no. ¿Es que acaso hay unanimidad en lo que con esta expresión se quiere significar?, ¿es que no es tal vez uno de los términos que más criticados son?, ¿no será que respecto del éxito las personas experimentan al mismo tiempo actitudes enfrentadas de atracción y evitación? De ser así lo que sucede en el comportamiento de muchas personas, ¿puede elevarse el *éxito* al criterio normativo desde el cual poder juzgarse a sí misma una persona, y en función de la sentencia a la que llegue aprobarse o reprobarse? No, no parece que sea probable que la autoestima pueda fundamentarse en criterios como estos.

Un reciente estudio comparativo acerca del concepto de autoestima sostenido por Rosenberg y Coopersmith puede encontrarse en Francis y Wilcox (1995). En realidad, hay entre ellos muy poco en común, a no ser el motivo por el que estimarse: la consecución de una determinada meta o logro personal. Nada de particular tiene que una vez se ha entendido así la autoestima, esta se comporte de una forma muy lábil y versátil. Es lo que se ha denominado con el término de «efecto camaleón» (cfr., Marsh y Yeung, 1999).

En realidad, tal perspectivismo no sólo es propio de los anteriores estudiosos, sino de muchos de los investigadores de la autoestima. Esto es también lo que acontece cuando se analiza el significado de este concepto en otro de los investigadores que han dedicado al estudio de la autoestima una larga e ininterrumpida trayectoria profesional (Branden, 1987, 1983 y 1969).

Dadas estas circunstancias, ¿no sería mejor cambiar el punto de vista —el criterio de evaluación; los valores seleccionados—, a fin de que cambiara lo visto? Si el concepto de autoestima se muestra insuficiente no es precisamente a causa de la selección de las variables psicológicas estudiadas, sino más bien del criterio calificador por el que se ha optado; en definitiva, por eso que se ha considerado ser los valores mejores, para fundamentar sobre ellos el criterio establecido.

En opinión de quien esto escribe, caben otros muchos modos de formalizar lo que sea la autoestima, sin que se apele únicamente a esos valores que, aunque también necesarios, son apenas circunstanciales. A mi entender, la autoestima es la creencia acerca del propio valor, susceptible de dar origen y configurar ciertos sentimientos relevantes acerca de uno mismo y a través de ellos del propio concepto personal, de los demás y del mundo.

Obsérvese que en la anterior definición se distingue entre autoestima y autoconcepto, pero señalando una cierta interacción entre ambos. Por contra, el autoconcepto se entiende como el conjunto de cogniciones y actitudes que cada persona tiene respecto de sus aptitudes, capacidades, corporalidad, habilidades, destrezas, roles sociales, etc., es decir, acerca de su entera personalidad (Polaino-Lorente, 1988).

Por contra, otros autores pusieron un mayor énfasis en el *comportamiento social* y llegaron a fragmentar el *self*, el sí mismo, según lo habían hecho derivar de los diversos grupos sociales de pertenencia. De hecho, se ha llegado a admitir tantos «egos socioculturales» en una misma persona como los grupos sociales de referencia o pertenencia de esa persona (Sorokin, 1962).

El «Yo» se convertiría así en un «mosaico» social, lo que comportaría su fragmentación y atomización. De ser así, ¿a qué instancia habrá que apelar, entonces, para lograr restituir a la persona la unidad y unicidad, además de la singularidad, continuidad, coherencia e irrepetibilidad, que le caracterizan como tal persona?

Autoestima y sí mismo están inextricablemente enlazados. Para algunos autores la autoestima es una dimensión —y una dimensión irrenunciable— del «sí mismo». Para otros, en cambio, el «sí mismo» resulta incomprensible si no se apela a la autoestima. Sea como fuere, no parece que la autoestima se conciba como algo adherido o yuxtapuesto al «Yo» y, menos todavía, como una mera excrecencia que emergiera del «Yo».

No sería extraño que entre las diversas dimensiones que configuran el complejo entramado del «Yo», una de ellas —ahora especialmente atendible— fuera la autoestima, entendida esta como conocimiento de uno mismo en lo relativo a las propias capacidades personales, al modo en que nos relacionamos con los otros, al modo en que los otros nos perciben, además de a los valores que en el transcurso de la propia vida se han ido encarnando y configurando como referentes singulares e inequívocos de la propia forma de ser.

En este punto, resulta muy útil la *aproximación cognitiva* al estudio de la autoestima y las atribuciones (Epstein, 1985; Nelson, Horan, Keen y Peter, 1996). Entre otras cosas, porque los sentimientos —también el de autoestima— están subordinados en algún modo a las representaciones mentales, a los elementos de que se dispone en el mapa cognitivo, es decir, a los valores.

Son precisamente esos valores los que se toman como criterio para la propia evaluación. Una evaluación esta que de ser errónea puede ser especialmente dolorosa y nociva para quien así se evalúa, puesto que su propio yo queda comprometido en el juicio que realiza.

En efecto, el yo del evaluado queda subsumido y cautivo en el juicio que la persona se hace acerca de sí misma. Se diría que la autoestima fundada en sólo los resultados obtenidos reobra sobre el yo, lo modifica y hasta hipoteca respecto de los futuros planes que conciba.

Los futuros proyectos quedan así cautivos y como dependientes de la imagen que del yo se ha formado, imagen que a su vez es en cierto modo rehén de la autoestima que la persona le atribuye. Una vez adensado y fortalecido el yo, según esas particulares atribuciones de valor, muy poco se puede hacer si no se cambia, porque el yo se constituye como una instancia resistente e impermeabilizada a las experiencias que acontezcan. Ni siquiera el realismo de muchas de ellas pueden transformar la autoestima de un yo enrocado, por ejemplo, en el resentimiento.

Por eso, no le falta razón a Rogers (1951) cuando sostiene que «a medida que se suceden las experiencias en la vida del individuo puede ocurrir una de estas tres situaciones: o se simbolizan, perciben y organizan guardando alguna relación con el yo, o se ignoran porque no se percibe relación alguna con la estructura del yo, o se las niega o se les da una simbolización distorsionada porque la experiencia es inconsistente con la estructura del yo».

De otra parte, si se toma como mapa de referencia sólo el logro conseguido pueden verse afectados el autocontrol y la autorregulación de la conducta personal. En unos casos, porque esos logros no se obtuvieron y entonces se entra en atonía y falta de vigor, de manera que no se vuelve a intentar su consecución; en otros, porque se robustece la voluntad para intentarlo de nuevo, con lo que se da paso a una nueva oportunidad, cuyos resultados refutarán o verificarán la hipótesis que acerca de sí mismo se concibió.

Pero estos «experimentos» no son todo lo rigurosos y acertados que deberían, porque lo que al fin importa es que la evaluación sea justa. Y no puede serlo si se parte de principios y criterios de evaluación que son incorrectos.

Algo parecido sucede también cuando esos logros se obtienen. En este caso, es muy alta la probabilidad de sobrestimarse; tan alta como incorrecta. Entre otras cosas, porque se toma el todo por la parte, porque se califica el yo por una de las acciones que ha realizado, poco importa lo relevante que esta sea. Para salir de aquí es preciso hacer diana en el error principal, que casi siempre consiste en revisar y diseñar de nuevo los valores por los que la persona ha de decidirse.

De aquí que importe menos la modificación de otras variables, aunque también estén comprometidas con la autoestima. Me refiero, claro está, a la mayor o menor aceptación o rechazo social que pueda generar nuestro comportamiento, a la aprobación o el repudio con que otras personas nos manifiestan sus opiniones, a la exclusión o inclusión en determinados escenarios sociales, etc.

Todo esto, sin duda alguna, influye en la autoestima y sobre todo en la entera persona. Pero, en cualquier caso, mucho menos que la confianza que en sí mismo se alcanza toda vez que, por ejemplo, hay un perfecto ensamblaje entre lo que se piensa y lo que se dice, lo que se dice y lo que se hace, lo que se hace y lo que se piensa.

Tal vez por esto varíe tanto la autoestima de unas a otras personas, de unas a otras culturas, de unos u otros valores, por los que cada uno personalmente opta. En este punto hay tantas autoestimas como los diversos mapas axiológicos de que disponen las personas. Pondré otro ejemplo a este respecto. *La convicción de ser digno de ser amado por sí mismo* —con independencia de lo que se sea, tenga o parezca— constituye un serio fundamento de la autoestima personal, con independencia de que este concepto sea de muy infrecuente uso en la actual sociedad.

Esta extraña capacidad de experimentar el propio valor intrínseco, con independencia de las características, circunstancias y logros personales obtenidos, y que en apariencia le definen e identifican socialmente, suele ser hoy muy poco común. Y, sin embargo, constituye un espléndido fundamento para el desarrollo de una autoestima más estable, menos dependiente del medio y, por tanto, mucho más libre e independiente.

Quizá, por eso, la definición que se nos propone de la autoestima, desde la *perspectiva clínica*, sea un poco más acertada. «La autoestima —escribe Branden, 1969— cuenta con dos aspectos interrelacionados: vincula un sentido de eficacia personal y un sentido de merecimiento personal. Constituye la suma integrada de auto-confianza y auto-respeto. Es el convencimiento de que uno es competente para vivir y merece vivir.»

Hay algunos aspectos positivos que han de destacarse en la definición anterior. La apelación al *merecimiento personal* es, desde luego, uno de ellos; la apelación al auto-respeto, el otro. Aunque el autor continúa apelando a la «utilidad» de los logros y a la supuesta estabilidad de la autoestima, no parece tener inconveniente alguno, sin embargo, en apelar al *respeto hacia sí mismo*, cuestión esta que, a mi entender, resulta primordial.

Su relevancia se ha hecho notar en otros muchos autores que han seguido su línea como, por ejemplo, Epstein (1985) y Bednar, Wells y Peterson (1989). Otro acierto importante de la definición de Branden es que se refiere a la autoestima como una *convicción*, un término que va más allá de los meros sentimientos y creencias, en tanto que denota las implicaciones de un sujeto activo y libre en aquello que realiza en sí mismo.

En un acertado y breve artículo, Polo (1977) establece la necesaria articulación entre «sí mismo», «yo» y persona. Por consiguiente, aunque puedan establecerse las relativas diferencias que hay entre ellos, parece atenerse mejor a la realidad del ser personal establecer las oportunas y necesarias conexiones que hay entre ellos.

«Resulta evidente —y negarlo sería penoso, escribe Polo— que el hombre es el ser más individual del Universo; sin embargo, la exageración de este punto lleva a concebirlo como cerrado en sí, lo que significaría justamente la negación de su carácter individual, puesto que lo característico del individuo es precisamente la posibilidad de establecer relaciones, y cuanto más individuo se es, se es más universal.»

«Con todo, ese carácter individual no se nos da de una vez por todas: existe un proceso de crecimiento con una serie de fases —sí mismo, yo, persona—, cuya sucesión no sigue un sentido unívoco, sino que caben alternancias y retrocesos con significado ético. La tragedia del subjetivismo consiste en detener este proceso en la fase del *yo* y retroceder hacia el *sí mismo*, malbaratándolo, en lugar de abrirse a la fase siguiente, la *persona*, y trascenderse en ella hacia la Persona divina.»

Llegados a este punto, trataré de ofrecer otras posibles definiciones que —con independencia de que sean meras propuestas de quien esto escribe—, tal vez puedan arrojar ciertas luces —aunque, obviamente, también algunas sombras— sobre el significado de este concepto (Polaino-Lorente, 2001*a*).

La *primera definición* alude, como es obvio, al concepto de persona, sin cuya apelación la autoestima sería inconcebible. Se entiende por autoestima *la convicción de ser digno de ser amado por sí mismo* —y por ese mismo motivo por los demás—, *con independencia de lo que se sea, tenga o parezca*.

Se habla aquí de «convicción» por las naturales dificultades que entraña todo conocimiento de sí mismo y porque, además, en la génesis y estructura de la autoestima, los factores cognitivos —por importantes que sean— no lo son todo. Me interesa afirmar que esa estimación de sí mismo en modo alguno ha de estar fundamentalmente subordinada a los valores que «se sea, tenga o parezca».

Considero que el fundamento de la autoestima es relativamente independiente de cuáles sean los valores que la persona ha recibido o ha conquistado en el transcurso de su vida. Esta definición puede tener un cierto talante personalista que, desde luego, el autor en ningún caso trata de eludir.

La *segunda definición* alude a numerosas experiencias vividas por el autor en la clínica acerca de lo que es el hombre y, por tanto, habría que inscribirla en el marco de una antropología experiencial y realista. Se entiende por autoestima *la capacidad de que está dotada la persona para experimentar el propio valor intrínseco, con independencia de las características, circunstancias y logros personales que, parcialmente, también la definen e identifican*.

No se penetra aquí, como sería aconsejable, en qué se entiende por tal «capacidad», a fin de no alargar innecesariamente esta exposición, pero desde luego la autoestima no se reduce a sólo las funciones cognitivas. Al mismo tiempo, se subraya que los valores sobre los que fundar tal estimación son, desde luego, los valores «intrínsecos», aunque sin menospreciar los «extrínsecos» a los que también se abre el concepto, pero sin que jamás se subordine la autoestima a sólo estos últimos.

Los *valores intrínsecos* son aquellos valores autoconstitutivos que configuran el entramado del lugar más apropiado, la tierra firme donde hincar el propio yo, de manera que crezca derecho y en su máxima estatura posible, de tal forma que se desarrolle vigorosamente y haga expedito el modo de sacar cada uno de sí mismo la mejor persona posible, para abrirse a los demás. Esta propuesta de definición tiene, claro está, una decidida *intencionalidad educativa* o, por mejor decir, autoeducadora.

Conviene distinguir entre los anteriores valores intrínsecos y los extrínsecos y trascendentes. Se entiende por *valores extrínsecos* aquellos que no pertenecen a la esencia de la persona y que, por tanto, aunque sean bienes en sí mismos considerados no entran en la definición esencial de la realidad de la persona. La mayoría de los valores accidentales, que siendo un cierto bien ponen en marcha y motivan el comportamiento humano, son extrínsecos. Entre ellos se incluiría, por ejemplo, el poder económico, la popularidad, el prestigio y la mayoría de los ingredientes con que hoy se amasa eso que se ha dado en denominar con el concepto de éxito.

Valores trascendentes son aquellos que traspasan, que van más allá de la persona en que se dan, que sobresalen más allá de los límites personales en que habrían de estar limitados o confinados. Este impulso hacia la trascendencia es a la vez constitutivo de la persona y liberador de ella, que propiamente le conduce hacia un «ser más». Y, en consecuencia, los valores trascendentes son los que hasta cierto punto completan la natural e incompleta condición humana y le otorgan sentido a la propia vida. Crecer en estos valores es el mejor modo de estimarse personalmente porque, al mismo tiempo, ese crecimiento personal reobra sobre las demás personas.

Hoy es frecuente la confusión entre estas tres clases de valores, quizá por el olvido de los valores intrínsecos y trascendentes. Este hecho pone de manifiesto que no está clara la frontera entre la axiología y los sistemas de meras preferencias estimativas con la que se confunde la ciencia de los valores.

La *tercera definición* alude a algo tan perentorio e inexcusable como la dirección de la propia vida y el comportamiento personal, es decir, la tarea de ir haciéndose a sí mismo, un hacer este que está mediado por el uso de la libertad del que aquella depende. Se entiende por autoestima aquí *el eje autoconstitutivo sobre el que componer, vertebrar y rectificar el «yo» que, en el camino zigzagueante de la vida, puede «deshacerse» al tratar de «hacerse» a sí propio; la condición de posibilidad de «rehacerse» a partir de los «deshechos» fragmentarios, grandes o pequeños, saludables o enfermizos, buenos o malos, que como huellas vestigiales desvelan al propio yo* (Polaino-Lorente, 1997).

Este acercamiento debe mucho a mi experiencia como profesor universitario, psiquiatra y terapeuta familiar; una experiencia en verdad dilatada —de más de treinta y seis años— aunque para este menester nunca sea excesiva. Pues, al fin y al cabo, como escribe Grün (1999), «el objetivo de toda terapia es que el hombre pueda aceptarse tal como es, que diga sí a su historia personal, a su carácter, que se reconcilie con todo lo que hay en él».

A modo de resumen se sintetizan a continuación, en la tabla 1.1, diez formas de aproximación al concepto de autoestima, que son propuestas por el autor de estas líneas.

TABLA 1.1 *Propuesta de diez formas de aproximación al concepto de autoestima (Polaino-Lorente, 2003c)*

1. Atribución de valor a uno mismo. De ella depende también la atribución de valor a personas y a cosas (aproximación apreciativa y valorativa).
2. Atribución de valor a uno mismo, en función de las atribuciones de valor que los demás hacen de esa persona. (Aproximación desde el etiquetado social de que la persona es objeto como, por ejemplo, el «patito feo», el «campeón», etc.)
3. Atribución de valor a uno mismo, en función del valor de los resultados y logros obtenidos (aproximación desde los resultados logrados, el pragmatismo y la *efficacy*).
4. Atribución de sentimientos respecto de uno mismo, en función de los sentimientos, afectos y emociones (aprecio) manifestados por los demás cuando nos tratan (aproximación desde el etiquetado emotivista, la dependencia afectiva y las relaciones yo-ellos).

5. Creencia en el propio valor susceptible de dar origen y configurar los sentimientos acerca de uno mismo (aproximación desde el autoconcepto y el conocimiento de sí mismo, etc.).
6. La convicción de ser digno de ser amado por sí mismo, con independencia de lo que se sea, tenga o parezca (aproximación desde la antropología realista y cristiana).
7. La capacidad de experimentar el propio valor intrínseco, con independencia de las características, circunstancias y logros personales (valores extrínsecos), que también le definen e identifican como quien es (aproximación desde los valores intrínsecos).
8. El lugar, la tierra firme donde hincar el propio yo de manera que crezca derecho y en su máxima estatura posible, que se desarrolle vigorosamente, y que haga posible sacar de nosotros la mejor persona posible (aproximación desde el «sí mismo»).
9. El eje sobre el que componer, rectificar y vertebrar el yo que, en el camino zigzagueante de la vida, se ha «deshecho» al «hacerse» a sí propio; la condición de posibilidad de «rehacerse» a partir de los «deshechos» fragmentarios, grandes o pequeños, en que ha devenido el propio yo (aproximación y aplicación psicoterapéuticas).
10. El punto de partida de la personal trayectoria biográfica para hacerse a sí mismo y alcanzar el propio destino, para acrecer el regalo de la vida que se ha recibido, para hincar la vida en su justo lugar, a fin de ser feliz y hacer felices a los demás (aproximación trascendente).

2. ¿Qué factores condicionan la formación de la autoestima?

Se ignora casi todo acerca de cuál sea la génesis y origen de la autoestima, así como de los factores que, en cada persona, contribuyen a su desarrollo. En realidad, la autoestima tiene mucho que ver con el conocimiento personal, pero no sólo con ello. Así, por ejemplo, no parece aventurado admitir que las relaciones tempranas de afecto entre padres e hijos —eso que se conoce con el término de *apego*— contribuyen, en algún modo, a configurar la futura autoestima de las personas (Vargas y Polaino-Lorente, 1996).

La estimación de cada persona respecto de sí misma no acontece en el vacío, no es fruto de una autopercepción aislada, solitaria y silenciosa, al estilo de la afilada y sutil introspección. La autoestima surge, claro está, de la percepción de sí mismo a la que se ha aludido, pero entreverada con la experiencia que cada persona tiene del modo en que los demás le estiman. Es decir, que un referente obligado y necesario con el que hay que contar aquí es, precisamente, *la estimación percibida* en los otros respecto de sí mismo. En este punto, todavía es mucho lo que se ignora.

Sin duda alguna, el tipo de *relaciones* que se establezcan *entre padres e hijos* constituye un importante factor en la génesis de la autoestima. Aunque de ello nos ocuparemos en otro lugar de esta publicación, conviene dejar asentadas aquí algunas advertencias. Baste con apuntar ahora que esas relaciones no son determinantes, es decir, que no actúan como causas de la autoestima, aunque sí pueden condicionarla en las muy diversas formas en que luego se manifestará en los hijos cuando sean adultos. No obstante, hay hijos con una baja autoestima cuyos padres, sin embargo, se han implicado mucho y bien en sus relaciones afectivas con ellos, y viceversa.

Las actitudes de los padres que, al parecer, son más convenientes para el desarrollo de la autoestima en los hijos (Rosenberg, 1965; Coopersmith, 1967; Baumrind, 1975; Newman y Newman, 1987; Polaino-Lorente, 2000*b*; Polaino-Lorente y Carreño, 2000) se sintetizan a continuación en la tabla 1.2.

TABLA 1.2. *Actitudes de los padres más recomendables para el desarrollo de la autoestima en los hijos*

---

1. *Aceptación incondicional, total y permanente de los hijos*, con independencia de sus cualidades y formas de ser.
2. *Afecto constante, realista y estable*, sin altibajos o cambios bruscos como consecuencia de las variaciones del estado de ánimo, de la impaciencia o del cansancio de los padres.
3. *Implicación* de los padres respeto de la persona de cada hijo, de sus circunstancias, necesidades y posibles dificultades.
4. *Coherencia personal* de los padres y el hecho de que dispongan de un *estilo educativo* que esté presidido por unas *expectativas* muy precisas y que se establezcan unos *límites* muy claros.
5. *Valoración objetiva del comportamiento* de cada hijo, motivándoles a que sean ellos mismos, elogiando sus esfuerzos y logros, y censurándoles sus yerros y defectos.
6. *Proveerles de la necesaria seguridad y confianza*, que les reafirma en lo que valen y les permite sentirse seguros de ellos mismos.

Hay otros muchos ingredientes que también se concitan en la génesis y desarrollo de la autoestima. Este es el caso, por ejemplo, del «ideal del yo» de que se parte, de la persona ideal que cada uno quiere llegar a ser. El *modelo* de persona que cada uno desea llegar a ser es lo que, en ocasiones, se toma como criterio con el que compararse y, según los resultados que se obtengan, estimarse o no. Este criterio media y sirve de *referente inevitable* respecto del modo en que cada uno se estima a sí mismo.

Este modelo tampoco ha caído del cielo, sino que se diseña y construye de una manera implícita, tomando como inspiración, muchas veces, a las personas relevantes con las que la persona se ha relacionado y que, por sus cualidades y características, suelen suscitar los pertinentes sentimientos de admiración.

Es precisamente esta *admiración* la que les empuja a elevar a esas personas a la categoría de «modelos» a los que imitar. Estos modelos no tienen que ser necesariamente globales, sino que como tal fuente inspiradora del «ideal del yo» pueden manifestarse a través de sólo ciertos ámbitos sectoriales —el conjunto de algunos de esos rasgos y características que se desean alcanzar—, sin que por ello disminuya la relevancia de la función psicológica que están llamados a desempeñar.

Los hijos suelen ser muy buenos observadores y se fijan en todo cuanto acontece a su alrededor, con independencia de que lo manifiesten o no, y de que sus padres se percaten o no de ello. Pero esa observación no se agota en sí misma, sino que les sirve de inspiración para realizar sus primeras imitaciones. Los padres, a través de sus respectivos comportamientos, se conducen como el espejo en el que el niño se refleja. Los hijos imitan a los padres y observan las imitaciones que hacen a fin de compararlas y compararse con sus padres.

Luego, a medida que la conducta imitada se repite, el niño acabará por interiorizarla, asumiéndola e integrándola como si fuera propia. A este proceso de interiorización sigue otra etapa posterior: la de la identificación. El niño se identifica con sus padres —a través de lo que observó e imitó en ellos—, pero a la vez se sirve del propio comportamiento imitado, como señal de su identidad personal.

En todo caso, importa mucho también el modo en que se realiza la *atribución de valor al modelo*, porque de ese *valor* dependerá en muchos casos el criterio por el que se opte para evaluar la autoestima personal (Smelser, 1989).

La historia se repite en niños y adolescentes. Han descubierto tal vez ciertos valores en otras personas, que les ha dejado encandilados. Al filo de ese fascinante descubrimiento es comprensible que les nazca la audaz inquietud de decirse a sí mismos: «¡Yo quiero ser en esto como él!» En cierta manera, esto sucede a muchas personas, incluso a pesar de haber dejado muy atrás la adolescencia. También los adultos, cuando encontramos una persona especialmente valiosa, oímos una voz por dentro que susurra: «Me gustaría ser como ella.» En esto consiste el descubrimiento del valor.

Cuando oímos el susurro de esa voz que nos impulsa a ser como ella, no estamos movidos por la envidia amarga, sino por el hambre de ser valiosos. Lo que sencillamente se está afirmando es que «me gustaría realizar en mí los valores que veo realizados en el modelo, en el héroe de la leyenda» que nos fascinó.

No es que se desee tener su misma identidad, ser igual a él en todo, sino tan sólo parecerse a él en los valores que, de realizarse en nosotros, avalan y hacen crecer nuestra valía personal, es decir, nos hacen valiosos.

También lo que se teje y concibe en la imaginación del niño o el adolescente es más fácil que se realice en la vida real. Aunque sea de forma analógica, esa vida simbólica así pensada, deseada e imaginada que uno quiso ser, tiene ahora mayores posibilidades de serlo.

Si no tuviéramos historia ni tradiciones, si el niño no tuviera padres con valores, el hombre sería un ser mediocre que, arrastrándose por la tierra, estaría incapacitado para mirar alto y desde lo alto.

La persona es un ser que necesita de perspectiva, un ser con capacidad de horizonte que, cuando contempla el firmamento se le queda pequeño, por muy estrellado que esté. Y eso por ser capaz de desear e imaginar, con tanto anhelo, aquello que ella no es, pero que tiene posibilidad de ser. Esto es lo que subyace en el fondo, cuando hablamos de autoestima y comportamiento motivado. Aquí motivación es sinónimo de valor. Las personas están motivadas cuando han descubierto valores para sus vidas. Cuando los descubren —esa experiencia de especial alumbramiento vital—, cambia su comportamiento. Entonces, la vida no tiene sentido sin ellos. La vida del hombre se oscurece cuando, carente de todo valor, y de espaldas a todo lo que suponga esfuerzo, sólo se vislumbra la nada (Polaino-Lorente y Carreño, 2000).

La función de estos modelos es tanto más importante cuanto menor sea la edad de las personas que así los conciben y diseñan, y en los que suelen inspirarse para la vertebración del propio yo. Esto tiene una especial relevancia en la etapa de la adolescencia.

Otro ingrediente imprescindible en la configuración de la autoestima, al que no siempre se da el necesario énfasis, es el propio *cuerpo*, o más exactamente expresado, la percepción del propio cuerpo. No hay estima sin corporalidad, de la misma forma que no hay persona sin cuerpo. Pero la percepción del propio cuerpo (de la corporalidad) en la mayoría de las personas casi nunca es objetiva.

Lo más frecuente es que haya sesgos, atribuciones erróneas, injustas comparaciones y muchas distorsiones, como consecuencia de haberse plegado la persona para su evaluación corporal a los criterios extraídos de los modelos impuestos por las modas. Sin apenas espíritu crítico respecto de las modas, es posible que en algunos casos acaben por parasitar, confundir y/o tergiversar la estima personal e induzcan a la persona a un juicio erróneo acerca de su propio cuerpo.

Esto pone de manifiesto que la persona se estima también en función de *cómo perciba su propio cuerpo* y de *cómo considere que lo perciben los demás*, con independencia de que esa percepción sea real o no; en función del *valor estético* que atribuya a su figura personal; de la peor o mejor *imagen* que considera que da de sí misma, etc.

El cuerpo no es separable —aunque sí distinguible— del propio yo. El cuerpo media toda relación entre el yo y el mundo. Más aún, el cuerpo manifiesta el yo al mundo. Es a través del cuerpo como el yo se hace presente al mundo y el mundo se hace presente a la persona. Tanto importa a la autoestima personal la figura del propio cuerpo que, en algunos casos o en circunstancias especiales, su total distorsión fundamenta la aparición de trastornos psicopatológicos muy graves como sucede, por ejemplo, en la anorexia mental (Polaino-Lorente, 1996).

La autoestima, además, es un concepto muy poco estable y excesivamente *versátil* que, lógicamente, va modificándose a lo largo de la vida. Y ello no sólo por las naturales transformaciones que sufre la persona, como consecuencia del devenir vital, sino también por los profundos cambios de ciertas variables culturales (estereotipias, sesgos, atribuciones erróneas, modas, nuevos estilos de vida, etc.), sobre las que es muy difícil ejercer un cierto control y rehusar o escapar a sus influencias.

A este respecto, sería muy conveniente estudiar las modificaciones sufridas por la autoestima en función de la historia biográfica personal, de los aciertos y desaciertos, de los éxitos y fracasos, de las victorias y derrotas, de las acciones dignas e indignas de las personas con que se entreteje eso que constituye la columna vertebral fundante de cada ser humano para la travesía de la vida.

2.1. El conocimiento de sí mismo

El primer factor del que depende la autoestima es lo que piensa la persona acerca de sí misma, sea porque se conozca bien a sí misma o sea porque considere que quienes le conocen piensan bien de ella. En definitiva, la autoestima es también función del propio conocimiento, de lo que conocemos acerca de nosotros mismos.

El buen o mal uso que de esa información se haga constituye todavía una asignatura pendiente que, en la práctica, nadie se atreve a enseñar a pesar de su enorme interés y de lo imprescindible que resulta para, en libertad, conducirse mejor a sí mismo.

Pero la persona nunca acaba de conocerse a sí misma. Antes termina la vida que el conocimiento personal. Lo que pone de manifiesto la inmensidad de la condición humana y lo limitado de nuestros conocimientos. La persona no puede ni siquiera abarcarse a ella misma en este asunto del conocimiento personal. Por eso también resulta difícil el conocimiento del otro.

A pesar de tanta ignorancia personal, no obstante, las personas suelen amarse a sí mismas. ¿Qué es lo que hace que la persona se ame tanto a sí misma? Aquello que una vez conocido o imaginado en ella y por ella, lo juzga como valioso. Uno de los factores sobre los que se fundamenta la autoestima es la *atribución de valor* a las personales características.

Cuando una persona considera que es un buen deportista, su autoestima crece; si tiene la convicción de ser capaz de hacer una excelente cocina —bien porque tiene experiencia de ello o bien porque su familia y conocidos la han alabado por este motivo—, su autoestima crece; si ha sido calificada por la gente que le rodea de amable y simpática, su autoestima crece. Y no tanto porque los demás así le hayan calificado, sino porque ella percibe que es deportista, buena cocinera, amable y simpática, en función de lo que los demás han manifestado acerca de ella.

Por tanto, he aquí un primer factor del que depende la autoestima: la información de que la persona dispone acerca de sí misma en el mapa cognitivo. Basta con que cierre los ojos y se pregunte «¿quién soy?» o «¿qué representaciones y cogniciones aparecen en mi mente?», para que infiera de sus propias respuestas lo mucho o lo poco que se estima a sí misma. He aquí uno de los ámbitos donde se acuna la autoestima personal.

Para que la autoestima de una persona esté bien fundada ha de estar basada en la *realidad*, lo que supone la necesidad de apoyarse en el conocimiento real de la realidad —valga la redundancia— de sí mismo. En ausencia de ese conocimiento, la autoestima se autoconstituiría como un amor irracional, que sería muy difícil de distinguir de los prejuicios, sesgos y estereotipias, y en el que, con facilidad, harían presa las propias pasiones.

Sin conocerse es muy difícil que pueda uno amarse a sí mismo —nadie ama lo que no conoce—, por lo que un amor así, en cierto modo, sería un amor desnaturalizado, no puesto en razón, estereotipado, erróneo, equívoco, engañoso y un tanto falaz.

Tal vez a esto se deba la afirmación, tantas veces repetida, de que «el gran negocio del mundo consistiría en vender a las personas por lo que creen que valen y comprarlas por lo que realmente valen». Esto, de ser cierto, supondría una buena dosis de ignorancia de mucha gente acerca de su propia realidad personal.

Lo más atractivo para una persona, lo que más le interesa, lo que más suele inquietarle, por lo general, es *un cierto saber acerca de sí*. Esto es lo que parece tener más atractivo para la mayoría de la gente, poco importa su edad o circunstancia.

En fin, es lógico que haya *apetencia* en cada persona *por saber quién es*, pues lo que no se conoce no se puede amar. Por otra parte, si no sabemos quiénes y cómo somos, es difícil que podamos conducirnos a donde queremos. Y si no nos conducimos de acuerdo a como somos no seremos felices, porque no podremos alcanzar nuestro propio destino. Conviene recordar que el destino de cada persona, lo que cada persona pretende no es otra cosa que ser feliz. Pero para alcanzar la felicidad hay que conducirse bien; y para conducirse bien, no hay más remedio que conocerse, aunque sólo sea un poco.

Si no sabemos si somos osados, constantes, alegres, con mucha o poca iniciativa, ¿cómo vamos a dirigir nuestro comportamiento como es debido? Tan peligrosa sería la conducción de una persona que se ignorase a sí misma como la conducción de un vehículo que estuviera trucado y que al girar el volante a la derecha se moviera hacia atrás, que al acelerar frenara, y que al frenar adelantara a otros vehículos. La supervivencia de un conductor que ignorase o no hubiera sido instruido en las peculiaridades de ese automóvil sería muy escasa. Y si se empeñase en conducirlo sin conocer sus características, las horas de su vida estarían contadas. Igual o más grave es que las personas usen mal su libertad —por no conocer las características singulares de que están adornadas como personas— para dirigir su propio comportamiento. El *conocimiento personal* constituye, sin duda alguna, el principal factor del que depende la autoestima, por lo que jamás debiera omitirse su estudio.

La inteligencia y la afectividad son, qué duda cabe, funciones psíquicas diferentes que pueden distinguirse entre sí, pero que se concitan, necesaria y simultáneamente, en el obrar humano, además de otras diversas funciones.

Inteligencia y voluntad pueden disociarse, tal y como lo exige su estudio individualizado, pero no debe olvidarse que tal disociación es en cierto modo un artefacto, porque en la persona humana, donde las dos están ínsitas, ninguna de ellas (en ausencia de la otra) puede organizar y dirigir, con cierta independencia de la otra, la conducta de la persona. Lo que sí cabe es que en esta o en aquella acción, la una se subordine a la otra, y/o viceversa.

Algunos parecen haberse olvidado de que también los sentimientos deben estar naturalmente subordinados a las funciones cognitivas o, por mejor decir, a eso que se ha dado en llamar *el mapa cognitivo de las emociones* (Kumler y Butterfield, 1998; Brown y Broadway, 1981; Marina, 1997; Aguiló, 2001). Es decir, que las emociones no son ajenas a los pensamientos; que aquellas dependen en buena parte de estos; que también las emociones contribuyen a fecundar el pensamiento; que unas y otros forzosamente han de encontrarse en la unicidad del ser humano singular, único e irrepetible, que es al fin el que quiere, conoce y actúa en consecuencia, de manera que todas sus funciones comparecen integradas en las acciones que realiza.

En el fondo de estas cuestiones, una y otra vez vuelve a ponerse sobre el tapete esa cierta contraposición —en parte insoslayable y, en parte, un tanto artificial— entre «cabeza» y «corazón» o, formulado de un modo más tradicional, entre el entendimiento y la voluntad.

Recordando a los clásicos, es preciso afirmar, hoy como ayer, que el objeto del entendimiento es la verdad así como el objeto de la voluntad es el bien, todo lo cual concierne también a la autoestima. Pero «bien» y «verdad» son, en cualquier caso, aspectos de una misma y única realidad, como el entendimiento y la voluntad son facultades de una misma persona.

Por eso, cuando el entendimiento alcanza la verdad, esta deviene en un cierto bien para la voluntad que, al mismo tiempo, es apetecido por ella. De otra parte, cuando la voluntad se dirige a alcanzar el bien, este deviene en una cierta verdad para el entendimiento. Se diría que, en este caso, el bien es introducido en el ámbito cognitivo bajo la especie de verdad. De aquí que pueda hablarse respecto de la voluntad, del «bien de la verdad» y, respecto del entendimiento, de la «verdad del bien».

Ninguno de ellos está por encima del otro, sino que ambos se atraen y se hacen copresentes —casi siempre de forma simultánea— en la raíz del comportamiento humano. Aunque, eso sí, según las personas y las diversas circunstancias, pueda haber un relativo predominio del entendimiento sobre la voluntad o de esta sobre aquel, del querer sobre el conocer y viceversa, o de la verdad sobre el bien. Y esto con independencia de que el entendimiento y la voluntad no se equivoquen cuando el primero se percata de lo que entiende como *verdad* y el segundo de lo que quiere como *bien*.

2.2. Los sentimientos y afectos relativos al propio Yo

En función de lo que se piensa así se siente. Si el juicio que una persona tiene acerca de ella misma es positivo, lo lógico es que experimente también sentimientos positivos acerca de sí misma. El modo como exprese esos sentimientos reobrará también sobre su autoestima. En cierto modo, la autoestima condiciona la expresión de las emociones, pero a su vez la expresión de las emociones reafirma, consolida o niega la autoestima de que se parte.

Hay personas que cuando comienzan a emocionarse lo advierten en seguida a través de los gestos del rostro que no pueden controlar (como, por ejemplo, el hecho de que el mentón se les arrugue o que sus ojos se humedezcan y brillen de un modo especial, que ellas conocen muy bien) y, en consecuencia, se emocionan todavía más. La acción —en este caso la misma expresión de la emoción— reobra sobre el sentimiento y lo agiganta. Al mismo tiempo esos gestos le informan y certifican que aquellas cogniciones le afectan e interesan, incluso más de lo que en un principio había pensado o supuesto.

Esto quiere decir que las personas se autoestiman también más en función de que manifiesten mejor sus emociones. La expresión de los propios sentimientos es algo muy vinculado a la autoestima, especialmente entre las personas más jóvenes. En esto es mucho lo que queda por hacer en nuestro país, donde tantos adolescentes por miedo a «hacer el ridículo» no pueden, no saben o no quieren manifestar sus sentimientos en público. Como es lógico, sentimiento que no se manifiesta, sentimiento que no puede ser compartido por quienes le rodean. Razón por la cual el encuentro y la comunicación humana —y la misma comprensión— resultan por ello gravemente afectados y con cierta capacidad para generar numerosos conflictos.

En la mayoría de nuestros encuentros diarios utilizamos mensajes verbales y no verbales, simultáneamente, e incluso para muy diversos propósitos. No obstante, estas dos modalidades de comunicación están usualmente coordinadas y se apoyan una a otra, lo que corrobora el hecho de que los gestos enfatizan, completan y añaden cierta información a la que expresamos mediante el lenguaje.

Los mensajes no verbales no son meras o simples alternativas al uso del lenguaje. La comunicación no verbal tiene características y peculiaridades que la diferencian del lenguaje verbal, como sistema de comunicación.

En la actualidad sabemos que la reacción a los mensajes no verbales suele ser mucho más rápida, automática e inmediata que respecto de los mensajes verbales. En la comunicación gestual casi no necesitamos analizar conscientemente lo que esos mensajes significan. Por contra, los mensajes verbales exigen, normalmente, una secuencia de codificación y decodificación de la información más concienzuda y parsimoniosa, ya que cuesta más tiempo entender, interpretar y preparar una oportuna y pertinente contestación a una sentencia verbal cualquiera. De aquí, que hoy se sostenga que los mensajes no verbales están mucho menos sujetos a la interpretación y autorregulación consciente que los mensajes verbales.

Las señales y signos gestuales nos informan de aspectos que son tal vez difíciles de comunicar de forma verbal, como ciertas actitudes, emociones y sentimientos respecto de los cuales la persona que gesticula encontraría serias dificultades para comunicarlos (García Villamisar y Polaino-Lorente, 2000).

De otra parte, la comunicación verbal y no verbal difieren en lo que se refiere a los contenidos comunicados, ya que los mensajes gestuales tienden a ser mucho más eficientes en la transmisión de actitudes y emociones que la comunicación verbal. A esta conclusión llegaron Argyle, Salter, Nicholson, Williams y Burgess (1970), y Argyle, Alkema y Gilmour (1971). Esto tal vez pueda parecer sorprendente, ya que de ordinario se supone que la comunicación gestual sólo acompaña y, si acaso, completa la comunicación verbal.

Los mensajes no verbales se emiten y reciben mucho más rápidamente, no están bajo control consciente, y son más poderosos y eficaces que la comunicación verbal, a fin de trasladar a las otras personas ciertas actitudes y emociones.

De este modo se establece una relativa especialización selectiva respecto de los canales de comunicación que empleamos. Para referirnos a cosas externas o ajenas a nosotros mismos, para solucionar problemas, etc., utilizamos por lo general el lenguaje verbal. En cambio, para comunicar contenidos de la vida social y personal como valores, actitudes y reacciones que atañen a la propia intimidad, utilizamos el canal que es pertinente en la comunicación gestual. De aquí que los mensajes gestuales jueguen un rol imprescindible en la comunicación con otras personas, en lo relativo a los personales estados emocionales y a la propia y recóndita intimidad.

Se han descrito cuatro sentimientos humanos que son básicos y que comparecen muy pronto en la vida infantil: el *miedo*, la *ira*, la *tristeza* y la *alegría*. Estos *cuatro sentimientos básicos* se asoman al rostro del niño de forma natural y espontánea, sin necesidad de que el niño realice ningún aprendizaje especial. Por eso se dice de ellos que son innatos (Polaino-Lorente y Martínez Cano, 1999). Manifestamos a los demás nuestros sentimientos a través de los gestos. A lo que parece, ese lenguaje gestual, no verbal, tiene validez universal. De hecho, se ha comprobado que cualquier persona de cualquier tribu o cultura es capaz de identificar un rostro alegre como alegre.

El lenguaje gestual es tan primitivo como necesario. Pero los gestos son más equívocos que las palabras, siempre y cuando la palabra sea verdadera. Pues si se manipula la palabra, entonces esta se torna mucho más equívoca que cualquier gesto. Las emociones se expresan, fundamental aunque no únicamente, a través de la comunicación no verbal o gestual. Acaso por eso, la comunicación gestual y la expresión de emociones que traslada al otro interlocutor e incluso a sí mismo ciertos sentimientos tenga tanta importancia respecto de la autoestima personal.

Cogniciones, afectos y lenguaje no verbal están unidos y forman un continuo que es difícil de fraccionar. Por eso cuando pensamos en una situación en que estamos absolutamente enfadados con otra persona, surge el sentimiento y la manifestación gestual en el rostro que se corresponde exactamente con esa emoción. Esa facción expresiva de nuestro estado emocional reobra sobre la emoción que sentimos y sobre la cognición que pensamos y sostiene todavía más la convicción y el valor que para la persona tiene esa emoción. Que la afectividad y el emotivismo están en alza en la actual sociedad es algo de lo que no puede dudarse. Hay muchos indicadores que así lo atestiguan y que son evidentes de suyo. Repárese, por ejemplo, en las tiradas de las «revistas del corazón» o en las audiencias de los seriales televisivos que con este contenido se ofrecen a diario a los espectadores.

Se diría, con cierta razón, que nuestra cultura tiene un acento especialmente timocentrista, que el corazón «vende» y sigue ocupando un puesto privilegiado en lo que interesa y motiva a las personas. El *pathos* de la cultura clásica continúa vivo y se refugia y pervive hoy en las desgracias/éxitos de los famosos, en las bodas reales, en las muertes de los artistas, en los accidentes y calamidades que nos afligen.

Ante estos acontecimientos hay muchos espectadores que se conmueven y transviven, identificándose con los protagonistas, para al fin romper en la espontaneidad del llanto silencioso, como si fueran ellos a los que esos infortunios le hubiesen ocurrido. Hay, pues, sintonía, hay «química», «correa de transmisión» entre lo sucedido a algunos y lo «revivido» por otros.

Esto manifiesta que *la empatía* está presente, *que los afectos de los otros nos afectan* y lo hacen, según parece, de forma muy eficaz. Nada de particular tiene que en este contexto la autoestima —el afecto de los afectos— haya sido descrita en forma emotiva.

2.3. El comportamiento personal

La autoestima depende no sólo de los gestos, sino de lo que cada persona hace, especialmente con su vida. Porque el hacer humano hace a la persona (agente) que lo hace; el hacer humano supone un cierto quehacer de la persona humana; el hacer humano obra sobre quien así se comporta, modificándolo y avalorándolo o minusvalorándolo. *Ninguna acción deja indiferente a quien la realiza* y, por consiguiente, modifica también el modo en que se estima.

La afirmación pragmática «la persona es lo que la persona hace» nunca me pareció suficientemente rigurosa y exacta, a pesar de que tenga por fundamento una cierta verdad. En esta perspectiva, la autoestima también depende de *lo que la persona hace*, especialmente con aquello que, hecho por ella, tiene una mayor incidencia en el hacerse a sí misma.

En efecto, la acción sigue siempre a la persona, como el actuar sigue al ser (*operatio sequitur esse*). De tal ser, tal obrar. Primero, el ser; después, el obrar. Esto quiere decir que aunque el obrar siga al ser, un cierto obrar reobra sobre el ser; que la acción realizada por la persona reobra sobre quien la realizó, modificándola y contribuyendo a configurarla de una determinada manera a todo lo largo de su devenir psicohistórico y biográfico. En definitiva, que no hay ninguna acción realizada por el hombre que resulte indiferente para el hombre que la realiza y, a través de él, para su estima personal (Polaino-Lorente, 1996a y 2002).

Cualquier actividad humana manifiesta y expresa a la persona que la realiza (consecuencias *ad extra* de esa misma acción), pero al mismo tiempo modifica y configura al agente que la realizó (consecuencias *ad intra*). Es preciso admitir una cierta bidireccionalidad entre el agente y la acción, a pesar de que la filosofía moderna y contemporánea haya silenciado durante tanto tiempo el camino de regreso desde la acción al agente, eludiendo en parte el estudio del efecto de aquella sobre este.

La acción estimable realizada por una persona hace más estimable al agente, a la persona que la realizó. De aquí que si lo hecho por una persona comporta un *valor añadido* a su propio ser, es lógico que esa persona *se estime un poco más o mejor* a sí misma. *La acción añade valor al agente* que así se comporta y a la *estima* que en ese valor se fundamenta. La persona buena es aquella que comunica su bondad —a través de las acciones buenas por ella realizadas— a las cosas sobre las que actúa.

Tal modo de hacer, ese estilo personal que —con cierta estabilidad y consistencia— singulariza a la persona buena en la realización de cuanto hace, constituye, precisamente, su modo peculiar y personal de comportarse y, naturalmente, el modo en que *se percibe y estima*, de acuerdo con ello.

En esto reside esa especie de «segunda naturaleza» o *hábito* que permite calificarla, con toda justicia, como persona estimable y buena. Al menos en lo que se refiere a las acciones y comportamientos relativos a *la bondad adicional* que las cosas adquieren, como consecuencia de su modo de comportarse (Polaino-Lorente, 1996a).

En este punto, como se habrá observado, hay una cierta coincidencia con el pragmatismo al que anteriormente se aludió. Pero hay también un hecho diferencial respecto de aquel. Aquí el éxito logrado se centra de modo especial en la *adquisición de valores* por parte de la persona, es decir, en lo que se ha mencionado como *valores intrínsecos*, que muy poco tienen que ver con los *valores extrínsecos* incluidos en la definición de autoestima (éxito, popularidad, etc.).

Es aquí donde precisamente habría que hablar de *virtudes*, porque eso son los valores, una vez que estos se han encarnado en la persona y se ha hecho de su frecuente ejercicio un hábito consistente. De esto ha de ocuparse naturalmente la *ética*. Pero la ética también está en crisis, en gran parte —aunque no sólo por ello—, porque se ha separado la ética privada de la ética pública, siendo objeto de consideración social sólo esta última.

Pero la *ética pública* se ha reducido hoy a algo sólo «procedimental» y mera cosmética, en tanto que apenas si satisface (*ética mínima*) algunos de los referentes normativos y reglamentarios que establece el pacto social, ahora en forma de jurisdicción positiva por consenso.

La *ética privada*, a lo que parece, debe renunciar a salir a la calle. Es una ética vigilada y excluida de la vida social, un rehén del estrecho mundo privado en donde está cautiva por parecer sospechosa. Tal disociación antinatural fractura el corazón del hombre y hace de la persona un ser fragmentario. En efecto, si en el ámbito de lo privado el comportamiento personal no es honrado, por ejemplo, ¿en función de qué fundamento hemos de suponer que el despliegue de esa conducta en el escenario de lo público se atendrá a ese mismo principio que incumplió en la esfera de lo privado?, ¿es que acaso no hay circunstancias más complejas y difíciles en el ámbito de lo público que dificultan ser honestos?, ¿no es quizá más fácil la seducción de los encantos inmediatos de la sirena —poder, dinero, influencias, popularidad, éxito— en el escenario público que en el privado? Y si en este último —con ser más fácil— la persona no se comportó así, ¿lo hará ahora en otro mucho más difícil y tentador, como es el público?

Si el pequeño e irrenunciable poder de conducir la vida personal a su propio destino —privacidad— ha fracasado o está salpicado de algunos fracasos, lo lógico es que en la medida que aumente el poder se incremente también la probabilidad de que tal conducta se corrompa. De aquí, que en algún sentido pueda ser cierta aquella afirmación de que «el poder corrompe; el poder absoluto corrompe absolutamente».

Pero de ser verdad tal agorera afirmación, es porque se ha disociado ética pública y privada; porque se ha establecido una barrera perversa entre el «intus» (la intimidad) y el «fuera» (la conducta) de la persona; porque se ha disociado a la persona en función de sólo el lugar donde se expanda su comportamiento; porque se ha olvidado la unidad y unicidad de la persona (algo que funda su identidad), reduciéndola a los fragmentos contextuales donde decide su acción, sin reparar en que uno es el ser, una la acción, uno el comportamiento y una y la misma consecuencia la que reobra sobre la persona, con independencia de que actúe en el ámbito de lo público o de lo privado.

Público y privado son apenas emplazamientos, lugares, ámbitos que no debieran transformar tanto el corazón del hombre. Desde la intimidad de la persona —la perspectiva que aquí más interesa—, es casi imposible disociar lo público de lo privado, a pesar de ser conscientes que el hombre se adapta a sus circunstancias y que esa adaptación forzosamente ha de comportar ciertos cambios.

En definitiva, que hay una sola ética no disociable como hay un solo actor —la persona— no fragmentable, y una única vida personal, no sectorizada en comportamientos o estancos. El *hombre fragmentario*, la persona que se fragmenta, deja de hacer pie en su identidad y se muda en un ser acomodaticio y parasitado por las circunstancias —un ser, en fin, circunstanciado—, cuya unidad ontológica se ha desnaturalizado por haber perdido el norte de su vida.

A lo que se aprecia, *autoestima* y *comportamiento* se necesitan y reobran recíprocamente el uno en el otro. Si aquélla es confusa, este apenas se abrirá paso y no podrá realizarse, a no ser con muchas dificultades. Si la persona no sabe a qué atenerse en su comportamiento —si se extingue ese hecho diferencial que desde siempre distinguió a las personas estimables de las apenas estimables, si ahora resulta indiferente cualquier modo de comportarse—, entonces, el mismo concepto de autoestima se diluye y, no significando ya nada, pudiera continuar empleándose como apenas una sombra vacía de sentido.

No obstante, lo ideal es que las tres vías —la vía perceptiva, inmediata y emotiva; la vía reflexiva y cognitiva; y la vía pragmática de la acción y el comportamiento— estén bien articuladas en el caso de la autoestima.

Las emociones respecto de uno mismo han de ensamblarse con las propias cogniciones, de manera que ambas coincidan en el ámbito del comportamiento que unas y otras sostienen. La autoestima, en esta perspectiva, procede del ensamblaje de los tres factores a que antes se ha aludido.

Tan conveniente o más que la experiencia anterior resulta establecer un auténtico programa acerca de los valores que son convenientes realizar en sí mismo para estimarse mejor. Basta con que se responda a cuestiones como las siguientes: «¿A qué modelo ético quiero yo jugarme la vida?; ¿quién quiero ser dentro de diez años?» Una vez formuladas, es preciso responder a ellas. Para conseguir lo que quiere llegar a ser y valer en el plazo de diez años ha de comenzar ya a realizar el programa que ha establecido.

«¿Qué es lo que hoy he de hacer para conseguir lo que me he propuesto alcanzar en diez años?» Eso es, en definitiva, lo que hará de esa persona que sea valiosa o no. Pero antes hay que seguir cuestionándose cosas y respondiendo a ellas. «¿Por qué pienso que lo que me hará a mí ser más valioso es exactamente lo que va a hacer crecer mi autoestima?; ¿por qué me importa tanto adquirir esos valores y no otros?; ¿vale la pena realizar tantos esfuerzos para ello o, por el contrario, lo que realmente deseo es tener mucha autoestima pero sin crecer en ningún valor, sin realizar ningún esfuerzo? ¿Es eso posible hoy?»

Los buenos sentimientos son, desde luego, necesarios, muy necesarios, pero no son suficientes. Es preciso que estén bien fundados, que sean reales, que asienten en la verdad. *La autoestima ha de estar fundada en la verdad*, de lo contrario puede generar consecuencias patológicas. Algunos programas de educación actuales han causado a los alumnos más dificultades que beneficios, precisamente por estimular excesivamente la autoestima, sin fundamento alguno en la realidad.

Las dos condiciones necesarias para *hacer crecer la autoestima* son las siguientes: primero, que el *conocimiento personal esté fundamentado en la verdad*; y segundo, que se disponga de *un proyecto personal realista* que pueda alcanzarse, no importa el esfuerzo que haya que hacer para ello.

Si la persona no se proyecta en el futuro, si no sabe a qué se destinará, si no acaba de «verse a sí misma» realizando su vida personal en la próxima década, lo más probable es que no disponga de proyecto alguno.

No disponer de proyecto puede indicar que esa persona se aburre consigo misma, que ha dejado de ser interesante para ella misma. Por eso sin proyecto no hay autoestima posible. El aburrimiento puede considerarse como un indicador de riesgo de que se ha perdido la autoestima o está a punto de perderse.

Si uno no está satisfecho consigo mismo, si no se respeta a sí mismo, lo más probable es que tampoco pueda respetar a los demás. Si se tiene la convicción de no ser interesante para sí mismo, los otros tampoco podrán interesarle. Surgen así muchos conflictos —también entre padres e hijos adolescentes— que se podrían haber evitado.

Por el contrario, si el bullir de la intimidad personal se torna creativo, si les atrae e interpela, acabará por motivarles en forma poderosa. Esto les hará decidirse a cambiar, con lo que sus vidas experimentarán una transformación radical. Ahora perciben que ya no están aburridos. En esto consiste no sentirse aburridos: en experimentar que son capaces de pasárselo bien al entretenerse consigo mismos. Cuando cada vida humana se torna algo fascinante —porque lo es—, entonces crece la autoestima.

2.4. El modo en que los otros nos estiman

Consideremos, por último, otro importante factor del que depende la génesis y desarrollo de la estima personal. Me refiero, claro está, al modo en que las personas perciben que son estimadas por los otros, a *la experiencia de sentirse queridos*, al modo en que experimentan que determinadas cualidades personales son consideradas como valiosas por los demás.

En realidad, este factor comienza desde antes del nacimiento —porque los padres ya estiman al hijo que vendrá, antes de su alumbramiento—, aunque de ello las personas no tengan ninguna experiencia. Luego, una vez que el niño nace, sí que experimentará de continuo la estima de sus padres. A esto se le conoce hoy con el término de apego infantil, del que ya se trató por extenso en otra publicación (Vargas y Polaino-Lorente, 1996).

Hoy se prefiere hablar de «apego», «confianza» y «autoconfianza», que son como los elementos clave y originarios de la autoestima personal. En realidad, es muy difícil que un niño llegue a confiar en sí mismo si antes no ha experimentado una cierta confianza en sus padres. Y es que *la confianza en otros y en sí mismo* forman parte del sentimiento de confianza básico, que está integrado en la autoestima.

Pero la autoconfianza como la confianza en otro no siguen la ley del «todo o nada», sino que admiten una cierta gradualidad, lo que permite intervenir para acrecerlas u optimizarlas.

Por último, la teoría del apego ha optado por introducir una terminología mucho más precisa y clara. Hoy se habla de «modelos prácticos del mundo y de sí mismo», que cada niño «construye», en virtud de cuál sea la interacción que haya tenido con sus padres. Es precisamente esta experiencia la que condicionará en el futuro su autoestima personal y sus expectativas y planes de acción, es decir, sus proyectos.

El modo en que el niño se construye el modelo de sí mismo, a partir de las interacciones con los padres, es de vital importancia para su futuro. El modelo práctico que de sí mismo tiene el niño será tanto más seguro, vigoroso, estable y confiado cuanto mejor apegado haya estado a su madre, cuanto más accesible y digna de confianza la haya experimentado, cuanto más disponible, estimulante y reforzadora haya sido la conducta de su padre.

Por contra, el modelo práctico que de sí mismo tiene el niño será tanto más inseguro, débil, inestable y desconfiado en función de que perciba y/o atribuya a la interacción con sus padres más rasgos de hostilidad, desconfianza, rechazo o dudosa accesibilidad.

No se olvide que de estos modelos prácticos que el niño autoconstruye —a través de sus experiencias sensibles— va a depender, en alguna forma, el modo en que más tarde supone serán los modos en que los otros respondan a su comportamiento, dependiendo de ello su valía personal, su estilo emocional; en una palabra, su autoconcepto y autoestima.

3. Autoestima y autocontrol

En un cierto sentido puede tratar de explicarse mejor lo que sucede respecto del control personal acerca de la autoestima. Entre las variadas teorías disponibles para explicar las emociones hay dos factores que tal vez podrían mejorar nuestra comprensión de lo que sucede en la autoestima: la percepción y el pensamiento reflexivo.

El primer factor está representado por la *percepción inmediata* de los cambios que se producen en el organismo cuando una persona experimenta una emoción. Esa emoción puede acontecer respecto de sí mismo o respecto de otra persona, lo que en modo alguno excluye que sea afectada la autoestima. Como tal emoción que surge a través de una percepción, suele manifestarse como una respuesta rápida, emocional, con numerosas manifestaciones neurovegetativas (sudor, taquicardia, rubor, zozobra, bloqueo, desasosiego, etc.). Casi siempre emerge una primera manifestación corporal —que confiere una gran certeza al sentimiento experimentado, al que de este modo confirma— y, curiosamente, en seguida el sentimiento apenas emergido se expande e intensifica hasta invadir a la entera persona en forma de una emoción.

Hay, pues, *algo que acontece a la persona y que no ha sido elegido por ella*. No se trata de que para que haga eclosión el sentimiento de ternura, por ejemplo, esa persona vaya buscando a un niño de 9 años que ha perdido a su padre en un accidente o a otra persona de su familia. No. Incluso es posible que se encuentre en esa situación y sin embargo no sentirse herido afectivamente. Por contra, otro día cualquiera puede encontrarse con un chico de 9 años que no ha perdido a su padre, pero que tiene graves dificultades en las relaciones con él —hasta el punto de no dirigirse la palabra— y la persona que le escucha ser capaz de ponerse en sus zapatos y vivir los sentimientos de este chico como si fueran propios. He aquí la pujanza de una percepción y su capacidad para poner en marcha de inmediato determinados sentimientos. Es la percepción la que hace resonar los sentimientos en la caja de la afectividad. Sobre el modo en que esos sentimientos emergen y se hacen presentes disponemos, en principio, de muy poco control, ya que acontecen y se presentan como un hecho consumado. Sin embargo, el control cognitivo sobre los propios sentimientos es mucho mayor en lo que respecta a la capacidad de rememorarlos, evocarlos y hacerlos reaparecer una y otra vez. Sobre esto último sí que cabe mejorar los resultados a través del adecuado entrenamiento cognitivo en autocontrol.

El segundo factor del que depende la autoestima y, en general, los sentimientos es el *pensamiento reflexivo*. Este factor actúa a un nivel más alto que la percepción y, desde luego, de una forma más parsimoniosa y compleja que la percepción. Esto significa que es mucho más lento, que precisa de más tiempo para el control de los sentimientos, pero es también más eficaz que la mera percepción. Se diría que la percepción no es controlable, pero sí las cogniciones que a su través llegan a la persona y de las que tanto depende la génesis de muchos sentimientos.

En cierto modo, de lo que la persona piensa —además de lo que la persona perciba— se deriva lo que la persona siente. Más aún: el contenido de lo que se percibe está en función —aunque no del todo— del contenido de lo que se piensa. Algo parecido podría sostenerse también respecto de la *imaginación* y la *memoria*, respecto de los sentimientos.

En cualquier caso, el pensamiento reflexivo y las cogniciones a que da lugar proceden de un modo mediato, secundario y no impulsivo respecto de los sentimientos. Pero es preciso admitir que la persona dispone de cierto grado de libertad respecto de los sentimientos que experimenta. En modo alguno puede controlarlos por completo —y no todos con la misma eficacia—, apelando a sólo la modificación de sus cogniciones. Pero es una experiencia ampliamente probada que la persona sí que puede, sin embargo, activar, revivir y acrecer determinados sentimientos, como también inhibirlos, olvidarlos y modificarlos.

Es cierto que hay sentimientos que no pueden ser elegidos, sino que, sin más, nos acontecen o no. Pero es también cierto que hay otros —o incluso algunos de los anteriores— que, sencillamente, pueden ser retomados, revividos, atenuados u olvidados. De aquí que, en el ámbito de la afectividad, se pueda sostener que algunos sentimientos pueden acontecer o sobrevenir a la persona si la persona quiere que en ella comparezcan, mientras que en otros esto no es posible. En consecuencia con ello, habrá que concluir que la persona es relativa aunque no absolutamente libre respecto a algunos de sus sentimientos; respecto de otros, en cambio, no.

Sería inexacto suponer, por tanto, que respecto de la intensidad, frecuencia y duración de muchos de los sentimientos que experimenta el hombre, la persona carece de toda libertad. Con esto tampoco se quiere afirmar que *todo sentimiento sea controlable* por la persona. Entre otras cosas, porque hay otros muchos factores —algunos de ellos de tipo biológico— que en modo alguno son controlables y frente a los cuales la persona dispone de muy pocos grados de libertad.

En el fondo esto es lo que suele suceder, por ejemplo, a muchos adolescentes en la experiencia del enamoramiento, que tan dramáticamente viven. Pero la raíz de esos sentimientos no está en la percepción de la otra persona, que además no está allí presente, sino en su imaginación, en sus representaciones mentales, en sus fantasías, en sus cogniciones. En estas ocasiones, lo cognitivo suele estar muy unido a lo mnésico, a la memoria. Hay personas que reviven sus emociones con sólo recordar...

Otras dan vueltas en su cabeza a los pensamientos que les vienen —y que ellas provocan, sin casi ser conscientes de ello— sobre la otra persona. Son esas cogniciones —lo que se imagina, recuerda o piensa— las que alimentan sus sentimientos. De otra parte, los sentimientos alimentan sus respuestas fisiológicas (el corazón les late más deprisa, las manos les sudan, les salen las chapetillas en la cara, las pupilas se dilatan, etc.). Y es entonces cuando afirman, con toda seguridad: ¡estoy enamorado!

En el fondo, casi la mayoría de los adolescentes que dicen estar enamorados parten de la activación de sus sentimientos, en cierto modo de forma voluntaria. Luego, una escena amorosa que tal vez se pierde en los años oscuros de la pubertad, es recordada, traída, presentada, revivida, transformada, sublimada y, en definitiva, es la que hace que de nuevo su conducta amorosa entre en vibración y se repita con el señuelo de la experiencia propia de un tiempo ya ido.

Lo más eficaz, por eso, es que en las dos vías (la vía perceptiva, inmediata, impulsiva, sentimental y emotiva; y la vía reflexiva, cognitiva e imaginativa) estén bien articuladas cuando hablamos de *autoestima*, porque también en la autoestima suelen actuar de forma convergente estas dos vías. Cualquier joven puede estimarse a sí mismo de un modo peculiar al contemplar la propia imagen en aquel adolescente, de hace cinco o diez años, que andaba perdido en su pueblo o en aquella otra foto ingenua y un tanto desleída de hace varios años en que estaba al lado de su abuelo, que falleció exactamente a la semana siguiente de haberse tomado tal fotografía.

Otros, en cambio, disminuyen su autoestima al observar aquella foto de 4.º de bachillerato en que estaba en la penúltima fila, con los compañeros de su clase, porque era el último de la fila, en función de su talla. Observarse con pantalón corto, calcetines hasta la rodilla y un gesto de ternura ingenua y perdida inocencia, les hace revivir la historia biográfica del propio yo y su nada feliz entorno académico.

En estas situaciones sí que puede ejercerse un cierto control sobre la estima personal. Todo depende de que se exponga o no al estímulo perceptivo que desencadena tales sentimientos o que realice o no determinadas atribuciones respecto de lo que fue su vida como adolescente.

Capítulo 2

LA FAMILIA Y LA AUTOESTIMA

1. Introducción
2. Autoestima, reconocimiento y aceptación del don
3. Don y crecimiento del don: lo «dado» y lo «conquistado»
4. Autoestima, valores y familia
5. El carácter genitivo de la autoestima en el contexto familiar
6. Autoestima y libertad
7. Autoestima y emotivismo: la personalidad dependiente
8. Tres enemigos de la autoestima en el contexto familiar
   8.1. El ensimismamiento
   8.2. El individualismo
   8.3. El narcisismo

1. Introducción

La autoestima, la estimación de sí mismo, es algo verdaderamente importante en el ser humano, que no acontece en el vacío. Es lógico que sea así, dado que la autoestima es una exigencia natural de la condición humana, que consiste en el derecho —y el deber— de aceptarse y amarse a sí mismo.

Pero nadie se amó a sí mismo desde su nacimiento. Entre otras cosas, por la mera imposibilidad psicobiológica de hacerlo, dada la indigencia y menesterosidad de la condición vital en esas etapas iniciales de la vida, en las que el desarrollo psicológico apenas si ha empezado.

No obstante, la mayoría de las personas sí que son estimadas cuando niños apenas nacidos. Esto quiere decir que la autoestima es posterior en el tiempo a la estimación recibida de los otros; que alguna relación habrá entre la estimación y el acogimiento proporcionado por los otros y la autoestima personal; que la autoestima no sobreviene a la persona en el vacío ni emerge *ex novo* de ella, sino que el escenario natural donde eclosiona y se manifiesta es precisamente la familia.

De cómo sea manifestada esa estimación en el origen de la persona es posible que dependa, en buena medida, la cualidad e intensidad de su futura estimación.

Aunque autoestima y familia sean dos realidades bien diferenciadas, no obstante en el tejido emotivo y cognitivo —léase, por ejemplo, talante emocional y autoconcepto— que vertebra a la persona, no parece sino que la una sea prolongación de la otra. Por eso resulta un tanto extraño que se hable mucho de autoestima y nada o muy poco de la familia en relación con ella.

Si, por el contrario, la autoestima consistiera en apenas el curvamiento de la persona sobre sí misma, se incurriría de inmediato en una flagrante impostura, pues una cerrazón de la persona sobre ella misma es contraria al ser humano y a su condición natural.

Aunque en apariencia resulte un tanto misterioso, es cierto que las personas tienen también *el deber* de amarse a ellas mismas. De lo contrario, resultaría imposible en la práctica que pudieran conducirse y alcanzar un destino seguro. La propia travesía personal por la vida depende de la autoestima. Hay muchas razones a las que acudir para fundamentar este hecho insoslayable. Veamos tan sólo algunas de ellas.

2. Autoestima, reconocimiento y aceptación del don

La *autoestima* es una cuestión que interpela a cada persona de un modo singular, cuestionándole acerca de lo que hace con su vida, hacia qué meta se dirige, a qué destina su vivir, en una palabra, si su trayectoria personal va hacia el fin que se había propuesto y estaba persiguiendo.

Una de las características de las personas con baja autoestima es que no se soportan a sí mismas *qua talis*, en cuanto tales. En otros casos no se aceptan en este o aquel defecto o limitación que les caracteriza. Es relativamente frecuente oír entre los hijos, cuando son jóvenes, afirmaciones como las que siguen: «Yo no me acepto a mí mismo, porque a veces tengo un carácter muy fuerte» o «es que no me tolero a mí mismo por haber fallado este gol» o «no me aguanto a mí misma, porque soy muy tímida o no se me dan los idiomas o soy muy alta, o...»

En pocas ocasiones somos el que deseamos ser. Habitualmente el hombre anda como habiendo amputado lo mejor de sí mismo, comportándose de forma tan extraña para sí como para los demás. En el fondo, apenas si realizamos lo que ambicionamos. Son muchos los que ni siquiera aman como quisieran. Algunos jamás han dicho lo que querrían decir y no precisamente por falta de auditorio. Con atinadas y penetrantes palabras expresa y califica Rilke esta situación al afirmar que «nadie vive su vida. Los hombres son casualidades... Habla su máscara, mientras calla su rostro... Cada uno trata de librarse de sí mismo como de un sepulcro que le odia y le retiene».

Tratar de coincidir con las propias aspiraciones se presenta como una empresa inalcanzable. De otra parte, es frecuente la insatisfacción causada por la reiterada y velada presencia del anhelo de perfección, con la que a menudo se comparan los mediocres resultados conseguidos.

La vida propia se experimenta como si fuéramos desde luego sus *autores* pero, al mismo tiempo, como si fuéramos también meros *especta-*

dores de lo que en ella acontece. Tenemos la extraña facultad de medir nuestra vida con el rasero de otras.

Muchas personas en la actualidad hacen lo que no quieren y tal vez quieren lo que no hacen o posiblemente imaginen querer o acaso deseen hacer lo que otros parece que quieren. En el fondo, unos y otros parece que no saben lo que quieren. Tal vez lo que determina finalmente su toma de decisiones es el deseo de imitar lo que los demás hacen (*conformismo*) o secundar dócilmente y realizar sólo aquello que los demás quieren que realice (*totalitarismo*).

Es probable que una persona que se comporta con una estima tan baja descubra, años más tarde, la inutilidad de su existencia. En el fondo, su existencia estaba vacía mucho tiempo atrás, antes de que la descubriera, puesto que las opciones por las que se decidió en ningún caso comprometieron, como sería de esperar, su libertad personal, comportándose de forma un tanto irresponsable. A esa falta de contenido de la propia vida es a lo que Frankl (1988) denomina «vacío existencial».

Algunos hombres sienten nostalgia de la opción no elegida, de aquello a lo que renunciaron, sin fijar su atención en nada de lo mucho que consiguieron. Es como si en cada persona convivieran dos vidas distintas —donde cada una juzga a la otra—, mientras el hombre comprueba y se duele de la enorme distancia que las separa. En unas circunstancias como estas, es lógico que haya personas que se reprochen y culpabilicen con aquellas palabras que Saint-Exupéry (1982) pone en boca de uno de sus personajes: «Quise una vida que no he comprendido muy bien, una vida no del todo fiel.»

Así no se puede ser feliz. Para ser feliz hay que, inicialmente, aceptarse a sí mismo. A partir de aquí, la felicidad resultará una tarea sin duda difícil, pero al menos se habrán sentado las bases desde las cuales hay una mayor probabilidad de alcanzarla. *La aceptación de sí mismo* es por eso de vital importancia.

No se olvide que a la llegada a este mundo, ya en el momento de nacer, el hombre trae consigo una cierta perfección —la perfección inicial—, la de su ser. Si no se acepta esa perfección inicial que cada uno es, resulta imposible que en la práctica se pueda ser feliz. Porque no se aceptará como quien es y no desarrollará esas perfecciones iniciales que le caracterizan como la persona que es.

Lo primero que hay que hacer es aceptarnos como somos, a la vez que no nos conformamos enteramente con ello, sino que luchamos por acrecer, avalorar y desarrollar todo lo bueno que hay en nosotros.

Esa perfección inicial no es del todo perfecta, sino que está abierta a su crecimiento y desarrollo. Esto quiere decir que en el momento inicial no está desarrollada en todas sus posibilidades. La tarea de desarrollar esas perfecciones, con las que la persona llega a este mundo, es, precisamente, lo que hace que su vida sea interesante para sí misma. *La vida como proyecto* es lo contrario de la vida que ha devenido en algo no interesante para la propia persona. En esto último consiste precisamente el *aburrimiento*.

Si ese desarrollo no lo hacemos, estamos robando a nuestro propio ser las *potencialidades perfectibles* que tenía y estamos hurtando también a la comunidad, porque estamos renunciando a algo que era un bien para todos los demás: el bien de nuestra perfección que es participable y comunicable a los otros. De aquí que cuando no luchamos seriamente por la perfección podamos incurrir en cierta negligencia. Y si esa omisión es negligible, tal vez sea punible y, hasta cierto punto, culpable y castigable.

El hombre está llamado a ser lo máximo que pueda y deba ser, para así hacer felices a los demás y estimarse como consecuencia de ello. Las trayectorias de la felicidad consisten, sintetizándolo mucho, en atreverse a ser cada uno quien es, para llegar a ser mejor de lo que se es, aun cuando en ese intento se tenga que sufrir.

Si la persona se conformase con sólo la perfección inicial (don) con la que llegó a este mundo y no combatiera para conseguir al desarrollarla una perfección final mayor, su autoestima decrecería.

Con la no aceptación, con el rechazo de lo que uno es, no sólo el sufrimiento personal está garantizado, sino también un cierto desprecio por los que le rodean, lo cual, obviamente, incrementa la presencia del dolor en el mundo.

Por eso, en este punto está muy puesto en razón Kant, al afirmar que «cuando un hombre tiene un por qué vivir, soporta cualquier cómo». Cuando un hombre tiene *un por qué vivir* (algo que da sentido a su vida: desarrollarse, autorrealizarse, vivir una vida en plenitud, tratar de ser perfecto, conquistar la felicidad), *tolera cualquier cómo* (el dolor, la ansiedad, la irritabilidad, el sufrimiento psíquico, etc.).

El mejor sendero para enfrentarse a las dificultades que comporta el vivir humano arranca de la propia *aceptación personal* —con todo lo que esta tiene de limitaciones y déficit, de expectativas y posibilidades— y de encontrar un por qué vivir, *un sentido* de manera que la vida se realice en toda su plenitud y la persona llegue a ser dichosa.

Amarse a sí mismo significa, cuando menos, aceptarse a sí propio como quien se es, con todas sus peculiaridades y características, tanto positivas como negativas.

Más aún, buena parte de esa aceptación personal se fundamenta, precisamente, en algunas de esas cualidades, en especial las que son valoradas por el propio sujeto como positivas.

Muchas de esas cualidades constituyen el patrimonio fundacional de la persona —el sustrato en que aquellas asientan—, es decir, lo que en cierto modo configura su peculiar modo de ser, gracias a lo que le ha sido dado desde su origen. (Para profundizar en estas cuestiones, véase Polaino-Lorente, 2003c, *En busca de la autoestima perdida*, capítulos 6 y 7.)

En consecuencia con ello, parece lógico que la *estimación* o *aceptación personal* remita al momento mismo del nacimiento, al instante histórico en el que los *dones recibidos* se sustanciaron como formando parte de la propia estructura personal.

De aquí que, en la práctica, sea casi imposible volver sobre la cuestión del propio origen y limitarse a sólo evaluar —desde una pretendida neutralidad y objetiva indiferencia— los dones recibidos, que al modo de propiedades singularizarán a la persona.

La cuestión del origen tiene un calado mucho más profundo, del que ya se ha tratado en otras publicaciones (Polaino-Lorente, 2003c y 1999). Desvelar esos dones recibidos exige a su vez adentrarse en las entrañas inextricables de otra cuestión previa. De hecho, si la autoestima personal depende de las singulares cualidades positivas que se advierten en uno mismo, entonces parece pertinente responder a algunas preguntas, como ¿por qué estas cualidades positivas están en mí y no en otro?, ¿qué he hecho yo para merecerlas?, ¿acaso me las he dado a mí mismo o las he conquistado con mi esfuerzo?, ¿podría tal vez exigirlas?, ¿a quién?

No, no parece que cuestiones como las que se acaban de apuntar conduzcan a ningún fin o propósito. Por el contrario, la mayoría de las personas reconocen que esas cualidades positivas —al menos inicialmente— de que cada uno dispone son *dones, regalos, dádivas* a cuyo origen no se puede interpelar en la forma a que antes se aludió.

Ahora bien, si son dones que han sido recibidos, es porque proceden de otros, de alguien distinto a la persona que los ha recibido, que no es al fin sino su mero recipendiario.

Descubrir un don personal supone, entre otras cosas, tratar de remontarse a través de él a la búsqueda y encuentro de la persona o personas de quienes ese don procede. Hay, pues, en esa indagación un cierto y natural encaminamiento *desde el don personal* (recibido) *a los donantes* (que lo regalaron), por cuya virtud la persona se estima a sí misma.

Cuando no se sigue esa exploración indagatoria, cuando *ese ascenso del don al donante* no se lleva a cabo, es, con harta frecuencia, a causa de que el don recibido ha sido por lo general ignorado en cuanto tal. Es decir, no se ha percibido como tal don, *no se ha acogido* como el regalo que es. Pero un don no percibido o un regalo que ha pasado inadvertido se abisma en su propia ignorancia.

En esas circunstancias, el don recibido deviene en un *don «absconditus»*, lo que impide a su destinatario tomar conciencia de tal don. Tal inadvertencia hunde al don en algo estéril o muy poco eficaz —y, sin embargo real, a pesar de la oscuridad y el misterio en que subyace enterrado—, lo que frustra el propio conocimiento de la persona —que sin su presencia resultará cuando menos incompleto—, y *desatiende* y *se desentiende* de la estima personal que naturalmente habría de seguir a aquel.

Pero con tomar conciencia, con conocer la existencia de los propios dones no es suficiente. Es preciso que, además de percibirlos en sí mismo —como formando parte de la entera persona—, se perciban también como lo que realmente son: *algo que se ha recibido de forma gratuita y sin mérito alguno*. El hecho de no profundizar en la cuestión del propio origen hace que se incurra en *un terrible error*, si cabe todavía más grave: *el de atribuirse a sí mismo el don que se ha recibido*, como si fuera una emanación o un producto surgido del propio yo o acaso —no se sabe bien cómo— algo yuxtapuesto a él.

Por la propia naturaleza del don, *tal atribución es errónea* o al menos equívoca. En la persona conviene distinguir, por eso, entre *lo dado* y *lo conquistado*. La presencia de un don, de un regalo ya es mucho; y el percatarse de ello todavía más. Pero continúa siendo muy poco —al menos desde el punto de vista de la libertad personal—, si en el descubrimiento de ese don, la persona se detuviera o se bloqueara y no se atreviera a remontar hasta su origen, hasta el origen de ese don.

En el origen de la persona comparecen casi siempre los dones que se han recibido. Pero el origen de donde esos dones proceden suele permanecer opaco y oscurecido a nuestra mirada. *Mientras que no se desvele el origen de los dones recibidos, difícilmente se desvelará el propio origen de la persona* —y, por tanto, también de su autoestima—, por muy profundo y riguroso que sea el conocimiento que esta tenga de los dones que le han sido dados.

3. Don y crecimiento del don: lo «dado» y lo «conquistado»

Un regalo tiene tanto más *sentido*, cuanto mejor se conozca la naturaleza del regalo, quién lo regala, es decir, *la persona* de quien procede y *la intención* misma que le ha movido a regalar ese don, y no otro, a la persona singular que es cada uno.

Sin el conocimiento del origen del don recibido es mucho más difícil *saber a qué atenerse*, conocer *qué es necesario hacer para acrecer el don fundante* que nos ha sido dado. Este hacer crecer lo que se ha recibido es lo que transforma el don «dado» en don «conquistado». Una transformación esta que exige el uso de la libertad personal y un cierto esfuerzo. Sólo en ese caso, el don «conquistado» podría ser parcialmente atribuido a la persona que lo ha hecho crecer —al menos, en lo relativo al monto en que lo ha aumentado—. Todo lo cual *reobra* también sobre la *autoestima* personal.

La cuestión del origen es aquí de vital importancia para la conducción de la travesía de la vida. Cuando se conoce lo que se ha recibido y las personas de quienes se recibió, es mucho más fácil *diseñar una trayectoria biográfica*, un *proyecto de vida* a cuyo través hacer crecer e incrementar el valor y la magnitud del don inicial que se recibió. En este sentido la autoestima constituye ese «valor añadido» a los valores iniciales de que se disponía en estado naciente.

En cierto modo, *la vida humana* así concebida *se transforma en «plusvalía» personal*. Un modo fácil de evaluar lo que hemos hecho a lo largo de la vida consiste, precisamente, en evaluar la cuantía de los valores de una persona al final de su vida —lo adquirido y «conquistado» con el propio esfuerzo— y restar de ella la cuantía de esos mismos valores en estado naciente —lo que le fue «dado» al comienzo de la vida.

Si el resultado obtenido de esa diferencia es positivo, con toda probabilidad se tornará valiosa esa vida personal —autoestima—, tanto más valiosa cuanto mayor sea la magnitud de la diferencia obtenida —crecimiento en autoestima.

Por contra, si el resultado de esa resta es negativo, muy probablemente la vida entera de esa persona se perciba como una existencia frustrante y carente de valor, es decir, como un disvalor asfixiante y desesperado. De aquí que la vida valga la pena o no, en función de lo que hagamos con ella a lo largo de la trayectoria personal en que la vida se despliega y consiste.

Lo «conquistado» importa aquí mucho, pero forzoso será admitir siempre su dependencia de lo «dado». Y lo «dado» —insisto una vez más en ello— no se acabará nunca de conocer bien si no se desvela cuál es su origen, es decir, las personas de quienes se procede.

Por eso, ante *la pregunta primera y más natural* que las personas suelen hacerse de «*¿quién soy yo?*», casi de inmediato emergen las propiedades positivas y negativas que caracterizan a la persona y, junto a ellas, la necesaria comparecencia de las personas de quienes se procede: los padres.

4. Autoestima, valores y familia

No hay autoestima sin valores. Pero tampoco hay valores —a no ser de un modo muy excepcional— que inicialmente no se nos hayan dado o mostrado por alguien. Es muy difícil que un valor, al modo de los atributos personales, haya surgido *ex novo* en una persona. Los valores que adornan, por lo general, a cualquier persona le han sido donados. Otra cosa es que, luego, hayan sido desarrollados más o menos por esa persona, en función de cómo se haya esforzado y empleado su propia libertad.

Sería estúpido autoestimarse sólo en función de los valores «conquistados». Como si estos no hubieran crecido a partir de los «dados». De aquí que toda donación tenga por eso un *referente* obligado en *los padres*, las personas que generaron, que dieron origen a esa nueva vida. Resulta obvia, pues, la vinculación existente entre *autoestima personal* y *familia de origen*.

Aunque sólo fuere por ello, es lógico que *la autoestima se acune en la familia* y, más especialmente, en la trama de las relaciones entre padres e hijos. De los padres procede no sólo lo «dado» —con ser esto muy valioso e importante—, sino también la misma existencia personal.

No se olvide que esa existencia personal, es decir, *la propia vida es condición de posibilidad de cualquier otro valor*, y sin la cual no puede haber ningún otro. Incluso el mismo hecho de que los valores que le han sido dados a la persona puedan acrecerse, así como la vigorización o robustecimiento de cualquier otro que sea relativamente ajeno a lo «dado», por modesto que fuere, depende de la familia.

En conclusión, que la autoestima de las personas es posible gracias a la previa estimación en el origen de sus padres, en particular —que les trajeron a la existencia: la estimación máxima—, y de su familia, en general, en cuyo ámbito se pusieron las condiciones necesarias para su pervivencia, crecimiento, desarrollo y maduración.

5. El carácter genitivo de la autoestima en el contexto familiar

Sin duda alguna, la autoestima es un cierto sentimiento, muy probablemente uno de los primeros y más precoces sentimientos experimentados. El aprecio por uno mismo, la autoestima, comporta un cierto querer, un querer que, naciendo de uno mismo, tiene a sí propio como término.

Son muchos los factores que se entreveran en la configuración de ese complejo armazón que es el querer humano respecto de sí mismo. Ningún sentimiento —y todavía menos los relativos a uno mismo— ha surgido en el vacío. ¿Acaso puede alguien quererse a sí mismo si jamás se ha sentido querido?, ¿sabrá quererse en esas condiciones?, ¿puede un niño querer a los demás si no ha vivido la experiencia de sentirse querido?

La respuesta a las anteriores cuestiones pone de manifiesto que el querer humano —también el relativo a uno mismo— tiene *un cierto condicionamiento* en las experiencias que se han vivido. En modo alguno significa esto que cualquier sentimiento sea un mero epifenómeno reactivo, una reacción —todo lo compleja que se quiera— surgida o emanada de únicamente la experiencia previa de sentirse querido. También aquí la voluntad libre tiene mucho que hacer y decir.

Con lo dicho hasta ahora sólo se quiere significar que el quererse a sí mismo, la autoestima, aun cuando no sea un mero sentimiento reactivo, sí que está o puede estar condicionado por las tempranas experiencias de sentirse aceptado, rechazado, tratado con indiferencia o en modo alguno acogido. Pero tampoco estas diversas experiencias, con ser tan importantes, convierten a la autoestima en una especie de «sentimiento clonado» y siempre dependiente del querer previo que se haya recibido.

Sin duda alguna, la experiencia del afecto que se ha recibido condiciona en buena parte el contenido, las trazas y el modo en que se articula y trenza la autoestima. El hecho de «querer-se» remite y se inspira en una cierta experiencia previa: la de la percepción del «querer», de «haber-sido-querido». El hecho de auto-estimarse dice una cierta relación a la experiencia previa y al modo en que uno ha sido estimado por los otros.

El niño cuando nace apenas si puede querer y manifestar su afecto a los otros. En las edades tempranas de la vida es mucho más lo que el niño recibe que lo que da. La experiencia de cómo él mismo es estimado por los otros, en ese contexto, es mucho más importante que la experiencia de cómo él estima a los demás o responde a la estimación de sus familiares, especialmente en esa etapa inicial de la génesis y desarrollo de su afectividad.

No obstante, querer y ser querido son experiencias que están marcadas por una cierta bidireccionalidad, y que son recíprocas, relativamente respectivas y consuetudinarias. Luego, con el andar de la vida, querer y ser querido se tornarán experiencias diferentes, aunque también inseparables, hasta el punto de que en una persona normal no se da la una sin la otra, configurando así un balance afectivo y efectivo, equilibrado y armónico.

Lo perfecto, entonces, es lo uno y lo otro, tomar y dar, recibir y otorgar, autoestimarse y ser la meta de la autodestinación de la otra persona a la que antes y libremente se había destinado, en una palabra, querer y ser querido.

«Querer» y «ser querido» entrañan un cierto carácter genitivo. El cariño es siempre *de alguien* (persona) y se expresa siempre por medio o respecto *de algo* (manifestaciones).

Esto también sirve para el caso de la autoestima, aunque aquí estas manifestaciones sean un tanto más complejas, y a veces incluso casi tortuosas. En la autoestima, en efecto, coinciden *el alguien querido, el alguien que quiere* y *el algo* o las manifestaciones que expresan ese querer que va de uno a sí mismo y que también asientan en sí propio.

Por contra, *querer sin ser querido* es de suyo una experiencia mucho más imperfecta e incompleta. Querer a otra persona sin ser querido por ella es posible que se haya dado en algunas ocasiones y hasta puede haberse entendido por algunos como un amor desinteresado, como el prototipo de un cierto *amor épico* y hasta *heroico*. Pero eso sólo acontece en personas excepcionales y en situaciones más bien extrañas. Pues, aun cuando el amor heroico —desinteresado y ausente de reciprocidad— sea, a su manera, un cierto amor perfectivo, lo más perfecto y acabado —también lo más humano— es querer y ser querido.

Es esa reciprocidad afectiva —espontánea y natural— la que se pone en juego a través de los sentimientos que mutuamente se otorgan y aceptan, la que precisamente entreteje la armonía y el equilibrio de las relaciones personales amorosas maduras.

Mucho más imperfecto que el amor heroico es *el querer del «tomante»*, de la persona que sólo toma lo que le dan, hurta o mendiga al otro y que, hambrienta de afecto, es impotente o incapaz de querer a alguien (*ser querida-sin querer*). Si el amor heroico (*querer-sin ser querido*) configura a la persona como «*donante*» —la que da, pero nada recibe—, *la dependencia afectiva* configura a la persona como «*tomante*» —la que solicita y acepta afecto, pero nada da a cambio de él.

En este último caso es tanta la imperfección de la relación amorosa, que deviene con frecuencia en patológica. Una persona «tomante» es una persona necesitada de afecto —el paradigma del «*homo neccessitudinis*»—, una persona que es por tanto dependiente de los demás y del afecto que de ellos recibe. Nada de particular tiene que se viva a sí misma como carente de valor y que, tal vez por eso, se avalore tan sólo con el valor de los afectos que, tras mendigarlos, recibe.

En unas circunstancias así, si los demás le muestran su afecto, si están pendientes de ella, su persona aumentará de valor. Por contra, si los demás no le muestran su afecto, si no están pendientes de ella, su persona carecerá de valor. *Tanto te quieren, tanto vales*. Así es como se percibe a sí misma y sobre esta percepción funda y construye su autoestima y otras muchas estructuras y/o dimensiones de su personalidad.

Cuando esto sucede —y hay muchas personas que, lamentablemente, se sitúan en unas circunstancias vitales parecidas o semejantes—, la autoestima de la persona se volatiliza. De hecho, el valor personal se torna aquí dependiente del valor de los afectos que los demás le prodigan; su valor como persona es un *valor-resultado*, algo que resulta del afecto —para estas personas, el máximo valor— con que los demás al quererle le adornan y completan.

Pero esto apunta a *un cierto vacío de valor personal*. De aquí que su «valor» sea mera dependencia de los afectos de los otros. Una persona dependiente es una persona necesitada, una persona que no hace pie en ella misma por ser incapaz de estimarse a sí propia, una persona tan necesitada de recibir afecto, que todo lo subordina al afecto que recibe y, por eso mismo, carente de libertad.

6. Autoestima y libertad

Se es libre cuando se puede disponer de sí, cuando una persona puede darse a quien quiere, cuando uno puede entregarse a los demás. *La persona dependiente*, en cambio, no es libre, porque su horizonte vital se restringe y agota en las meras relaciones de dependencia respecto de los otros. La persona dependiente es rehén de las personas de quienes depende. Su libertad está ofuscada e incapacitada y, por consiguiente, no puede salir de sí al encuentro de los otros.

La libertad de la persona dependiente consiste en un mero receptáculo, sólo útil para la captación y el atesoramiento de las donaciones que los otros le hacen. Su libertad no es un motor que le impela a la donación, a querer a los demás, a darse a ellos. Su libertad consiste más bien en una especie de *almacén emotivo* en donde coleccionar y etiquetar los afectos, sentimientos y emociones de que ha sido objeto. Un lugar al fin donde sólo residenciar, como si se tratara de un *museo sentimental*, los necesariamente fugaces —y siempre tan precarios y provisionales— sentimientos y afectos que recibe de los demás.

Por eso mismo, la persona dependiente no dispone de una vida personal que libremente pueda regalarse y destinarse a otra persona. Su propia vida es el resultado de los fragmentos que, grandes o pequeños, valiosos o no, recibe y acepta de quienes le rodean.

En este contexto, autoestimarse y estimar a los demás es apenas una manifestación, imperfecta e insatisfactoria, del modo de quererse y querer a los otros. La libertad reside precisamente en esa capacidad para salir de sí y autodestinarse a otros mediante el regalo de la propia vida. Cuando la libertad se vive así, la vida deviene en aventura, en regalo, en donación altruista y continuada, en apertura existencial.

LA FAMILIA Y LA AUTOESTIMA 59

Para regalar algo y/o regalarse a alguien se precisa de una cierta liberalidad, tanto mayor cuanto mayor y más valioso sea lo que personalmente se da. Para dar algo hay que tenerlo. Y lo tenido es tanto más valioso cuanto más se identifica con la persona de su poseedor, cuanto mejor sea conocido, es decir, cuanto mejor sea poseído por uno mismo. Lo dado o entregado —*alguien*— es aquí muy superior al contenido —*algo*— de la mayoría de las transacciones que se hacen.

En este horizonte lo que más y mejor posee la persona humana es su propia vida y no las «pertenencias», que a modo de adherencias se le adscriben a lo largo de su andadura vital. Precisamente, por eso mismo, más consiste el querer en *dar-se* que en *dar*.

La familia es el escenario natural donde tienen lugar estas casi espontáneas transacciones interpersonales, sutiles e invisibles, de las que tanto ha de depender la futura autoestima del adulto. Por eso también, la autoestima aumenta en la misma medida que se incrementa el valor de lo dado, es decir, la radicalidad y sustancia de la persona que se da a los suyos en el contexto familiar.

Pero como sólo se puede dar lo que se tiene, querer a alguien exige previamente autoconocerse, autoposeerse a fin de poder autoexpropiarse en favor de otro. Dicho de otra forma, querer es cambiar (de un modo *afectivo* y por ello *efectivo*) el título de la propiedad que más vitalmente nos importa: el de la propia persona.

El conocimiento de sí mismo —el autoconcepto— y el afecto hacia sí mismo —la autoestima— están entrelazados en esa realidad singular, única e irrepetible que es la persona.

Buena parte de ese autoconocimiento que fundamenta la autoestima se alcanza y configura a través de las relaciones interpersonales que se entretejen en el contexto familiar. *La familia* es, por supuesto, también el ámbito emblemático, el mejor ámbito posible en donde se generan y acrecen el autoconcepto y la autoestima.

En función de cómo sea la estructura, la dinámica, el funcionamiento y el clima familiar, así serán también el autoconcepto y la autoestima de cada una de las personas que conviven en esa familia. Esto no significa que la estima personal de cada hijo, por ejemplo, sea una mera consecuencia —rígida y estereotipada— del afecto que recibiera de sus padres. En modo alguno es así, porque la recepción del afecto se realiza no sólo según el modo del donante sino más bien según la forma del destinatario que lo acoge, según su peculiar forma de ser. De aquí que la génesis de la autoestima esté sólo parcial y relativamente condicionada por aquellos.

Por todo ello, es preciso afirmar que la autoestima y el autoconocimiento personales son siempre *de alguien* (la propia persona) y *respectivas de alguien* (las personas a las que se regalan y donan). He aquí el carácter genitivo de la autoestima al que se aludió líneas atrás. La familia constituye, en cierto modo, el contexto en el que se recibe, acepta, dona y otorga tanto el conocimiento como la estima personal de quienes en ella hincaron el origen de su existencia.

7. Autoestima y emotivismo: la personalidad dependiente

Poco importa cuál sea la edad o las circunstancias, en la persona dependiente el amor es sustituido por demostraciones de cariño y manifestaciones de ternura tan ostentosas como epidérmicas que, además, no hincan sus raíces con la necesaria profundidad en el corazón de la persona. Estas inundaciones afectivas no son efectivas, porque carecen del fundamento suficiente y, en consecuencia, atraviesan las vidas de las personas de modo trivial y con la fugacidad del instante o de un breve período de tiempo.

Ese exceso, no de afecto sino de afección superficial, bloquea y asfixia la imaginación hasta desvitalizarla. Acaso por ello, quien así se comporta está demasiado pendiente —y es dependiente— de sus propios sentimientos. Es que el amor se ha transformado en emotivismo.

En esas circunstancias, la prontitud y agudeza necesarias para dejarse sorprender se embotan. La vida deja de ser una continua sorpresa y la persona deja de sorprenderse como consecuencia de la hartura que produce el embotamiento de la afectividad. Surge así la apatía (*apatheia*), el pasotismo, *el desplome de la autoestima*, la ausencia de vibración, la pérdida del espíritu de aventura, mientras se desvanecen y extinguen los nobles ideales concebidos años atrás, acaso durante la adolescencia.

El *emotivismo* es la actitud contraria a la apertura de la afectividad. El emotivismo es sólo un modo aparente de sentir, que en realidad no satisface ni sacia por la misma fugacidad trivial en que consiste. La defensa de la autoestima hay que hacerla hoy desde otro lugar diferente al emotivismo. La *autoestima* hinca sus raíces en la soledad y el espíritu de aventura, en la alegría y el sufrimiento, en la sorpresa y el desvalimiento personales, experiencias todas ellas mucho más auténticas.

La *persona dependiente* tiene miedo a sufrir, y a sufrir sobre todo la privación del afecto y el menoscabo de la consideración de las personas que le rodean. Tal vez por eso en ciertas ocasiones opte por tratar de no sentir, de escapar a cualquier posible exposición a los sentimientos ajenos, para tratar de huir de todo lo que pueda concernir a su vida afectiva. Pero no sentir o no padecer —no querer sentir o no querer padecer— constituye un empobrecimiento para la persona, la imposibilidad de llegar a ser quien se es, la mutilación de la afectividad que desnaturaliza al propio yo.

Es mejor —y sobre todo más humano— sufrir que estar impasible por haber asentado voluntariamente el corazón en la *indiferencia afectiva*. Es mejor querer que sentir. Lo mejor de todo es atreverse a amar —aunque comporte ciertos desgarros y sufrimientos—, pues optar por sólo alimentarse de las emociones, que le hacen depender de otros, resulta demasiado frustrante como para que sea sostenible a lo largo de la vida.

El *emotivismo* es la negación de la afectividad. El emotivismo se repliega en la afectividad de sí para sí, sin compartirla con otro. El otro deviene en el medio a cuyo través la afectividad propia es momentáneamente satisfecha en su superficialidad, pero sin que la otra persona ocupe el lugar que le corresponde en el corazón de la persona emotivista. *Quien busca el emotivismo se busca a sí mismo*, pero a costa de utilizar al otro, respecto del cual previamente se ha asegurado con hacerle desaparecer de su vida íntima. El emotivista es un ser «*tomante*» que nada da de sí, que no comparte nada, que se aísla en su menesteroso corazón necesitado, que no se abre a la relación y al encuentro con el otro porque, simplemente, lo margina, lo excluye y lo destierra de su vida.

Pero esto poco o nada tiene que ver con la afectividad humana. La afectividad humana es sobre todo relación, presencia del otro, apertura, encuentro, diálogo, compromiso, afirmación del otro, es decir, salida arriesgada de sí para regalarse al otro. El *emotivismo* es probablemente una de las peores dependencias afectivas, porque en muchos casos ni siquiera se depende ya de los otros, sino sólo de los sentimientos que los otros suscitan en la persona dependiente. Es decir, *se depende de los propios sentimientos*, de los afectos personales que afectan tan dolorosamente a quienes de ellos dependen.

Una forma más rebuscada de dependencia es el *independentismo* (cfr., Polaino-Lorente, 1987*a*). La completa independencia o radical autonomía es una pura ficción, a pesar de que constituya hoy —vía ideología de la ilustración— uno de los ideales del hombre moderno. He aquí una de las raíces que más savia proporciona al *pragmatismo emotivista* de nuestro tiempo: la reducción motivacional para la toma de decisiones a sólo dos principios.

En primer lugar, la búsqueda del mayor bien posible (placer, casi siempre) para el mayor número de personas posible. Y, en segundo lugar, los sentimientos de empatía que en cada momento se susciten en el propio corazón («se siente, luego tal decisión debe estar presente») respecto de otra persona.

En síntesis, meras «razones» de conveniencia («esto me conviene o interesa») y de gusto o apetencia («esto me apetece o me gusta»). He aquí, de una u otra forma, lo que pone en marcha el motor de las decisiones humanas: *el encendido de las emociones inmediatas*.

Pero esas emociones, en apariencia cargadas de «razones», están vacías de afectividad porque no se han fundamentado como debieran ni la voluntad ha penetrado en ellas y, en consecuencia, no asientan en el hondón del corazón humano. De aquí que se pueda vivir del *emotivismo* mientras el corazón humano no late, está en huelga, no sale de sí al encuentro del otro, no quiere y, precisamente por eso, se encuentra solo y vacío. Esta *huelga del corazón* —de los corazones— es una de las claves que ayudan a entender algunos de los problemas humanos de nuestro tiempo.

La única independencia posible sólo se logra desde un fundamento: el de *la dependencia básica*. Se entiende por ella la dependencia natural que resulta en un ser personal que no se ha dado a sí mismo el ser, que no tiene en sí la razón de su origen. El hombre es, pero no tiene en sí el fundamento de su ser. El hombre es, pero sabe que podría no ser. El hombre sabe que es finito, limitado, aunque también sabe de sus anhelos hacia lo ilimitado e infinito. Y esos anhelos están bien fundados, porque por su razón está naturalmente abierto a lo infinito, a la totalidad del ser.

Esta dependencia natural (*dependencia ontológica*), en modo alguno altera la afectividad, en el sentido de que la configure de una forma anómala. Pero esta dependencia natural no se agota en el nivel exclusivo del ser, sino que tiene otras muchas derivaciones e implicaciones en que también debería ser estudiada como, por ejemplo, a nivel familiar, funcional, estructural, existencial, social, religioso, autoconstitutivo, etc.

En lo que aquí interesa, hay que afirmar que esa dependencia natural de la persona —desde su origen hasta su término— pone de relieve la consideración de *la libertad como interdependencia*. La eliminación de esta dependencia natural y primera hace posible la voraz emergencia de los deseos inmaduros de independencia. Por contra, la *independencia verdadera* jamás elimina la *dependencia básica*, sino que se construye y vertebra asentándose sobre ella. Tan necesario es el reconocimiento de esta dependencia básica que autores como MacIntyre la vinculan con un importante elenco de virtudes fundamentales (generosidad, agradecimiento, compasión, cuidado, alegría, solidaridad, misericordia y piedad), a las que agrupa con el término de «*virtudes de la dependencia reconocida*».

La libertad no consiste en la carencia o disolución de todo vínculo presente o contraído con anterioridad a ese momento, sino en la calidad, solidez, vigor y pujanza de los vínculos anteriores y actuales. A la persona le va en ello la continuidad del sentido de su propia vida. Los vínculos o compromisos no restan energías al desarrollo personal, como tampoco constituyen una estricta y férrea limitación que incapacite para obrar. No comer porque ya se ha comido en modo alguno restringe el horizonte vital del ser personal. De igual modo, no elegir porque ya se ha elegido es, en algún modo, volver a elegir —continuar eligiendo— lo que ya se eligió. Este modo de comportarse expande y adensa la fuerza vital que proporciona la robustez a la persona para proseguir, camino adelante, con su proyecto biográfico.

La *personalidad dependiente* es un trastorno relativamente frecuente en el ámbito clínico y con rasgos muy marcados y bien caracterizados, que suelen ser persistentes, inflexibles, desadaptativos y capaces en modo suficiente como para causar un deterioro funcional relevante en el propio comportamiento.

La prevalencia de este trastorno es casi idéntica en los varones que en las mujeres. Suele iniciarse en edades tempranas y su curso tiende a la cronicidad. Las relaciones entre *autoestima* y *trastorno de la personalidad por dependencia* son demasiado estrechas como para que puedan aquí silenciarse. Se diría que muchos de los rasgos que son característicos de la personalidad dependiente están causados por un importante déficit de autoestima o tal vez en otros casos sea esta consecuencia de aquéllos.

En la tabla 2.1 se sintetizan a continuación los criterios que permiten establecer este diagnóstico, tal y como fueron acordados por la APA (Asociación de Psiquiatras Americana, 1995) en el DSM-IV.

TABLA 2.1. *Criterios para el diagnóstico de trastorno de personalidad por dependencia*

Una necesidad general y excesiva de que se ocupen de uno, que ocasiona un comportamiento de sumisión y adhesión y temores de separación, que empieza al inicio de la edad adulta y se da en varios contextos, como lo indican cinco (o más) de los siguientes ítems:

1. Tiene dificultades para tomar las decisiones cotidianas si no cuenta con un excesivo aconsejamiento y reafirmación por parte de los demás.
2. Necesidad de que otros asuman la responsabilidad en las principales parcelas de su vida.
3. Tiene dificultades para expresar el desacuerdo con los demás debido al temor a la pérdida de apoyo o aprobación. (Nota: No se incluyen los temores o la retribución realistas.)
4. Tiene dificultades para iniciar proyectos o para hacer las cosas a su manera (debido a la falta de confianza en su propio juicio o en sus capacidades, más que a una falta de motivación o de energía).
5. Va demasiado lejos llevado por su deseo de lograr protección y apoyo de los demás, hasta el punto de presentarse voluntario para realizar tareas desagradables.
6. Se siente incómodo o desamparado cuando está solo debido a sus temores exagerados a ser incapaz de cuidar de sí mismo.
7. Cuando termina una relación importante, busca urgentemente otra relación que le proporcione el cuidado y el apoyo que necesita.
8. Está preocupado de forma no realista por el miedo a que le abandonen y tenga que cuidar de sí mismo.

Sobre muchos de los anteriores criterios está sobrevolando el déficit de autoestima. Es lo que sucede de forma más clara y concreta en los criterios 1, 3, 4, 6 y 7. En realidad hay otros muchos rasgos que aunque no se hayan señalado de modo explícito en los anteriores criterios, no obstante, suelen presentarse asociados a ellos. Este es el caso de la inseguridad en sí mismo, el pesimismo, el hecho de interpretar cualquier crítica o desaprobación como manifestación de su inutilidad, la incapacidad de tomar decisiones, lo limitado de sus relaciones sociales, etc.

Lo que les sucede, en realidad, es que han concebido su autoestima en función de la estimación de los demás. Pero como dependen de los demás, les parece natural luchar a toda costa con tal de que no se rompan las relaciones, de las que tanto necesitan, con ellos.

Es frecuente por eso que busquen la sobreprotección (déficit de autoestima) y que se sometan dócilmente a las opiniones de los demás —incluso cuando le son contrarias—, con tal de que su dependencia no resulte amenazada por esta causa. Esa dependencia afectiva es tan adherente que es posible que los demás experimenten la relación con ellos como demasiado pegajosa como para que sea soportable.

El hecho de no afrontar la responsabilidad personal y de acudir siempre a los otros para que les resuelvan sus problemas (déficit de autoestima) no sólo no les hará sentirse más seguros de sí mismos, sino mucho más inseguros. Cuando se les ayuda en circunstancias en que la auyuda es innecesaria, en cierto modo lo que se hace con ellos es sustituirles. Pero si se les sustituye, no crecen ni incrementan su valía personal al tratar de resolver un determinado problema, sino que aumentan su dependencia e indefensión y disminuye su autoestima.

Estos últimos rasgos se observan tanto en los adultos como en los jóvenes y adolescentes. En los adultos es frecuente que las personas de quienes dependen sean los padres o el otro cónyuge. Ninguna de estas dos dependencias son buenas para la estabilidad y felicidad de la pareja.

La primera, porque suele generar un grave conflicto de pareja al poner de manifiesto, ante el otro cónyuge, el problema de la dependencia afectiva respecto de su familia de origen. La segunda, porque la dependencia de un cónyuge respecto del otro constituye una pesada carga para quien ha de soportarla. Además, lo que necesita cualquier cónyuge es que el otro sea un adulto de parecidas cualidades y no un niño o niña a la que siempre hay que cuidar. Lo natural es que se cuide a los niños, pero no que los niños cuiden de los adultos. Entre otras cosas, porque ninguna persona con ese nivel de inmadurez puede hacer feliz a otra persona adulta y madura en sus relaciones de pareja.

En los jóvenes y adolescentes las manifestaciones de este trastorno de personalidad desvelan también su baja autoestima. En lugar de relacionarse con sus padres y compañeros, con el espíritu de independencia y rebeldía que suele caracterizar a la mayoría de ellos en esta etapa de la vida, lo hacen de una forma excesivamente sumisa y acomodaticia (déficit de autoestima). Sería un grave error que los padres confundieran esta sumisión e inseguridad con lo que en absoluto es: el excelente comportamiento de un buen hijo.

La *dependencia* nada o muy poco tiene que ver con la supuesta *bondad* que algunos padres atribuyen a sus hijos. Su aparente docilidad en este caso es más una manifestación de impotencia que del voluntario y costoso sometimiento; su demanda de ayuda no es comodidad, sino incapacidad para hacerse cargo de forma responsable de la realidad; el hecho de que no sepan estar solos no es consecuencia de disponer de unas bien desarrolladas habilidades sociales, sino de su incapacidad para sufrir de forma independiente el personal desamparo.

En este contexto, nada de particular tiene que cualquier pérdida de una relación sea de inmediato sustituida por otra que sustituya a aquella en el cuidado y el apoyo que continúan precisando (déficit de autoestima). Son personas que «se agarran a un clavo ardiendo» con tal de no sentirse solas. Los frecuentes y naturales encuentros y desencuentros amorosos, que desde la adolescencia son tan frecuentes entre los jóvenes, constituyen un excelente observatorio para examinar si hay conductas o no que manifiesten la emergencia de este trastorno.

Se comprende que este problema les afecte a los *adolescentes* con tanta frecuencia.

Hay al menos tres razones para ello. La *primera*, que lo que caracteriza a esa etapa es la emergencia del yo como autoconciencia vital diferenciada (Llano, 2002).

La *segunda*, que ese yo emergente surge de forma titubeante y muy inseguro de sí, al mismo tiempo que muy vulnerable —dada su debilidad— a cualquier exposición a estímulos que le puedan hacer daño. Es tal vez por esa especial sensibilidad del yo —que ahora parece caracterizar más que antaño a los adolescentes— por lo que se les ha descrito como la *me generation* o *generación del yo*.

Y la *tercera*, que es precisamente en esa edad cuando se descubre la eclosión de la propia libertad y, en consecuencia, si ya no se depende tanto de los padres —al menos en lo que respecta a las necesidades básicas—, entonces, la libertad ha de tener un destinatario, es decir, la libertad es para entregarla a alguien que sea digno de ella. Esta es la razón por la que adolescentes y jóvenes buscan conocer nuevas y muchas personas de su edad: para tener amigos y amigas, para lograr el anhelado encuentro con la persona que sea precisamente a la cual valga la pena autodestinarse.

El adolescente vislumbra así un ideal que, de realizarse a lo largo de su trayectoria biográfica, es muy posible que le haga experimentar su propia vida como una vida lograda. Y por eso se decide a seguirlo y perseguirlo. Ahora bien, esta fase de deslumbramiento tiene también sus sombras. Hay, qué duda cabe, muchas ilusiones, pero también opacidades y truculencias que sofocan y enturbian el ideal vislumbrado.

Es posible que este modo morboso de vivir las relaciones interpersonales e incluso los vínculos afectivos tenga mucho que ver con el tipo de apego (véase el capítulo correspondiente en esta publicación) que esas personas experimentaron durante la temprana infancia.

Con esto no se pretende afirmar que tras de cada *personalidad dependiente* haya una turbulenta historia infantil de trastornos de ansiedad por separación, como consecuencia de haber estado sometida a ciertos tipos de apego desajustado entre padres e hijos (apego inseguro, evitativo, ansioso, ambivalente o desorganizado).

Lo que se ha afirmado, líneas atrás, no tiene otra pretensión que la de poner en aviso a padres, educadores, psicólogos y psiquiatras acerca de la existencia de ciertos antecedentes en el comportamiento infantil, que tal vez expliquen mejor el aprendizaje y la naturaleza de estos trastornos de la personalidad cuando adultos.

Sería interesante estudiar, a este respecto, cómo las diversas conductas que caracterizan a las alteraciones del apego se proyectan luego en los rasgos de personalidad a que se ha aludido en este trastorno.

Es probable que pueda establecerse una cierta continuidad entre unos y otros. Baste recordar aquí que las alteraciones del apego son consecuencia de ciertos lazos afectivos desadaptativos promovidos por unas inadecuadas pautas de interacción entre padres e hijos (Doménech, 1995;

Polaino-Lorente, 1993a; Vargas y Polaino-Lorente, 1996; Polaino-Lorente, 1997). Pero esas pautas son las que precisamente contribuyen a modelar y moldear el futuro comportamiento afectivo de la persona adulta (del déficit de autoestima a la dependencia afectiva).

8. Tres enemigos de la autoestima en el contexto familiar

La autoestima, para que sea tal, ha de consistir en un cierto desbordamiento de la intimidad personal. La autoestima debiera entenderse como una cierta salida de sí, es decir, como una manifestación de la apertura del ser humano, como una apelación al encuentro con los otros. Por contra, si la autoestima se entendiese como una mera estimación desde el «en-sí» o sólo desde el «para-sí», estaríamos en el narcisismo, que es precisamente el segundo enemigo al que más adelante aquí se atenderá. Estudiemos a continuación esos tres enemigos concretos de la autoestima en el contexto familiar.

8.1. EL ENSIMISMAMIENTO

La apertura de la persona pone al descubierto la estructura de un ser irrestrictamente abierto de forma natural. La persona es un ser abierto. El fin de la autoestima no es otro que el de resolver el hermetismo y la cerrazón del propio yo. Lo propio de la autoestima no es el replegamiento en la persona; eso en todo caso es lo propio del *ensimismamiento*.

El «telos» de la autoestima no coincide con que un sujeto se tome a sí mismo como objeto y se aplauda a sí propio en la oscuridad de su más profundo «Yo». Estimarse a sí mismo consiste en salir de sí para trascender de quien se es y encontrarse —poco importa su carácter felicitario o no— sirviendo a los demás.

La autoestima tiene también mucho que ver con la estimación de los demás. ¿Para qué serviría que una persona se estimase mucho a sí misma, si no dispusiera de alguien, de un *quien* que la estime? La autoestima hace mención, por eso, a la *interdependencia*.

Para llegar al encuentro con los otros, para articular una relación de interdependencia con ellos es imprescindible, primero, salir de sí; en segundo término, encontrar-se con el otro; y, por último, que el propio «Yo» y el otro se acepten y asuman como propia esa *relación de interdependencia* simultánea y/o sucesiva.

Ahora bien, *encontrar-se* con el otro exige que se dé la circunstancia previa del puro y simple *encuentro*, de manera que al encontrar al otro el propio «Yo» se desvela a sí mismo rasgos, cualidades y dimensiones de su personalidad, hasta entonces ignotas y desconocidas por él. A esto es a lo que se puede llamar, con cierto rigor, ese hecho de *encontrar-se* (encontrar el propio «Yo» o aspectos parciales de él en lo que reverbera y se refleja de sí mismo en el otro).

Sin salir de sí no hay encuentro posible ni interdependencia con los otros. Por eso, la autoestima, bien entendida, es sinónimo de una cierta interdependencia.

Uno se estima a sí mismo no en el aislamiento y la soledad, sino en el encuentro y las relaciones con los demás. La autoestima tiene, por su propia naturaleza, un carácter dialógico y relacional. La autoestima no comparece en el solipsismo del vacío hermético a que conduce el *ensimismamiento*. El escenario natural donde emerge la autoestima es en la estimación de los demás. Es también ahí donde hunde sus raíces, se vigoriza y acrece en toda su estatura.

No podía ser de otra forma, puesto que salir de sí es un cierto *abismarse*, abandonar a sí mismo a la inatención para clavar la atención en el centro de cualquier otro yo, distinto del propio. El *encuentro* exige un previo y cierto desencuentro con el propio «Yo» o, lo que es lo mismo, salir de sí, *desatender* al «Yo» para de él *desentenderse* y *abismarse* en el otro.

Por eso también, el ámbito natural en el que la autoestima se arraiga es la familia, sea esta la de procedencia —como ya se observó por extenso en otro lugar a propósito de la cuestión acerca del origen (cfr. Polaino-Lorente, 2003*b*)—, o sea, la nueva familia por la persona fundada —a lo que ya se atendió a propósito de la cuestión de querer y ser querido (cfr. Polaino-Lorente, 2003*c*).

La autoestima cerrada a la trascendencia, la autoestima replegada en el estrecho horizonte intrascendente de la propia piel, la autoestima del propio «Yo», es al fin la empobrecida autoestima de la persona egótica, vacía de toda relación, de toda interdependencia y, por tanto, cerrada, hermética, rehén de sí misma, es decir, la de un *alguien* que corre el grave peligro —una vez que ha perdido el norte y las referencias más íntimas— de zambullirse en los trastornos psicopatológicos, que le configuran en apariencia como un *nadie*.

Estar ensimismado es no percatarse de quienes nos rodean, condenar a la indiferencia a los otros, que son de suyo diferentes. El *ensimismamiento* constituye la peor de las formas posibles de estar abismados, porque implica una cierta desnaturalización del otro y del propio yo. ¿Para qué sirve hacer cuestión de sí mismo, si esa cuestión está clausurada y no puede abrirse a una solución ni ser resuelta o compartida con nadie?, ¿cómo se puede encontrar o recuperar la autoestima personal si se rechaza cualquier estimación de quienes nos rodean?, ¿para qué autoestimarse en más o en menos, si ninguno de esos valores puede ponerse al servicio del otro? Si algunos —o todos— tratan al propio «Yo» con indiferencia, algunos o todos le ningunean. El propio «Yo» deja de ser *alguien* y deviene en *nadie*.

8.2. El individualismo

El segundo enemigo de la autoestima en el contexto familiar es el *individualismo*. El individualismo surge con la arrogancia de otro absoluto:

el de la singularidad. Es cierto que la persona, en tanto que *sustancia individual*, es una realidad indivisa en sí misma y dividida, en cambio, de las demás realidades. La individualidad personal, en tanto que sustancia, está afectada de la máxima radicalidad. De aquí que la persona esté encerrada y clausurada en su propio ser —en tanto que individualidad—, aunque al mismo tiempo por la racionalidad esté dotada de una cierta intimidad e irrestrictamente abierta a conocer y querer. Por ello su individualidad en parte le encierra en sí misma y en parte le abre a los otros, por lo que en modo alguno es absoluta, sino relativa (Polaino-Lorente, 2003*b*).

El error del individualismo consiste en que absolutiza lo que es relativo. Si la individualidad fuese absoluta, la persona no podría conocer ni querer porque estaría clausurada en sí misma de una forma hermética. El individualismo no es compatible con la autoestima ni con la estimación de nadie, porque ese curvarse sólo sobre sí mismo le imposibilita tender y atender a los otros, encontrarse y apreciarse en las relaciones con ellos, atender y entenderse a sí mismo.

En el contexto familiar no siempre resulta fácil encontrar la afortunada posición entre la apertura a los otros y el replegarse en sí mismo, ese punto equilibrado y equidistante entre la comunidad y la persona, de manera que respetándose las características propias de la persona se satisfagan también las naturales exigencias de la vida de familia.

De otra parte, las relaciones entre los miembros de la familia han de coincidir en la unidad, pero han de respetar la diversidad de cada uno de ellos. La unidad aquí no ha de entenderse como uniformidad, sino como convergencia de todos los comportamientos de los familiares hacia el bien de la familia.

Lograr esta difícil síntesis puede plantear problemas en algunas personas o en ciertas circunstancias y etapas del ciclo vital familiar. El individualismo más doloroso y de peores consecuencias es el que acontece en uno de los progenitores. Son los padres los que en definitiva han de estar unidos, antes incluso que la unión entre padres e hijos, puesto que esta última es posterior en el tiempo y está subordinada a la primera de la que es su consecuencia. Si los padres están unidos —si ninguno de ellos vive para sí mismo, sino para el otro y los otros—, entonces el individualismo casi nunca llega a plantearse.

El individualismo surge cuando un miembro de la familia se atribuye un valor predominante de finalidad respecto de la comunidad de que forma parte; cuando el individuo se postula como adornado de un valor infinito mientras atribuye un valor nulo a las relaciones y a la vida familiar.

La tentación del individualismo tiranizante en el contexto familiar —todos a su servicio y él sirviéndose de todos, sin contar con ninguno de ellos— es algo que con diversos perfiles y manifestaciones puede emerger en la vida personal de cualquiera de los miembros familiares, poco importa la edad o las circunstancias. Los hijos, en efecto, pueden tiranizar a sus padres desde muy temprana edad; y lo mismo puede afirmarse de los padres respecto de los hijos o entre ellos mismos. En este punto conviene estar avisados para que a nadie le coja de sorpresa.

Hay muchas circunstancias que pueden facilitar la emergencia del *individualismo entre los cónyuges*, de las que no es pertinente tratar en este momento. Una de ellas es, desde luego, la dependencia afectiva o absorción de uno de los cónyuges por el otro. En ese caso no se reconocen y se conculcan, por uno de los cónyuges, los derechos inalienables que tiene el otro como persona. Ante la imposibilidad de desenvolverse con soltura y naturalidad en el ejercicio de sus libertades, es muy posible que el cónyuge se sienta asfixiado y como encerrado en el estrecho cerco a que es sometido por el otro.

Surge el individualismo como reacción a la situación. Más en concreto, cuando la persona descubre que ella misma ha sido institucionalizada y sólo institucionalizada por el otro, de manera que con facilidad lo puede engullir y tiranizar. En esas circunstancias tratará de dialogar para zafarse de esa absorción impuesta. Y si no lo consigue, cambiará su comportamiento en beneficio exclusivo de su persona (emergencia del individualismo). A partir de ese momento, se ocupará de la defensa de su propio yo, sin reconocer la presencia del nosotros, con la que es incapaz de ensamblarse. De aquí que cuando se vea forzado a atender a los demás —al nosotros—, lo haga en plan administrativo como una función necesaria no al servicio de la familia sino del mero colectivo. La familia se transforma en mero colectivo cuando uno de sus miembros experimenta gravemente amenazada su individualidad.

En otros casos tan graves como el anterior, el individualismo surge como un rebrote de egoísmo o de narcisismo, a los que también se pasa revista en este epígrafe, o como consecuencia de cualquiera de los muchos trastornos psicopatológicos a los que suele acompañar y caracterizar el morboso individualismo patológico.

Por último, hay situaciones en que puede surgir un cierto individualismo en uno de los cónyuges, aunque de tono menor, como consecuencia de ciertas interferencias del otro cónyuge en los estrictos ámbitos de libertad personal o profesional que necesariamente habría que haber respetado. El hecho de que marido y mujer sean «una sola carne» no significa que forzosamente sean una misma empresa, hospital, universidad, etc.

Capítulo aparte sería la consideración del *individualismo en los hijos*. Hasta cierto punto esto es natural desde la más tierna infancia y de un modo especial en la adolescencia. El tratamiento más efectivo es la educación en la unidad. Esa educación debe comenzar desde el principio, de manera que los hijos aprendan cuanto antes a diferenciar el bien personal y el bien común, al que el primero ha de estar sometido. Las prácticas de crianza en la educación temprana suscitan muchas circunstancias que si se está avisado de ello y se aprovechan como se debiera facilitan mucho las cosas.

Otra cosa muy distinta del individualismo es la independencia, sobre todo la independencia de los hijos a causa de tratar de formar su propia familia. La marcha de una hija o un hijo a causa del matrimonio es lógico que se viva como un desgarrón relevante de la unión familiar, pero es natural que se comprenda y que se apoye. Porque en este caso no es el individualismo lo que mueve a los hijos a abandonar la unidad familiar, sino la exigencia de disponibilidad que conlleva el dar origen a otro nuevo hogar. Los diversos tipos de familia —sobre todo en lo que hace relación a variables como la cohesión y unidad familiar— reaccionan, como es de esperar, de modo diverso. Lo que se trata es de no magnificar el drama de la separación, en una palabra, de no responder de un modo artificial y descompensado a lo que de suyo es natural.

Si no se quiere destruir la familia, es preciso sacudirse cuanto antes la crisis individualista y para ello lo mejor es identificar cuál es su causa y remover los obstáculos que la alimentan.

8.3. El narcisismo

El tercer enemigo de la autoestima en el contexto familiar es el *narcisismo*. La persona narcisista sólo está pendiente de su propio yo, de su autoimportancia, de sus posibles éxitos, a los que casi siempre considera como ilimitados.

A las demás personas —tan pagado está de su especial valía— exige la admiración incondicional. La persona narcisista carece de empatía —es incapaz de ponerse en la situación del otro y hacerse cargo de sus sentimientos—, por lo que no puede abrirse hacia nadie. De aquí su arrogancia e incomunicación.

Allí donde hay un «Yo» dolorido por cualquier causa, el riesgo del narcisismo se incrementa. En esa circunstancia, la persona experimenta un cierto fracaso existencial, aunque considere que vale más que los demás y que no se merece que le traten así. Tal vez por eso exige un trato especialísimo de las personas que le rodean. Una persona en esas circunstancias «está rara», que es lo que suelen decir las madres, que son las que mejor conocen a sus hijos.

Lo que tal vez haya sucedido es que esa persona se quería apasionadamente a sí misma hasta ese momento en que ha sido contrariada, de repente, su trayectoria vital. Por eso su autoestima sufre un revés tremendo, con el que apenas si contaba, y que le es tan difícil de soportar.

Por lo que parece, no conviene quererse apasionadamente a sí mismo; de lo contrario, cualquier revés que suframos puede resultarnos intolerable. Si se permanece un cierto tiempo en esta situación, sin experimentar una evolución favorable, es muy posible que la vida personal tome otros derroteros y se encamine hacia otras formas de comportamiento, otros estilos de vida que rondan lo patológico, y que nunca hasta ese momento habían acontecido.

La fenomenología de los hechos y comportamientos característicos que acompañan a las *crisis narcisistas* es muy variada. Este es el caso, por ejemplo, de una persona que se desentiende por completo cada día de cuáles son las circunstancias, el estado, los sentimientos de las personas con las que convive. Durante una crisis de pequeña duración, esto podría disculpársele. Pero de forma continuada, no. Si se prolongan esos comportamientos en una persona, lo que se está desvelando es que su «Yo» es tan grande, está tan hinchado, que no le deja percibir en la corta distancia el «Tú» y, en consecuencia, no se hace cargo del «Tú». Pero sin intuir siquiera qué le está pasando al otro, es casi imposible tratar de comprenderlo y ayudarlo.

Se puede establecer un cierto balance entre *autoestima y narcisismo*. Está bien y es correcto, en principio, que las personas se estimen a sí mismas, porque de lo contrario no serían capaces de defender sus propias vidas. ¿Si no amasen la justicia y el bien personal, cómo podrían amar la justicia social y el bien común? Cada persona ha de hacer que a sí misma se le respete y esa defensa de su dignidad personal está en sus propias manos. Pero no es menos cierto que, al mismo tiempo, hay que ocuparse del respeto y la dignidad de las personas a las que se quiere y con las que se está vinculado. La abolición de esos lazos, hasta llegar incluso a la *indiferencia*, es lo que es propio de las actitudes narcisistas.

Cuando sólo se atiende a la autoestima personal, con independencia de que esté o no más o menos dolorida, se acaba en el narcisismo. En el fondo, lo que sucede es que desde las *actitudes narcisistas* no es posible amar a ninguna otra persona, ni tan siquiera a sí mismo. No se puede amar a otra persona, primero, porque al otro se le utiliza sólo como incienso al servicio del propio «Yo». Y, en segundo lugar, porque al estar la persona tan encerrada en sí misma, al estar tan clausurada, tan herméticamente replegada sobre su propio «Yo», puede no disponer de la necesaria capacidad natural para abrirse y percibir al otro.

En circunstancias como las que aquí se apuntan, lo más frecuente es que la persona que está sufriendo una crisis narcisista sólo se relaciona con muy pocas personas, aquellas que entran en su proximidad sólo en función de que contribuyan a exaltar, afirmar o asegurar su propio «Yo». Por lo cual es probable que sólo se rodee de aduladores. Pero la mera adulación es la negación y el fracaso del amor entre personas.

Uno de los más importantes riesgos de la autoestima es, sin duda alguna, el narcisismo. Esto es lo que sucede casi siempre —al menos como una etapa transitoria— cuando acontece un grave conflicto de pareja o una crisis vital en la persona, poco importa cuál sea el ámbito en que aquella se suscite.

Esto pone de manifiesto, una vez más, que *la autoestima no es el narcisismo* ni las crisis narcisistas que surgen en muchas personas y que, desde luego, pueden ser superadas a lo largo de la vida. Por consiguiente, no ha de reducirse el uno a la otra, de la misma forma que tampoco han de confundirse.

No deja de ser curiosa *la relación yo-tú* y el modo en que se vertebra la autoestima en el narcisismo. En la medida en que el «Yo» se agigante, en esa misma medida el «Tú» deviene en enano. Por el contrario, en la medida en que, en las relaciones interpersonales, el «Tú» se percibe como superior al propio «Yo», el narcisismo decrece, desaparece o se extingue.

Lo ideal es que haya un cierto equilibrio entre el «Yo» y el «Tú»; que ambos ocupen posiciones simétricas, que ambos se comporten de un modo parecido en sus recíprocas estimaciones, a fin de que nadie sea superior a nadie.

Eso es, precisamente, lo que suele acontecer en el ámbito de la familia. Un lugar donde nadie debiera compararse con nadie, por la sencilla razón de que ese es el ámbito donde nadie es estimado por lo que hace, lo que tiene o lo que sabe.

La familia es el lugar a donde siempre se regresa en tiempos de incertidumbre y de penuria para *reencontrarse* y/o *encontrar* la autoestima perdida, precisamente porque allí —y sólo allí— cada persona es estimada simplemente por ser quien es.

La familia es por eso el ámbito idóneo para que todos sus miembros crezcan más y mejor en la autoestima. Allí nadie es más que nadie y cada «Tú» es estimado por sí mismo, con completa independencia de cuál sea el «Yo» que estima o resulta estimado por otro.

No podría ser de otra forma si, como sucede, cada *familia* es, por definición, un «nosotros», donde el «Yo» y el «Tú» alcanzan la cota más alta en autoestima. Si de verdad se pretende robustecer la autoestima de las personas, el mejor camino para ello es vigorizar la familia, el mejor lugar donde cada persona puede llegar a ser quien es, quien debe y quiere ser, la mejor persona posible.

Capítulo 3

EL APEGO INFANTIL Y EL DESARROLLO DE LA AUTOESTIMA

1. Introducción
2. Breve aproximación al concepto de apego infantil
3. Autoestima y conductas innatas de apego
   3.1. Las respuestas de orientación
   3.2. La respuesta de succión
   3.3. La conducta de agarrarse y asirse
   3.4. El llanto
   3.5. La sonrisa
   3.6. El contacto ocular
   3.7. Las expresiones faciales
   3.8. Los balbuceos
4. Apego, habilidades sociales y desarrollo de la autoestima
5. Del apego a la autoestima, y regreso
6. Autoestima y tipos de apego
   6.1. El apego inseguro-evitativo o ansioso-evitativo
   6.2. El apego seguro
   6.3. El apego inseguro-resistente o ansioso-ambivalente
   6.4. El apego ansioso-desorientado-desorganizado
7. La autoestima y el apego paterno

1. Introducción

La autoestima no se da de una vez por todas y para siempre. Es más, hubo un tiempo en la vida de la persona en que no fue, lo que pone de manifiesto que tuvo un origen. Poco sabemos acerca de este oscuro origen, como también ignoramos casi todo acerca de su desarrollo. Pero no hay ninguna duda de que rastreando en la excelente memoria de algunas personas, podemos llegar incluso a datar el momento en que la autoestima emergió o que al menos —es probable que sea más exacto expresarse así— pueda datarse el momento en que por primera vez se tomó conciencia de ella.

La autoestima varía con el tiempo. Es tanta su versatilidad y dependencia de numerosos factores, que se entiende que las personas unas veces se estimen y otras se desestimen. Tales estimaciones y desestimaciones admiten grados muy variados, dependiendo muchas veces de las meras circunstancias personales. ¿Quién no se ha encontrado alguna vez contento de sí y, no obstante, sentirse desdichado y carente de todo valor un momento después?

Esto es, desde luego, mucho más frecuente entre los jóvenes que entre los adultos y personas maduras. Posiblemente, porque los primeros, por su inexperiencia de la vida, magnifican lo que les acontece y dependen más de las circunstancias que del conocimiento personal. Pero también hay muchos adultos en que estos vaivenes de la autoestima son la regla. Me refiero, claro está, a personas y comportamientos que tienen muy difícil justificación desde una perspectiva estrictamente psicopatológica. Suelen ser, eso sí, personas mucho más sensibles —y también por eso, más vulnerables— a los premios y castigos, a los éxitos y fracasos, a la aprobación e indiferencia social.

En todo caso, lo que aquí se pone de manifiesto son las muchas causas que pueden justificar esta versatilidad de la autoestima: desde el endeble e insuficiente conocimiento personal a la excesiva dependencia de ciertos factores y resultados incontrolables del medio; de la falta de firmeza de los propios valores y convicciones a un excesivo compromiso con lo que es convencional; de las expectativas mal fundadas a la absolutización de lo relativo y a la relativización de lo absoluto.

En todo caso, la génesis y el desarrollo inicial de la autoestima personal resultan en cierto modo deudores del apego infantil, concepto este al que se dedicarán algunos de los epígrafes siguientes.

2. Breve aproximación al concepto de apego infantil

El concepto de apego infantil se inició hace más de un siglo para designar la especial relación que se da entre el niño y su madre durante los primeros años de la vida infantil. Freud (1938) describió esa relación como «única, sin comparaciones, establecida inalterablemente para toda la vida, como el primer y más fuerte objeto de amor y como prototipo de todas las relaciones posteriores».

Esta pionera descripción fue pronto superada, por cuanto el vínculo madre-hijo así definido era demasiado determinante de las futuras relaciones del niño. Además, junto a este determinismo sin fundamento, tal relación se magnificó en exceso, apelando como justificación a la satisfacción de las necesidades fisiológicas del niño (el hambre, la sed, los cuidados, etc.) a través de esa relación, a las que según la óptica freudiana se subordinaba la dimensión afectiva del niño.

No obstante, ninguna de estas explicaciones han encontrado evidencia empírica alguna. En seguida, el concepto de apego fue introducido en el contexto clínico por autores más o menos vinculados al psicoanálisis (Bender y Yarnell, 1941; Bowlby, 1940; y Spitz, 1945), diseminándose su uso entre los expertos.

Frente a la anterior teoría psicoanalítica, Bowlby (1940 y 1989) inició el estudio empírico de estas relaciones, reformulando el concepto de apego en el marco de una teoría menos determinista y contaminante y más atenida a los datos empíricos.

Más tarde, el estudio de estas relaciones es abordado desde una nueva óptica, esta vez acaso más rigurosa, por cuanto se emplea una metodología de tipo experimental a cuyo través se controlan mejor ciertas variables (Lorenz, 1957; Harlow, 1958). Con ella la etología y la investigación animal experimental se incorporarán a la investigación de este proceso.

Bowlby (1989) nos lo explica con un claro ejemplo: «Si fuera verdad, un niño de uno o dos años se apegaría con facilidad a cualquiera que lo alimentara, y evidentemente no es ese el caso.» El autor dio a conocer sus observaciones sobre las reacciones emocionales de los niños cuando son separados de sus madres. Bowlby llama la atención sobre la aguda aflicción de los niños que se ven separados de aquellos a quienes conocen y aman, analizando los efectos adversos que genera la privación de cuidados maternos en el ulterior desarrollo del niño.

Hemos de señalar que los estudios de Bowlby se centraron fundamentalmente en la relación del niño con su madre, puesto que consideró que el vínculo entre el padre y el niño se hace más robusto sólo cuando el niño comienza a valerse por sí mismo. De aquí que la madre sea el vínculo más importante durante los primeros años, puesto que es ella la que por lo general alimenta, viste, baña y conforta al niño.

Las pruebas de que la privación del amor materno en la primera infancia puede tener un efecto de gran alcance sobre el desarrollo de la salud mental y la personalidad de los seres humanos, provienen de diversas fuentes. Los estudios que más aportan datos son precisamente aquellos en que se observaron a los niños que vivían en instituciones, hospitales y hogares sustitutos. Todos los autores coinciden en señalar que, al faltar el cuidado materno, casi siempre se retrasa (física, intelectual y socialmente) el desarrollo del niño, pudiendo manifestarse en ellos síntomas y alteraciones físicas y mentales. Entre los síntomas observados, entonces, podemos resaltar los siguientes: el niño privado difícilmente sonríe a un rostro humano ni responde a un mimo; puede tener mal apetito o, a pesar de estar bien alimentado, no aumentar de peso; y puede dormir mal o no mostrar iniciativa alguna.

Disponemos de muchos datos que confirman que *la privación materna causa un retraso en el desarrollo*. En niños que estuvieron institucionalizados hasta los tres años se encontró un retraso considerable en inteligencia, capacidad de pensamiento abstracto, madurez social, capacidad de obedecer reglas, capacidad de hacer amigos y retraso en el habla. El arte de hablar debe aprenderse en el momento y lugar adecuados. La institución tenía un nivel de higiene física muy alto pero carecía de las condiciones más elementales de higiene mental, puesto que los niños vivían en un contexto de aislamiento social.

Años más tarde, Bowlby (1972) hizo ciertas matizaciones en lo que respecta a las influencias que pueden tener ciertas variables (la edad de separación y su duración) sobre los daños provocados. El daño causado por la ausencia de cuidados maternos es tanto más grave cuanto menor sea la edad del niño (especialmente desde el nacimiento a los *tres años*). Entre los *tres y cinco años* el riesgo todavía es grave, aunque mucho menos que antes, dado que en esta etapa el niño no vive sólo en el presente, sino que ya puede pensar que su madre regresará (lo que es imposible para un niño menor de tres años). A partir del *quinto año* el riesgo disminuye aún más, aunque una buena proporción de niños entre los *cinco y ocho años* es incapaz de adaptarse satisfactoriamente a las separaciones, sobre todo si son repentinas y sin preparación previa.

De aquí que se fuese perfilando un nuevo centro de interés acerca de la naturaleza del apego infantil. De acuerdo con Bowlby (1969), «el apego desplegado por un bebé a su madre es un fenómeno primario, seleccionado en el curso de la evolución, y no un fenómeno secundario, resultante de la necesidad de satisfacción, como los psicoanalistas ortodoxos mantenían» (Bacciagaluppi, 1989). O como escribía Loutre (1972): «Existe una tendencia primaria, no aprendida, a buscar la relación con el otro. Esta necesidad se expresa mediante numerosos patrones innatos de comportamiento (succionar, agarrarse, llorar, sonreír, seguir), que aparecen en tiempos sucesivos y que contribuyen progresivamente al apego de un niño a una figura privilegiada.»

La teoría sobre el apego se construye no sólo en torno a la conducta de apego observada en el niño, sino también respecto de otras conductas. Este es el caso de la *conducta de crianza*, en cierto grado preprogramada tal como es mostrada por el adulto y la *conducta exploratoria* del niño, que se manifiesta una vez que ha logrado formar un apego seguro con su madre (u otra figura similar). Para esta teoría la actuación materna desempeña un relevante papel por lo que supone de contribución a la conducta exploratoria del niño y a su posterior desarrollo. (Para una revisión pormenorizada del apego infantil, confrontar Vargas y Polaino-Lorente, 1996.)

En su estudio de Baltimore, Ainsworth (1971) observó cuatro modelos de respuesta del niño a la madre, en situaciones de estrés a causa de la separación, a partir de los cuales sistematizó los diferentes tipos de apego. Los resultados obtenidos constatan la idea de Bowlby sobre *la necesidad que tiene el niño de establecer un apego seguro con la madre*, en donde ciertamente se acuna la protovivencia de la acogida, la aceptación y la estima.

Una vez que lo ha logrado, el niño utiliza a la madre como *una base segura* (disponible), a partir de la cual explora el mundo en momentos de seguridad, al tiempo que, en momentos de estrés, acude a ella en busca de apoyo. Según esta investigación, los niños que despliegan *conductas de evitación y ambivalentes* hacia sus madres son aquellos que luego, precisamente, tendrán problemas en el establecimiento de una segura relación de apego, a los 18 meses de edad, y posteriormente algunos problemas con la autoestima personal.

Según esto, los conflictos en la fase evolutiva de *apego-individuación* tienen sus ecos y resonancias más tarde en la configuración de la *autoestima* y de la estimación de los otros.

La reformulación del modelo tradicional acerca del apego no se haría esperar de manos de otros muchos (Crittenden, 1990; Lyons-Ruth y cols., 1990; Levine y cols., 1991; Schneider, 1991; Van den Boom, 1994). El modelo tradicional no supo explicar las condiciones que conducían a que el niño se apegase a su madre. Las nuevas teorías que atribuyen una mayor importancia al ambiente y a la *situación familiar* que el niño vive como *fuente de seguridad* tienen un alcance explicativo mayor respecto del apego y la autoestima. En las situaciones donde el niño experimenta la ausencia de seguridad es precisamente donde surge el sentimiento de extrañeza que genera en él ambivalencia, provocándole un cierto impulso a huir, escapar o evitar tal situación (lo contrario del apego) y, en el futuro, ciertas formas mal estructuradas de estimarse a sí mismo.

En la actualidad, la mayoría de los investigadores no admiten que el niño se apegue a su madre como consecuencia de que esta sea únicamente la fuente de sus gratificaciones fisiológicas (alimentación, higiene, etc.).

Acaso por eso, hoy se prefiere hablar de «apego», «confianza» y «autoconfianza». En realidad, *es muy difícil que un niño llegue a confiar en sí mismo si antes no ha experimentado la confianza en sus padres*. Lo mismo cabría decir respecto de la estima a otras personas y a sí mismo. Y es que *el fiarse de otros y de sí mismo* forma parte del *sentimiento de confianza básico*, siendo aquellos dos ingredientes imprescindibles de un mismo proceso. De hecho, la autoconfianza —como la confianza en otro— no sigue la ley del «todo o nada», sino que admiten una cierta gradualidad, lo que permite intervenir para acrecerlas y optimizarlas o disminuirlas y amenguarlas. Pero es en ese mismo sentimiento de la confianza básica donde va a hincar sus raíces el comienzo de lo que más tarde será la autoestima.

Sea como fuere, el hecho es que apego y autoestima están al parecer fuertemente relacionados. Antes de proseguir con el estudio de estas relaciones permítaseme definir el apego tal y como quien esto escribe. «El apego consiste en *la vinculación afectiva, estable y consistente que se establece entre un niño y su madre, como resultado de la interacción entre ambos*. Dicha vinculación es promovida no sólo por el repertorio de conductas innatas, con las que el niño viene al nacer (conductas de apego: llanto, risa, succión, etc), sino también por la sensibilidad y actuación materna.

»El apego se caracteriza por la necesidad que siente el niño de buscar y mantener cierto grado de proximidad y contacto físico con las figuras vinculares. La calidad del apego está determinada por la interacción que se establece entre ambos, es decir, no sólo por las conductas del niño, sino también por las conductas de los adultos que de él cuidan. El apego tiene un carácter estable, consistente e irreversible» (Vargas y Polaino-Lorente, 1996).

3. Autoestima y conductas innatas de apego

Algunos de mis alumnos han podido encontrar ciertas dificultades relativas al modo en que parecen estar interrelacionados el *apego* y la *au-*

toestima. Cuando esto me ha sucedido he apelado al estudio en detalle de las conductas innatas sobre las que se alza el apego y, posteriormente, la autoestima. Tal apelación tiene un cierto fundamento, puesto que siendo todas ellas innatas, no obstante, en alguna forma se encaminan y alcanzan el ámbito del comportamiento afectivo.

Bowlby y Ainsworth han señalado que el repertorio de conductas del niño al nacer —conductas de apego— sirve para promover la proximidad o contacto físico con la figura de apego. Bowlby distingue entre conductas señalizadoras y de aproximación. Las *conductas señalizadoras*, que sirven para atraer a la figura de apego, se emiten de manera espontánea, sin dirigirse a una persona en particular (llanto, risa, balbuceo). Las *conductas de aproximación* sirven para aproximarse a la madre y se suscitan de forma espontánea (búsqueda, acercamiento, succión no nutricional y asirse o agarrarse).

Ainsworth (1972), por su parte, amplía la clasificación anterior, incluyendo, entre las denominadas conductas de apego, las conductas que sirven para *llamar la atención* (llanto, sonrisa, vocalización), las *conductas de orientación* (mirada, seguimiento y aproximación) y las conductas de *contacto físico activo* (abrazo, gateo y comportamiento ansioso).

A través de estas conductas, complementadas por otras que emergen posteriormente, el niño inicia y mantiene la interacción con su madre, evitando en todo momento su separación. El avezado lector sacará sus propias conclusiones acerca de las relaciones implícitas existentes entre el apego y la autoestima. Le basta para ello con comparar los anteriores comportamientos, que están implicados en el apego, con los que hacen referencia o dicen relación a la autoestima, cuando adultos.

Las agrupaciones realizadas por ambos autores son de gran utilidad para el conocimiento de dichas conductas y de los contextos en los cuales se hacen presentes. Siguiendo a los anteriores autores, podemos destacar, entre las más relevantes, las siguientes:

3.1. Las respuestas de orientación

La repuesta de orientación facilita la alimentación del niño, al tiempo que promueve y mantiene el contacto entre este y la madre. La forma más primitiva consiste en un movimiento alternativo de lado a lado, el cual puede estar suscitado por estímulos táctiles o acontecer de forma espontánea si el niño está hambriento. De otra parte, la respuesta mejor organizada consiste en el giro de la cabeza en el espacio hacia un determinado estímulo táctil, mientras el niño orienta su boca de forma más precisa hacia la fuente estimular.

Como señalan Blauvelt y Mc Kenna (1961), en este reflejo está implicado el tono postural del neonato cuando es sostenido por su madre, al tiempo que el niño se adapta a la madre y esta al niño, con lo que se logra un ajuste recíproco (Ainsworth, 1972).

EL APEGO INFANTIL Y EL DESARROLLO DE LA AUTOESTIMA

3.2. LA RESPUESTA DE SUCCIÓN

La respuesta de succión es el primer medio por el que un niño entra en estrecho contacto con otro ser, lo que favorece su contacto e interacción. Esta respuesta favorece el contacto porque el objeto es buscado de forma activa para alimentarse con él, conocerle, obtener placer, etc. También favorece la interacción, porque su organización (descarga-pausa) facilita la sincronización con la madre, turnándose a través de los «roles» de dador-receptor, en un diálogo interpersonal.

En situaciones normales, la respuesta de succión adquiere la forma de un patrón arranque-pausa. La succión tiende a darse en una serie de arranques, separados por pausas. Schaffer (1978), siguiendo a Wolf (1967), considera que el reflejo de succión es una actividad motriz aparentemente simple que, de hecho, está organizada en complejas secuencias de tiempo reguladas por un mecanismo endógeno cerebral.

Kaye (1977) ha demostrado que las madres tienden a interactuar con sus bebés en una sincronía precisa, según el patrón de succión arranque-pausa. Generalmente, durante los arranques, las madres están inactivas y tranquilas, mientras que durante las pausas mueven, acarician y hablan al bebé, desencadenando así un patrón alternante en el que, primero uno y luego otro, desempeñan el papel de actor principal, mientras el otro permanece pasivo.

Esto sucede así porque la madre se deja «marcar el paso» por la conducta espontánea del niño, ajustándose al patrón natural de succión del bebé. La madre responde al cese de la succión como si fuera para ella una señal, a partir de la cual se inicia el «diálogo» entre ambos (Schaffer y Crook, 1978). Por tanto, la madre es sensible al ritmo de su hijo y se acomoda a él en esta primera etapa de interacción social (Lester, Hoffman y Brazelton, 1985; López Sánchez, 1993).

Durante el *primer mes de vida*, el niño muestra conductas innatas de orientación, señalización, proximidad y contacto, que suelen activarse en presencia de un adulto (Ainsworth, 1972; Bowlby, 1969; León, 1984). Este elenco de conductas constituye lo que se ha dado en llamar la *respuesta social indiferenciada*. Entre las *conductas de orientación* se incluyen aquí la fijación y el seguimiento visual, la escucha y el ajuste postural. Entre las *conductas precursoras del contacto corporal* pueden incluirse aquí el reflejo prensor, el reflejo de Moro o del abrazo, el reflejo de búsqueda y la conducta de succión. De otra parte, la sonrisa, el llanto y las vocalizaciones son *señales* de comunicación social que activan la conducta adulta, siendo su principal objetivo, por tanto, iniciar la interacción y mantener la proximidad.

Para entender la importancia y naturaleza de estas conductas infantiles en los primeros meses de la vida, es necesario tener en cuenta que sus formas de conocimiento y relación durante esta etapa son *sensoriomotoras*.

El niño vive en un mundo completamente perceptivo y motor. Esto quiere decir que las formas de intercambio válidas para él, en este período, son sensoriomotoras. De ahí la enorme importancia que tiene el que se potencie este repertorio de conductas con las que el niño viene al nacer, ya que son las que promueven su desarrollo tanto afectivo como cognitivo y de las que tanto dependerá su autoestima y el modo de manifestar la estimación a los demás.

3.3. La conducta de agarrarse y asirse

Bowlby (1958) identificó dos reflejos que están presentes en el ser humano: el reflejo prensor y el reflejo de Moro o del abrazo. El *reflejo prensor* consiste en el cierre de la mano como respuesta a cualquier ligera estimulación de la palma. El neonato muestra también una tendencia a restablecer el contacto cuando este se ha perdido (conducta muy evidente, unas semanas después del nacimiento). El reflejo prensor desaparece lentamente a lo largo de los primeros meses de vida, mientras la tendencia a restablecer el contacto se hace luego más compleja y precisa, orientándose mejor en el espacio y evolucionando a una conducta voluntaria y selectiva. Hacia el quinto mes los esquemas prensor y visual están ya claramente coordinados.

El reflejo de Moro o del abrazo consiste en la extensión de los brazos ante la presencia de estímulos fuertes e inesperados como, por ejemplo, una sacudida repentina de la cuna. Ambos reflejos favorecen el contacto corporal, por lo que se consideran también conductas de apego. La relación entre estos reflejos y las manifestaciones de afecto resultan obvias, por lo que no parece que sea necesario extenderse aquí más en lo que hace referencia a la autoestima.

3.4. El llanto

El llanto fue identificado por Bowlby (1958) como una conducta de apego, puesto que tiene una función de señalización, cuya finalidad es *atraer la atención de la madre* (Anastasiow, 1986). Bell y Ainsworth (1972) han demostrado que el llanto, durante los tres primeros meses de la vida del niño, es más frecuentemente activado cuando la madre está fuera de su vista que cuando se encuentra en contacto físico con ella (Anastasiow, 1986). De aquí que el contacto físico con la madre sea más eficaz que la proximidad, hablarle o darle un juguete para la reducción del llanto.

Sin embargo, a medida que los receptores de distancias (vista, oído) comienzan a jugar un papel más importante, el llanto del bebé es calmado por el simple sonido de una voz o el contacto visual con una persona cercana. De otra parte, la cualidad del llanto va cambiando en la medida que el niño alcanza *un mayor control de sí mismo* y empieza a mostrar signos tempranos de *autonomía*, lo que suele acontecer alrededor de los cuatro meses (Brazelton, 1983; Anastasiow, 1986).

El llanto es una conducta precursora del apego, pudiendo afirmarse que el niño se encuentra apegado a una figura específica cuando, ante la separación, emerge una protesta diferenciada. En otras palabras, cuando los niños lloran por las salidas o ausencias de sus madres y no lo hacen cuando se ausentan otras personas, puede sostenerse que el niño está apegado a su madre, tal y como han demostrado las investigaciones que Ainsworth (1967) llevó a cabo en Baltimore.

Las respuestas y sensibilidad de la madre favorecen la seguridad del niño según las disponibilidades de aquella. Es decir, la respuesta materna contingente al llanto del niño (*reciprocidad*) suscita en este expectativas de éxito y favorece el desarrollo en él de un *autoconcepto positivo*, algo que es muy importante para el ulterior desarrollo de su estima personal.

Si la experiencia de estas respuestas contingentes proporcionadas por la madre es intensa (la madre responde a la conducta del niño tras cortas latencias y con conductas apropiadas), se originan en el niño elevadas expectativas acerca de su propia eficacia (*autoeficacia*), lo que redunda también en la génesis de la *autoestima*.

Son estas expectativas las que favorecen la exploración y práctica de nuevas habilidades, lo que facilita un adecuado desarrollo del niño (Goldberg, 1977; Brown-Gorton, 1988).

El niño adquiere una creciente *seguridad en su personal efectividad*, en tanto que compañero social, a través de la recíproca comunicación con su madre. La ruptura de esta reciprocidad es ya reconocida por el niño entre la *segunda y tercera semana* de vida. Siempre que esta ruptura acontece, el niño trata de restablecer la interacción de que anteriormente disponía y gozaba. A medida que aumenta la edad del niño, se incrementan también sus habilidades para tratar de restablecer la comunicación, tratando de regular así sus interacciones sociales. Estas interacciones con la madre siguen una secuencia y unas fases que son comunes en la mayoría de los niños de dos meses: iniciación de la interacción; orientación mutua; saludo; intercambio cíclico de la información afectiva a través del diálogo y el juego; separación mutua y fin de la actividad (Tronick y cols., 1982; Brazelton, 1973; Tronick y cols., 1978). ¿Puede acaso ponerse en duda la relación entre el llanto y la autoestima?

3.5. LA SONRISA

La sonrisa ha sido considerada como un precursor relevante del apego madre-hijo. Bowlby (1958) postuló que esta conducta tenía una *función comunicativa de señalización* que activaba la conducta materna (Ainsworth, 1967). Esto quiere decir que la sonrisa del bebé estimula por sí misma la conducta social y es muy eficaz para lograr el contacto y la proximidad con la figura de apego.

El recién nacido muestra al principio una sonrisa *automática* y *socialmente indiscriminada*. A medida que va madurando, aprende a discriminar entre las diversas personas, respondiendo con mayor frecuencia, duración e intensidad a la figura materna. Surge así la *sonrisa social*. A lo que parece, la sonrisa está genéticamente programada, pero requiere un cierto ámbito social y algunas respuestas positivas para lograr implantarse (Anastasiow, 1986).

Con el tiempo este comportamiento se va modificando. Así, por ejemplo, los niños de *18 meses* producen al menos *tres tipos de sonrisa*, las cuales suscitan diversas respuestas, cualitativamente diferentes, en sus madres. Este hecho ha sido comprobado por Jones (1990), demostrando lo sensibles que son los niños a las relaciones existentes entre sus propios gestos faciales y las diferentes respuestas cualitativas que reciben de sus madres (Watson, 1979; Jones y cols., 1990).

Dado que la sonrisa acompaña casi siempre al contacto ocular, parece necesario reforzar la sonrisa social a través de la mirada. Resulta demasiado fácil intuir aquí las posibles conexiones que puede haber entre la sonrisa, la autoestima y la expresión de emociones cuando adultos.

3.6. El contacto ocular

El rostro es el expositor por excelencia de las emociones, puesto que es el lugar privilegiado donde se manifiesta la intimidad y los sentimientos. Estas expresiones se perciben en la mirada. Los ojos representan el estímulo más relevante y fundamental de la cara. Hay además una cierta predisposición genética, de manera que la mirada es evocada y sostenida por ciertos estímulos visuales de características especiales; de todos ellos la cara materna es el estímulo más discriminativo.

El niño siente una especial atracción por la cara de su madre y de un modo especial por sus ojos. Tal atracción está unida al control voluntario que regula la fijación de la mirada y el seguimiento visual, que es lo que hace posible el mantenimiento del contacto ocular entre una madre y su hijo.

El *contacto ocular* así entendido desempeña un papel primordial en el establecimiento del apego seguro entre madre e hijo. Para los teóricos del apego, el contacto ocular es por eso considerado como uno de los comportamientos de apego más relevantes, ya que forma parte del repertorio de conductas innatas que son precursoras de dicho apego (Rheingold, 1961; Caldwell, 1962; Walters y Parke, 1965; Ainsworth, 1967).

El contacto ocular no sólo es útil para guiar la orientación del niño hacia su madre, sino que, al mismo tiempo, elimina la inicial sensación de extrañeza materna hacia el bebé (Moss, Ryder y Robson, 1967; Ainsworth, 1967).

El contacto ocular, cara a cara, emerge espontáneamente en los contextos naturales en los que acontece la interacción madre-hijo. Así, durante los primeros días de vida, los padres tratan de atraer de forma espontánea la atención visual del recién nacido hacia sus caras. Para este propósito los padres sitúan normalmente sus caras dentro del campo visual del bebé, acortando la distancia ojo-a-ojo a aproximadamente 22,5 cm (Schoetzau y Papousek, 1977; Papousek y Papousek, 1992). Al mismo tiempo, refuerzan el contacto visual iniciado por el niño, por medio de diversas manifestaciones expresivas, como el saludo, la elevación de las cejas como gesto de sorpresa, etc. Casi sin percatarse de ello, los padres controlan y favorecen la atención del niño proporcionándole, en cada momento, la estimulación más adecuada.

Estas intervenciones son muy útiles puesto que, en tanto que conductas faciales, juegan un papel muy importante en la comunicación no verbal (comunicación gestual) y en el desarrollo del apego en el niño a las figuras de sus padres (Papousek y Papousek, 1992). Sucede aquí como en cualquier otra manifestación o recepción de afecto, cuando adultos: que son procesos mediados por la comunicación gestual. Dicho de otra forma, el modo en que el niño percibe que se le estima (la percepción de la *autoestima inicial*) está mediado por el contacto visual y la comunicación gestual que establece con sus padres.

A partir de los dos meses de vida los niños muestran un creciente interés por la exploración de su mundo (cualidad referencial de la mirada). Dicha habilidad exploratoria es promovida e incrementada por las respuestas de la madre. En consecuencia con ello, el desarrollo de este interés es posible en la medida que los padres, a través de sus interacciones oculares previas, facilitan al niño que aprenda visualmente a discriminar los objetos y personas situadas a cierta distancia en su entorno familiar.

3.7. Las expresiones faciales

Las *expresiones de la cara* son para el niño imprescindibles, tanto por lo que tienen de conductas reguladoras de las interacciones con sus padres, como por constituir indicadores observables fiables de ciertas expresiones emocionales (Jones y cols., 1990).

Las expresiones faciales son *universales* en los seres humanos, y sirven para reflejar algunas emociones. Las emociones aparecen en la infancia temprana como mecanismos motivacionales a través de los cuales los niños solicitan ayuda. Entre las *emociones fundamentales* destacan las siguientes: alegría, sorpresa, angustia, disgusto, cólera, tristeza, culpa, miedo, desprecio y timidez.

Sus expresiones más frecuentes incluyen la sonrisa, el llanto, la risa, el enojo, los berrinches y otras expresiones faciales que pueden interpretarse como manifestaciones de sorpresa, disgusto y cólera.

3.8. Los balbuceos

Numerosas investigaciones ponen de manifiesto que, desde el mismo momento del nacimiento, el bebé responde diferencialmente a sonidos cualitativamente diversos (Wolf, 1959, 1966; Carey, 1985; Gelman y Spelke, 1981; Meltzoff, 1990, etc.), orientando su cabeza hacia la fuente de donde proviene cada uno de esos estímulos auditivos (Wertheimer, 1961; Ainsworth, 1967).

El recién nacido es especialmente *sensible a la voz humana*, hasta el punto de que ya durante la *segunda semana* de vida es capaz de sonreír al oír una voz. Esta acusada sensibilidad se hace explícita en el bebé, que cesa en su llanto ante el efecto calmante y tranquilizador de la voz humana.

Tal efecto perdura durante los *cuatro primeros meses*, a partir de los cuales es necesaria la presencia visual de la madre para que cese el llanto del niño. Como ya sugirió Bowlby (1969), la atención auditiva infantil es estimulada a través de los procesos que establece de retroalimentación y aprendizaje en relación con la madre.

El interés del niño por la voz de su madre estimula a esta última a producir más emisiones vocales, lo que a su vez refuerza el interés del bebé. Por consiguiente, la interacción auditiva se incrementa por medio del mutuo reforzamiento: el niño refuerza a la madre, a través de su expresividad vocal y facial, al mismo tiempo que es reforzado por la voz de aquella.

La aparición de los *primeros sonidos y balbuceos*, a los *dos o tres meses* de edad, es universal y coincide con la fijación de la sonrisa social. Estas formas tempranas de comunicación no verbal (la sonrisa, el balbuceo, etc.) promueven *el desarrollo de la palabra*, que emerge en el contexto de la interacción del niño con la figura de apego.

En esa interacción, tanto la madre como el niño muestran un claro interés por comunicarse. El niño experimenta el deseo de imitar y comunicarse con su madre (Bruner, 1985; Anastasiow, 1986). Por su parte, esta última, por medio de respuestas sociales contingentes, refuerza e incrementa las *vocalizaciones* emitidas por su hijo. Pero no sólo la madre refuerza al niño, sino que emisiones del niño, como el *balbuceo*, son también importantes reforzadores de las respuestas emitidas por la madre.

La madre suele ser la persona hacia la que el niño emite diferencialmente sus vocalizaciones, puesto que es ella quien refuerza la interacción comunicativa. *La madre ajusta su habla a los balbuceos del bebé*. Lo más característico del habla materna es la modulación de su tono, lo que provoca y potencia la atención del niño, promoviendo y optimizando, asimismo, el procesamiento de la información por parte de este último (Papousek, Papousek, y Bornstein, 1985; Bornstein y cols., 1990). Tanto la *madre* como el *padre* modifican los elementos prosódicos (en particular, la melodía del habla) y las expresiones faciales, empleando modelos repetitivos y prolongando la emisión de las vocales.

Esos ajustes y adaptaciones del habla al nivel comunicativo del niño, realizados no sólo por la madre sino también por el padre y otros familiares, son *intervenciones didácticas intuitivas* basadas en *programas innatos* que reflejan su capacidad de ajuste al estado de la actual competencia vocalizadora del niño (Papousek y Papousek, 1992). Con este lenguaje simple, repetitivo y cargado de afecto, los padres no sólo se adaptan al niño, sino que le comunican sus sentimientos.

Estos modelos interactivos ofrecidos por los adultos siguen una determinada *secuencia de intercambios comunicativos*: la madre se aproxima al bebé; este sonríe; la madre a su vez le sonríe o le habla, como, por ejemplo, «aquí está mi niño», lo que hace al niño sonreír y quizá emitir algún sonido, reforzando a la madre a responder de nuevo con otro intercambio vocal. Por tanto, entre el niño y la madre hay un *intercambio vocal sincronizado*, parecido a lo que sucede en el caso de la succión, del que ya se informó líneas atrás.

Hasta el *cuarto mes* de vida del bebé, este modelo de comunicación está bajo control involuntario, comenzando a formar parte del control voluntario a partir de esta etapa e incrementándose entre el *séptimo y noveno* mes (Brazelton, 1983; Anastasiow, 1986).

Como señalan Schaffer y Crook (1978), «la interacción comienza con conductas espontáneas del niño, y la madre, en virtud de su sensibilidad para conocer las pautas temporales de las respuestas del hijo, tiene en cuenta estos ritmos del niño, en su mutuo intercambio (reciprocidad) con él, y actúa "como si" su conducta tuviera verdaderamente un significado comunicativo». Esa *sensibilidad materna* (la cualidad más sobresaliente que podemos distinguir en la conducta materna) permite a la madre anticipar la conducta del bebé y responder de manera contingente a la conducta infantil. De esta forma se establece un intercambio recíproco entre la madre y su hijo.

Las madres que proporcionan constante estimulación al niño (*madres directivas*), sin permitirle «tomar el turno» (la pausa o período de tiempo que ha de transcurrir entre lo que la madre dice y el niño contesta, de manera que a este último le dé tiempo a decodificar y codificar la información), suelen tener hijos que realizan un menor número de contactos oculares y evitan la interacción, involucrándose en una menor frecuencia de interacciones. *La estimulación excesiva es por tanto una mala estrategia para el cuidado y el aprendizaje infantil* (Caldwell, 1962; Anastasiow, 1986).

En cierto modo, de esto va a depender el *estilo de comunicación* por el que el niño opte cuando sea mayor, lo que es de vital importancia tanto para su estima personal como para sus relaciones sociales.

4. Apego, habilidades sociales y desarrollo de la autoestima

Sería un grave error reducir la función del apego infantil a un mero vínculo afectivo entre la madre y el hijo. Este reduccionismo emotivista dejaría fuera de foco otras importantes funciones tan relevantes o más que el desarrollo afectivo, con ser este muy importante. En efecto, a través del apego es como el niño se abre al mundo y se adueña de él, primero mediante su comportamiento exploratorio y, más tarde, mediante la palabra, un modo de apropiación este último mucho más relevante y humano.

Y eso sucede en función del apego. Lo propio del apego es la apertura a la comunicación. *Estar apegado* es lo mismo que *estar abierto*. Si el niño no precisara de esa apertura afectiva y cognitiva, el mismo comportamiento de apego resultaría incomprensible.

Pero una vez se ha afirmado esto, es preciso reconocer que el *apego* y la *autoestima* en cierta forma se corresponden tan bien y proporcionadamente que casi llegan a superponerse, sin que por ello se confundan entre sí.

Estar apegado a algo, apegarse a algo, es una manifestación innata de un cierto aprecio. Basta observar el comportamiento de cualquier bebé menor de un año. Al apegarse a ciertos objetos (el sonajero que presiona con todas las fuerzas de su pequeña mano, la muñeca a la que abraza y responde con un berrinche insufrible cuando se le intenta separar de ella), manifiesta la inmensa estima en que los tiene. Este apego y esta estimación son incomparablemente mayores en lo que se refiere a la principal figura de apego que es su madre. A ello ya se aludió líneas atrás.

Ahora bien, si se admite que la relevancia y naturalidad de las conductas de apego habrían de considerarse como conductas que en cierta forma *enmascaran* la estimación del bebé por ciertas personas y objetos. Pero tal afirmación exige una petición de principio. ¿Por qué el niño estima esas personas y cosas?, ¿cuál es la causa de que las tenga en tanta estima?, ¿puede acaso dar razón de ello una mera consideración estética? En definitiva, ¿qué es lo que subyace a esas primeras estimaciones infantiles que ya el comportamiento del bebé pone de manifiesto?

No parece que sea fácil responder a estas cuestiones. Es posible que haya que apelar a diversas explicaciones en lo que se refiere a las personas y a las cosas. Sin duda alguna, aquí nos interesan más las primeras. La alta estima que el niño experimenta por su figura de apego, ¿no estará acaso relacionada con los *protosentimientos que en sí mismo percibe*, como consecuencia del comportamiento de aquella? Dicho de otra forma: las caricias, atenciones y cuidados que recibe de la figura de apego hacen que estime en mucho a esa persona.

Pero ello resultaría incomprensible si esas caricias, atenciones y cuidados que recibe no suscitaran en él una *cierta experiencia interna* —más o menos emotiva al inicio de este proceso—, que va más allá de lo que es sólo agradable. Tal vez por eso pueda afirmarse que *el afecto* que el niño recibe de su figura de apego *le afecta* y de forma más profunda y compleja de lo que pensamos. ¿Podría denominarse esta *afectación* con el término de sentimiento, emoción o afecto?

A mi modo de entender considero que sí, que esa afectación es en realidad un afecto, aunque haga su debut en forma un tanto bruta y oscura, amalgamado como suele presentarse en esta etapa de la vida con otras sensaciones, satisfacción de ciertas necesidades fisiológicas y nunca totalmente recortado en los restringidos aunque ambiguos límites de los sentimientos. Quiere esto decir que *la estima* que el niño experimenta ante su madre está entrelazada y como fusionada con la propia *autoestima*, que la estimación por su madre le condiciona, remite y hace que surja su autoestima personal, aunque todavía sea en un estado incipiente.

Nada de particular tiene que el desarrollo de la autoestima siga un curso paralelo —y, me atrevería a escribir, superpuesto— a la estima que el niño experimenta por parte de su madre. En ese caso no habría confusión entre ambos sentimientos, pero sí una cierta fusión e interdependencia entre ellos, que es muy difícil de disecar y aislar. Por eso, en mi opinión, todavía ignoramos casi todo del desarrollo de la autoestima. La razón es que no se le ha estudiado en el marco apropiado, es decir, en el contexto en que la autoestima está enraizada y acunada: el apego a la madre.

En cualquier caso, insisto en que las funciones del apego no han de limitarse a sólo una: la emergencia y eclosión de la autoestima. Y eso aunque parezca estar muy puesto en razón que tal función sea una de las más importantes para el ser humano.

En las líneas que siguen haremos una breve y sucinta presentación del modo en que el apego posibilita *el desarrollo de las habilidades sociales*. Pero antes de seguir adelante, conviene recordar —aunque sólo sea para reiterarme, de una forma diferente, en lo ya afirmado— la importancia que estas habilidades tienen a su vez respecto de la conformación de la autoestima, de la que constituyen como su cañamazo.

El comportamiento infantil sigue una secuencia, hoy mejor conocida que antaño, en lo relativo a la emergencia de las habilidades sociales. Durante el primer mes de vida, la conducta del bebé es innata, y está caracterizada por respuestas de orientación, señalización, proximidad y contacto corporal. Es, pues, una *conducta social indiferenciada*.

Sin embargo, a partir del *segundo mes* de vida, el bebé distingue entre los objetos animados e inanimados, distinción que puede ser comprendida en virtud de la integración de ciertos conceptos (es lo que se correspondería con la etapa de asimilación y acomodación, según Piaget).

Mediante la simple observación de sus movimientos corporales y de la atención puede apreciarse, durante este mes, si un bebé responde de forma diferencial a un objeto inanimado o a una persona. La respuesta del bebé a los *objetos* tiene una mayor versatilidad, alternando la atención intensa y la excitación. Su respuesta a las *personas*, en cambio, es más armónica y suave, a la vez que disminuye la excitación. La habilidad para distinguir entre la actividad (de los *objetos vivos*) y la cualidad estática (de los *objetos inanimados*) tiene su fundamento en un proceso de asimilación.

En este proceso, el niño pasa de disponer de un «esquema visual» (inicialmente unitario) a diferentes esquemas visuales («sociales» e «inanimados»). El bebé clasifica a las personas dentro de la categoría de objetos-sujetos vivos, pero todavía no es capaz de diferenciar a la madre del resto de las personas.

El período comprendido entre el *segundo y tercer mes* de vida se caracteriza por una mutua sincronización de las interacciones madre-niño y de sus recíprocos intercambios. Las respuestas contingentes de la madre permiten la modificación de la conducta instintiva del niño, lo que le permite una mayor diferenciación.

No debiera confundirse, por tanto, la respuesta refleja, propia del recién nacido (primer mes) a los estímulos sociales, con la discriminación aprendida del objeto humano, que tiene lugar en los meses posteriores. Esta conducta supone ya un incremento de la flexibilidad de la respuesta infantil, que sustituye a la respuesta automática, invariante y refleja, suscitada por una señal innata o preprogramada como, por ejemplo, la imagen del rostro humano. No obstante, la discriminación visual no suele acontecer hasta la *octava semana*.

Es lógico que la discriminación visual del rostro humano se adquiera un poco más tarde, dada su natural complejidad cognitiva y la necesidad de integrar las diversas expresiones del rostro humano en un «objeto-acción» único. Ha de tenerse en cuenta, de una parte, la numerosa variedad de expresiones faciales y, de otra, la natural complejidad de la función a través de la cual se manifiestan y comunican los afectos.

Los afectos son muy variados y numerosos y, lógicamente, asumen formas muy diversas de expresión. Dada la diversidad de expresiones faciales, resulta más complicado para el niño integrarlas dentro de un mismo esquema. Por todo ello, es corriente observar cómo, hasta los *seis meses* de edad, todos los niños exhiben una respuesta de angustia ante la apariencia atípica de una figura familiar, sencillamente porque al cambiar el modo de ir vestida o el contexto en que se presenta suscita cierta extrañeza en el bebé.

Durante esta etapa la distinción entre las personas la realiza el bebé a través del tacto. De aquí la importancia que desempeña el contacto físico madre-hijo y el hecho de que el medio más efectivo para calmar el llanto de un bebé (durante el primer mes) sea cogerle en brazos.

A la etapa de la respuesta social indiferenciada sigue otra —la *respuesta social diferenciada*—, que suele tener lugar entre los tres y los seis meses del bebé. Durante esta fase el niño distingue claramente entre las figuras familiares y las no familiares, respondiendo de forma diferente a cada una de ellas. El niño responde a su madre con diversos comportamientos, en función de cuáles sean las conductas de la madre: interrupción diferencial del llanto, llanto diferencial ante la partida de la madre, sonrisa diferencial, aproximación diferencial, abrazo, saludo, etc. Poco a poco, el niño manifiesta una clara preferencia por la madre, a pesar de que aún no rechace a los desconocidos.

La transición de la respuesta social indiferenciada a la diferenciada se explica a través de procesos de asimilación, por cuya virtud el esquema único general (las personas) se transforma en dos esquemas distintos (la figura materna y el resto de las personas). Esta discriminación de la figura materna no es fruto exclusivo de su desarrollo evolutivo, sino que en ella desempeña un papel primordial el *juego visual interactivo* que tiene lugar entre la madre y el niño.

El niño, por medio de este juego interactivo, integra las distintas expresiones faciales de la madre dentro de un único esquema facial familiar. De aquí que este modelo cíclico de juego interactivo facilite la temprana construcción de una representación constante del objeto humano (la madre). Gracias a este esquema estable se afianza en el niño la habilidad para experimentar lo que en principio tenía una apariencia cambiante como algo continuo y estable (permanencia de objeto). Por eso también su alcance cognitivo será tanto mayor cuanto más precozmente se realice esta respuesta social diferenciada con una figura familiar y consistente. Al final de esta fase (*seis meses*) aparece la búsqueda de proximidad y las conductas que mantienen el contacto, aunque su desarrollo dependa de otras diversas condiciones como el cuidado materno y el desarrollo sensomotor.

A la etapa anterior sigue otra, que se extiende a partir de los *seis meses*, y que se conoce con la denominación de *la iniciativa activa en la búsqueda de proximidad y contacto*. Entre el sexto y octavo mes, y hasta entrar en el segundo año de vida, los niños no sólo eligen afectivamente a las figuras de apego y buscan su proximidad, contacto, etc., sino que es habitual que manifiesten un *rechazo a los desconocidos*.

A lo largo de esta etapa aumenta la *iniciativa del bebé* en la búsqueda de proximidad y contacto, lo cual es facilitado también por la locomoción. Sus señales no son simplemente expresivas o reactivas, sino que *pretenden suscitar una respuesta en la madre* o en otra figura de apego. Las repuestas de saludo se hacen más activas y efectivas, puesto que el niño presenta movimientos voluntarios de manos y brazos. Del mismo modo, el seguimiento, aproximación y otras muchas conductas de contacto se hacen ahora más significativas.

Por último, a esta etapa sigue otra, la denominada por Bowlby (1969) la etapa de la «*meta corregida*». Por meta corregida se entiende la capacidad que el niño tiene de modificar sus metas u objetivos, en función de la actuación materna o figura de apego. Mediante un constante *feedback* entre la conducta del niño y la de la madre, el niño altera la dirección, velocidad y naturaleza de su conducta, de acuerdo con la conducta de su figura de apego y, posteriormente, de acuerdo también con un cierto plan.

El niño no es, por tanto, meramente reactivo a la estimulación social exterior, sino que es *un activo buscador de su madre*. Por ello, en esta fase es cuando normalmente se afirma que el bebé se encuentra *apegado* a su madre. En este punto es probable que emerja la autoestima. El niño ya no ve a su madre como la madre «táctil», «auditiva» o «visual» —que le caracterizaba en las anteriores etapas—, sino que la percibe, por el contrario, como *una única persona* (permanencia de la persona). Por otra parte, el niño comienza a verse a *sí mismo* como una persona separada y distinta de los demás.

No se conoce con suficiente exactitud cuándo comienza esta etapa, aunque algunos autores fijan su comienzo alrededor de los tres años (aunque en algunos niños puede comenzar antes). Durante esta etapa, el bebé puede *predecir los movimientos de su madre y ajustarse a ellos*, para así mantener el grado de proximidad normalmente deseado. Pero el bebé todavía *no comprende* los factores que influyen en esa conducta y, en consecuencia, *no puede planificar los medios necesarios* para cambiar la conducta de su madre. Sin embargo, el niño es capaz ya de inferir algunas metas u objetivos de su madre. Sólo entonces el bebé comienza a tratar de *alterar los planes maternos para ajustarlos a los suyos propios*, generalmente dirigidos a la búsqueda de contacto, proximidad e interacción. Esta relación es, en opinión de Bowlby, la más compleja y sofisticada. Esta etapa nos permite hablar ya de «egocentrismo» (Piaget e Inhelder, 1956; Ainsworth, 1967). Ese egocentrismo suele acontecer con la *emergencia de la autoestima*, e inicialmente está basado en la relación de reciprocidad madre-hijo, que es muy primitiva, ya que el niño no posee todavía la habilidad para *ver las cosas desde el punto de vista de su madre*. De aquí que sus primeros esfuerzos por cambiar las metas maternas sean todavía muy limitados y no siempre obtengan los felices resultados que se promete. De otro lado, la tendencia de la madre a no darle a conocer sus metas dificulta todavía más esta tarea del niño.

En cualquier caso, la autoestima no sólo ha emergido, sino que comienza a vigorizarse, sea con el concurso o la oposición de la madre. Para su desarrollo y afianzamiento el niño dispone de muchos recursos, todavía incipientes, entre los que cabe destacar los siguientes: la observación del comportamiento materno, la predicción de la conducta materna y un relativo ajuste a ella, y el intento de modificar la conducta materna a fin de doblegarla y ajustarla a sus propios fines.

5. Del apego a la autoestima, y regreso

La teoría del apego, tal y como se formula en la actualidad, ha dado un mentís rotundo a los «modelos prácticos del mundo y de sí mismo», que cada niño «construye», en virtud de cuál sea la interacción que haya tenido con sus padres. Es precisamente esta experiencia la que probablemente condicionará en el futuro sus *expectativas y planes de acción*, es decir, sus *proyectos*.

El modo en que el niño construye el concepto que de sí mismo tiene, a partir de las interacciones con sus padres, es de vital importancia para su futuro. El modelo práctico que el niño configure será tanto más *seguro, vigoroso, estable y confiado* cuanto mejor apegado haya estado a su madre, cuanto más accesible y digna de confianza la haya experimentado, cuanto más disponible, estimulante y reforzadora haya sido su conducta, y lo mismo cabe decir respecto de su padre.

Por contra, el modelo práctico que de sí mismo tiene el niño será tanto más *inseguro, débil, inestable y desconfiado* en función de que perciba y/o atribuya a la interacción con sus padres más rasgos de hostilidad, desconfianza, rechazo o dudosa accesibilidad.

Esos modos de intuir *quién se es, en qué mundo se vive y cómo comportarse en él* están trenzados por el tipo de *apego* de que se haya dispuesto, lo que a su vez depende del tipo de *interacciones* que se hayan llevado a cabo entre los padres y el niño. Pues bien, ese vínculo que conocemos como apego está transido ya por una incipiente y toscamente pergeñada *autoestima*.

No se olvide que de estos modelos prácticos que el niño construye va a depender, en alguna forma, el modo en que más tarde supone serán los modos en que los otros respondan a su comportamiento, dependiendo de ello su valía personal, su estilo emocional; en una palabra, su autoconcepto y autoestima.

De acuerdo con lo anterior, podría definirse el apego como la vinculación afectivo-cognitiva, que de una forma estable y consistente se establece entre un niño y su madre, como consecuencia de las interacciones sostenidas entre ellos, sobre la cual se vertebra la incipiente autoestima personal.

Dicha vinculación depende de los dos elementos que se concitan irrenunciablemente en esa relación: el niño y la madre. La vinculación madre-hijo depende del repertorio de conductas innatas del niño (temperamento) y de cuál sea el repertorio de sus *innatas* conductas de apego (llanto, risa, succión, etc.), pero también y principalmente de la *sensibilidad* y *disponibilidad* de la madre, es decir, del comportamiento materno.

En consecuencia con ello, el apego describe la necesidad básica que experimenta todo niño de buscar, establecer y mantener cierto grado de contacto físico y cercanía con las figuras vinculares, a cuyo través moldea y configura las *experiencias vivenciales de seguridad, confianza, emocionabilidad y autoestima*, tanto referidas a sí mismo como a los otros y al mundo.

Aunque algunos autores (Castillo y cols., 1990) sostienen que el apego es estable, consistente e irreversible, no obstante, parece prudente admitir —contra todo determinismo— la posibilidad de que el apego como la autoestima cambien a lo largo de la vida. Entre otras cosas, porque por muy estable, consistente e irreversible que el apego aparezca, *prima facies*, está naturalmente abierto al cambio a lo largo de las diversas etapas evolutivas y de los mil y un aconteceres con que se entreteje la trayectoria biográfica de la persona.

De otra parte, la autoestima que emerge a orillas de esa cálida y vigorosa vinculación madre-hijo, reobra sobre dicha vinculación, robusteciéndola y vigorizándola o debilitándola y disolviéndola. Al mismo tiempo tal vinculación ahonda y extiende la autoestima, entre otras cosas porque el afecto expresado por la madre al hijo coincide casi con el afecto que el niño experimenta por sí mismo (autoestima), aunque se distinga de aquel. Esto quiere decir que apego y autoestima se imbrican de forma mutua tanto en el camino de ida (desde el apego a la autoestima) como en el camino de regreso (de la autoestima al apego).

Esto en modo alguno es óbice para que se considere la natural relevancia del apego madre-hijo respecto del desarrollo de la entera personalidad infantil. Esta relevancia, sin embargo, en modo alguno aminora la posibilidad de que el apego y/o la autoestima cambien a lo largo de la vida, en función de otras muchas variables.

6. **Autoestima y tipos de apego**

Si, como líneas atrás se ha sostenido, autoestima y apego se articulan en el niño, según una cierta dimensión continuista, en la que la una es como la prolongación del otro, es lógico suponer que los diversos tipos de apego harán sentir su bien diferenciada impronta en el talante afectivo y el estilo emocional que configuran la autoestima personal.

A Ainsworth, Bell y Stayton (1971) debemos haber puesto de manifiesto, por primera vez, diversos tipos de apego infantil. Para este propósito los autores diseñaron una interesante estrategia de laboratorio —que permitía observar el comportamiento del niño cuando su madre se separaba de él, o un extraño se le aproximaba sin que su madre estuviera presente—, a cuyo través apresar el modo en que el niño percibe la disponibilidad de su madre. En función de cuál sea la respuesta del niño, puede inferirse —mediante índices predictivos— el tipo de apego establecido.

Ainsworth distinguió tres tipos de apego («inseguro-evitativo o ansioso-evitativo», «seguro», e «inseguro-resistente o ansioso-ambivalente»). A estos tres, Main, Kaplan y Cassidy (1985) añadieron un cuarto (el «ansioso-desorientado-desorganizado»), en el que incluyeron los niños que manifestaban un comportamiento ansioso, pero que resultaron «no clasificados», ya que no se podían incluir en ninguno de los grupos ansiosos antes establecidos.

Las diversas conductas puestas de manifiesto en el apego infantil, según la situación experimental diseñada, configuran un estilo peculiar de apego que, probablemente, se prolonga luego no sólo en la autoestima personal, sino también en el modo de expresar sus emociones a los otros o acoger las expresadas por estos últimos.

Apego y *educación* constituirían así el arco sobre el que el niño configura su talante emocional y su *autoestima*, además de otras muchas características y peculiaridades de su personalidad y de su modo de estar en el mundo. Es muy probable que se dé una cierta continuidad, correlación o analogía entre el apego y la autoestima y el estilo emocional que caracteriza a las respectivas familias.

Esto quiere decir que el modo en que se configuran esos *estilos afectivos familiares* posiblemente dependa del *estilo de apego* existente entre padres e hijos, y que el modo en que la *autoestima* del niño se configure, así como las relaciones o interacciones con su pareja e iguales, a su vez, puede estar condicionado de una u otra forma por estas *tempranas experiencias afectivas*.

Veamos a modo de ejemplo el papel desempeñado por algunos de los diversos *tipos de apego*, antes mencionados, respecto de la génesis y desarrollo de la autoestima personal que, tal vez más tarde, se manifieste en los niños.

6.1. EL APEGO INSEGURO-EVITATIVO O ANSIOSO-EVITATIVO

El tipo de apego etiquetado como *inseguro-evitativo o ansioso-evitativo* agrupa a los bebés cuyos comportamientos se caracterizan por las siguientes propiedades: percepción de la madre como una base que no es segura, juego exploratorio con independencia de ella, actitud negativa ante el contacto corporal con la madre, llorar muy rara vez cuando se separan de ella, evitar a la madre cuando se reúne con ellos, alternar sus conductas de búsqueda, proximidad y evitación.

Sroufe (1985) estudió pormenorizadamente las conductas de los niños de este grupo, encontrando otras características como las siguientes: distanciamiento de la madre y evitación de la mirada; aceptación de la persona extraña con independencia de que esté presente o no la madre; y disminución del afecto compartido entre ellos.

Independientemente de que la madre sea así o no, el hecho es que —por mor de su modo de comportarse— el niño la percibe y «construye» como una *persona evitativa* y, en consecuencia con ello, se conduce como si se defendiera del rechazo, supuesto o real, de su madre.

Un niño que percibe así a su madre no se sentirá estimado en modo suficiente; experimentará alguna inseguridad respecto de sí mismo; mostrará una actitud de relativa indiferencia ante el contacto corporal; adoptará muy pronto un cierto espíritu de independencia que le aproximará a establecer relaciones con extraños, le costará expresar sus emociones de una manera espontánea y natural; y sostendrá un trato más bien distante con las personas a las que quiere.

De acuerdo con estas características del apego, su *autoestima* tal vez se caracterizará por encontrar ciertas dificultades para manifestarla en público o para atribuirse a sí mismo —por su relativa inseguridad personal— el valor en el que no confía del todo.

Es probable que se estime en menos de lo que vale y que le cueste acoger las manifestaciones de la estima hacia su persona de quienes le rodean. Sin embargo, ello no le incapacitará hasta el punto de tomar iniciativas y decisiones —dado su espíritu de independencia—, ni tan siquiera para relacionarse con los demás, aunque el hondón de su intimidad permanezca sellado a la mirada de curiosos y extraños. En ocasiones, es posible que rehúse los encuentros personales que, supuestamente, exigen la expresión de los sentimientos.

Naturalmente que este modo de comportarse puede cambiar, puesto que como ya se afirmó con anterioridad, el apego no es determinante de la autoestima, aunque sí tal vez condicionante. El lector se hará cargo de lo que aquí se dice si repara en que el propio *temperamento* modula también el modo en que nos estimamos a nosotros mismos y a los demás. Lo mismo sucede con otras muchas variadas circunstancias de la vida de *relación social* y de los *roles* representados, que con facilidad pueden matizar, contrastar o modelar la expresividad de la vida sentimental y aun el modo en que esta se vivencia e interioriza.

El *tipo de familia* en el que se vive y el *clima familiar* pueden también modificar la expresión y la vivencia de los sentimientos acerca de la propia estimación. La *educación* y *las primeras relaciones con los iguales*, amigos y compañeros —antes y después de la adolescencia— y el modo en que en esos contextos se acoge y/o gratifica su comportamiento contribuyen también, a su modo, a modificar la autoestima.

Es posible que tal modo de conducirse modele luego el comportamiento de sus hijos, sea a través del apego temprano o sea a través del estilo educativo y el clima familiar al que están expuestos y con el que acaban por identificarse.

6.2. El apego seguro

El tipo de apego etiquetado como *seguro* agrupa a los bebés cuyos comportamientos se caracterizan por las siguientes propiedades: percepción de la madre como una base segura, juego exploratorio dependiente de la ansiedad que se suscite por la separación de la madre, actitud de búsqueda activa de contacto corporal y proximidad con la madre, conducta de toma de iniciativas y de saludo activo en la interacción.

Sroufe (1985) sintetiza, en breves trazos, las conductas características de este grupo de niños: exploración de los juguetes que hay en su entorno, manifestaciones de afecto compartido durante el juego, y aceptación de los extraños en presencia de la madre. Cuando el niño está estresado busca con prontitud el contacto materno y lo mantiene, eliminando el estrés.

Independientemente de que la madre sea así o no, el hecho es que —por mor de su forma de comportarse— el niño la percibe y «construye» como una persona disponible y respondente, que en situaciones adversas es sensible, accesible y colaboradora (Ainsworth, 1989). Gracias a esta seguridad, el niño se atreve a explorar el mundo y a mostrarse más cooperativo.

De acuerdo con estas características del apego, es probable que la *autoestima* de este grupo de niños esté bien afianzada en una maciza seguridad, capaz de soportar cualquier crítica que reciban, sin que ello logre modificarla. Su espíritu de independencia será grande, pero volverán una y otra vez a buscar el contacto con las personas que quieren cuando se encuentren en dificultades.

Sus relaciones sociales posiblemente serán muy amplias, y es probable que vayan asociadas a un excelente desarrollo de sus *habilidades sociales*. Su expresión de emociones será una tarea que les resultará muy fácil de realizar y constituirá casi un rasgo natural en ellos. Por eso, precisamente, están abiertos a compartir cuanto tienen y proyectan.

También será grande su capacidad de aceptación de las personas que les rodean y, en cualquier contexto, se sentirán muy seguros de ellos mismos. Han conseguido, en buena medida, que desaparezcan de su intimidad los fantasmas del miedo y el temor, cuyos efectos son el bloqueo y la inhibición.

Los rasgos de quien dispuso de un apego seguro o una autoestima segura acaban por moldear a la persona y configurarla como una persona segura de sí misma, estable, activa, cooperativa, con capacidad para tomar iniciativas, que busca el contacto corporal, que le gusta dar y recibir afecto, que manifiesta sus emociones con facilidad y que dispone de las necesarias e imprescindibles habilidades sociales.

6.3. EL APEGO INSEGURO-RESISTENTE O ANSIOSO-AMBIVALENTE

El tipo de apego etiquetado como *inseguro-resistente o ansioso-ambivalente* agrupa a los bebés cuyos comportamientos se distinguen por las siguientes características: percepción de la madre como una base inconsistente, ansiedad de separación, dificultades para el juego exploratorio, actitud de estar como a la espera en las nuevas situaciones y en presencia de extraños, actitud negativa ante la separación (angustia) que no desaparece al reunirse con la madre, sino que se prolonga en conductas de enfado o pasividad. La llegada de la madre no les proporciona confort ni estimula el juego exploratorio, sino que continúan ansiosos por la anterior separación (Cassidy y Berlin, 1994).

De acuerdo con estas características del apego, es probable que la *autoestima* de este grupo de niños sea baja o tienda a la subestimación, que les cueste tomar la iniciativa y se muestren relativamente desconfiados respecto de cualquier futuro proyecto, que dependan en algún modo de la aprobación de los demás y de la forma en que le estiman, y que sean muy vulnerables ante el temor a ser rechazados o abandonados.

Es probable que sean más vulnerables y persistentes en sus sentimientos negativos por haberse sentido defraudados por sus amigos, lo que les hace ser especiales candidatos al resentimiento ante los malentendidos y los reveses de la fortuna en las relaciones sociales. Su aprecio y estimación por los otros pueden estar marcados por la ambigüedad y desconfianza. Y tal vez por eso, ni se abren del todo ni acogen por completo a quienes les abren su intimidad. Prefieren operar en un lugar intermedio, en la ambigüedad de una «tierra de nadie», equidistante de la explícita reprobación al mismo tiempo que de la franca y abierta aprobación, situaciones extremas en las que suelen experimentar cierta incomodidad.

Una persona que ha sido modulada así por la autoestima es lógico que aparezca como imprevisible, inestable, ansiosa, segura o insegura y activa o pasiva, dependiendo de las situaciones, de la que además no puede predecirse cuándo tomará la iniciativa, y que se desilusiona, enfada y protesta con facilidad, por lo que ante ella el otro no sabe a qué atenerse.

6.4. El apego ansioso-desorientado-desorganizado

El tipo de apego etiquetado como *ansioso-desorientado-desorganizado* agrupa a los bebés cuyos comportamientos se diferencian por las siguientes particularidades: percepción de la madre como una base ambivalente y desorganizada, ansiedad de separación, confusión o aprensión ante el juego exploratorio, evitación del contacto ocular, comportamiento ambivalente ante la separación/reunión con la madre y desorganización del comportamiento de apego.

La madre no les proporciona la necesaria seguridad desde la que poner en marcha el juego exploratorio, sino que en su presencia continúan desorganizados y ansiosos, sin que puedan acabar de estructurar su comportamiento.

De acuerdo con estas características del apego, es probable que la *autoestima* de este grupo de niños esté muy disminuida y que aparezcan como preocupados y aprehensivos y con serias dificultades para tomar decisiones o iniciar contactos sociales. Tal vez por eso rehúsen establecer nuevas relaciones sociales, puesto que las perciben como ambivalentes y siempre problemáticas —unas veces como amenazadoras y otras como afirmadoras— y, en definitiva, no se sienten confortablemente en ellas.

Su expresión de emociones deja mucho que desear, lo que permite que otros les perciban como raros o mal educados, arruinando así muchas de las escasas relaciones de que disponen. Son personas que evitan mirar a la cara o que esconden su rostro al interlocutor, a fin de no complicarse la vida ni comprometerse demasiado en esa relación. La ambivalencia que caracteriza a su autoestima personal suele manifestarse también a la hora de estimar a los demás, por lo que su comportamiento en este sentido resulta impredecible, y puede variar con mucha amplitud desde la inoportuna aprobación a la insolente indiferencia o a la impertinente desaprobación.

Sus posturas revelan muchas veces las manifestaciones propias de la depresión, la complejidad o la preocupación. De ordinario, los padres de estos niños son padres con conflictos personales y conyugales aún no resueltos. Más concretamente, se ha comprobado que los niños de madres deprimidas, maltratantes o alcohólicas tienen tendencias a mostrar estas conductas ambivalentes (Carlson y cols., 1989; Lyons-Ruth y cols., 1990; O'Connor, Sigman y Brill, 1987; Lyons-Ruth, 1991).

Los anteriores rasgos relativos a la autoestima pueden sembrar la confusión en las *relaciones conyugales y familiares*. No suele ser excepcional que en ellos se muestren manifestaciones psicopatológicas muy diversas, que podrán compensarse en grado mayor o menor, o no hacerlo en absoluto, en función de cuál sea el talante del otro cónyuge y de la ayuda que reciban o no del especialista.

7. La autoestima y el apego paterno

Hasta aquí se ha tratado de las intrincadas relaciones entre el apego y la autestima, pero estando el apego nucleado, por así decir, únicamente sobre la madre. Esta opción no se debe a un despiste del autor, sino que ha sido elegida a propósito de acuerdo con la tradición, para así poner mejor de manifiesto *la negligencia cultural social* —tantas veces criticada y tan pocas modificada— de *la exclusión del padre* —de los padres varones— respecto del apego y la autoestima de sus hijos.

No deja de ser curioso que todavía hoy del apego infantil se hable sólo *en clave materna*, como si el padre estuviera «naturalmente» condenado a no establecer ningún tipo de vinculación con los hijos. Desde hace dos décadas este sesgo y agravio comparativo ha comenzado a corregirse, justamente cuando se ha avalorado como era menester la naturaleza de las primeras relaciones padre-hijo y el impacto que el padre desempeña en el desarrollo del niño (Palkowitz, 1984; Parke, Power, Tinseley y Hymel, 1981; Polaino-Lorente, 1993*b*).

El olvido del padre, en la temprana infancia y en el estudio de la interacción padre-hijo, no tiene por ello justificación posible. En cierto modo, este olvido fue causado por un error atribucional consistente en priorizar exclusivamente la función de la madre en la crianza de los hijos.

Se sostuvo desde antiguo —y la inercia de tantos siglos todavía nos arrastra a continuar sosteniendo casi lo mismo— que competía sólo a las madres la crianza de los hijos, como si las madres dispusieran de un don natural en exclusiva —empíricamente verificado— para esos menesteres, frente a los padres que carecerían en absoluto de tal don.

En realidad, algo de verdad hay en ello, especialmente si se piensa en funciones muy concretas y naturales como la de amamantar al hijo. Pero ese núcleo de verdad no se compadece con las numerosas generalizaciones en que han incurrido los modelos dominantes hoy al uso acerca de lo que sea la masculinidad y la feminidad.

Este error se produjo muy probablemente también en colaboración con una cierta aquiescencia de los padres, que asumieron la función de ser o comportarse como meros *delegadores* en las respectivas madres de las prácticas de crianza y educación de sus hijos.

Así las cosas, se fueron consolidando unos roles en cuyas mallas quedaron prendidas, como rehenes, ciertas actitudes que, supuestamente, se atribuyeron y debían caracterizar y distinguir a «lo masculino» de «lo femenino». No resulta extraño en esta perspectiva que, por ejemplo, se haya hablado hasta la saciedad de «instinto materno» —en la actualidad constituye un tópico socialmente aceptado—, mientras apenas si encontramos un uso muy excepcional del respectivo «instinto paternal». Como si los padres no percibieran o estuvieran «naturalmente» sordos y ciegos a esa «llamada de la sangre» de sus propios hijos desvalidos. Esto en modo alguno es cierto.

También los varones cambian sus comportamientos en cuanto toman conciencia de su paternidad. De otra parte, hay en la actualidad demasiados varones que anhelan esta paternidad como para que pueda continuar negándose su tendencia vocacional y natural a ella. Los ejemplos podrían aquí multiplicarse, tanto si nos atenemos a quién toma la iniciativa en algunos matrimonios jóvenes de optar por la maternidad como respecto de quién pone en marcha la decisión matrimonial de adoptar un hijo.

Sobre este *sesgo atribucional y sociocultural* se montó la *convicción* —una creencia, todavía hoy no fundamentada— de que la influencia paterna era relevante para los hijos, pero sólo a partir de los seis o siete años de edad. Pero, como infaustamente ha demostrado en fecha reciente la proliferación de las familias monoparentales (en las que el único padre es el varón), tal convicción no dispone de ningún apoyo empírico. Es sólo la consecuencia del *reparto arbitrario* y un tanto artificial de los *roles paterno y materno*, tal y como estos han sido moldeados en la cultura occidental. (Para una reciente revisión de este problema, confrontar Polaino-Lorente, 2003*c*.)

En realidad estos sesgos arrancan de muy lejos. En la teoría freudiana, por ejemplo, sólo a partir de la segunda infancia (?) el padre juega un importante papel en el desarrollo del niño. Dicha teoría resalta la relación padre-hijo, desempeñando el primero un papel moderador de la relación madre-hijo. Es como si la función del padre sirviese a algo así como establecer una cierta «compensación» de las relaciones madre-hijo, de manera que tal relación no «torciera» en una determinada dirección el desarrollo del hijo.

Pero la relación padre-hijo no puede limitarse a sólo este efecto «compensatorio». Entre otras cosas, porque, en primer lugar, nada hay que «compensar»; y, en segundo lugar, porque los hijos y las hijas necesitan por igual —admitiendo el hecho diferencial y la diversidad que les caracteriza— de la madre y del padre.

Mucho más conforme con la naturaleza de la condición humana de los hijos hubiera sido admitir, por derecho propio, la paternidad y sus funciones en el apego infantil. De esta forma se habría ofrecido a los hijos ese otro núcleo simultáneo, alternativo, natural y heterónimo —dada la bicefalia de la familia—, al que tienen derecho y del que tanto necesitan, hasta el punto de ser para ellos irrenunciable.

Ello no obsta para que, de acuerdo con numerosas investigaciones (Mahler y Gosliner, 1955; Berman y Sperling, 1990), se admita que las relaciones padre-hijo facilitan el proceso de separación e individuación del niño en relación con su madre, además de contribuir a fomentar su autonomía, competencia y fortaleza.

La relación con el padre —la necesaria figura alternativa y simultánea de apego de los hijos— es especialmente significativa cuando la relación de estos con la madre, cualquiera que fuere su causa, deviene problemática (Mahler, Pine y Berman, 1975; Berman y Sperling, 1990). En esos casos, como se ha demostrado (Bloom-Feshbach y Bloom-Feschbach, 1987; Berman y Sperling, 1990), la relación problemática y distante de los hijos con la madre, por ejemplo, puede ser reconducida mediante una relación niño/a-padre, más gratificante y positiva que aquella.

Hoy sabemos que el apego materno es independiente del paterno, puesto que este último no tiene efecto alguno sobre la búsqueda de proximidad y contacto con la madre. Por otra parte, este estilo de apego con el padre continúa y se prolonga hasta la adolescencia tardía (Berman y Sperling, 1990).

Bowlby, por ejemplo, considera que el padre es secundario y desempeña un papel auxiliar con respecto a la madre. Estas falsas creencias comienzan a disiparse en la actualidad, como resultado de dos hechos fundamentales. De un lado, por la incorporación de la mujer al mundo del trabajo, lo que ha probado que el papel del padre no es secundario, sino primario y tan necesario como el de la madre. De otra, porque en la década de los setenta se han publicado numerosas investigaciones en las que se destaca que la relación de apego padre-hijo es independiente del apego madre-hijo (Grossmann, Grossmann, Kuber y Wartner, 1981; Volling y Belsky, 1992).

Tal independencia debe su existencia, al parecer, a las diferencias cualitativas existentes en la interacción paterna y materna respecto de los hijos (Lamb, 1981b; Berman y Sperling, 1990; Yárnoz Yaben, 1993).

De otra parte, recientes estudios destacan el importante papel que el padre desempeña por sí mismo en el desarrollo evolutivo de los hijos (Polaino-Lorente, 1993b; Belsky, Gilstrap y Rovine, 1984; Bridges, Connell y Belsky, 1988; Lamb, 1981a; 1986; Lerner y Galambos, 1986; Lewis y Gregory, 1987; Parke, Power, Tinseley y Hymel, 1981; Russell y Russell, 1987; Lecorgne y Laosa, 1976; Lynn, 1974; Lamb, Chase-Lansdale y Owen, 1979).

El *apego padre-hijo* contribuye en gran medida al desarrollo del niño, especialmente en lo que se refiere al desarrollo del funcionamiento social y de la competencia exploratoria (Belsky, Garduque y Hrncir, 1984b; Lamb, Hwang, Frodi, 1982; Main y Weston, 1981; Volling y Belsky, 1992).

Como afirman Parke, Power, Tinseley y Hymel (1981), «el padre desempeña una importante e insoslayable función en los comienzos de la infancia. Las pautas de la primera interacción entre el padre y el hijo tienen un impacto identificable en el desarrollo cognitivo y social del niño». En efecto, la relación padre-hijo ejerce una notable influencia sobre las posteriores relaciones sociales del niño fuera de su ámbito familiar (Bridges, Connell y Belsky, 1988; Mercer y Ferketich, 1990), el rendimiento escolar y la competencia cognitiva (Blanchard y Biller, 1971; Lamb, 1986).

En diversas investigaciones se ha comprobado que los niños, cuyos padres están frecuentemente ausentes, tienen menos simpatías y gozan de relaciones menos satisfactorias con sus compañeros (Stolz, 1954; Lynn y Sawrey, 1959; Polaino-Lorente, 1993b), al tiempo que presentan un menor desarrollo cognitivo (Pedersen, Rubinstein y Yarrow, 1979) en relación con los niños que gozan de la presencia regular y estable con sus respectivos padres.

El absentismo del padre es aquí definido en función de su permanente ausencia del hogar, debido a fallecimiento, divorcio, excesivo trabajo o abandono de la familia. Sin embargo, no son estas las únicas ni todas las causas posibles de tal ausencia. Padres que incluso continúan siendo miembros presenciales en sus familias se muestran frecuentemente distantes e inasequibles a sus hijos a causa de su dedicación laboral, viajes, ausencia de interés o mero cansancio.

En definitiva, que no se puede concebir la educación de un niño sin la colaboración activa de ambos progenitores, ya que los dos están llamados a desempeñar el mismo protagonismo —aunque modalizado de forma diferente, según su sexo— en su educación.

La *autoestima* de los hijos varía mucho de unos casos a otros, en función de cómo se haya llevado a cabo el *apego* respecto de sus *padres varones*. Hay algunos ejemplos elocuentes de ello. Es lo que sucede, por ejemplo, con emociones de vital importancia como la cercanía, la admiración, la autoexigencia o el tratar de no defraudar la confianza que el otro ha puesto en ellos, hermanos menores —pero todos ellos relevantes— de la autoestima.

En efecto, si se ha producido una temprana cercanía entre padres e hijos, no sólo aumenta en los hijos la seguridad en sí mismos, sino también la naturalidad, la espontaneidad y la sinceridad. Donde hay confianza no es posible el temor. Esta confiada cercanía permite vivir el respeto sin servilismos ni temores, lo que fortalece la autoestima y también el respeto que a sí mismos han de tenerse.

La *admiración* que los hijos experimentan respecto de sus padres varones les lleva a diseñar un modo de comportamiento para ellos mismos en el que esa admiración esté también presente. Los hijos quieren ser admirados y reconocidos del mismo modo en que lo han sido sus padres para ellos. ¿Está esto muy lejos de la autoestima? Es cierto que tal admiración puede haber sido idealizada en extremo. Pero eso importa menos que carecer de ella. Ya la vida con sus sinsabores y limitaciones les pondrá en el lugar que les corresponde.

Algo parecido sucede respecto de la *autoexigencia*. Los niños observan cómo los padres varones se exigen a sí mismos y también a ellos exigen. Pero esas exigencias serán tanto mejor toleradas si se han visto previamente realizadas en el comportamiento paterno y, muy especialmente, si tales exigencias van entreveradas con el sentimiento de admiración hacia el padre. ¿Es que esta autoexigencia no constituye acaso un notable rasgo de la autoestima y de la capacidad de tomar decisiones o perseverar en la costosa acción emprendida, fiado en que se es competente para llevarla a cabo?

Por último, el hecho de tratar de *no defraudar al padre* constituye una poderosa motivación para el desarrollo de la autoestima. Cuanto mejor haga lo que el padre le ha encargado, tanto más competente se experimentará el niño a sí mismo. Cuanto mejor satisfaga la tarea que se le ha encargado, tanto más se estimará a sí mismo, tanto más se parecerá a lo que su padre tiene de admirable, tanto más crecerá y más «mayor» será a sus propios ojos. ¿No son todas estas manifestaciones características, aunque tal vez inobservables, por implícitas, con las que se amasa la autoestima personal de los hijos?

Capítulo 4

LA EDUCACIÓN SENTIMENTAL

1. ¿Pueden educarse los sentimientos?
2. El laberinto sentimental
3. La educación de los sentimientos
4. Tres principios en la educación de la afectividad
   4.1. Educar en la afectividad es educar para el compromiso
   4.2. Educar la afectividad es educar en la libertad
   4.3. Educar la afectividad es educar en el sufrimiento
5. El conocimiento personal
6. Obstáculos que se oponen al conocimiento personal
   6.1. El ensimismamiento hermético
   6.2. La imagen ideal e idealizada de sí mismo
   6.3. El voluntarismo
   6.4. La admiración y el reconocimiento sociales
7. Autoestima y autocontrol
8. El estilo emocional
9. Los sentimientos reactivos en la génesis y mantenimiento de la relación yo/tú

1. ¿Pueden educarse los sentimientos?

Parece que la afectividad, como cualquier otra función humana, es objeto de educación. Hay varias razones en que fundamentar lo que se acaba de postular. En primer lugar, en el hecho de que *la afectividad del niño no está desarrollada en el momento de su nacimiento*, sino que ha de ir madurando a lo largo de su desarrollo. Esa condición de la afectividad, de estar incompleta e inacabada durante un largo período evolutivo, la hace muy permeable a lo que suceda en su entorno.

En segundo lugar, porque *la afectividad no está completamente determinada* en cada persona por su *biología*. Otra cosa muy diferente es que las estructuras biológicas de las que depende el *temperamento* —principalmente, el sistema nervioso y el sistema endocrino— contribuyan a modular y configurar el talante afectivo de las personas.

Estas influencias son más bien invariantes, es decir, bastante estables y difíciles de modificar. Por eso, el viejo Hipócrates sostuvo que «tu temperamento es tu destino». Pero más allá de esas determinaciones, la afectividad está abierta a la acción de otros factores no biológicos que también le impactan y pueden modificarla.

En tercer lugar, porque la general experiencia personal resulta coincidente en detectar esa característica de la *plasticidad* natural de los sentimientos, cuyo ensamblaje a lo largo de la vida puede realizarse de modos muy diversos, configurando en la persona un determinado talante afectivo que no porque le singularice está cerrado a la acción educadora de padres y profesores.

En cuarto lugar, por último, porque la persona es también *libre*, incluso respecto de sus sentimientos, si quiera sea de un modo relativo. La persona puede acrecer el sentimiento que experimenta o disminuirlo en su intensidad, duración y frecuencia; la persona puede extinguirlo, reprimirlo, «olvidarlo» o sublimarlo, como también obsesionarse con ello, reiterarlo, excitar su presencia y manifestación, sentir que lo siente y querer sentirlo.

Las anteriores posibilidades, que concurren en cualquier persona, ponen de manifiesto el hecho de que la persona disponga de una cierta libertad para dirigir su vida afectiva o, si se prefiere, de una cierta capacidad de control sobre su vida afectiva.

Por estas y otras muchas razones, en las que ahora no puedo penetrar, hay que concluir que los sentimientos son educables. Aunque todo depende de lo que se entienda por *educación sentimental*.

En este punto, considero que hay dos opciones fundamentales y relativamente contrapuestas. La primera y más tradicional es la que opta por imprimir en el niño los criterios, más o menos acertados, acerca de lo que debiera permitir o no a la expresión de sus manifestaciones afectivas. La segunda —mucho más difícil y compleja, pero también más eficaz— es la que se atiene a enseñar al niño a identificar, apresar y desvelar los sentimientos y emociones que barbotan en su intimidad, de manera que conociéndolos pueda dirigirlos a donde desea.

2. El laberinto sentimental

Aunque se reconozca que la afectividad es educable, no obstante, hay que admitir también las dificultades que ello comporta. Tantas son estas dificultades que, hasta un cierto punto, puede hablarse con un relativo fundamento del *laberinto sentimental*, de ese jardín encantado donde es demasiado fácil perderse, es decir, del oscurantismo de la emotividad. Como la primavera, también los sentimientos han venido o sobrevenido a la persona, pero nadie sabe cómo ha sido.

Sin duda alguna, es casi imposible tratar de explicar qué es un sentimiento, cuál es su génesis, qué lo suscita, de qué factores personales y ambientales depende, cómo y por qué se extingue, etc. Nada de particular tiene que no resulte una tarea fácil conocer la afectividad propia y la de los demás y que, en consecuencia, se ejerza sobre ella tan escaso control (Marina, 1997 y 1998).

El mismo hecho de la *empatía*, de experimentar una cierta simpatía por alguien —algo natural que toda persona ha experimentado—, es muy asequible como experiencia personal, pero muy extraña y compleja cuando se trata de explicar. Algunas teorías se han postulado para dar cuenta y razón de esas *afinidades afectivas*. Pero el resultado es casi siempre el mismo: la gente queda muy insatisfecha y con la mente llena de objeciones porque el fundamento de esas teorías resulta un tanto oscuro. Pero es un hecho cierto que los afectos expresados por los otros nos afectan, como también nuestros propios afectos nos afectan.

La afectividad, qué duda cabe, colorea todo el vivir humano y, aun en las personas menos influenciables, da a su vivir esa pátina alcanforada o fresca, vivaz o enmohecida, antipática o simpática que modifica de forma sustantiva cualquier pensamiento, diálogo o actividad. ¿De que serviría una vida desnuda y vacía de sentimientos?, ¿es acaso posible?, ¿no condicionaría tal vez el mismo mensaje, la percepción de lo que el otro cuenta, y hasta el modo en que se le acoge?, ¿pueden expresarse y transmitirse a los demás, de forma nítida e inconfundible, la mayoría de los sentimientos propios?, ¿sirve para algo tratar de comunicarse, si la transmisión de los sentimientos se bloquea?, ¿no cambia esto quizá el significado mismo de lo que se trataba de comunicar?, ¿es o no es un laberinto ese continuo tejerse y destejerse de la vida afectiva?

Es preciso reconocer que se han hecho algunos intentos en la última década —por cierto, con mucho éxito editorialista— por poner un cierto orden en las emociones, tanto en lo que se refiere a sus fundamentos neuropsicológicos como en lo que atañe a sus manifestaciones (expresión de emociones, entrenamiento asertivo, habilidades sociales, etc.) y a algunos eficaces procedimientos para la modificación de los sentimientos patológicos (reestructuración cognitiva; cfr., Beck, Rush, Shaw y Emery, 1980).

Pero no es menos cierto que los problemas siguen en pie y que los conflictos que suscitan no acaban de encontrar las esperadas soluciones. Es decir, que la educación sentimental continúa siendo «la asignatura pendiente». No parece sino que persistiera una cierta razón de la magnificación del supuesto innatismo «inmodificable» de los sentimientos.

Razón y corazón, pensamientos y sentimientos, ideas y emociones, cogniciones y afectos no parecen sino ir a la greña por los caminos de las biografías humanas, sin hallar el ámbito preciso en el que definitivamente encontrarse y sin que puedan distanciarse hasta el punto de no perjudicarse uno a otro en la persona en que habitan.

Sin describir los numerosos detalles a que podría ahora apelar —tal y como la prolongada profesión de psiquiatra me ha mostrado en vivo, en relación a la afectividad enfermiza—, es preciso reconocer que la vida de los sentimientos nos afecta a todos.

¿Quién, en determinadas circunstancias, no se ha dejado invadir por la nostalgia ante una escena fílmica, la mirada de un niño, el rostro apergaminado de un anciano o la mera observación de un cielo límpido tachonado de estrellas?, ¿y por qué esa misma persona ante idéntica escena ha experimentado otras veces una completa indiferencia?, ¿de qué depende sentir aquello o experimentar esto?, ¿por qué algunos padres están tan atentos a sólo el cumplimiento de las normas familiares por sus hijos, mientras otros velan también por su cumplimiento, pero sobre todo ponen un mayor énfasis en el talante de cada uno de sus hijos, al que tratan de ajustarse?, ¿en cuál de los dos ejemplos anteriores se está educando mejor en la afectividad?

Muchos ejemplos se podrían poner también respecto del comportamiento afectivo de los hijos en relación con sus padres. ¿Acaso han experimentado los hijos la grandiosa capacidad de ternura, alegría, generosidad y vivacidad de que disponen para comunicar todas esas energías a sus cansados padres?, ¿lo han intentado alguna vez?, ¿conocen los efectos que han generado en ellos?, ¿han procurado comportarse con sus padres, siquiera en lo que a la afectividad se refiere, del mismo modo que lo hacen con sus amigos?, ¿es que esto no cambiaría acaso el entero clima familiar y los sentimientos y las vidas de sus progenitores?

A lo que se ve, hay mucha ignorancia al respecto. Tal vez por ello la afectividad no sea sólo un laberinto, sino un laberinto en la más completa oscuridad y, lo que es peor, un laberinto por el que forzosamente han de transitar todas las personas que componen una familia.

¿Se siente la mujer contemplada por su marido, hasta en los detalles más pequeños y modestos?, ¿acaso experimenta el marido la admiración que despierta en su mujer su propio trabajo?, ¿se ha sentido alguno de ellos con frecuencia incomprendido, aislado e incomunicado?, ¿no son todos ellos sentimientos, en alguna forma?

Y si lo son, ¿por qué no tratan de manifestarlos o expresarlos a las personas a las que, sin duda alguna, más quieren?, ¿tan fuertemente incapacitados están para ello?, ¿es esto seguro o sólo probable? Si fuera probable, es muy cierto que un pequeño esfuerzo en este sentido o el mero hecho de acordarse y tenerlo presente pondría en marcha un comportamiento bien diferente, tanto en la persona que así se comporta como en quienes le rodean. Y, desde luego, todos serían más felices, objetivo al que cada familia está orientada.

¿De qué depende el que una persona expanda y vuelque o no su afectividad en quienes le rodean?, ¿se siente tal vez acogida cuando habla?, ¿es tenida en cuenta su opinión?, ¿se cuenta con ella lo suficiente? Las anteriores preguntas se encaminan a suponer que la responsabilidad es siempre de los otros. Pero no es esto lo que suele pasar.

Es preciso formular también otras preguntas a la supuesta víctima. ¿Cuál es el centro o la persona de su familia que tiene en cuenta antes que usted?, ¿a dónde se le va el pensamiento cuando está lejos de casa?, ¿en qué piensa cuando regresa al hogar?, ¿considera que lo de los otros es siempre más importante que lo suyo?, ¿sabe relativizar su cansancio, el peso de la jornada, las pequeñas o grandes frustraciones que tal vez ha sufrido en la última hora?, ¿se le ilumina la cara con sólo imaginar el rostro de sus hijos cuando duermen? También de todo esto depende la *autoestima*: la propia y la de los hijos. Algunas de estas cuestiones podrían ser de cierta utilidad para remover el *ánimo educandi* de los padres. Si algunas familias no funcionan es porque se han olvidado de las emociones, porque perciben a los suyos como una caja en la que únicamente resuenan o estallan los conflictos, en definitiva, porque han adoptado el papel de víctimas.

El *victimismo familiar* se ha convertido hoy en moneda de amplia circulación. Pero no es que hoy la familia sea o esté obligada a ser peor que la de antaño. Es que el laberinto sentimental se ha vuelto más opaco, a causa de que los sentimientos están más enmarañadamente intrincados en las personas.

Este retorcimiento antinatural de las emociones —nunca expresadas y casi siempre sometidas a presión— es lo que está condicionando en forma poderosa la infelicidad familiar. El victimismo familiar —como una profecía anunciada por los *mass media*— acaba por cumplirse.

Es preciso reflexionar acerca de los sentimientos y sus agrupamientos laberínticos. Tal vez sea conveniente preguntarse por qué no se lo pasa bien cuando está con los suyos; si sirve para algo la mera exigencia sin cuidado y sin ternura; si se depende demasiado (*dependencia afectiva*) o demasiado poco (*independentismo*; *indiferentismo*) de los otros miembros de la familia, en el ámbito afectivo; si se está demasiado flexionado sobre sí mismo (*hermetismo*) o incapacitado para la natural y espontánea apertura a los otros (*desinterés*); si preocupa en exceso la imagen del propio yo (*egoísmo*), la opinión de los compañeros acerca del prestigio profesional o la labor realizada cara a la historia (*egotismo*; cfr., Polaino-Lorente, 1987a).

3. La educación de los sentimientos

En realidad, la educación sentimental que hoy se imparte por padres y profesores es muy escasa. Es cierto que los *padres* educan a sus hijos en la afectividad, de forma natural y espontánea, cuando los consuelan, los corrigen, los riñen, los animan, etc. Pero es harto probable que en esas circunstancias tampoco sean muy conscientes de que están educando en la afectividad.

Es más probable que su propia afectividad dirija su comportamiento y hasta embote su inteligencia, tomando decisiones, de una forma más impulsiva que reflexiva, sin hacerse cargo de cuáles son los sentimientos o los cambios que en sus hijos se suscitan, con ocasión o como consecuencia del comportamiento paterno.

De otra parte, los *padres* educan en la afectividad a sus hijos —especialmente en la afectividad relativa a las personas de distinto sexo—, a través del modo en que se comportan con su pareja. Esta vía indirecta, y como *in obliquo*, es de vital importancia para los hijos. Es posible que algunas actitudes machistas o feministas, de respeto o de su ausencia en lo relativo al trato con el otro cónyuge, de ternura o violencia, etc., tengan sus raíces en el aprendizaje temprano de los hijos, a través de la observación del modo en que se relacionan sus padres.

La paradoja surge cuando los hijos llegan a la adolescencia y comienzan a enamorarse. En ese momento los padres experimentan una gran ignorancia y no saben cómo comportarse con ellos. Se han olvidado de que en la educación amorosa o para el amor ya han educado a sus hijos a lo largo de sus vidas, precisamente a través de cómo hayan sido las relaciones entre marido y mujer. Por eso habría que incoporar a los derechos del niño no sólo el afecto —manifestado, se entiende— de su padre y de su madre, sino también el afecto y las buenas relaciones que debieran haber entre el padre y la madre.

Al parecer, las actitudes de los padres más convenientes para el desarrollo de la autoestima en los hijos pueden sintetizarse en las siguientes: *aceptación incondicional* de los hijos; *implicación* de los padres respecto a la persona del hijo; *coherencia personal* y disponer de un *estilo educativo* que esté presidido por unas expectativas muy precisas y establezca unos límites muy claros (Rosenberg, 1965; Coopersmith, 1967; Baumrind, 1975; Newman y Newman, 1987).

En lo relativo a los *profesores*, hay que decir algo parecido. De hecho, no hay ninguna disciplina en el *currículum vitae*, cuyo contenido se refiera a la educación en la afectividad. Pero no se debiera concluir aquí a la ligera que los profesores no educan a sus alumnos en la afectividad. En realidad, tal educación se emprende y va como subsumida en muchas de las relaciones entre profesores y alumnos y entre compañeros, circunstancias que entretejen el comportamiento y aprendizaje de los alumnos en el aula.

El profesor haría bien en pensar que educa a sus alumnos con su entera persona, además de enseñarles los contenidos precisos y concretos de que se compone el programa de la disciplina que enseña. Pero es en el modo de afrontar los problemas, de corregir a un alumno distraído, de motivar al que se ha quedado atrás en el aprendizaje o de consolar al que tiene un determinado sufrimiento, como comparece y se ejercita esta educación en la afectividad.

Son estos los momentos estelares de la educación sentimental en el aula, muchos de los cuales permanecerán en el recuerdo vivo de algunos de sus alumnos. El profesor no debiera olvidar que su presencia en el aula es estar como en el escaparate y que los niños son excelentes observadores.

Por eso, el modo en que el profesor responde a una pequeña frustración personal en presencia de los alumnos, o se irrita porque algo sale mal o la forma en que le agitan los vaivenes a que se ve sometida su estabilidad emocional constituyen, en muchas ocasiones, verdaderos hitos emblemáticos de esta *educación sentimental encubierta*.

A los *padres* competería mejor optar por el procedimiento del ejemplo personal —el mejor educador—, puesto que es el más natural y el que mejor se adecúa, de forma natural, a las interacciones con sus hijos en el contexto familiar. No se olvide que una buena porción de los sentimientos experimentados por los hijos —modos en que responden a determinados eventos familiares— son casi siempre *reactivos* al comportamiento de los respectivos padres.

A los *profesores*, en cambio, habría que invitarles a que optasen, además de por su propia conducta, por procedimientos más académicos, puesto que la actividad que realizan se ajusta mejor a ello. Pero unos y otros han de estar abiertos a ambos procedimientos y usar de ellos en función de cuáles sean las exigencias del alumno o del hijo al que hay que educar en la afectividad.

La presencia magnificada de la afectividad en una cultura tradicionalmente emotivista, tal vez pueda entenderse precisamente desde esta perspectiva: la escasa presencia o la ausencia de educación sentimental de niños y jóvenes en sus contextos naturales.

Este defecto o carencia es casi ancestral. Es probable que tenga su origen en la cultura griega, de la que en tantas cosas somos deudores, sin duda alguna, y de la que todavía hoy —sin saberlo y sin quererlo— somos los protagonistas que prolongamos su valiosa vigencia entre nosotros.

El *pathos* que impregnó la cultura griega, y su vinculación al destino, tal vez hundió en una excesiva pasividad a la persona respecto de sus sentimientos (léase pasiones). La recepción de este legado por la Edad Media y el Renacimiento no hizo sino intensificar todavía más, si cabe, la representación y el discurso sentimental de la persona respecto de cómo conducir sus pasiones.

Nada de particular tiene que de tal tradición, tales usos. Lo que ha dejado su impronta en el modo en que se entiende la afectividad o incluso se la ignora en algunos sectores. De aquí la impotencia que muchas personas experimentan al tratar de afrontar o conducir los propios sentimientos y sus manifestaciones.

De acuerdo con estos antecedentes, la paradoja está servida. Respecto a la educación sentimental unos y otros miran a otra parte, mientras que la mayoría de las manifestaciones culturales son atravesadas por el emotivismo.

El *pathos*, mientras tanto, sobrevive y se afianza con su más sólida robustez y pujanza en el corazón y en el comportamiento de las personas. Hay muchos hitos e indicadores que así lo ponen de relieve. Este es el caso, por ejemplo, de la sintonía patética y trágica de los espectadores con las desgracias/éxitos de los famosos (el impacto y sus consecuencias de las bodas reales, de la muerte de un torero, de los accidentes, etc.), y de las lágrimas espontáneas que se derraman en tantos rostros apenas observan «la cara de la noticia» que se exhibe por la televisión.

En los más jóvenes, la emotividad y sus formas de expresión son todavía más radicales, aunque tal vez se oculten mejor por miedo al qué dirán. Se ha inaugurado una *nueva mística: la de los sentimientos*. La «mística» que se funda en los sentimientos es muy poco «ascética», pero sobre todo muy poco realista. Los sentimientos acerca del ser —la afectividad acerca de la ontología— no han logrado fundar ni han contribuido a desarrollar una *ontología de los sentimientos*. La sobrestimación del «corazón» por encima de la «cabeza» —o en contraposición a ella— no es garantía de una mejor o mayor apropiación de sí mismo, sino más bien —como señala la experiencia— de lo contrario (Polaino-Lorente, 2003c).

La sobrestimación del corazón por encima de la cabeza es más frecuente en los ciudadanos de los países latinos; lo contrario sucede y caracteriza a los ciudadanos de los países del norte. Acaso este sea un factor, entre otros muchos, que un día explique las dificultades que acompañan al diálogo norte-sur. Desde el emotivismo antiintelectualista e irracional resulta muy difícil establecer y articular, como es obvio, un diálogo con otras personas caracterizadas por estar mejor y más asentadas en el racionalismo.

Una y otra posición, sin duda alguna, tienen también una cierta grandeza. *La grandeza de quienes optaron por la afectividad* —a la que se ha fustigado líneas atrás— que, no obstante, permite sentirse a sí mismo y sentir a los otros, sintonizar con ellos, hacerse cargo de sus alegrías y dificultades, «vibrar» en la misma onda, es decir, dejarse invadir y ser arrastrado por eso que se llama la simpatía, por cuya virtud se comparte lo del otro y se permite a las personas estar, ser como son y sentirse vivas.

La grandeza de quienes optaron por el racionalismo —a pesar de su formalización excesiva y de la rigidez racionalista que suele acompañarle— permite a la persona reflexionar antes de actuar, someter a la razón cualquier suceso a fin de atenerse a lo que la razón en su análisis concluya, tomar distancia de la realidad para someterla, explotarla y dirigirla, aunque muy pocas veces la comparta y la experimente como propia, especialmente si se refiere a una realidad personal.

En todo caso, lo ideal no es optar por lo uno o por lo otro, sino por ambos. La elección de un modo de estar en el mundo no debe llevar parejo la exclusión del otro. Ambos se necesitan, son naturales, están presentes en toda persona y no deberían mutuamente excluirse.

Lo conveniente es lograr esa difícil síntesis en que ambos participan, se potencian y acrecen, tal y como exige la condición humana. *Un buen balance cognitivo-emotivo* constituye el mejor de los servicios a la persona. Sin duda alguna, es bueno que la afectividad esté a flor de piel (lo que permite a la persona estar y sentirse viva), pero al mismo tiempo es conveniente que la afectividad no sea el único ni el principal motor en la toma de decisiones —si no se desea equivocarse y sufrir a causa de los propios errores personales—, lo que *exige que la afectividad esté embridada por la razón*.

De otra parte, la misma razón gana mucho con ello, pues la afectividad empuja y estimula al pensamiento, condicionando su curso, fecundándolo otras veces y, en algún sentido, modulándolo siempre. La afectividad —según una metáfora muy del gusto de Ortega y Gasset— es el viento que empuja las velas del pensamiento. El timón es la razón y sin ella no se llega a ningún destino. Pero sólo el timón no basta, por insuficiente.

Es preciso que las velas de esa navecilla sean empujadas por el viento de los deseos y pasiones, sin las cuales aquella no se movería y tampoco alcanzaría un puerto seguro. Para que la navecilla surque con tino los mares procelosos del vivir humano ambos elementos resultan imprescindibles, irrenunciables y, además, han de estar equilibrados. Tratar de conseguir ese balance es, qué duda cabe, la misión insoslayable de la educación sentimental.

Que la afectividad y la razón son igualmente importantes se pone de manifiesto de una forma emblemática, por ejemplo, en la *esquizofrenia*. En esta enfermedad —cuya mayor incidencia se da en los jóvenes menores de 30 años—, el paciente quisiera sentir, participar en la vida afectiva de los demás, vibrar con ellos al unísono, compartir con ellos, participar en su vida íntima, fundirse con ellos..., pero todo eso le resulta imposible, sencillamente, porque no puede eso que tanto anhela, ni desde la perspectiva cognitiva ni desde la afectiva.

En consecuencia con ello, los pacientes sienten que no sienten, experimentan que les gustaría sentir lo que los demás sienten, pero que él/ella no lo siente. Por lo que concluyen, erróneamente, que «están muertos». En realidad no lo están, pero sus vidas están vacías, como consecuencia del distanciamiento, la soledad y el aislamiento que sufren, a causa de esta grave enfermedad, que les impide sintonizar y estrechar lazos con sus amigos y compañeros.

4. Tres principios en la educación de la afectividad

Llegados a este punto, admitamos que la afectividad es educable, como cualquier otra facultad, capacidad o dimensión de la persona. Ahora bien, ¿qué significa, en qué consiste eso de la educación sentimental? Como observaremos más adelante, la educación sentimental comporta le educación para el compromiso, la educación en la libertad y la educación en el sufrimiento.

4.1. Educar en la afectividad es educar para el compromiso

La manifestación afectiva por excelencia es el amor. Pero el amor es compromiso, el amor exige la donación de una persona a otra. Si no acontece esa donación no se puede hablar propiamente de amor. Como tal donación, el comportamiento amoroso exige la expropiación de sí en favor de otro, lo que constituye uno de los compromisos más excelsos que la persona puede asumir y también uno de los más exigentes.

Lo que aquí se entrega a otra persona es el propio yo. Por eso, precisamente, compromete tanto la relación amorosa, porque la exigencia de la donación de que se trata es la de la entera persona, fuera de la cual todo lo demás importa bien poco.

Pero también a causa de ella la vida personal de quienes así se donan se avalora. Y se avalora, en primer lugar, por lo que supone *salir de sí, crecer, desentenderse de sí*, centrarse en otro, madurar y robustecer su generosidad, que es tanto como alcanzar y palpar el propio sentido de la vida.

En segundo lugar, se avalora porque *la otra persona acoge esa donación*. Sin acogida no hay donación. Pero a su vez, la acogida supone la percepción del bien significado por la persona que se da: la aprobación irrestricta de la persona que se recibe.

Por último, en tercer lugar, la vida de quien se dona se avalora porque *toda donación conlleva la aceptación del don del otro, y también su acogida y afirmación en el ser*, de manera que el nuevo «nosotros», fundado sobre este juego del mutuo regalo, engrandece a ambos y genera el compromiso en el que se acuna —como si fuera la matriz— el embrión de cualquier otro tejido social.

Gracias a ese compromiso la vida humana se revaloriza y adquiere otra dimensión. Hasta el punto de poder ser evaluada desde una nueva perspectiva, que sin dejar de ser personal satisface también la dimensión social de la persona. En ese caso, la vida de la persona vale lo que valen sus vínculos y compromisos, es decir, sus amores. Y el amor vale en función de cuáles sean la densidad y el vigor de los vínculos contraídos.

Saint-Exupéry (1982) describe magistralmente en *El principito* el alcance de este compromiso, al que él gusta denominar con el término *domesticar*, tal y como se ofrece en el breve y sustantivo diálogo entre el principito y el zorro, que a continuación se transcribe (la cursiva es nuestra):

—No puedo jugar contigo —dijo el zorro—. No estoy domesticado.

—¡Ah! Perdón —dijo el principito.

Pero después de pensarlo, añadió:

—¿Qué significa *domesticar*?

—Tú no eres de aquí —dijo el zorro—. ¿Qué buscas?

—Busco a los hombres —dijo el principito—. ¿Qué significa *domesticar*?

—Los hombres —dijo el zorro— tienen escopetas y cazan. ¡Es muy fastidioso! También crían gallinas. Es lo único interesante. ¿Buscas gallinas?

—No —dijo el principito—. Busco amigos. ¿Qué significa *domesticar*?

—Es algo demasiado olvidado —dijo el zorro—. Significa *crear lazos...*

—¿Crear lazos?

—Claro —dijo el zorro—. Para mí, tú no eres todavía más que un niño parecido a cien mil niños. Y no te necesito. Y tú tampoco me necesitas. Para ti no soy más que un zorro parecido a cien mil zorros. Pero *si me domesticas, nos necesitaremos el uno al otro. Serás para mí único en el mundo. Seré para ti único en el mundo...*

En esto reside la clave de la educación sentimental: en dejarse domesticar, en crear lazos, en necesitar del otro y ser necesitado por el otro, en intensificar y desvelar la propia singularidad y la del otro —por el vínculo que hay entre ellos— hasta el extremo de que ambos sean recíprocamente en el mundo, únicos. Si una persona es única respecto de otra y es así percibida de una forma radical, su «valor» deviene infinito.

4.2. Educar la afectividad es educar en la libertad

Sin libertad en los sentimientos, la persona queda sometida a ellos. Si la persona se somete a sus sentimientos y deseos, a sus gustos e instintos, la persona queda prisionera de ellos y se transforma en un rehén de una parte de sí, por cierto no la más importante, y como consecuencia de ello será muy difícil que pueda disponer de sí.

Los sentimientos hay que atenderlos en su dignidad, pero sin rebajarlos a la edición abaratada de ellos que es el *emotivismo* que sofoca y estrangula la libertad personal.

Una libertad que está cautiva en las redes del emotivismo —una libertad mancillada en su naturaleza— transforma a la persona en un rehén de su mero sentir.

En esas circunstancias al pensamiento ya no le es dado volar en libertad, como a la voluntad tampoco le es posible decidirse libremente a querer. De aquí que se pueda vivir de cara a los sentimientos, pero de espaldas a la realidad, al conocimiento, al querer y al autogobierno de la propia vida. Pero eso, propiamente hablando, no es vida humana; a lo más *vita mínima*.

En el *compromiso*, en cambio, sucede otra cosa, con independencia de que también se acompañe, como es natural, de una relevante resonancia afectiva. El compromiso hunde sus raíces en la libertad. Sin libertad no puede haber compromiso. Si una persona no es libre, su compromiso será cuando más una ficción, una impostura o una falsación.

El compromiso exige la comparecencia de la libertad, porque *darse a otro* constituye el acto más radical de libertad, puesto que lo que se entrega es el ser donde asienta esa libertad. *Contraer vínculos, comprometerse es un acto de libertad que manifiesta a la misma libertad y la acrece y robustece.*

Elegir es determinar algo, en cuyas entrañas va prendida, de forma inevitable, un cierto determinarse a sí mismo. Si no se elige, si se huye de todo compromiso se renuncia a todo a cambio de nada. Pero hay algo que sí le queda a quien así se comporta. No elegir es elegir nada; es no determinar nada, lo que conlleva determinarse a sí mismo hacia una cierta nada.

Rehusar comprometerse es optar y aceptar el peor de los compromisos posibles (el que aniquila la libertad comprometiéndola con el infantil deseo de no comprometerse con nada) y la más empobrecedora de las posibles determinaciones (la de determinarse a nada).

Educar en los sentimientos exige y conlleva —de forma simultánea— *la educación en la libertad* (Cardona, 1997; Millán Puelles, 1993). De aquí que cuanto mayor sea la vinculación de las personas, más amplitud y mayor profundidad tendrá su libertad. La libertad no se empequeñece por la adquisición de un compromiso, sino que con él se crece y vigoriza.

De otra parte, la libertad enriquecida por el compromiso en nada se opone a los sentimientos, sino que les da mayor consistencia, por cuanto los dirige a donde han de llegar: a alcanzar su propio destino.

Si se es leal a los compromisos, la libertad se acrece y agiganta y los sentimientos ahondan sus raíces y se robustecen. *A mayor compromiso más propiedad sobre los propios sentimientos*, mayor posesión de ellos y mayor libertad frente a ellos.

Cuando esto sucede puede hablarse realmente de *madurez afectiva*, pues más se apropiará la persona de lo que siente y mejor podrá dirigir sus sentimientos, lo que significa que más auténticamente libre será.

En una situación así es del todo cierta la afirmación «ama y haz lo que quieras», porque el querer y el sentir, entonces, tienen las mismas raíces en la libertad personal y se entretejen y ensamblan hasta confundirse con ella.

4.3. Educar la afectividad es educar en el sufrimiento

En realidad, después de los dos principios anteriores, casi estaría justificada la omisión de este último, puesto que determinarse, elegir —y renunciar a todo lo que no se ha elegido—, comprometer la libertad en cada acto de elección comporta, con cierta frecuencia, un relativo sacrificio. Pero se trata de un sacrificio sin el cual no se da en la persona la apertura y el encaminamiento hacia la felicidad.

Por eso, y a fuer de ser honrado, parece conveniente recordar este principio implícito en los dos anteriores, especialmente respecto de la educación de los sentimientos, que es de lo que aquí se trata. Educar en el sufrimiento no constituye algo de suyo patético o trágico, aunque tal vez sí dramático. Es una de esas muchas paradojas que anidan en el misterio del *homo obscurissimus*, que es la persona.

Dada la naturaleza de la condición humana, resulta muy difícil —imposible casi— encontrar a una sola persona que a lo largo de su vida no se haya tropezado alguna vez con la experiencia del dolor o el sufrimiento. De otra parte, es sabido que el dolor y el sufrimiento son experiencias que, aunque no reductibles a sólo sentimientos —por lo que tienen también de compromiso sensorial y fisiológico—, de hecho, éstos forman parte y parte importante de ellas (cfr., Polaino-Lorente, 1979 y 2000c).

Sin duda alguna, el sufrimiento es sólo uno de los afectos —aunque con contenidos y temas muy variados—, pero un afecto muy especial que atraviesa la vida entera de las personas. *Quien sabe sufrir sabe amar.* El amor hace más vulnerables a los que se aman y, por consiguiente, más cercanos y próximos al sufrimiento o, por lo menos, más expuestos a él. Cuanto más se amen mayor felicidad y mayor sufrimiento. Parece como si el sufrimiento se comportase como la cara virtual de la moneda de la felicidad a la que siempre, en alguna forma invisible, va adherida. El amor permanente hace de las personas seres permanentemente vulnerables, es decir, permanentemente expuestos al sufrimiento.

No deja de ser curioso, por eso, que en las publicaciones al uso sobre la educación sentimental se omita este relevante e irrenunciable tema. Si no se educa en el sufrimiento, se traiciona el espíritu de la educación sentimental, porque no se está preparando a esas personas acerca de cómo conducirse respecto de uno de los sentimientos más frecuentes, lacerantes y difíciles de afrontar. Una educación sentimental que rehúse el tema del dolor hurta, secuestra y escamotea una lección magistral que es muy necesaria para el educando y, por consiguiente, se transforma en una *educación secuestrada* y vacía de significado.

Saber algo acerca de la existencia del sufrimiento y de cómo enfrentarse a ella puede ser muy útil para que la autoestima no se agriete cuando éste llama a la puerta del corazón humano. Es más, si esa educación se hubiere llevado a cabo —algo que sólo puede hacerse desde el desvelamiento de su sentido y una cierta victoria sobre su sinrazón, desde la misma razón y las creencias—, las personas estarían mejor capacitadas para poner el signo más sobre la negatividad del sufrir, fortaleciendo así su autoestima personal. Desatender esta cuestión en la educación de los sentimientos es ignorar o no atenerse, como sería necesario, al conocimiento de lo que es la persona.

5. El conocimiento personal

En realidad, la persona es para sí misma una desconocida, es decir, que ignora quién es y cómo es, casi de una manera perfecta. Esto acontece de modo muy especial en lo relativo a los sentimientos. No hay como hacerse preguntas a sí mismo para comprobar si lo que se acaba de afirmar es verdad o no.

¿Por qué los enfados, la irritabilidad, la agresividad y el guerrear por guerrear con los otros miembros de la familia?, ¿por qué esos sentimientos irrumpen en las personas y ocupan tanto tiempo familiar, cuando lo más probable es que ninguna de las personas en que aquellos emergen lo desean?

¿Cuál es la razón de tanto trato despótico, de tanta ordinariez, descalificación y pesimismo de los hijos adolescentes respecto de sus padres y de éstos respecto de aquéllos? Si no es esto lo que desean, *¿por qué lo consienten en ellos mismos y en los demás?*

¿Por qué la crítica amarga, las comparaciones, la susceptibilidad y el no ver lo positivo de los demás y sí y sólo lo negativo?, ¿es acaso así como se ama o manifiesta el afecto y la estima personal? Y si no es así, *¿por qué lo consienten en ellos mismos y en los demás?*

¿Por qué ha de resultar intolerable que le tengan a uno en menos, que no le tengan en lo que vale, que sea tratado como el último de la clase?, ¿es esto verdad?, ¿seguro...? Y si la sombra de la duda aparece apenas reflexionan un poco, *¿por qué lo consienten en ellos mismos y en los demás?*

¿Por qué ese afán inquisitivo que sólo conduce al debate por el debate?, ¿por qué el resentimiento, el no disculpar ni comprender, el no ponerse en el lugar del otro y esa incapacidad para disfrutar de lo bueno de los demás, de uno mismo y de todo lo positivo que hasta ahora se ha realizado?, ¿es acaso cierto que *toda la vida familiar es un infierno*? Si analizan con un poco de atención su propia vida y la de su familia, en seguida advertirán que no es así, que su familia en modo alguno es un infierno, aunque tal vez haya en ella ciertos problemas, pero está muy lejos de ser el lugar donde se reúnen todos los males del mundo sin mezcla de bien alguno. Y si tras la reflexión llegan a esta conclusión, entonces, *¿por qué lo consienten en ellos mismos y en los demás?*

Es conveniente disponer en estos casos de ese *espíritu crítico* que aconseja Aguiló (2001) cuando escribe «es decisivo mantener una equilibrada capacidad de autocrítica y una elevada sensibilidad personal que nos permita captar aquello que en nuestra vida no debe pasar inadvertido».

¿Qué conflictos y problemas debaten y luchan entre sí en su cabeza y arruinan su capacidad de pensar, de disfrutar de la vida y de relacionarse con los demás? Si todavía no los ha identificado, trate de hacerlo. Y si ya lo ha hecho, tome uno solo de ellos, como si los otros no existiesen, y trate de resolverlo, al mismo tiempo que procura experimentar el sentimiento que para ello sea más adecuado.

Lo más probable es que esté ausente aquí el necesario conocimiento personal del que es preciso disponer para poder conducir la afectividad a donde es preciso. En efecto, si las personas fueran *un poco más reflexivas y menos impulsivas*, si se adentraran en su intimidad para *identificar y apresar las causas y motivaciones* de lo que experimentan, si mejorasen un poco en su capacidad para *reconocer y comprender los sentimientos ajenos*, y si ejercieran un poco más *la crítica personal a la inercia social* relativa a ciertos estilos de comportamiento, es harto probable que algunos de los sentimientos anteriores no harían eclosión en el contexto familiar o se presentarían de forma más moderada y atemperada.

Por el contrario, habría que tratar de responder también a otras cuestiones que han de formularse en tono positivo. ¿Cómo alegrarse de todo lo positivo que tienen, de modo que se sientan más satisfechos?, ¿qué pueden hacer para que el clima de su hogar sea más acogedor y amable?, ¿en qué forma ha de comportarse la persona para que ella misma y sus familiares hagan rendir más y mejor sus talentos naturales?, ¿en qué pueden todavía crecer un poco más?, ¿por qué no pensar más en las soluciones —así, en plural— que pueden contribuir a la resolución de un solo problema, en lugar de reiterar y repasar hasta la saciedad el inventario de problemas todavía no resueltos y otros que hasta el presente ni siquiera han llegado a plantearse?, ¿cómo organizarse mejor para pasárselo bien y disfrutar de tantas cosas buenas como le han regalado?, ¿cuánto tiempo han dedicado, de verdad, a tratar de ser más felices, antes de que la muerte o las desgracias personales lo impidan?

Por último, ¿se considera a sí mismo más como un solucionador de problemas que como un generador de ellos? En el caso de que haya dado una respuesta afirmativa a esta última cuestión, es muy probable que su afectividad esté lo suficientemente madura como para que sea un buen educador de la afectividad de los suyos. Si su respuesta es negativa, trate de cambiar de manera que no sobrecargue más el sistema familiar suscitando a su alrededor sentimientos y afectos negativos.

Pues como escribe MacIntyre (1992), «una buena educación supone, entre otras cosas, haber aprendido a disfrutar haciendo el bien y a sentir disgusto haciendo el mal: es decir, a querer lo que merece ser querido».

Sea como fuere, el hecho es que en cualquier circunstancia es conveniente no caer en el *aislamiento* ni la *autoexclusión*, por ser malas compañías que encaminan a la *falsa percepción neurótica de un supuesto rechazo familiar*. De aquí a la espiral de la desmotivación hay apenas un paso. Los síntomas que permiten reconocer si se está cerca o no de esa espiral son la *subestimación*, la *descalificación* y el *pesimismo*.

Líneas atrás se han formulado algunas cuestiones a fin de que la persona haga sus precisas indagaciones acerca del conocimiento propio y del modo como éste puede influir en la autoestima de quienes le rodean. Pero eso solo no es suficiente. Es conveniente conocer, además, cuáles son las *actitudes* desde las que se afronta el conocimiento personal, para excluir aquellas que pueden ser nefastas (*emotivismo, voluntarismo* y *racionalismo*), por oscurecer todavía más el hondón de la propia intimidad.

Una vez que se ha identificado y resuelto el problema de las actitudes es necesario introducirse en la propia intimidad. Esta es, desde luego, una actitud valiente pero, en ocasiones, puede conducir a la perplejidad. Al adentrarse en la intimidad, la persona descubre, a veces de una forma diáfana, algunos valores y defectos, habilidades y limitaciones, destrezas y ficciones. Pero hay casi siempre un tanto de ambigüedad e imprecisión en lo que el «imparcial» observador contempla.

Hay también otros muchos contenidos oscuros y confusos, en los que es preciso poner orden. Algunos de ellos son de vital importancia en lo que dicen respecto de la verdad y la mentira de la propia vida. Son como *fantasmas inapresables* que suscitan la duda y la perplejidad.

La persona, como *homo viator* que es, tiene que habérselas con su propia realidad, una subjetividad esta que se resiste, que ofrece cierta resistencia y no se deja aprehender ni tan siquiera por ella misma.

De hecho, sin el propio conocimiento no es posible la autorrealización personal, porque no se sabría a qué atenerse en las circunstancias de la vida, porque se ignoraría el «manual de instrucciones» para gobernarse a sí mismo en esto de la afectividad y, en consecuencia, sería inviable el proyecto de llegar a ser la mejor persona posible. Además, ¿de qué le serviría a una persona llegar a ser la mejor persona posible si no dispone de otro fin que el de ser ella misma? ¿Haría esto que se autoestimase más o mejor?

No, a lo que parece llegar a ser la mejor persona posible, sólo para sí misma, no la haría más feliz. Entre otras cosas, porque no se puede ser la mejor persona posible sin contar con los otros, sin ordenarse a los otros, que son al fin los auténticos y concretos destinatarios por los que vale la pena hacer ese esfuerzo de llegar a ser la mejor persona posible.

La *autorrealización personal* no acaba en una meta meramente personal, sino que esa meta ha de ser trascendida hasta que devenga en un asunto transpersonal. La *autorrealización personal* por sí misma, como fin final de este largo y esforzado proceso, acaba arrojando a la persona al *narcisismo*, lo que hace que se sienta más desgraciada y, en consecuencia, muy poco autorrealizada. La *autorrealización personal*, por último, se ordena al servicio del fin que le es propio y que le legitima: contribuir a que también las otras personas lleguen a ser, cada una de ellas, la mejor persona posible.

Esta es la *ética de la generosidad que preside el crecimiento en la autoestima*, fundamentada en el conocimiento personal. Una ética que es desde luego heroica, en tanto que rechaza los valores meramente utilitarios y se desentiende de cualquier deseo individualista de autoafirmación personal. *Es la ética que no se pone de rodillas*, que no opta por la sumisión del propio «Yo» ante el éxito, la popularidad o el dinero. Una vez se ha entendido así la autorrealización personal, forzosamente emerge la *justicia*, como *areté* suprema, como realización subjetiva del *nomos*, de la *ley objetiva*.

Puede afirmarse que *el fin del conocimiento personal no es otro que el de la justicia*. Lo justo, lo más justo que puede realizar cualquier persona es conocerse a sí misma para tratar de llegar a ser la mejor persona posible. Y eso porque tratar de ser la mejor persona posible forma parte del *debitum*, de lo que es debido, en alguna forma, a los demás. Porque es la amistad, más que la justicia, el valor supremo del que depende el conocimiento personal.

6. Obstáculos que se oponen al conocimiento personal

Entre los numerosos *obstáculos* que se oponen o dificultan el conocimiento personal se mencionarán en las líneas que siguen algunos de los más frecuentes y significativos.

6.1. El ensimismamiento hermético

Replegarse en el ensimismamiento hermético es tanto como iniciar el camino que conduce a la aniquilación, pero no al conocimiento personal. La vía de salida, el medio para escapar al horror de esa lucha sin esperanza, es *apelar a un «tú»*, en el que uno se encuentra a sí mismo, una vez que se ha decidido a abrir su intimidad y a compartirla con él.

La solución para este anónimo héroe dramático reside en el descubrimiento de la verdad de su intimidad, lo que debiera llevar aparejado el descubrimiento de otra verdad no menos importante: *la necesidad del otro*, el conocimiento de la verdad de que no llegará a ser quien es sin los demás.

Cuando se descubre esto, la oscuridad se ilumina, se alivia el sufrimiento y se está en condiciones de comenzar a emprender un camino liberador que pasa por el *comportamiento épico*.

6.2. La imagen ideal e idealizada de sí mismo

Al conocimiento personal se opone también la imagen ideal de sí mismo, de la que muchas personas disponen, con la errónea convicción de que son así. La *idealidad* acerca de sí y la *realidad* de sí parecen andar siempre a la greña sin concederse reposo alguno. Y cuando aparentemente se alcanza el reposo, las más de las veces es porque una sustituye a la otra o la encubre y silencia.

La realidad de sí mismo le viene a la persona a través del autoconocimiento. Pero, ¿de dónde le viene a la persona esa *ingenua idealidad* acerca de sí? Sin duda alguna, del *ideal* que muchas personas tienen acerca de ellas mismas. Aunque no sepamos explicar de dónde les viene, el hecho es que se reactiva y comparece cada vez que la persona se entrega a meditar —siquiera sea unos minutos— acerca de la felicidad o infelicidad de su vida.

Ese abierto contraste entre idealidad y realidad es lo que muchas veces permite descubrir no sólo los errores que se han cometido, sino también la posibilidad de corregirlos. Este descubrimiento habría que entenderlo ya como *un encuentro con la verdad acerca del propio vivir*.

Es preciso, desde la soledad y el silencio, descubrir entonces la verdad de las situaciones en que se comportó de aquella forma en que lo hizo; reconocer el lado oculto de la más sincera motivación por la que actuó; verificar la imposibilidad de justificarse a sí mismo; y, a la vez, tomar conciencia de que por sí solo y sin la ayuda de los demás su drama personal no encontrará la solución adecuada.

6.3. El voluntarismo

Sin la ayuda de los demás, la propia voluntad se torna paralítica. Esto demuestra la *inoperancia del voluntarismo*, la imposibilidad de solucionar los problemas personales cuando todo se abandona y fía a la excelencia de la propia voluntad. *El curvarse sobre sí misma de la persona voluntarista* no le permitirá poner orden en las fuerzas irracionales, el azar y los mil y un contenidos inconscientes que pueblan su intimidad y causan tanta angostura a su libertad.

La sola voluntad es insuficiente para romper el cerco de ignorancia al que está sometida la intimidad personal. Son demasiados factores los que concurren en ello como para que sean ordenados sólo por el imperio de la propia voluntad. Sin abrirse a la *comunicación* con los otros, la existencia individual pierde el norte y naufraga en el oleaje de un océano embravecido por las pasiones.

En un horizonte así *la vida personal carece de sentido*. El *sentido* se alcanza cuando, *desde el referente que es el otro*, comienza a encontrarse el norte que inspira el modo de ajustar el propio comportamiento para navegar en esos difíciles momentos.

El *contraste* con el otro y *el calor de la comunicación* con él reafirman la esperanza y encienden de nuevo los ideales. El contacto con el otro hace surgir una pequeña dosis de *admiración* hacia sí mismo, hacia la persona que, dramáticamente, había experimentado que no hacía ya pie en su vida.

Esa admiración inicial es el principio que le hace concebir de nuevo el ideal de *ser el mejor*, de ser la mejor persona posible. Pero es difícil hacer los esfuerzos necesarios para ser el mejor si no hay un *alguien* por quien y para quien ser mejor.

El contacto con los otros —una vez que se comunica y comparte con ellos el peso del propio drama— suscita en la persona que así se comporta, primero la *admiración* —hacia sí mismo y hacia quien le acoge— y, tras de ella, la *imitación*, una vez que ya se ha encontrado el ideal que era menester alcanzar.

Pero redescubrir, repensar ese ideal por sí solo no basta, no es suficiente. Más allá de ese ideal y de los esfuerzos que hay que hacer para alcanzarlo, ha de haber siempre alguna *otra persona con capacidad de acoger y comprender*. Según esto, *la vida épica* en que consiste llegar a ser la mejor persona posible *arranca siempre en otro y tiene como fin otra persona* distinta a la que uno es. Cuestión esta, a propósito de los fines, que jamás debería olvidarse.

6.4. La admiración y el reconocimiento sociales

Contra lo que se podría pensar, la trayectoria descrita encuentra también otros obstáculos en el ámbito social. En efecto, llegar a ser la mejor persona posible forzosamente ha de suscitar en los otros la *admiración* y el *reconocimiento*. Ninguno de ellos es malo o antinatural, aunque sí pueden devenir en un poderoso obstáculo que menoscabe el conocimiento y la autorrealización personal, que se habían logrado al fin alcanzar.

En estas circunstancias es menester comprender que la *admiración* no debe entenderse como algo que alcanza sólo a su destinatario y allí se agota, para que este en su aislamiento se goce en sí. Esto sería tanto como *recuperarse a sí mismo* en la admiración que el propio comportamiento suscita en los otros o, lo que dicho en otras palabras, sería algo tan estúpido como *autorrealizarse únicamente para ser admirado*.

En lo que respecta al *reconocimiento social* de quien ha llegado a ser la mejor persona posible, hay que afirmar algo parecido. Ese reconocimiento social tiene un camino de ida (a la sociedad que así lo reconoce), pero no tiene o debiera tener camino de regreso (hacia su protagonista).

No es conveniente que el destinatario *se recobre a sí mismo* en el reconocimiento social lucrado. Eso sería algo tan estúpido como haberse forzado de forma vigorosa para sólo lucrar un relativo y efímero reconocimiento social. Esto significaría confundir la búsqueda de la auténtica excelencia personal con el logro tan sólo de una «buena imagen», por otra parte condenada a la inautenticidad, por lo que suele tener casi siempre de afectación por la versátil cosmética social.

El reconocimiento social ha entenderse aquí como aquello que deriva de haber logrado llegar a ser la mejor persona posible, pero en orden a los demás; en función de la *justicia* a la que se subordina todo conocimiento personal verdadero y a la que ha de subordinarse cualquier autorrealización personal; en función del *servicio* de esa causa ejemplar que es para los otros cualquier conducta personal.

En cualquier caso, la admiración y el reconocimiento suscitados también debieran entenderse como una incesante *fuente motivadora* para no restar ninguna energía en el esfuerzo que hay que continuar realizando para llegar a ser la mejor persona posible.

El *telos*, el fin de la autorrealización personal es, pues, la *justicia*. La motivación, en cambio, para alcanzar ese *telos* es muy diversa y plural. No hay una sino muchas y variadas motivaciones que atraigan y motiven a las personas a ser las mejores. La justicia, sin duda alguna, es la principal de ellas, pero no la única.

Otras fuentes motivadoras del conocimiento personal son, por ejemplo, el hambre de conocimiento, el impulso de amar para entender el mundo y entenderse a sí mismo, el afán de superación, el deslumbramiento que produce la contemplación de un noble ideal para la propia vida, el cumplimiento del proyecto que se ha emprendido, el amor a los demás, el desvelamiento de lo que es la razón de ser de la propia existencia.

Cada héroe anónimo será más o menos motivado por cualesquiera de los anteriores o de otros muchos factores. En opinión de quien esto escribe, la *justicia* y el *amor al otro*, junto con el *deseo de conocer la verdad*, constituyen o sería conveniente que constituyeran las tres principales fuentes motivadoras para llegar a conocerse a sí mismo y a ser quien se debe ser.

La *justicia*, por las razones a que se aludió líneas atrás. El *descubrimiento de la verdad*, porque la misma verdad palpita y alienta por manifestarse, como una exigencia natural del propio conocimiento. Y, el *amor al otro*, porque es lo que únicamente en verdad satisface el querer de nuestra voluntad.

Pero el *amor*, en su forzosa singularidad, tiende siempre a alguien, a una persona concreta. El amor no es una mera pretensión sin destino alguno. El amor no es un dardo que se dispara al infinito. Pues, entre otras cosas, ignoramos dónde está el infinito y, en cambio, estamos seguros de que el dardo que ha sido así arrojado perderá su vigor y velocidad y caerá, cercana y repentinamente, allí donde precisamente no pretendíamos que cayera.

El amor concreto a personas concretas es al fin la fuente motivadora por antonomasia, que pone en marcha la decisión de llegar a ser la mejor persona posible. Esto pone de manifiesto que la afectividad no es una función espontánea y hermética, sino que en cierto modo depende de las cogniciones, del propio conocimiento. Gracias a ese conocimiento la persona puede proyectar su vida y proyectarse a sí misma.

La ausencia de proyecto supone la ausencia de toda anticipación/futurización. No disponer de proyecto acerca de sí mismo supone entregarse a lo circunstancial, a la improvisación, al atolondramiento y a la carencia de sentido o, si se prefiere, a la *vida circunstanciada* de quienes, como personas, nada se han propuesto, mientras su vida es conducida por las meras circunstancias.

7. Autoestima y autocontrol

Si la educación de la autoestima es posible, entonces habrá que admitir que las personas pueden ejercer un cierto *control sobre sus sentimientos*. Ese control —expresión que suena aquí muy fuerte— es siempre relativo. Ni todos los sentimientos pueden controlarse ni en todos ellos se puede llevar a cabo el mismo control. Pero es un hecho que la persona puede regular y controlar —*self-regulation*, *self-control*— sus sentimientos, aunque no de forma absoluta ni en todas las circunstancias. Esto pone de manifiesto que la persona es dueña de sí, de su comportamiento, de lo que elige hacer o no con su vida.

En un cierto sentido, acaso sea conveniente explicar mejor lo que sucede respecto del control personal acerca de la autoestima. Entre las numerosas teorías disponibles para explicar las emociones, hay dos factores que tal vez podrían mejorar nuestra comprensión de lo que sucede en la autoestima: la percepción y el pensamiento reflexivo.

El primer factor está representado por la *percepción inmediata* de los cambios que se producen en el organismo cuando una persona experimenta una emoción. Esa emoción puede acontecer respecto de sí mismo o respecto de otra persona, lo que en modo alguno excluye que sea afectada la autoestima.

Como tal emoción que surge a través de una percepción, suele manifestarse como una respuesta rápida e inmediata, con numerosas manifestaciones neurovegetativas (sudor, taquicardia, rubor, zozobra, bloqueo, desasosiego, etc.).

Casi siempre emerge una primera manifestación corporal, peculiar en cada persona —que confiere una gran certeza al sentimiento experimentado, que de este modo se confirma— y, curiosamente, en seguida el sentimiento apenas emergido se expande e intensifica hasta invadir a la persona entera en forma de una emoción consolidada y cierta.

Hay, pues, *algo que acontece a la persona y que no ha sido elegido por ella*. No se trata de que a fin de que haga eclosión el sentimiento de ternura, por ejemplo, esa persona vaya buscando a un niño que haya perdido a su padre en un accidente. No. Incluso es posible que se encuentre espontáneamente con un niño que se ha quedado huérfano y, sin embargo, que no se sienta herido afectivamente por ello.

Por contra, un día cualquiera puede encontrarse con un niño que no ha perdido a su padre, pero que tiene graves dificultades en las relaciones con él —hasta el punto de no dirigirse la palabra— y la persona que le escucha ser capaz de «ponerse en sus zapatos» y vivir los sentimientos de este chico como si fueran propios.

He aquí la pujanza de una percepción y su capacidad para poner en marcha, de inmediato, determinados sentimientos como un hecho espontáneo y consumado. Es la percepción la que hace resonar los sentimientos en la caja de la afectividad.

Sobre el modo en que esos sentimientos emergen y se hacen presentes disponemos, en principio, de muy poco control, ya que acontecen y se presentan como un hecho natural consumado.

Sin embargo, *el control cognitivo sobre los propios sentimientos* es mucho mayor en lo que respecta a la capacidad de rememorarlos, evocarlos y hacerlos reaparecer una y otra vez. Sobre esto último sí que cabe mejorar los resultados a través del adecuado entrenamiento cognitivo en autocontrol.

El segundo factor del que depende la autoestima y, en general, los sentimientos es el *pensamiento reflexivo*. Este factor actúa a un nivel más alto que la percepción y, desde luego, de una forma más parsimoniosa y compleja que ella.

Esto significa que es un proceso menos inmediato y más parsimonioso que el anterior y que precisa de más tiempo para el control de los sentimientos, pero es también más eficaz que la mera percepción. Se diría que la percepción no es controlable, pero sí las cogniciones que a su través llegan a la persona y de las que tanto depende la génesis de muchos sentimientos.

En cierto modo, de lo que la persona piensa —además de lo que la persona perciba— se deriva lo que la persona siente. Más aún: el contenido de lo que se percibe está en función —aunque no del todo— del contenido de lo que se piensa. Algo parecido podría sostenerse también de la *imaginación* y la *memoria*, respecto de los sentimientos.

En cualquier caso, el pensamiento reflexivo y las cogniciones a que da lugar proceden de un modo mediato, secundario y no impulsivo en relación con los sentimientos. Pero es preciso admitir que la persona dispone de cierto grado de libertad respecto de los sentimientos que experimenta.

En modo alguno puede controlarlos por completo —y no todos con la misma eficacia—, apelando a sólo la modificación de sus cogniciones. Pero es una experiencia ampliamente probada que la persona sí que puede, sin embargo, activar, revivir y acrecer determinados sentimientos, como también inhibirlos, olvidarlos y/o modificarlos.

Es cierto que hay sentimientos que no pueden ser elegidos, sino que, sin más, nos acontecen o no. Pero es también cierto que hay otros —incluso algunos de los anteriores— que, sencillamente, pueden ser retomados, revividos, atenuados, acrecidos u olvidados.

De aquí que, en el ámbito de la afectividad, se pueda sostener que algunos sentimientos pueden acontecer o sobrevenir a la persona si la persona quiere que en ella comparezcan, mientras que respecto de otros esto no es posible. En consecuencia con ello, habrá que concluir que *la persona es relativa aunque no absolutamente libre respecto a algunos de sus sentimientos*; respecto de otros, en cambio, no.

Sería inexacto suponer, por tanto, que respecto de la intensidad, frecuencia y duración de muchos sentimientos la persona carece de toda libertad. Con esto tampoco se quiere afirmar que *todo sentimiento sea controlable* por la persona. Entre otras cosas, porque hay otros muchos factores —algunos de ellos de tipo biológico— que en modo alguno son controlables y frente a los cuales la persona dispone de muy pocos grados de libertad.

Esto es, en el fondo, lo que suele acontecer a cualquier adolescente en el que emergen los afectos propios de eso que se ha dado en llamar el *enamoramiento*. En esa situación el adolescente le da vueltas en la cabeza a los pensamientos que le vienen y se le imponen acerca de la otra persona —también lo que se imagina, recuerda o piensa—, lo que alimenta sus sentimientos.

De otra parte, estos sentimientos suscitan ciertas respuestas fisiológicas (el corazón late más deprisa, le sudan las manos, le salen las chapetillas en la cara, las pupilas se dilatan, etc.), que le sirven para constatar y verificar la verdad, subjetiva y fisiológicamente experimentada, de que siente algo nuevo por la otra persona. Sólo entonces es cuando dice: «¡Estoy enamorado!»

La fuente de donde mana el enamoramiento no es la percepción de la otra persona, que ni siquiera está allí, no, lo que suscita esos sentimientos son ciertas *cogniciones*, que concibe respecto de él y la otra persona.

En estas ocasiones lo cognitivo está muy unido a lo mnésico, a la memoria. Hay personas que reviven sus emociones recordando... En la mayoría de las personas que dicen estar enamoradas, buena parte de la activación de sus sentimientos surge a expensas de *los recuerdos*. Unos recuerdos, por cierto, que se hacen presentes en su estado prístino, pero que en otras ocasiones van amalgamados, confundidos y como a grupas de *las fantasías* que les presenta la imaginación.

Una escena amorosa tal vez perdida en los años oscuros de la pubertad es recordada, traída, presentada, revivida, transformada y sublimada y, lo que parecía apagado e inerte para siempre, revive y entra de nuevo en vibración.

Estas dos vías principales se concitan también en la *autoestima*. Lo conveniente es que en las dos —la vía perceptiva en su inmediatez sentimental o emotiva, y la vía reflexiva, más vinculada a las cogniciones— estén bien trenzadas y articuladas a propósito de la autoestima.

De otro lado, una persona puede no enamorarse, pero sí autoestimarse en la imagen evocada de aquel adolescente perdido en su lejano pueblo o en aquella foto ingenua, cuando contaba tan sólo tres años y posaba orgulloso al lado de su abuelo, que falleció a la semana siguiente. En los rasgos borrosos que se adivinan en la ajada fotografía se atisban ya las señas de su identidad de ahora, en la que sí se reconoce.

Y con los rasgos de su identidad física se evocan también muchos sueños e ilusiones características de aquella época —con independencia de que luego se hayan cumplido o no—, lo que sin duda alguna *le conmueve*. Han vuelto a brotar, una vez más, los afectos, entre adormecidos y desmayados —olvidados, casi— que titilaban tal vez allí acurrucados en la cara invisible de su corazón.

La conmoción al revivir los viejos sentimientos —con harta frecuencia, sinceros, ingenuos, sencillos, puros y frágiles— suscita en él otros nuevos. Estos últimos innovadores, complejos y de una elaboración más sofisticada. Son los nuevos sentimientos que nacen a orillas de los viejos, con los que acaban por entreverarse y configurar el actual talante afectivo de la persona.

Puede afirmarse, en este caso, que *la emoción atrae a la emoción*, como *la indiferencia aleja a la indiferencia*. Lo que prueba que el nuevo recuerdo de los sentimientos propios afecta a la persona y puede condicionar de forma poderosa los nuevos afectos que experimenta, es decir, que los propios afectos —viejos o nuevos, recordados o incluso anticipados— le afectan.

Pero que le afecten, en modo alguno significa que no disponga de un cierto control sobre ellos. Le bastaría con pensar en cualquier otra cosa o hacerse fuerte en una actitud más crítica —¡qué sentimental soy! ¡Vaya forma de hacer el ridículo!— para que esos sentimientos se desvanecieran.

8. El estilo emocional

El estilo emocional es el resultante de *la afectividad hecha costumbre* en cada persona. El estilo emocional es una característica peculiar que singulariza a las personas. Cada persona tiene su propio estilo emocional, que manifiesta, además, según gestos peculiares que son tan propios de ella y sirven para distinguirla de los demás. De aquí que muchas personas conozcan a otras con sólo observar en la lejanía los gestos que hacen. De la observación de los gestos se infiere generalmente el talante emocional en que se encuentra esa persona.

Con la repetición, el modo en que se experimentan los sentimientos y estos son expresados, a través de ciertas manifestaciones gestuales, se determina una segunda naturaleza, que a su vez actúa sobre la primera naturaleza de la persona, configurándola de un modo singular.

Pero ese estilo no está determinado desde el nacimiento, sino que se va haciendo en el curso de la vida. Tiene, eso sí, ciertos condicionamientos de los que depende. En especial los que son consecuencia de su *temperamento* —lo innato— y, con el tiempo, los que se han ido aprendiendo en la experiencia de la vida con el concurso de la educación y de la libertad personal, que es lo que configura el carácter.

«El estilo emocional de cada uno —escribe Aguiló (2001)— puede modelarse mediante un empeño continuado y sereno por estimular los sentimientos más adecuados, y contener los que surgen de modo espontáneo pero son negativos o inadecuados.»

El *estilo emocional* no es otra cosa que el modo en que una persona percibe y expresa de forma estable y consistente sus afectos, sentimientos y emociones; el modo en que afronta la realidad desde una perspectiva afectiva; en una palabra, *el talante emocional* que le caracteriza. Esto, como se acaba de afirmar, depende del carácter y del temperamento, pero no sólo de ellos.

Interviene aquí también —y mucho— la forma en que sus padres y hermanos expresaban sus afectos, la vida afectiva de las personas con las que se relacionó y que para ella fueron influyentes, las peripecias a través de las cuales ha aprendido a comportarse de ese modo, etc. En este sentido, *el modo en que ha sido querido, los afectos que ha recibido y el modo en que estos le afectaron* constituyen tal vez uno de los principales ingredientes del estilo emocional que le caracteriza.

En ese mismo sentido cabe también mencionar aquí *las interacciones entre sus familiares* (que tan atentamente observó cuando niño y que acaso le impresionaron y dejaron en él un regusto inolvidable) *y el modo en que fueron acogidas sus manifestaciones de afecto.*

Aunque el estilo emocional sea la resultante de la afectividad hecha costumbre en cada persona, como tal costumbre no es automática ni mecánica —aunque algo de ello tenga, especialmente si no se ha reflexionado nunca sobre ello o si no se ha intentado cambiar o modificar esta forma de comportamiento—, pues está abierta también a la influencia de otros muchos factores, a los que ya se aludió como, por ejemplo, las cogniciones y la voluntad.

Depende de las *cogniciones*, en primer lugar, porque detrás de cada sentimiento subyace un determinado pensamiento, un esbozo de hipótesis acerca de la realidad del otro, un monólogo consigo mismo respecto de los otros y de lo que uno mismo experimenta.

Aquí pueden introducirse muchos cambios, en función de que se continúe o no con la emergencia espontánea de un determinado sentimiento o, por el contrario, se le quiebre o dirija hacia otra dirección o se modifiquen los pensamientos, atribuciones, intuiciones y cogniciones que están en su fundamento.

¿Es el estilo emocional una función espontánea, o depende en algún modo de las cogniciones? En principio, la defensa de la «espontaneidad afectiva» parece tener más adeptos que la tesis a favor de la construcción cognitiva de los sentimientos. Hay a mi entender dos seudorrazones para ello: 1) la supuesta *naturalidad* de las emociones, y 2) la apelación a la *autenticidad* de los sentimientos espontáneos. Dos argumentos a los que ahora no puedo atender para no alargar más este texto.

De la *voluntad*, en segundo lugar, porque el querer es algo que depende de la voluntad y siendo los sentimientos en todo caso un cierto modo de querer, en algún modo ha de estar en ellos comprometida la acción de la voluntad.

Esto no significa que los sentimientos —todos ellos— estén sometidos a la acción de la voluntad. De ser así, ¿en qué ámbito situar, entonces, a las pasiones?, ¿no se estaría tratando más bien desde el *voluntarismo* esta difícil materia de las emociones, reduciéndolas al albur de un confuso e inoperante energetismo voluntarista, de tan nefastas consecuencias?

La persona es en cierto modo dueña de sus emociones, pero *sólo en cierto modo*. Lo que significa que no tenemos un poder absoluto sobre todas ellas, que algunas de ellas las sufrimos más allá de lo que dictamine nuestra voluntad; que otras, en cambio, están más fácilmente sometidas a la voluntad; que, en fin, ni son por completo ajenas a la voluntad ni tampoco están determinadas y sometidas a ella de forma absoluta.

Sería demasiado simple incluir la afectividad en el ámbito de la voluntad hasta la identificación entre ellas, primero, y la consunción de la primera en la succión de la segunda, después. Es posible que esta sea una de las causas por las que todavía hoy la afectividad continúa siendo maltratada.

El sentir no es el querer, aunque haya un cierto sentir que se identifica con el querer. Pero adviértase que el primero goza de una cierta autonomía respecto del segundo, lo cual no envilece ni hace de menos al poder y el imperio de la voluntad.

El analfabetismo emocional ha tratado de presentar un modelo demasiado ajustado y perfecto de la voluntad, en el que todas las piezas se ensamblaban a la perfección, pero sólo desde el costado de la razón, desde la perfección teórica de la razón y, desde luego, con desprecio del corazón.

El analfabetismo emotivo se presenta conducido por personas brillantes, pero él mismo ha sido situado en un escenario en el que la iluminación no es perfecta, porque la luz casi nunca le llega. Sin que esto constituya un escándalo, hay que informar con todo rigor y sinceridad acerca de lo que se conoce hoy respecto del *estilo afectivo*.

En la vida afectiva, lo frecuente es que convivan la sombra, los destellos de luz y los matices, muchos y complejos matices que nada tienen que ver con el rigor de la lógica (de la que también depende), y que, en última instancia, constituye el procedimiento emblemático bajo cuya dirección se conducen las personas.

Pero esto en nada empece para sostener la pura realidad de la experiencia personal más generalizada acerca del modo en que se experimentan los afectos, tal y como se sintetizan brevemente en las siguientes proposiciones:

1. Que *las emociones no están sometidas en su origen al control de la voluntad*.
2. Que *las emociones no pueden suscitarse voluntariamente* según el dictado de la voluntad (por ejemplo, no puede enamorarse una persona de otra por real decreto o porque así lo determine su voluntad).
3. Que de algún modo *las emociones pueden ser parcialmente reguladas por la voluntad* (a la que casi siempre cabe apelar para tratar de explicar el acrecer, disminuir, atemperar o desatender el contenido de esos sentimientos).
4. Que *las emociones no son tan ciegas o tan irracionales* que formen un mundo aparte y desconectado por completo de la razón.
5. Que *la razón hace sentir su poder sobre las emociones* (a través de ciertas representaciones mentales, recuerdos, pensamientos, etc.), como también *las emociones suscitan, condicionan o modulan los pensamientos* (a través de las experiencias y vivencias que se hayan tenido).
6. Que *hay impulsos afectivos o emociones que* sea por su extrema intensidad o por su dependencia de otros factores psicobiológicos *en modo alguno son gobernables por el entendimiento o la voluntad*.

Admitamos, pues, que las relaciones entre voluntad y afectividad y entre esta última y el entendimiento son demasiado complejas como para reducirlas a un modelo rectilíneo y simplificado, en el que emerge el dirigismo de un control robusto y bien diseñado.

Que las cosas sean como son no debería humillar a nadie, pues es sabido que ninguna persona se posee a sí misma en todas sus dimensiones y radicalidad. Nada de extraño tiene que en el ámbito de las emociones que nos ocupa esa posesión sea todavía más incierta. Pero esta tampoco es razón suficiente para deslegitimar el esfuerzo humano por tenerse a sí propio, incluido también —hasta donde sea posible— el ámbito de la afectividad.

Es cierto que las personas, a poco que se conozcan, pueden hacer ciertas *predicciones* acerca de cuál será su comportamiento, dadas unas circunstancias determinadas. Si la persona es capaz de hacer predicciones es porque en algún sentido es capaz de *anticipar* —con cierta verosimilitud— cuál será su comportamiento más probable en esas circunstancias. Lo que constituye una excelente invitación para ejercitar la virtud de la *prudencia*, que también es propia del hombre.

Pero todo tiene que estar bien atemperado y dispuesto para no caer en excesos patológicos. Así, por ejemplo, un exceso de previsión —que no de prudencia— desvitalizaría el vivir humano. *Las personas previsoras en exceso* suelen paralizar sus vidas, se inhiben frente a los problemas y son incapaces de tomar iniciativas.

Demasiada anticipación esteriliza y quita el brillo a la vida, sofoca la espontaneidad, asfixia el instante presente que siempre es vivido como un instante intermedio, un elemento de paso sólo útil para lo que vendrá más tarde, ahora que ya se anticipó su contenido. *La excesiva anticipación* no es un indicador de prudencia, sino de *obsesión*, de fatal *perfeccionismo* y de *inseguridad* personal.

La ausencia de anticipación, por el contrario, no es sinónima de espontaneidad afectiva, alegría de vivir, connaturalidad emotiva y ni tan siquiera del *Carpe diem*, de aprovechar el día, gozar del presente. *Abandonarse a los propios sentimientos supone entregarse a lo circunstancial*, a la improvisación, al atolondramiento, a la carencia de sentido y a la ausencia de proyecto, es decir, *al caos*.

Todo debiera estar en ese término medio donde reside la *virtud*. Ni el abandono completo a lo que se siente ni la represión sistemática de toda resonancia afectiva; ni arrojarse en los brazos del más encendido apasionamiento ni la modelación hierática y acartonada del talante afectivo; ni la blandura emotiva ni la dureza de la indiferencia; ni demasiadas previsiones ni la más completa ausencia de ellas.

El estilo emocional de los padres contribuye a modelar el estilo afectivo de los hijos. Esto debiera tenerse en cuenta a la hora de *expresar* las propias emociones, así como en el modo de *acoger* los sentimientos que los hijos manifiestan. Recuérdese que lo que la empatía pone de manifiesto es que los afectos expresados por los otros nos afectan.

Si no se ama no se es feliz. Y no se ama si los sentimientos no pueden expresarse. La *dinámica familiar* exige la puesta al descubierto de los sentimientos de quienes forman parte de esa familia, de manera que real y propiamente lo sea.

Si aquellos no comparecen, se reprimen, se obstaculizan en su expresividad o, simplemente, están casi siempre ausentes, puede llegar a arruinarse el estilo emocional de quienes viven en ese contexto. Lo que habría que entender como *el fracaso de la educación sentimental familiar* y la emergencia del importante *déficit de autoestima* que suele acompañarlo.

9. **Los sentimientos reactivos en la génesis y mantenimiento de la relación yo/tú**

Los sentimientos, antes o después, exigen siempre la comparecencia de otra persona con quien compartirlos. Esto no quiere decir que una persona aislada y solitaria no experimente que es removida por sus propios sentimientos. Pero lo propio de los sentimientos es expresarse, y *expresarse allí donde alguien pueda acogerlos*.

Es cierto que algunas personas se guardan los sentimientos para ellas mismas —los introvertidos, por ejemplo— porque *no pueden* o *no sa-*

ben expresarlos, y esto con independencia de que quieran o no hacerlo. Pero no es menos cierto que la natural finalidad de la afectividad es la de salir de sí, abrirse y comunicarse a otras personas con las que compartir aquello en que consiste y se experimenta.

De otra parte, las relaciones humanas —una necesidad irreprimible de la persona— van entreveradas y como amasadas con la afectividad de quienes participan en ellas. Es difícil encontrar una relación entre dos personas que sea del todo aséptica, neutral o indiferente, y cuando esto sucede lo más probable es que una de ellas o ambas se estén tratando como lo que no son, es decir, como objetos, por lo que sólo así se entiende la indiferencia que atraviesa esa relación.

Lo normal es que *la afectividad exija la relación interpersonal* y que *las relaciones humanas necesiten de la afectividad*. La dinámica de cualquier relación interpersonal cambia con el tiempo, como también cambian las personas entre las que se tiende esa relación.

Esta dinámica es con frecuencia muy versátil y sutil, como corresponde a la naturaleza compleja y delicada de cualquier relación. Basta que se considere la alternancia, contraposición, suplencia o cambio de turno en quien lleva la iniciativa para que se entienda un poco la complejidad de esa relación. Pero la relación no se agota en un mero tomar la iniciativa por parte de una de las personas.

En todo caso eso será sólo el comienzo de la relación, un inicio que, desde luego, es necesario pero que apenas si describe o informa acerca de lo que acontecerá después en la relación.

Comenzar una conversación ya es mucho, pero apenas es nada si se considera el entero desarrollo de los discursos de los hablantes y lo que entre ellos acontece como consecuencia de acoger, aceptar, rechazar, obstaculizar, poner objeciones al otro, asentir, retirarle la atención o atender a lo que dice para tratar de entenderle.

Con ser muy complejo lo que acontece en la comunicación humana, podría sin embargo considerarse casi como apenas una simplificación sin demasiada importancia, si la comparamos con lo que sucede en la vida afectiva e íntima de las personas que entre sí se comunican.

Cada gesto, cada discurso suscita tras de sí un torbellino de sentimientos, tanto en quien habla como en quien escucha. Pero, a su vez, quien escucha se siente arrastrado o atraído por los sentimientos que supone o intuye en el hablante, y lo mismo sucede en el hablante respecto de quien escucha. Tal vez por eso la comunicación humana sea tan relevante y necesaria, hasta el punto de constituir un verdadero suplicio su prohibición o imposibilidad.

Las dificultades para el análisis de la comunicación verbal o no verbal son muchas, por lo que casi no se puede entrar en consideración de lo que acontece en su transcurso con los sentimientos y afectos que emergen en una y otra personas (Polaino-Lorente, 1990; Polaino-Lorente y Martínez Cano, 1999). A la dificultad del lenguaje hay que añadir la dificultad para apresar e identificar los sentimientos suscitados por aquel.

En realidad, *lenguaje y afectividad* son distinguibles pero no separables. Pero entiéndase que el así llamado «lenguaje de los sentimientos» es mucho más difícil de descifrar e interpretar que el lenguaje propio de la comunicación verbal. Hay muchas razones que lo explican.

En primer lugar, porque *el lenguaje de los sentimientos* no es un lenguaje explícito sino *implícito*, que los hablantes podrán intuir o no, pero difícilmente tendrán certeza alguna acerca de cuáles son los sentimientos experimentados por el otro.

En segundo lugar, porque los sentimientos *se transmiten* o suscitan de forma inmediata, directa y cambiante (tanto que pueden emerger en la intimidad personal y al segundo siguiente desmayarse para no volver a presentarse nunca más) *o no transmitirse en absoluto*.

En tercer lugar, porque los sentimientos se asientan en el hondón más profundo de la intimidad, por lo que comunicarlos supone un cierto *desvelamiento o autorrevelación de sí mismo al otro*, con independencia de que el otro *los acoja o no y los entienda o no*, lo que hace todavía más problemática su comunicación.

En cuarto lugar, porque el mismo carácter fontal de su origen coincide con una *espontaneidad y connaturalidad no mediadas*, lo que imposibilita su control o dirección, al menos en su estado inicial.

En quinto lugar, porque el fenómeno de la *simpatía* o *antipatía* que los atraviesa puede suscitar respuestas afectivas y cambios de conducta en el otro, en ausencia de toda mediación cognitiva.

En sexto lugar, porque en otros casos ocurre lo contrario: que *la mediación cognitiva condiciona* los propios sentimientos *y son condicionados* también por la mediación cognitiva que tiene lugar en la otra persona.

Esta mediación, que como acabamos de observar puede darse o no, está entretejida de muchas experiencias y funciones. Por citar sólo algunas de las más relevantes, repárese por ejemplo, en las *diferentes presunciones o suposiciones* respecto de la afectividad de que parten las personas que se relacionan; en las *expectativas* que cada una de ellas tenga respecto de sí misma, de la otra persona, de lo que ella y la otra han de sentir, etc.; en las diversas *estereotipias, sesgos y prejuicios* que no suelen faltar en ninguna persona; en *las percepciones recíprocas* entre ellas, muy diversas en la aprehensión de matices y en la selección de detalles en función de cómo su humor o su atención dirija el proceso perceptivo; en *las falsas atribuciones e ilusiones de control* que cada persona realiza respecto de la otra, de forma espontánea y sin apenas conciencia de ello.

Como puede observarse hay un conjunto enmarañado de entrecruzamientos funcionales y emotivos que casi fuerzan a preguntarse cómo es posible que puedan darse las relaciones interpersonales y, sobre todo, que éstas se prolonguen en el tiempo, con plena satisfacción para los hablantes.

Pero dejando a un lado estas y otras dificultades, el hecho es que en la mayoría de las personas *el primer sentimiento que recuerdan* no consistió en un sentimiento espontáneo sino *reactivo*. Es decir, que el primer recuerdo que tienen de su vida sentimental es el de un afecto que brotó en su interior como consecuencia de una relación.

Es posible que esto no sea así en todos los casos, pero sí en muchas personas. De ser esto cierto, entonces habría que concluir que *muchos sentimientos emergen* en forma reactiva, *como reacción a algo que ha acontecido*: una caricia, una alabanza, un gesto de complicidad, un abrazo, una mirada comprensiva... Pues bien, esa *reactividad de los primeros sentimientos* y de otros muchos tiene una gran relevancia para el mantenimiento o toma de iniciativas en *la relación yo-tú*, para *la génesis de las habilidades sociales*, para *el porvenir del talante afectivo* de esa persona, etc.

¿Puede un niño querer si no ha sido querido, si no ha tenido la experiencia de sentirse querido?, ¿puede un niño no querer, aunque haya sido querido?, ¿no influirá en su estilo afectivo, y a través de él en su talante sentimental, el modo en que le hayan querido, atendido, comprendido, etc.?

El hecho de que una persona se sienta *segura o insegura*, sea *generosa o no*, *confíe* en los amigos *o desconfíe* de ellos, le cueste o no expresar sus emociones, ¿no dependerá acaso, además de otros muchos factores, de cuál haya sido su experiencia respecto de esas primeras y/o tempranas experiencias afectivas que roturaron su alma y configuraron su talante personal?

Se precisan muchas y rigurosas investigaciones acerca de esto, si de verdad se quiere acometer la asignatura pendiente de la educación sentimental. Mientras estas cuestiones no se desvelen, sí podemos afirmar, por el momento, que *nadie puede vivir sin amor, sin ser amado, sin sentirse amado y sin amar*.

Es cierto que hay pacientes psiquiátricos que viven como si estuvieran liberados de esta exigencia, como si el afecto no fuera con ellos. Pero esto es sólo una verdad muy superficial, la que se deja aprehender mediante una observación externa, sin que el observador se zambulla comprensiva y empáticamente en su intimidad.

Cuando se procede de otra forma, se observa que sí, que también ellos experimentan esa necesidad de amar y de ser amados. Otra cosa es qué entiendan por amar y ser amados. Una cuestión esta demasiado compleja —tanto en los pacientes como en las personas sanas— y muy poco atendida.

Es posible que quepa responder a ella, en función de ciertas características personales y contextuales de las personas de que se trate. Pero más allá de esas diversas caracterizaciones cabe sostener lo que sigue: *amar es afirmar al otro en su valer* (Polaino-Lorente, 1992), *aliviar al otro en sus limitaciones e insuficiencias* (Polaino-Lorente, 1996a) *y aceptar y acoger al otro como quien es* (Polaino-Lorente, 1997).

Ser afirmado, aliviado y acogido permite contestar a la pregunta de ¿quién soy yo? con la respuesta siguiente: *un ser que es amado por sí mismo*. La conciencia de haber sido amado por otro, a cambio de nada, sin disponer todavía de ningún valor que sea amable, y con numerosos defectos, es algo que resulta tan incomprensible que, al mismo tiempo, suele manifestarse en forma de *agradecimiento*.

Una actitud esta, la de ser agradecido, que se entreteje con el asombro, la admiración, el anonadamiento, la alegría, el afecto por el otro y la generosidad que no regatea ningún esfuerzo hasta no hacer por los demás lo que otros por él o ella hicieron.

Este sí que es un buen fundamento para la educación sentimental, y un fundamento, por otra parte, muy natural y bastante generalizado en tanto que experiencia personal.

Afirmar, aliviar y *acoger* son tres acciones que están referidas al otro, a la persona que se ama y que nada o muy poco dicen —al menos, según las apariencias— respecto de la persona que ama. Una reflexión más atenta de las anteriores acciones desvela a nuestra consideración la grandeza, el enorme valor y la poderosa humanidad de las personas que así aman. Y, por eso mismo, nos atren.

Querer no consiste en necesitar que los otros le necesiten (hacerse necesario) *ni tampoco en tener extrema necesidad de ellos* (que los otros le sean necesarios). *Querer es la sobreabundancia y el desbordamiento de un regalo desmedido e inmerecido, que consiste en donarse a sí mismo en favor del otro.*

La educación sentimental más inmediata y frecuente, aunque indirecta, es la que procede de la observación del amor y de sus manifestaciones entre el padre, la madre y los hijos. En realidad, la educación sentimental comienza también por *el aprendizaje observacional de cómo los padres se aman entre ellos, de cómo los padres aman a sus hijos, de cómo los hijos aman a sus padres y de cómo los hermanos se aman entre sí.*

Este modo natural de *entender la educación sentimental* hay que extenderlo a otros ámbitos, como la escuela y la calle. Lewis (1988) lo ha señalado de forma muy rigurosa en una frase tan certera como breve: «La tarea de los educadores modernos no es destrozar junglas, sino regar desiertos.»

CAPÍTULO 5

LA AUTOESTIMA Y LA EDUCACIÓN EN LA FAMILIA Y LA ESCUELA

1. Introducción
2. La autoestima y la práctica de la educación
3. ¿Cómo motivar a padres y educadores?
4. La autoestima y la educación en la libertad
5. La autoestima y los estilos de educación
   5.1. La sobreprotección
   5.2. La dependencia
   5.3. La rigidez
   5.4. El perfeccionismo
   5.5. El permisivismo
   5.6. El autoritarismo
   5.7. La indiferencia
   5.8. La ausencia de autoridad
   5.9. La coherencia
6. La madurez personal de los padres: algunas características
7. Felicidad de la pareja y autoestima de los hijos
8. Los criterios de la Asociación Nacional de Salud Mental Norteamericana
9. Diez principios básicos para mejorar la autoestima en la familia
   9.1. La disponibilidad, seguridad y confianza de los padres
   9.2. La comunicación padres-hijos
   9.3. Coherencia de los padres y exigencias en los hijos
   9.4. Espíritu de iniciativa, inquietudes y buen humor de los padres
   9.5. La aceptación de las limitaciones ajenas
   9.6. El reconocimiento y la afirmación de las personas en lo que valen
   9.7. La estimulación de la autonomía personal
   9.8. El diseño del apropiado proyecto personal
   9.9. El aprendizaje realista del adecuado nivel de aspiraciones
   9.10. La elección de buenos amigos y amigas

1. Introducción

Después de la familia, la escuela es la primera sociedad, el escenario social por antonomasia en donde el niño se abre a la relación con otras personas que no son sus familiares. Sus primeras relaciones interpersonales acontecen allí precisamente, lo que hace muy probable que sea también allí donde reciba las primeras —y más importantes— críticas y opiniones favorables o no de sus compañeros. No se olvide que, como todo contexto, el aula es muy restringida y limitada y, además, inescapable, por cuanto que es allí donde el niño ha de realizar su tarea de aprender.

De otra parte, las *alabanzas* o *críticas*, que de forma inevitable recibirá, acontecerán en público o llegarán a ser conocidas, antes o después, por las personas —sus compañeros— ante los cuales el niño quiere quedar bien. *La imagen social* de la persona inicia su debut en el aula. Por eso se ha afirmado, con toda razón, que la escuela es *el ámbito natural donde el niño se socializa*, desarrolla sus habilidades sociales y su personalidad comienza a forjarse.

En ese microcosmo social que es el aula hay una cierta *jerarquía* y unas *reglas* a las que hay que atenerse. En efecto, las relaciones del niño con su profesor son de naturaleza muy diferente a las relaciones que tiene con sus compañeros. El atenimiento a esas pequeñas reglas le servirá de entrenamiento para, más tarde, respetar y cumplir las leyes civiles y otras normas sociales.

Hay, pues, un *código de conducta* al que hay que atenerse, que preside y enmarca sus actividades relativas al aprendizaje. Y, naturalmente, hay también una *evaluación de lo aprendido*, en cierto modo cuantificable, de muy variadas consecuencias, tanto para el alumno como para su familia y compañeros de clase.

Para muchos padres, las calificaciones que su hijo obtiene es si no el único criterio para su valoración, al menos uno de los más importantes o el que comparece con mayor frecuencia en el diálogo familiar.

De otra parte, esas calificaciones etiquetan al niño como aplicado o no, inteligente o no, perezoso o activo, distraído o atento, inquieto o tranquilo, y así sucesivamente. La función de este *etiquetado social*, por parte del profesor y sus compañeros, es muy significativa para el niño y está coloreada de categorías que, como es obvio, *condicionan su autoestima*.

A ese etiquetado se añade otro no oficial —este último casi siempre injusto y, a veces, de fatales consecuencias para el niño—, constituido por el *mote* o *apodo* con que se le singulariza. El nuevo sobrenombre que recibe el niño puede imprimir carácter en su blanda personalidad y, desde luego, modificar su autoconcepto. Aunque sólo fuera por esto, los profesores harían muy bien en celar para que sus alumnos extinguieran esta práctica relativamente habitual en algunas instituciones. Esta costumbre ha permitido atribuir a ciertos niños una crueldad malsana y, en algún modo, así es a juzgar por *la atinada descalificación* que tal apodo significa.

De todo esto depende la autoestima del niño, todavía en pleno desarrollo. Tal vez los adultos comprendiésemos mejor lo que en este contexto sucede si no nos hubiéramos olvidado con tanta facilidad de la propia experiencia infantil en el contexto escolar. Pero incluso para los olvidadizos, baste aquí considerar una cierta analogía.

Lo que para el adulto es su empresa, su trabajo, el contexto donde se desenvuelve de forma habitual su trabajo —con las implicaciones que todo ello tiene para sus relaciones sociales, su familia y su prestigio personal—, en el ámbito de la sociabilidad del niño es la escuela.

2. La autoestima y la práctica de la educación

A nadie se le oculta que la escuela está en crisis. Es posible que, en alguna forma, lo haya estado siempre. Pero en la actualidad esta crisis se presenta con síntomas más graves y preocupantes, especialmente por lo que conlleva de agresividad, violencia e indiferencia al aprendizaje.

Estas manifestaciones son deudoras en buena parte de *la crisis de autoridad y permisividad* que caracteriza a la sociedad actual; también de *la ausencia de educación en el ámbito familiar* —los padres se han vuelto cada vez más delegadores de la educación de sus hijos y consideran que es el profesor el que ha de educarles en su más amplio sentido—, y a *la indefensión en que se encuentran los profesores* frente a las instituciones que, olvidándose de ellos, sólo han previsto y legislado en algunos países acerca de los derechos de los alumnos.

No es de extrañar por ello que la profesión de educar sea hoy una de las primeras respecto a la prevalencia de bajas laborales, como consecuencia del padecimiento de ciertos trastornos psíquicos.

En cualquier caso, los educadores vocacionales continúan mostrando —hoy como ayer— que no se puede educar sin amor, sin experimentar una verdadera estimación por los alumnos y por la verdad de lo que se les enseña. Esa estimación de los profesores genera siempre relevantes consecuencias en los alumnos; su ausencia también. Pero no debiera centrarse la solución de estos problemas en sólo la motivación y la autoestima de los alumnos, términos de los que, ciertamente, se ha abusado.

«El uso que en el mundo de la enseñanza se está haciendo, por ejemplo, de los términos "motivación" y "autoestima" —escribe Ruiz Paz, 1999— debería ser argumento de los debates iniciales. Acercarse a un colegio es sumergirse en un discurso permanente sobre esos dos conceptos. Ambos han experimentado una fuerte revalorización en los últimos años, y han pasado de permanecer prácticamente ignorados a resultar, en la actualidad, el comodín que ayuda a explicar cualquier problema relacionado con la enseñanza. Es frecuente oír hablar a maestros y padres de alumnos en los siguientes términos: "No estudia porque no está motivado"; "esta temporada tiene un poco baja la autoestima"; "no encuentra motivación para hacer los deberes". Da la sensación de que disponen de un medidor que aplican al chico registrando sus niveles de motivación y el grado de aprecio que siente por sí mismo, como si de una prueba de alcoholemia se tratara. [...] Ambas nos hablan de un modelo de hombre, de alumno, cuyas conductas se componen de meros automatismos, de respuestas mecánicas e irreflexivas a los estímulos que las circunstancias presentan. Ambas nos hablan de la falta de control de las propias circunstancias o de la imposibilidad de hacerse con los mecanismos que permitan un control razonable sobre la propia vida. Nos proponen la determinación mecanicista de la conducta humana» (Ruiz Paz, 1999, pp. 164-173).

Como si entender sus motivos condujera inexorablemente a justificar sus comportamientos. Repárese en que aquí se identifica «entender» y «justificar». Pero nada se dice acerca de si lo que se entiende es la justificación de esa conducta o *lo que se justifica es precisamente esa conducta porque se entiende su fundamento.*

Pero no parece que sea este el modelo a seguir para modificar el comportamiento del alumno. Más aún, si se procede así muy difícilmente contribuiremos a cambiar su comportamiento. Lo más probable es que en modo alguno lo modifiquemos. Y ello, por las siguientes razones:

1. Si el hecho de entender los «motivos» por los que el alumno se comporta así —pongamos por caso, *un descenso en su autoestima*— basta para justificar su conducta, entonces esta deviene en principio justificadora, es decir, en factor determinante y causal de su conducta, respecto del cual se muestran impotentes sus padres y profesores, porque lo más probable es que ignoren cómo motivarles más y mejor.

2. *Se reconoce que nada se puede hacer para modificar la autoestima del alumno*, por lo que este seguirá condicionado —¿determinado, tal vez?— por aquella.

3. *Se subraya la impotencia de padres y profesores para ofrecer alternativas al alumno*, como si el descenso en la autoestima —en caso de que se confirmase que esta es la verdadera causa de su comportamiento— fuese irreversible e inmodificable.

4. *Se enfatiza y magnifica el sentimiento de autoestima*, como un afecto que no puede resultar afectado por ningún otro evento, valor o circunstancia, es decir, como si fuera *la causa última del comportamiento humano*, cosa que en modo alguno es cierta.

5. *Se condiciona al alumno* a pensar que en absoluto es libre respecto de sus sentimientos y que, en consecuencia, nada puede hacer respecto de ellos. Pero hoy sabemos que esto no es verdad. Una cosa es que apenas si dispongamos de libertad respecto de lo que experimenta nuestra sensibilidad y otra muy distinta que la sensibilidad domine otras funciones más altas (memoria, voluntad, entendimiento, imaginación, etc.), que sí disponen de una cierta capacidad reguladora de aquella, y por eso en ellas reside el fundamento de la libertad personal. Vuelve a entronizarse, una vez más, *la tiranía y el nepotismo de las pasiones*, de unas pasiones a la baja y por defecto, cuya naturaleza ignoramos casi por completo.

6. *Se hace un flaco servicio a la educación en sí misma considerada*, por cuanto que no hay otro modo de formar que mediante *la educación en la libertad*. Formar personas es desvelar y vigorizar la alianza que cada alumno ha de hacer consigo mismo, de manera que, autoestimándose en

lo que vale, aprenda a establecer los propios límites que a sí mismo se da, de manera que alcance lo que se propone hacer con su propia vida.

Esto es lo que sostiene Leach (1995), cuando afirma que «en lugar de depender de *la obediencia obligada* de los controles externos, su comportamiento ha de depender de *la obediencia voluntaria* hacia los controles internos que llamamos *conciencia*. [...] Todos trabajamos para obtener premios y no para evitar castigos y el premio básico que todos buscamos es el orgullo de nuestra autoestima» (la cursiva es nuestra).

Se infravalora la función de la autoestima, por último, como una instancia mecánica y automatizada, desligada de la voluntad libre. A lo que parece, se olvida que *la libertad es una propiedad de la voluntad*, de una voluntad que es libre y lo es porque está penetrada de inteligencia, de la que se distingue, sí, pero de la que no es separable.

He aquí la crítica que hay que hacer a la nueva *autoestima determinista*, cerrada a la reflexión, diseñada como un automatismo independiente y vivida como una ciega imposición.

A este gratuito y *rígido determinismo de la estimación propia* hay que oponer, sin duda alguna, la fuerza creadora de la libertad personal, de la que depende, en última instancia, la guía de los propios sentimientos.

En este escenario resulta imprescindible considerar, además, la capacidad de reflexionar sobre los propios sentimientos y sus consecuencias, el aprendizaje que se deriva de la propia experiencia, la mayor o menor flexibilidad para adaptarse al medio, los valores moduladores del talante afectivo, es decir, todo cuanto interviene en el juicio prudencial que modera, acrece, extingue o matiza la intensidad y cualidad de esos sentimientos acerca de uno mismo, a los que nadie es ajeno del todo.

Este modo de comportarse genera un *hábito*, una segunda naturaleza —tan natural al fin y al cabo como la autoestima— que, uniéndose a la primera —la de los sentimientos espontáneamente experimentados—, condiciona la pujanza, el vigor y el colorido de la autoestima a la que regula.

Parece muy razonable por eso lo que Marina (1997) sostiene a este respecto, cuando afirma que «*el hábito fuerte de reflexionar* sobre las consecuencias antes de actuar no es un automatismo servil, sino un principio necesario para el *comportamiento inteligente*» (la cursiva es nuestra).

3. ¿Cómo motivar a padres y educadores?

Si la educación familiar no funciona, es lógico que se resienta la autoestima de los hijos. Los hijos, como personas que son, tienen necesidad de muchas cosas: de que se les conozca y se les acepte como son; de que se les provea de la afirmación suficiente en su valer como para sentirse seguros; de que se les acoja en cualquiera de sus manifestaciones, con cierta naturalidad y sin prejuicios; de que se les exija, naturalmente, también; de que se cuente con ellos allí donde sus opiniones puedan suponer una cierta aportación; de que se les haga cumplir, como cualquier otro miembro de la familia, lo que es indispensable para la aceptable convivencia entre ellos; de que se les comprenda; de que se les manifieste el afecto que se les tiene; etc.

Cuando estas y otras necesidades no son satisfechas en casa, los hijos buscan algún lugar donde encontrarlas o tal vez hagan una causa de ello para su natural rebeldía. Por eso, hasta cierto punto tienen razón los profesores cuando se quejan de ello, con afirmaciones como la que sigue: «Cómo va a estar este chico motivado para el estudio, con la familia que tiene.»

Pero una vez admitido lo anterior, hay que plantear aquí otra cuestión no menos relevante. Me refiero, claro está, a *la motivación de los motivadores*, a la motivación de los padres y profesores. ¿No será también que padres y profesores están desmotivados, en lo que se refiere a la educación de sus hijos y alumnos?

En realidad, la cuestión tal y como hoy se presenta está un tanto descentrada. Se ha insistido tanto en la motivación del alumno, que tal vez nos hayamos olvidado de quienes constituyen, precisamente, el manantial, la fuente natural de donde aquella brota.

Si el profesor o los padres no están motivados, no serán capaces de motivar al alumno. Y, a la inversa, si el alumno no está motivado, desmotivará a sus padres y profesores. Se cierra así un perfecto y vicioso círculo, para el que apenas hay otra solución que comenzar por *motivar a los motivadores*.

En las líneas que siguen se tratará de atender a este problema y se ofrecerán algunas posibles soluciones.

4. La autoestima y la educación en la libertad

El conocimiento de sí mismo resulta irrenunciable en el contexto de la educación. Hay al menos dos importantes razones para ello. En primer lugar, que *el alumno es el protagonista en el proceso de la enseñanza-aprendizaje*, puesto que es él quien tiene que aprender y nada es más importante en ese aprendizaje que saber quién es y cómo conducirse a sí mismo.

Y, en segundo lugar, porque sin ese elemental aprendizaje no es posible la *educación en la libertad*. La antropología de la educación nos enseña que la libertad es una condición radical que ha de estar presente en el proceso educativo.

Educar al alumno en y para la libertad comporta enseñarle a conducirse a sí mismo, a saber elegir, a optar por lo que de verdad constituye un bien para su voluntad. No se puede escamotear la libertad en la educación personal, por la misma razón que ningún alumno será permanentemente supervisado en su comportamiento, a lo largo de su vida.

Si el alumno no se conoce a sí mismo, su libertad pasará a ser una libertad cautiva, *un rehén de la ignorancia* y del propio desconocimiento personal. Todo lo cual es contrario a lo que se entiende por educación.

Además, si el alumno no es capaz de asumir las consecuencias de sus actos, *jamás estará satisfecho de sí mismo*, lo que constituye ya un déficit en su autoestima. Resulta cuando menos sospechoso que en la mayoría de los diversos *curricula* diseñados no se atienda como debiera a la educación en el conocimiento personal, como último fundamento sobre el cual asentar la educación en la autoestima. Lo mismo acontece si atendemos a los *curricula* que sirven de formación a los maestros y educadores que han de llevar adelante el proceso educativo.

¿No se deberá a esto precisamente la ausencia de motivación para el aprendizaje —y en ocasiones también para la enseñanza— que con relativa frecuencia encontramos en alumnos y profesores?

Pero si unos y otros no están motivados, entonces es lógico que tampoco estimen lo que hacen. Ahora bien, si ellos no estiman en lo que valen las actividades a que se entregan, ¿en virtud de qué principio puede exigirse a la sociedad una mayor y mejor estimación de la educación? Como puede observarse, el efecto pernicioso de este planteamiento genera un encadenamiento de consecuencias negativas para todos.

Si los profesores hacen lo que no quieren, ¿cómo es posible que puedan querer lo hecho por ellos? Y si no quieren lo que hacen, ¿cómo lo harán?, ¿se entregarán con todas sus fuerzas a hacer lo que no quieren? No parece que esto sea posible.

De otro lado, si los alumnos no quieren lo que hacen, ¿cómo es posible que se motiven a hacerlo?, ¿de dónde sacarán las fuerzas necesarias para motivarse a seguir aprendiendo?

Es necesario establecer un vínculo entre el conocimiento de sí mismo y el sentido de los aprendizajes que se realizan y que, en cierto modo, forman parte de aquel. No basta con establecer este eficaz vínculo, sino, lo que es todavía más importante, es necesario mostrarlo al alumno, desvelarlo en su presencia, de manera que pueda *egoimplicarse*, es decir, *comprometer libremente su yo en lo que hace*.

Este es un buen procedimiento para que los alumnos aprendan a responderse a ellos mismos la pregunta que tal vez nadie les formuló ni les contestó jamás: *¿Para qué me sirve aprender lo que estoy estudiando?*

Una persona se implica en lo que hace —sin apenas regatear esfuerzo—, si lo que hace tiene *sentido* y ha sido *libremente elegido* por ella. Esta es la *motivación intrínseca*, que hay que satisfacer tanto en los profesores como en los alumnos. Sin duda alguna, unos y otros comprometen muchos años de sus respectivas vidas y se egoimplican en lo que hacen, siempre y cuando estén motivados a hacerlo.

Pero es preciso que lo hecho por cada uno de ellos y el «hacerse» de sus propias vidas sean una misma cosa. Cuando esto sucede, entonces cada uno experimenta esa *vivencia de plenitud* consistente en que *se hace lo que se quiere y, por eso, se quiere lo que se hace*. Es decir, que el querer de lo hecho se identifica, en algún modo, con la estima de sí mismo; que *entre proyecto y vida no hay disonancias*; que la vida como tarea encuentra cabal cumplimiento en aquella actividad que, precisamente, cada día la llena.

Aprender y enseñar no es sólo un trasvase de información de unos a otros. Aprender y enseñar es algo mucho más profundo y comprometido. Se trata de hincar las dos biografías —la del profesor y la del alumno—, allí donde gustosa y libremente ambos han decidido hacerlo: en ese proyecto común consistente en enseñar y aprender.

Un proyecto este en el que ninguno pone más que el otro, sino que ambos ponen todo lo que tienen, aunque sea de muy diversa naturaleza lo puesto por unos y otros.

Esta liberalidad en el «poner» viene exigida por la misma naturaleza de lo «hecho»: el compromiso biográfico y existencial de profesores y alumnos, en el que los primeros se someten a la tarea profunda de los segundos: transmitir el saber de una a otra generación, de ellos a la generación siguiente. ¿Cómo no habría de estar implicada aquí la autoestima, si la sustancia del mismo compromiso es el yo de unos y otros?

Esto es lo que da *densidad* y *consistencia* al proceso educativo de enseñanza-aprendizaje. Un proceso este que ha de tener una cierta *coherencia interna*, aquella que consiste en la asunción que cada uno de ellos hace del mismo proceso, desde la libertad y sus actitudes personales, porque así lo han elegido.

Si no se actúa así, se hurta a la educación su misma sustancia y, por consiguiente, se le vacía de sentido y se traiciona su espíritu. Es entonces cuando cualquier discusión en torno a la educación se remite al «sistema», como si hubiera un sistema pedagógico que en su «omnipotencia» pudiera sustituir al irrenunciable compromiso humano entre profesores y alumnos.

No hay sistema educativo que no esté mediado por estas interacciones. Es cierto que el «sistema» ha de ser examinado desde la cuota de obligada responsabilidad que ha de satisfacer, en tanto que también él está implicado, respecto de los resultados que se obtengan.

Pero por muy bien diseñado que esté un sistema, *sin el compromiso de alumnos y profesores*, ¿para qué serviría? Esto demuestra que las personas no son prescindibles, sustituibles o intercambiables en el contexto de un determinado sistema.

Las personas no son abstracciones numéricas sin rostro y sin nombre, que se introducen en un proceso a cuyo término ya salen educadas. No, cada persona —también los profesores— es singular, única e irrepetible y se compromete sólo si su libertad así lo elige y ella misma queda comprometida en esa acción.

Esto naturalmente es asistemático, pero al mismo tiempo personalizado, y en modo alguno supone que persona y sistema sean incompatibles. Lo que es menester es que el sistema esté bien diseñado y las personas estén bien motivadas, y que ambos se encuentren.

¿Puede haber eficacia en el aprendizaje sin que el profesor disponga de una cierta confianza en sí mismo?, ¿puede haber eficacia en el aprendizaje sin que el alumno disponga de una cierta confianza en sí mismo?,

¿se puede confiar en sí mismo sin un cierto conocimiento de quién se es?, ¿puede conocerse el alumno si no tiene quien le enseñe o al menos le oriente en ese vital aprendizaje?

Estas preguntas surgen a orillas del lamentable *fracaso escolar*, que tanto nos afecta y constituye un preciso y riguroso indicador de la actividad docente y la motivación al aprendizaje. La preocupación por la «calidad de enseñanza» —una cuestión emblemática y de rabiosa actualidad— se articula muy bien aquí con lo que se está señalando acerca del conocimiento personal y la confianza en sí mismo en el ámbito del aprendizaje (Haeussler y Milicic, 1995).

De acuerdo con mi experiencia personal en las aulas universitarias durante casi cuatro décadas ininterrumpidas, he de afirmar que *la confianza en sí mismo y la autoestima* —no sólo en el alumno, sino también a nivel del profesorado— constituyen dos ingredientes relevantes, sin cuya consideración sería un tanto sesgado, por incompleto, referirse a la «calidad de educación».

De la misma opinión son otros autores, quienes postulan para esa calidad en los alumnos las siguientes características: la autoconfianza en sus posibilidades de aprendizaje y la autoimagen equilibradamente positiva. Una razonable autoestima de las propias posibilidades constituye un buen principio motivador y un estímulo para el planteamiento de la propia mejora con visos de viabilidad.

Con ello hemos regresado, una vez más, a la *paideia* griega. No resulta extraño que la vieja máxima socrática «conócete a ti mismo» fuese la inscripción que presidía el dintel del templo de Apolo en Delfos. Hoy, como ayer, habría que recordarla a unos y otros, de manera que se salvara esa importante ausencia susceptible de hipotecar cualquier aprendizaje.

5. La autoestima y los estilos de educación

Los diversos estilos de educación no son indiferentes al clima que a su alrededor se genera respecto de la autoestima. Cada uno de ellos tiene sus ventajas e inconvenientes, en función de numerosas variables, un tanto difíciles de ponderar (edad del profesor; materia que enseña; objetivos, actividades y contenidos de la asignatura; número de alumnos que en su clase dependen de él; etc.).

El estilo educativo es como la sombra que se proyecta en el aula del estilo afectivo del profesor, es decir, de su talante emotivo y de su estilo cognitivo. De aquí que estilo cognitivo, estilo afectivo y estilo educativo, aunque no sean coincidentes, tienen muchos puntos en común, pues todos ellos, de alguna manera, se encuentran en la personalidad (Polaino-Lorente, 2003*d*).

Los estilos cognitivos constituyen el resultado terminal en que se integran las diferencias individuales relativas al modo de percibir, pensar, juzgar y recordar, que son propias de cada persona (Witkin, 1962). Los estilos cognitivos están relacionados con otras dimensiones no cognitivas de la personalidad, por lo que se les atribuye un papel relevante en la afectividad, las relaciones interpersonales y otras diversas habilidades personales. Sin duda alguna, con lo que más se relaciona es con el *rendimiento escolar y académico* como, por otra parte, era lógico suponer.

Es probable que los estilos cognitivos más influyentes en el ámbito de la educación hayan sido los denominados *dependientes o independientes de campo* y los *estilos reflexivos o impulsivos*.

La *persona dependiente de campo* es aquella que se deja guiar en sus percepciones de una forma global, observando atentamente todos y cada uno de los detalles de los estímulos que se le presentan.

Por el contrario, *la persona independiente de campo* es mucho más analítica y se guía más por sus impresiones y referencias internas que por la observación detallada de la realidad.

Las personas con un *estilo cognitivo impulsivo* toman decisiones rápidamente sin haber pensado antes durante el tiempo necesario. En consecuencia, cometen muchos errores cognitivos y no toman en consideración otras relevantes circunstancias o datos antes de que su comportamiento se manifieste. En el ámbito sentimental es probable que sean más apasionadas que las personas reflexivas y que opten por vivir sus sentimientos tal y como estos emergen en su intimidad.

Las personas con un *estilo cognitivo reflexivo* suelen madurar sus decisiones, no fiándose de sólo los estímulos percibidos ni tampoco de sus propias intuiciones. Son personas que primero piensan lo que consideran deben hacer y luego llevan a cabo su decisión. Frente a ellas, las personas impulsivas, primero actúan y luego tal vez piensen en lo que han hecho. De acuerdo con ello, las personas reflexivas cometen muy pocos errores en su aprendizaje, pero son más lentas en la toma de decisiones. En lo que se refiere al contexto afectivo, no suelen fiarse de sólo sus sentimientos, por lo que son menos apasionadas.

Estos estilos cognitivos están como injertados, al parecer, en las raíces mismas del aprendizaje y contribuyen a configurar diversos *estilos de aprendizaje* que, de otra parte, han de ensamblarse peor o mejor con el *estilo educativo* característico del correspondiente profesor.

Los estilos educativos influyen mucho —y en ocasiones de forma decisiva— sobre el aprendizaje y rendimiento de los alumnos. Pero sus consecuencias van más lejos del ámbito estrictamente escolar. Los estilos educativos condicionan también —sobre todo si se trata de un adolescente— la autoestima personal del alumno, el nivel de aspiraciones por el que opte, la génesis del propio autoconcepto, algunas de sus numerosas aficiones, etc.

El hecho de que no todos los profesores generen entre sus alumnos la misma simpatía e idénticas valoraciones de su persona depende, en buena medida, del estilo educativo por el que el profesor haya optado. Pero no es ese el único factor explicativo. Es preciso tener en cuenta también los estilos de aprendizaje que caracterizan a cada uno de los alumnos.

En realidad, el estilo educativo debería ensamblarse o al menos adaptarse, sin demasiadas dificultades, al estilo de aprendizaje de cada uno de sus alumnos. Dicho así ha de parecer una utopía, dado el número de alumnos que han de ser educados por un solo profesor. Pero, no obstante, esto sería posible si el profesor conociera el estilo de aprendizaje de cada uno de sus alumnos, circunstancia que está muy lejos de ser atendida en el actual medio escolar.

De otra parte, no es suficiente conocer el estilo de aprendizaje de los alumnos para lograr una buena educación. Es preciso, además, conocer sus enteras personas, allí hasta donde sea posible hacerlo. Y ello por dos razones importantes.

En primer lugar, porque el aprendizaje o, si se prefiere, el rendimiento académico logrado por el alumno no es un buen indicador ni el único del proceso educativo que se ha emprendido. Educar no es un mero enseñar. Para enseñar basta, en muchas ocasiones, con una excelente transmisión de conocimientos; pero educar es otra cosa. Para enseñar puede ser suficiente con conocer el estilo de aprendizaje del alumno y ajustarse a él lo más posible. Para educar, en cambio, hay que conocer la persona entera y, si fuera posible, también a su familia.

Y, en segundo lugar, porque el aprendizaje, con ser algo muy importante, no es todo. El aprendizaje no suele caer del cielo como una tormenta de verano, que deja tras de sí el suave olor a tierra mojada, pero que desaparece apenas pasan unos minutos.

El auténtico aprendizaje deja una profunda huella en la persona del alumno y también en la del profesor y, si es suficientemente profundo, se distingue muy mal de la educación. Esto quiere decir que el verdadero aprendizaje no sólo depende del estilo educativo del profesor y del estilo de aprendizaje del alumno, sino también y muy principalmente del *estilo emotivo* de ambos. Y es aquí a donde hay que acudir si de verdad se pretende enseñar algo a los alumnos que les sirva para sus vidas, para sus vidas como personas que son y que quieren llegar a ser.

Los estilos educativos no afectan exclusivamente a los profesores, sino que están presentes también en *los padres*, que afrontan la formación de sus hijos y configuran un determinado clima familiar. En este epígrafe, por eso, se pondrán ejemplos principalmente referidos a los padres, puesto que suelen estar relativamente alejados de estas cuestiones.

Aunque pueda distinguirse hoy entre los numerosos estilos de educación disponibles —algunos piensan que hay tantos como profesores, pues «cada maestrillo tiene su librillo»—, en las líneas que siguen sólo se atenderá a algunos de ellos: los que parecen ser más frecuentes y, sobre todo, los que tal vez inciden más frontalmente sobre la autoestima de los alumnos.

5.1. LA SOBREPROTECCIÓN

Pedro tiene ocho años. Todas las mañanas, a la hora de vestirse para ir al colegio, se repite la misma situación. Su madre le dice con insistencia, en voz alta y malhumorada: «Cada día igual. Llegaremos tarde al colegio. Con la edad que tienes, ya deberías vestirte solo, como hacen tus compañeros. ¿No ves que ya eres muy mayor para que tenga que hacerlo yo por ti?»

Mientras tanto, la madre va poniendo la ropa a Pedro y este se deja hacer, pasivamente. Cuando acaba de vestirlo, su madre puntualiza: «A ver si aprendes a vestirte de una vez. ¿No te da vergüenza? Ya eres muy mayor para que yo tenga que vestirte todos los días.»

Pedro no aprenderá a vestirse, porque su madre no le enseña, sino que directamente le viste. Le exige que sepa vestirse, pero no se toma el tiempo necesario para enseñarle y estimularle positivamente a ir haciéndolo poco a poco.

Los padres que protegen excesivamente a sus hijos suelen partir del falso supuesto de que deben criarlos y educarlos, eliminando cualquier situación que pueda resultar dolorosa o frustrante para ellos. De aquí que intenten resolver todos los problemas y eliminar cualquier inconveniente que surja en sus vidas.

He aquí el gran error que cometen. Al comportarse de la forma en que lo hacen resuelven las dificultades que sus hijos se encuentran, pero *no les enseñan a superarlas por ellos mismos* ni procuran que adquieran ciertas habilidades y destrezas que son las que les permitirán resolver personalmente esos problemas en el futuro.

La consecuencia es que los hijos que así son educados no aprenden a enfrentarse a los problemas, ni desarrollan los necesarios sentimientos de autoeficacia, capacidad y confianza en sus posibilidades personales. Acostumbrados a que todo se les dé hecho y resuelto, se creen incapaces de hacer las cosas por sí mismos, y pueden llegar a sentirse minusvalorados, frustrados, deprimidos y angustiados cuando se les presenta una situación que ellos no saben, no quieren o no pueden resolver; en definitiva, una situación que no es conforme con sus deseos.

En unas circunstancias como estas es casi imposible hacer crecer su autoestima. Los padres sobreprotectores suelen entonces motivar a sus hijos llamándoles cariñosamente con el apelativo de «campeón».

Pero este modo de proceder tampoco incrementará la austoestima del hijo. ¿Cómo se va a sentir su hijo «campeón» de algo, si no compite con nadie y en nada, si todo se lo hacen sus padres? Puede ocurrir que el niño crea a su padre y se considere que, por el momento, es un «campeón», puesto que lo afirma su padre. Pero no vivirá mucho tiempo antes de que compruebe que ese apelativo era un eufemismo o una falsedad, lo que necesariamente disminuirá su estima personal.

5.2. La dependencia

La trampa de la sobreprotección se completa luego con las críticas al hijo por no hacer las cosas que debería saber hacer y que no hace, pero que casi siempre acaban haciéndolas los padres, mientras acompañan sus actividades de un repertorio de mensajes como el siguiente: «Déjame, ya lo haré yo, porque tú no eres capaz de hacerlo.»

La sobreprotección genera dependencia. Hacer lo que un hijo puede hacer por sí mismo es sustituirlo, mientras la persona que hace sus funciones tal vez se perciba como necesaria para el niño. Pero en ese caso, esa persona tampoco sabe amar, porque ha confundido el acto de darse al otro con completa liberalidad con la configuración enfermiza de una relación entre ellos, por cuyo defecto *el hijo deviene en persona necesitada y el padre o la madre en persona satisfacedora de esa necesidad.* Es decir, los padres cuyo estilo educativo genera hijos dependientes tal vez sean *padres necesitados de que sus hijos les necesiten,* lo que no deja de ser una situación un tanto retorcida y hasta morbosa.

Por eso, *ayudarles sí, sustituirles no.* En cualquier caso, *estimularles más que exigirles.* Lo ideal sería *que cada hijo se exija a sí mismo.* La acción de los padres y profesores debe limitarse en este punto a estimular las fuentes naturales donde surgen las autoexigencias personales de hijos y alumnos. Basta con descubrirles o mostrarles las cosas positivas de que disponen y enseñarle a hacerlas crecer hasta su techo más alto, aunque todo ello conlleve un cierto esfuerzo. Esto, sin duda alguna, motiva —¡y mucho!— a los hijos, porque también ellos, como cualquier otra persona, desean ser más y ser mejores, desarrollarse, madurar, seguir adelante sin detenerse, alcanzar su meta.

Con este modo de animarles se está haciendo uso de *motivaciones intrínsecas*, es decir, de aquellas que revierten sobre la vertebración de la propia persona. Estas motivaciones son más poderosas y eficientes —y sobre todo aseguran una mayor independencia— que las *motivaciones extrínsecas*, cuyo ejemplo más próximo son los objetos consumibles, los viajes, los premios materiales o el dinero, regalos que nada añaden a la intimidad de la persona. Para no ser dependiente, basta con que cada persona trate de ser ella misma, de valerse por sí sola y de afrontar personalmente, con la ayuda que necesite de los demás, los problemas que le irán surgiendo en el largo camino de la vida.

Esto es preferible a que en cada uno de ellos sea regulado su comportamiento familiar y escolar —así como el rendimiento que debe obtener— por estímulos extraños a su persona, familia y/o escuela, y, en consecuencia, a quien se ha propuesto ser. La *motivación intrínseca* es más potente y eficaz que la *extrínseca* y, desde luego, más libre y menos condicionada y estereotipada, y también más digna y conforme con la naturaleza humana.

5.3. LA RIGIDEZ

Ana estudia segundo de bachillerato. Dos tardes a la semana, cuando acaba sus clases en el colegio, acude a una academia de idiomas, otras dos tardes se entrena en tenis y un día a la semana estudia solfeo y piano. Este año sus notas han bajado un poco. Se encuentra cansada y ha pedido a sus padres que le permitan dejar durante un tiempo algunas de las actividades extraescolares que realiza.

Sus padres se han mostrado sorprendidos y han intentado convencerla para que continúe con todas las actividades que hace. Finalmente, no han accedido a la petición de su hija, sino que, una y otra vez, le han insistido en la necesidad de que continúe con esos aprendizajes y que, además, procure ser la mejor de su clase, como lo ha sido siempre. El mensaje de ellos en este punto es claro: «Cuanto mejor preparada estés y más habilidades tengas, más fácil te será triunfar en la vida y que los demás consideren lo mucho que vales.»

Algunos padres piensan que es imprescindible que sus hijos aprendan el mayor número de habilidades posibles y, si fuera posible, que destaquen en ellas. Esta *educación para el éxito*, basada en los resultados, enfatiza por encima de cualquier otro valor los logros alcanzados y enseña a los hijos a *valorarse sólo por lo que consiguen*, asumiendo como criterio de valoración el triunfo y reconocimiento social.

Esta excesiva polarización puede tener efectos perniciosos sobre la autoestima, especialmente si los hijos son exigidos, como a veces suele ocurrir, por encima de sus posibilidades reales.

Se ha puesto este ejemplo de exigencia además de para poner de manifiesto el exceso de esa exigencia, para ilustrar sobre todo la rigidez de unos padres muy poco dialogantes y quizá excesivamente preocupados por el futuro de sus hijos.

Pero obsérvese que es muy probable que a la hija le interese muy poco en este momento el que los demás la consideren o el tener éxito en la vida. Es muy posible que lo que ella simplemente desea es poder jugar con sus amigas, es decir, tener una infancia como cualquier otra de sus compañeras. Algo que tal vez es más importante que cosechar éxitos sociales, pues, antes o después, a la vida de infancia regresan las personas —si es que la han tenido— para poner un poco de bálsamo en sus heridas, reconfortarse, recobrar fuerzas y afianzar de nuevo el ideal de su vida por el que seguir la lucha emprendida.

La rigidez no es un buen estilo educativo. Es cierto que se acompaña de aspectos muy positivos como la sumisión, la docilidad, el perfeccionismo, el cumplimiento de las normas establecidas, etc. Pero no es menos cierto que sofoca la vida y acaba por arruinar la creatividad, empobreciendo las relaciones humanas y encontrando serias dificultades para adaptarse a la realidad. *La rigidez afecta seriamente la autoestima*, pues hace depender esta del seguimiento escrupuloso y el estricto atenimiento a lo establecido, aunque la persona sea consciente de que otras muchas cosas, tal vez más importantes que éstas, han sido desatendidas.

5.4. El perfeccionismo

Los padres de Carlos son personas excelentes, amantes del orden y la limpieza, exquisitamente puntuales, y honrados trabajadores que consideran que las cosas o se hacen perfectamente bien o mejor no hacerlas. Carlos está siendo educado según este estilo educativo, un tanto espartano y riguroso, por cuya virtud cada día tiene un determinado afán y sólo ese afán determinado. Carlos sufre varias «revistas» cada semana a propósito del orden de su habitación, el cuidado de su ropa y la limpieza de su calzado. Sus zapatos están siempre que espejean, lo que causa una profunda admiración en sus compañeros de clase.

Sin embargo, a él lo que le gustaría es atravesar los charcos corriendo en los días de lluvia durante el otoño. Esto lo ha hecho alguna vez, pero ha sido criticado de forma fulminante por su madre. Cada día, según llega de clase, ha de descalzarse y desvestirse, dar lustre a sus zapatos y ordenar su ropa, que cambia por otra más cómoda de estar en casa. A continuación está obligado a lavarse las manos a fin de «no traer a casa todas las porquerías que hay en la calle y que causan graves enfermedades», como dice su madre.

Por la noche, antes de acostarse, su madre y él repasan todo lo que estaba previsto hacer durante ese día, y es necesario que todo lo haya hecho y tan bien como le dijeron. Carlos está muy descontento de la vida que lleva. Considera, por ejemplo, que si hiciera las cosas a su modo acabaría mucho antes y tendría tiempo para salir con sus amigos. Por eso sueña con llegar a la mayoría de edad o al menos a la adolescencia para poder conducirse y hacer cada cosa como le venga en gana.

En momentos en los que el peso del perfeccionismo se ha hecho más intenso ha deseado ardientemente marcharse de casa y no regresar jamás. Pero sabe que al final no se atreverá a hacerlo, por lo que se considera cobarde y culpable, puesto que si no se rebela ahora siempre hará lo que los padres le indiquen y sólo lo que le indiquen, y la culpa, entonces, será suya. De hecho, experimenta con frecuencia que su autoestima está por los suelos.

Este estilo educativo hace un mal servicio al desarrollo personal y de la autoestima. Recordemos aquí que la estima personal hace referencia a ciertos valores. Pero en modo alguno el perfeccionismo ha de considerarse como un valor, sino más bien como un disvalor. Una cosa es la perfección o su búsqueda y otra muy distinta el perfeccionismo. Buscar la perfección es lo propio de la condición humana, ser perfeccionista es impropio de ella. *El perfeccionismo*, valga la paradoja, *es una imperfección* que arrastra tras de sí muchas y variadas consecuencias negativas.

Consecuencias del perfeccionismo son, por ejemplo, la rigidez, la imposibilidad de vivir la espontaneidad, las dificultades para adaptarse, la lentitud en el trabajo emprendido, la parsimonia en todo cuanto se hace, la concentración excesiva en muy pocas ideas dominantes, la inflexibilidad, la incapacidad de improvisar soluciones allí donde nuevos e improvisados problemas comparezcan, la culpabilidad por no alcanzar el perfeccionismo deseado y el afán de controlar todas las situaciones, pues en ausencia de ese control emergerá la angustia y la intolerancia a la frustración que eso supone. En unas circunstancias como éstas es lógico que la autoestima sea deficitaria.

5.5. El permisivismo

Juana es una adolescente cuyos padres le han consentido todo cuanto ha querido. En realidad, su comportamiento inicial se atuvo a sólo el criterio de lo que le gustaba o disgustaba. Sus padres le dejaron hacer, con tal «de tener la fiesta en paz». Juana fue creciendo y el criterio de que se sirve para tomar decisiones es hoy mucho más amplio. Ahora no le basta con que las cosas le gusten o no. Es preciso tener en cuenta, además, que le interesen, le convengan y le apetezcan o no. Sobre estos «cuatro puntos cardinales», Juana va tomando decisiones ante la mirada permisiva de sus padres, quienes están persuadidos de que es mejor «no traumatizar» a los hijos, oponiéndose a lo que desean hacer.

La metáfora del «trauma» se ha consolidado en ellos, hasta el extremo de suponer que el comportamiento de su hija Juana es completamente normal, porque nunca ha sido corregida, ni limitada, ni constreñida en sus variados y cambiantes deseos.

Lo que sus padres no alcanzan a entender es por qué su hija no parece ser todo lo feliz que sería de esperar, a causa del tipo de educación que ha recibido. No sospechan que su aparente infelicidad está tejida por el permisivismo en que ha sido educada o mal educada.

Antes de proseguir con esta cuestión hay que afirmar que *el estilo educativo permisivo no es un ideal democrático* y ni tan siquiera un estilo educativo democrático. El *permisivismo* supone, en síntesis, la abolición de toda norma a la que atenerse, el «hacer cada uno lo que le venga en gana», la ausencia de cualquier referencia que sea útil para guiar y dirigir el comportamiento a donde debe ser guiado.

El permisivismo de los padres pone de manifiesto cierto temor soterrado: el miedo a perder al hijo si se le corrige o lleva la contraria, al mismo tiempo que el anhelo de ganarse su cariño al precio que sea.

Todo está permitido si nada de cuanto se puede hacer es bueno o malo. Pues si es bueno, no sólo está permitido, sino que sería muy oportuno y conveniente hacerlo. Por el contrario, si lo que se desea hacer es malo, mejor no hacerlo, porque una vez hecho traerá funestas consecuencias.

Ahora bien, *si nada es bueno ni nada malo —principio del permisivismo—, todo lo que hay es indiferente: ni bueno ni malo.* Pero si todo es indiferente, es lógico que el comportamiento humano no se ponga en marcha, puesto que *la ausencia de valor —el indiferentismo—* resulta insuficiente para tomar la iniciativa, de modo que —con esfuerzo o sin él— se alcance aquello que es bueno.

Por esto nada de particular tiene que Juana no se estime a sí misma en lo que vale. Entre otras cosas, porque nada le atrae, porque no considera que ella misma sea un valor, porque *también ella es permisiva para consigo misma*, en definitiva, porque viene ya de regreso cuando no ha ido a ninguna parte.

Su estima está por los suelos como corresponde a una persona en la que cualquier ilusión se ha desvanecido mucho antes de que con su contribución pudiera hacerse realidad. En consecuencia, Juana no se estima a sí misma, no estima al mundo y tampoco estima a nadie.

5.6. EL AUTORITARISMO

El estilo educativo autoritario sólo se da en la actualidad de forma muy excepcional y restringida, porque «no es políticamente correcto». Pero esto no significa que las actitudes autoritarias hayan desaparecido por completo. Como tales actitudes persisten, hoy como ayer, sólo que agazapadas, encubiertas y disfrazadas. Constituyen, pues, lo que podríamos denominar con el término de *autoritarismo «light»*, una forma al fin y al cabo más sutil pero no por ello menos eficaz, de autoritarismo.

El autoritarismo y la autoestima no se entenderán nunca, sencillamente, porque no pueden hablar entre sí. Por eso, allí donde hay autoritarismo suele haber pérdida de la autoestima personal. *La persona autoritaria* ordena y manda, pero *no propone*; tal vez estudie y reflexione, pero *no consulta*; es posible que quiera mucho a las personas que conviven con ella, pero *no es capaz de ponerse en sus zapatos*; controla, exige y supervisa lo que ha ordenado, pero *no escucha*; sus palabras son órdenes que han de seguirse a toda costa.

En unas relaciones así se ha magnificado tanto el papel de una de las personas que la otra apenas cuenta. En realidad, *una persona que no cuenta* es lógico que se sienta como «un mandado», es decir, un mero ejecutor de lo que se le indica, sin que en lo que hace comprometa su inteligencia y libertad.

No es propio de la persona devenir en *mero ejecutor*, en brazo mecánico articulado a la voluntad de otro, en sustancia no pensante que realiza acciones en las que en modo alguno queda comprometido su propio yo. Este carácter pragmatista y referente al que está sometida la persona sujeta al autoritarismo le impide crecer, desarrollarse, comprometer su entera personalidad en lo que realiza.

En consecuencia, el autoritarismo va sembrando allí por donde pasa personas descontentas y desmotivadas, que subestiman sus propias capacidades a fuerza de no usar de ellas, que se sienten inferiores a las demás y, lo que es peor, que han perdido el interés por crecer, por ser más, por cumplir cada vez mejor las tareas desempeñadas.

El autoritarismo esteriliza el crecimiento de la personalidad, acaso porque se priva a la persona de su singularidad y se le trata de forma igualitaria en todo cuanto hace, convirtiéndola en un número, en una abstracción sin rostro humano.

En algunas personas, el estilo autoritario tropieza con la natural *rebeldía* que suscita en quienes le rodean. Emergen entonces los *conflictos* entre quien educa y el educando. Mientras que no se sienten a dialogar —es decir, mientras no se abandone la posición autoritaria—, la batalla seguirá su curso, un curso cada vez más enconado y sangriento, hasta el punto de hacer imposible la reconciliación entre ambas partes. Pero como toda contienda, también esta deja sus heridas, que no son fáciles de cicatrizar. Antes, al contrario, se emponzoñan y evolucionan de forma tórpida como consecuencia de los *sentimientos de culpabilidad* que se suscitan a raíz de esa confrontación.

El autoritarismo constituye también un poderoso ataque a la estima de la persona autoritaria —pues percibe que nadie a su alrededor le estima, sino que más bien le temen— y de las personas que lo padecen, que tampoco son estimadas en las cualidades de que disponen. De este modo, todos pierden y nadie gana. Sobre el contexto familiar o escolar, donde el autoritarismo ha establecido su sede, queda un campo solitario, arruinado y estéril, donde sólo pueden crecer la soledad y la amargura.

5.7. LA INDIFERENCIA

Juan tiene tres hijos de seis, ocho y once años. Trabaja diez horas al día. Cuando llega a casa está cansado, desea tranquilidad y no tiene ganas de que le molesten. Si alguno de sus hijos le pide que le ayude en las tareas escolares o participe en algún juego, contesta que está muy cansado y lo envía a su madre.

Cuando su mujer le recrimina la poca atención que presta a sus hijos, él le contesta que ocuparse de ellos no es cosa suya, que él ya tiene bastante con trabajar para que no falte el dinero en casa.

Los hijos de Juan están aprendiendo a *no preguntar a su padre* y a *no invitarle a jugar* con ellos. Posiblemente piensen que, para el padre, *su trabajo y su descanso tienen más importancia que ellos*. Es probable que lleguen a la conclusión de que no son suficientemente importantes para su padre, ya que este no les demuestra ningún interés.

Las situaciones de discusiones conyugales, separación y divorcio llevan frecuentemente actitudes de rechazo, aislamiento o indiferencia por parte de alguno o de ambos cónyuges. Estas actitudes son muy nocivas para los hijos. Los padres indiferentes suelen transmitir a sus hijos que para ellos son una carga: un estorbo que entorpece sus planes, personas que no merecen consideración alguna.

La indiferencia es posiblemente el sentimiento más cruel —especialmente si es crónica— que puede experimentarse acerca de otras personas; más que el odio.

Desde la perspectiva del niño, el mensaje de este estilo educativo (¿?) es interpretado como que *el hijo es incapaz de ser lo suficientemente bueno como para ser amado por su padre*. En estos casos no quedan cubiertas las necesidades básicas de seguridad, aceptación y aprecio que son vitales para el niño, por constituir el *humus* donde hincan sus raíces la autoestima y la autorrealización personal.

Los padres indiferentes satisfacen las normas más elementales, pero no las más importantes: dedicar el tiempo necesario a los hijos. Se comportan como *padres funcionarios*, como padres ineficaces. Sin duda alguna, hay buenos funcionarios —afirmar lo contrario sería muy injusto— que son padres, pero es casi imposible encontrar a padres funcionarios que sean buenos padres, por mucho que sea el éxito que obtengan en sus respectivas profesiones.

5.8. LA AUSENCIA DE AUTORIDAD

Si son nefastas las consecuencias del autoritarismo, a las que líneas atrás se aludió, no es que sean mejores las que se derivan de la ausencia de autoridad. La ausencia de autoridad, paradójicamente, sí que es hoy «políticamente correcta». Y no se entiende bien cómo esto ha sido posible, dado que la democracia nada tiene que ver con la ausencia de autoridad.

El estilo educativo en el que está ausente la autoridad es muy poco recomendable para estimular el crecimiento y desarrollo de la estima personal en los hijos. Los padres *no tienen autoridad*, sino que, por ser padres, *son o deberían ser una autoridad* para sus hijos. Pero es importante que además de serlo, *tengan* autoridad, es decir, la ejerzan y manifiesten.

Nótese que autoridad tiene que ver con *autoría*; los padres son, qué duda cabe, autores —aunque no completos ni independientes—, de las vidas de los hijos por ellos engendrados. La voz autoridad viene del latín, *auctoritas*, término que procede del verbo *augere* que puede traducirse como *el que hace, el que obra, el que sostiene, el que acrece, el que promociona, el que eleva, el que incrementa, el que auspicia, el que desarrolla.*

Todas esas acciones son funciones naturales que competen realizar a los padres para que sus hijos se estimen justamente a sí mismos. En ausencia de autoridad, la autoestima no se desarrolla, acaso porque los hijos no disponen de esa ayuda, de ese reconocimiento por parte de quienes tienen el deber y el derecho de considerar que ellos son personas importantes, para sus padres las personas más importantes del mundo.

¿Cómo se va a estimar un chico a sí mismo si su padre no le sostiene, ni le promociona, ni le hace crecer, ni le eleva, ni se goza con cada uno de los pequeños logros que advierten en su comportamiento?

De otro lado, si los hijos no perciben a sus padres como las personas que *son y tienen autoridad*, sólo con muchas dificultades podrán encontrar los modelos en que inspirarse para llegar a ser quienes quieren ser.

Ahora bien, ser una autoridad significa implicarse en aquello que se hace, hasta el punto de vincular su propio ser en lo que dirige, determina, manda, ordena, diseña, etc. En el estilo educativo en que la autoridad está ausente, ¿puede afirmarse que los padres se implican en la vida de sus hijos, según las características que se han mencionado? De no haber esa implicación por parte de los padres o de los profesores, es lógico que los hijos y alumnos no se estimen como debieran. Así pues, padres y profesores o son una autoridad para sus hijos y alumnos, respectivamente, o no son nada (Polaino-Lorente y Carreño, 2000).

5.9. La coherencia

Javier es un niño de ocho años. Le encanta dibujar. Cuando llega su padre a casa, Javier corre hacia él y le enseña su último dibujo. Su padre se muestra atento y efusivo: «¡Qué bien lo has hecho! ¡Me encanta el dibujo! Veo que el mar y el cielo los has pintado de un azul diferente y que los aviones y los barcos, que se ven a lo lejos, son más pequeños que estos que están más próximos a su alrededor. Me gustan mucho los colores que has empleado y la forma de los aviones y barcos. Debes haber trabajado bastante para hacerlo. Supongo que estarás muy contento. Vamos corriendo a enseñárselo a mamá. Le gustará mucho.»

La actitud y el lenguaje del padre de Javier están favoreciendo la autoestima de su hijo. En el mensaje del padre de Javier hay varios componentes que ayudan a fomentar la autoestima en el hijo. A fin de que el lector pueda estudiarlos más despacio, se señalan a continuación algunas de las propiedades del discurso del padre, en este ejemplo, que pueden resultar muy fecundas para acrecer la autoestima en los hijos:

— Una descripción concreta y realista de una conducta correcta.
— La expresión de sentimientos positivos por parte del padre.
— El reconocimiento del esfuerzo y de los aciertos del hijo.
— El ponerse en su lugar y atisbar cuáles puedan ser los sentimientos del hijo.
— La eclosión de la alegría y el éxito, que es preciso comunicar y compartir en seguida con la madre.

6. La madurez personal de los padres: algunas características

El autor de estas líneas ha de admitir que el término de *madurez* *(maturité, maturity, Reife)*, aplicado a la personalidad, es un tópico común y de amplia circulación, cuyo uso coloquial está muy extendido entre los hablantes de las más diversas comunidades. Pero ha de advertir también que se ha resistido durante mucho tiempo a emplearlo —y cuando lo ha usado, lo ha hecho contra su voluntad y con cierta repugnancia— debido a la ambigüedad, indefinición, polisemia y anfibología de este término.

El autor comprende, sin embargo, que cuando alguien le habla de *madurez de la personalidad* o de una *persona madura*, acierta a entender, a pesar de lo que se acaba de afirmar, lo que su interlocutor quiere significarle.

En realidad, lo que acontece, en mi opinión, es que no disponemos de una definición rigurosa y operativa para expresar de forma inconfundible, y de una vez por todas, lo que queremos significar con el término madurez.

La Real Academia Española de la Lengua entiende por *madurar*, «poner en su debido punto con la meditación una idea, un proyecto, un designio, etc.»; y por *madurez*, el «buen juicio o prudencia con que el hombre se gobierna».

La *madurez psicológica*, tal como hasta aquí se va perfilando, no consiste en la mera capacidad de reaccionar biológica y emocionalmente de forma adecuada, sino también y principalmente en la capacidad para someter nuestros impulsos, deseos y emociones a la ordenación de la razón o, si se prefiere, a la luz de nuestro entendimiento y a la decisión de nuestra voluntad, pues sin ellos no sería posible al hombre gobernarse a sí mismo con «buen juicio o prudencia».

¿Cómo puede un padre o un profesor educar en la autoestima a sus hijos o alumnos, si ellos mismos no son personas maduras? Para educar en la afectividad a los más jóvenes es preciso que los educadores adultos hayan satisfecho previamente algunos criterios, aquellos que precisamente más impacto puedan tener en el proceso educativo que se desea llevar a cabo.

Ciertamente, el concepto de madurez psicológica de la personalidad se nos ofrece con todas las ambigüedades que se acaban de apuntar y repudiar. Sin embargo, mucho más vejatorio resulta para el hombre el término de *inmadurez psicológica de la personalidad*, también hoy de amplia circulación en nuestra sociedad, y ante el que muy pocos autores elevan su voz con el necesario tino para contribuir a incrementar la formación humana de los más jóvenes.

La inmadurez es moneda corriente en la sociedad contemporánea. Puede afirmarse que los jóvenes maduran ahora más tardíamente que antaño. Hay muchos factores que pueden explicar este hecho.

La permisividad de la educación y de la sociedad, la mala prensa de todo lo que signifique esfuerzo o voluntad y la incorporación cada vez más tardía al mundo del trabajo y a las responsabilidades que este conlleva constituyen, junto con otros muchos factores, algunos de los principios explicativos del porqué de la inmadurez psicológica de nuestros jóvenes.

Pero de forma análoga a como sucede en los jóvenes acontece también en los adultos. En la actualidad, una persona de 40 años puede ser tan inmadura o más que un adolescente. A lo que parece, el adulto también madura hoy más tardíamente. Los adultos imitan en muchos de sus comportamientos y de sus actitudes a los jóvenes, idolatrados en tanto que jóvenes por la sociedad actual.

Hemos oído tantas veces el eslogan de que «es grande ser joven», que al final hasta los adultos han acabado por creérselo. Desde esta perspectiva, muchos de nuestros adultos *confunden la juventud del espíritu con la falta de compromiso, la espontaneidad con la autenticidad, la irresponsabilidad con la genialidad, el tiempo con la instantaneidad, el deber con el placer*.

En todo caso, permítaseme insistir en que es una tarea harto difícil determinar qué propiedades, qué características han de definir a una persona, para precisar si es o no suficientemente madura. En cualquier caso, en las líneas que siguen se ofrecen *algunos criterios* que pueden servir de referencia a los padres para reflexionar acerca de su madurez personal y, en su caso si así lo desean, tratar de crecer un poco más en esta arriesgada aventura que es la mejora de la propia personalidad.

1. Creen firmemente en ciertos *valores y principios que defienden*, aun cuando encuentren cierta oposición, y se sienten lo suficientemente seguros de sí mismos, son capaces de modificarlos si nuevas experiencias indican que estaban equivocados.
2. Son capaces de obrar según creen es lo más acertado, *confiando en su propio juicio*, sin sentirse culpables aunque a otros no les parezca bien.
3. No viven preocupados por el pasado ni obsesionados por el futuro. Aprenden del pasado y proyectan para el futuro, pero *viven intensamente el presente*, el aquí y ahora.
4. Tienen una confianza básica en su capacidad para *resolver sus propios problemas*, sin dejarse acobardar fácilmente por fracasos o dificultades. Y están dispuestos *a pedir ayuda* cuando ello sea necesario.
5. En tanto que personas se consideran y *se sienten igual* que cualquier otra; ni inferior ni superior; sencillamente, igual en dignidad; aunque reconocen las diferencias en talentos que pueda haber entre ellas (prestigio profesional, posición económica, ciertas habilidades, etc.).
6. Dan por supuesto que son *interesantes y valiosos para otros*, al menos para aquellos con quienes se asocian amistosamente.
7. *No se dejan manipular* por los demás, aunque estén dispuestos a colaborar con ellos, si la ocasión y las circunstancias son las apropiadas y convenientes.
8. Reconocen y *aceptan en sí mismos una variedad de sentimientos y emociones*, tanto positivas como negativas, y están dispuestos a revelárselas a algunos de sus hijos si consideran que vale la pena y que ellos así lo desean.
9. Son capaces de *disfrutar con las más diversas actividades*, como trabajar, leer, jugar, charlar, caminar, descansar, etc.
10. Son *sensibles a los sentimientos y necesidades de los demás;* respetan las normas de convivencia y entienden que no tienen derecho a medrar ni a divertirse a costa de otros.

7. Felicidad de la pareja y autoestima de los hijos

La madurez personal de los cónyuges contribuye, qué duda cabe, a su felicidad personal y a la de sus hijos. A lo que parece, cuanto más madura sea la personalidad de los cónyuges, mayor probabilidad tienen de ser felices y educar bien a los hijos.

Aunque no hay caminos seguros en esto de alcanzar la madurez, no obstante, no me resisto a reproducir aquí algunas observaciones que, con harta probabilidad, conducen a ella y a la conquista de la felicidad conyugal y familiar.

LA AUTOESTIMA Y LA EDUCACIÓN EN LA FAMILIA Y LA ESCUELA   155

No dispongo de la fuente bibliográfica concreta, pero me parece recordar que fue John Schindler quien aconsejaba, a modo de receta, el decálogo que a continuación se transcribe:

1. Mantenga su interés por las cosas sencillas.
2. Aprenda a disfrutar del trabajo. Tener gusto por el trabajo es la única forma de trabajar a gusto y la más maravillosa profilaxis contra los trastornos emocionales.
3. No adquiera el hábito de exigir lo extraordinario.
4. Sienta simpatía por la gente. Es sorprendente cuántas personas con enfermedades provocadas por las emociones sienten antipatía hacia casi todo el mundo.
5. Tome parte activa en la empresa humana.
6. Adquiera el hábito de la alegría, porque tiene la doble ventaja de que se contagia a otros y, aunque sea fingida, llega a actuar en uno mismo como si fuese sincera.
7. Adáptese a las nuevas situaciones.
8. Afronte sus problemas con decisión. Cada vez que se le presente un problema, decida pronto lo que va a hacer para intentar resolverlo, y no lo piense más.
9. Viva el instante presente. Hay personas que viven siempre a la espera de otra situación y así pierden el único valor que tienen a mano: el momento presente.
10. Viva la emoción de cada momento. Haga del momento presente un éxito emocional.

8. Los criterios de la Asociación Nacional de Salud Mental Norteamericana

La Asociación Nacional de Salud Mental (*The National Association for Mental Health*) ofreció, tiempo atrás, tres bloques de criterios para evaluar si una persona es o no madura.

Es probable que el lector imagine una prueba excesivamente extensa y complicada o que tal vez suponga que sólo un equipo de virtuosos expertos, tras muchas horas de trabajo, han sido capaces de establecer este diagnóstico de la personalidad. Y, sin embargo, no es así.

Curiosamente, los tres bloques recomendados se componen de un conjunto de proposiciones —no excesivamente numerosas y de muy fácil comprensión— con las que cada persona puede autoevaluarse en este punto. Incluso en función del resultado obtenido, sin más preámbulos, cualquier persona puede diseñar su propio programa para crecer en madurez. Basta que se lo proponga seriamente y que trate de incorporar y realizar en su vida los contenidos de aquellas formulaciones que todavía le falta por satisfacer.

Se transcriben a continuación las notas que caracterizan a la persona madura, según estos criterios. Obsérvese que su contenido versa sobre asuntos muy sencillos: el modo en que uno se experimenta a sí mismo, el modo en que pensamos acerca de los demás y la forma en que afrontamos las exigencias de la vida cotidiana: tres retos al alcance de la mano, en los que, con cierta facilidad, cabe esforzarse un poco más cada día.

He aquí, a grandes rasgos, las notas que caracterizan a las personas maduras:

1. Se sienten confortables consigo mismos:

   a) No se derrumban ni quedan desarmados por sus propias emociones, miedos, ira, amor, envidia, culpa y preocupaciones.
   b) Son capaces de sobrellevar, con cierta facilidad, los desengaños de la vida.
   c) Son tolerantes consigo mismos; pueden reírse de sí mismos.
   d) No infravaloran o sobrevaloran sus actividades.
   e) Aceptan sus defectos y limitaciones.
   f) Se autorrespetan.
   g) Se sienten capaces de afrontar las situaciones que encuentran.
   h) Descansan y encuentran la felicidad en los sencillos placeres de cada día.

2. Piensan bien de los demás:

   a) Son capaces de amar y respetar los intereses de los demás.
   b) Tienen relaciones personales duraderas y gratificantes.
   c) Dan por supuesto que encontrarán personas agradables y de las que uno se puede fiar; consideran que también ellos pueden ser agradables y despertar la confianza de los otros.
   d) Respetan las diferencias que encuentran en la gente.
   e) No atropellan a nadie, pero tampoco permiten ser atropellados.
   f) Pueden sentirse formando parte de un grupo.
   g) Se sienten responsables respecto de su prójimo y vecinos.

3. Son capaces de afrontar las exigencias de la vida:

   a) No se quedan inactivos ante los problemas que se les presentan.
   b) Asumen sus responsabilidades.
   c) Siempre que es posible, influyen en su medio ambiente, y cuando es necesario se adaptan a él.
   d) Planifican con tiempo sus actividades y no temen el futuro.
   e) Aceptan las nuevas experiencias e ideas.
   f) Ponen a prueba sus capacidades naturales.
   g) Se proponen a sí mismos metas realistas.
   h) Son capaces de pensar en sí mismos y de tomar sus propias decisiones.
   i) Ponen el máximo empeño en cuanto hacen, y lo hacen con gusto.

9. Diez principios básicos para mejorar la autoestima en la familia

Resumimos a continuación algunos principios y sugerencias para que los padres puedan estimular el adecuado desarrollo de la autoestima en su familia:

9.1. LA DISPONIBILIDAD, SEGURIDAD Y CONFIANZA DE LOS PADRES

El niño necesita sentirse apreciado y querido por sus padres en todas las situaciones y circunstancias. Es cierto que los padres aman a sus hijos, pero en muchas ocasiones no lo manifiestan sea porque no saben, sea porque no pueden o no quieren.

Incluso es posible que, a veces, los hijos puedan oír las manifestaciones contrarias: «Te portas mal. No te quiero.» «No estudias. Me estás matando a disgustos. No te voy a querer.» La razón principal del deseo de los padres es que sus hijos se porten bien, aprendan y sean educados; y eso está bien, porque en sí mismo es un bien. Pero lo que han de buscar es el propio bien del niño, el desarrollo de sus capacidades y, desde luego, el camino del *chantaje* no es el más apropiado.

No debiera subordinarse ningún aprendizaje del niño al querer de los padres. El cariño de los padres no se ha de condicionar a ningún aprendizaje, por importante que éste sea. El cariño de los padres es lo que da *seguridad* a los hijos y no admite o no debiera admitir componendas de ninguna clase. Como *amor incondicionado* que es, proporciona al niño *la confianza* que precisa para seguir adelante con su vida.

La *disponibilidad* de los padres no ha de defraudar esa confianza. Los padres siempre han de estar disponibles respecto de sus hijos, por muy atareados que estén. Cuando un hijo desea hablar con su padre, no cabe hacerle esperar. Los hijos no tienen que hacer antesala para ser recibidos por sus padres. Su tiempo vivencial es muy rápido —ahora o nunca—, por lo que cualquier dilación o retraso puede ser muy arriesgado, pues tal vez aquello que le urgía comentar con su padre en ese momento, deje de interesarle si se retrasa el comentario para el día siguiente. Es probable que su comentario fuese a propósito de un tema, por su irrelevancia, sin importancia, pero incluso en ese caso es conveniente que los padres estén disponibles, pues, de lo contrario, es posible que el hijo opte por no comunicarse más con ellos en lo sucesivo, lo que sería muy de lamentar.

Disponibilidad, seguridad y confianza en los padres son tres buenas guías, con cuya ayuda la autoestima de los hijos puede crecer hasta su más alta estatura.

9.2. LA COMUNICACIÓN PADRES-HIJOS

Es necesario mantener una comunicación constante con los hijos. Los hijos necesitan que sus padres *les escuchen*, y les escuchen atentamente. Sus pequeños problemas infantiles acaso resultan insignificantes desde la perspectiva de los adultos, pero para ellos se configuran como verdaderos problemas, y necesitan contarlos.

Esta *comunicación fluida* con los hijos ha de ser *diaria*. Es esencial *hablar, pasear y jugar* con ellos. Cuando la comunicación ha sido fluida y constante durante la infancia, casi siempre se mantiene y prolonga también en la adolescencia y juventud. Por el contrario, si durante la niñez no la hubo, es muy difícil o casi imposible iniciarla en la adolescencia.

Cualquier momento es excelente para hablar con los hijos. No hay momentos estelares o mejores para hablar con ellos, aunque algunos son especialmente significativos como, por ejemplo, durante las comidas —hoy es poco usual que padres e hijos almuercen juntos y compartan la misma mesa—, el tiempo del baño del pequeño, al acostarlos —¡qué importante es leerles o contarles un cuento y rezar un minuto con ellos!—, el estudio o trabajar juntos haciendo los deberes, los paseos, las meriendas fuera de casa —a solas con uno de ellos que presenta, en ese momento, algunas especiales dificultades—, la práctica del deporte, los juegos de sobremesa, las tertulias, los comentarios que se hacen mientras se ve una película, las excursiones, etc. Pero esto requiere escuchar con atención, es decir, *atender para tratar de entender*. Con demasiada frecuencia la atención de los padres está en otro lugar, está dispersa o incluso no está en modo alguno.

Esto desdice mucho de la relación que debiera haber entre padres e hijos y obtura el diálogo que ha de crearse entre ellos. Un niño se siente estimado cuando un adulto deja todas las cosas «importantes» que está haciendo y se dedica a sólo escucharle. En realidad, así lo percibimos también los adultos. El niño que se siente escuchado por sus padres o por los profesores se siente importante, al menos más importante que las cosas de los adultos que tienen todas las apariencias de ser importantes. Esa importancia personal que se lucra con la atención del otro forma parte ya de la estima propia.

La señora R siente un profundo interés por sus hijos, pero ¿puede escucharles durante el desayuno? Mientras contesta «Ajá» a lo que relata Tomasito, coloca una horquilla en el pelo de Catalina, echa un vistazo a los encabezamientos del diario, toma unos sorbos de café y trata de pensar en las tostadas, que están a punto de quemarse. Cuando la señora R se sienta a la mesa, Tomasito reinicia el relato de su experiencia. Su madre le interrumpe con un «¿Ah, sí, Tomás? Catalina, acerca un poco más al plato; estás cubriendo el suelo de migas. Eduardo, ¿guardaste en el cuaderno el justificante de la falta de ayer? Mira, Tomasito, vas a tener que cambiarte esa camisa; está manchada» (Briggs, 1994, p. 87).

La señora R trata de estar a todas, pero a costa de no estar a ninguna... Y, lógicamente, Tomasito no volverá a reiniciar el relato que en varias ocasiones había comenzado. ¿Es posible que no se sienta estimado por la señora R que es su madre?, ¿qué pensará de ella si compara su comportamiento de esa mañana con el de una de sus profesoras, que ape-

LA AUTOESTIMA Y LA EDUCACIÓN EN LA FAMILIA Y LA ESCUELA   159

nas él empieza a hablar, deja todo a un lado y se queda embobada escuchándole?

9.3. COHERENCIA DE LOS PADRES Y EXIGENCIAS EN LOS HIJOS

Los hijos suelen ser muy sensibles al concepto de justicia de que disponen. Tal vez por eso sean extraordinariamente *exigentes respecto de sus padres* y, en consecuencia, bastante injustos cuando los juzgan, porque aún les falta considerar una multitud de complejos factores que han de tenerse en cuenta antes de tomar cualquier decisión.

El que los padres sean o no coherentes influye más de lo que se cree en lo que los hijos piensan de ellos. Lo mismo sucede respecto de los profesores. Lo que alumnos e hijos exigen a los adultos es que también ellos hagan o cumplan con las mismas normas que a ellos les imponen. En efecto, si los adultos toman una determinación respecto de los hijos —por considerarla un bien para ellos—, ¿cómo es que esos mismos adultos no la asumen, cuando para ellos esa determinación es también un bien? La lógica de la cuestión es aplastante.

Padres y profesores son coherentes cuando con su conducta va por delante de lo que luego exigen a los más jóvenes. Lo ideal es que los adultos se exijan a sí mismos el 100 % respecto de una cuestión en que a los jóvenes se les va a exigir sólo el 10 %. A esto se llamó desde siempre «predicar con el ejemplo», y manifiesta con claridad el sentido de coherencia de los adultos.

Si un padre es coherente, entonces podrá exigir a su hijo el mismo comportamiento en que él es coherente. Y el hijo se habrá quedado sin argumentos para no satisfacer la exigencia de su padre. Es más, la valoración que hace el hijo del supuesto bien implicado en ese comportamiento que se le exige, depende en la práctica de que su padre sea o no coherente en ese mismo comportamiento.

Sólo así entenderá que aquello es realmente un bien que hay que adquirir; que si a él le cuesta, también le cuesta a su padre; que si su padre se alegra una vez que consigue aquel objetivo, lo lógico es que él también se alegre; que entre ambos emerge una gran sintonía: la de pelear en la misma dirección, hacia la consecución del mismo objetivo, con parecido o idéntico esfuerzo, y comportándose de la misma forma.

Esto no sólo crea solidaridad entre padre e hijo, sino algo más importante: *orgullo de pertenencia*, una relativa *identidad con el modelo*, la convicción de haber lucrado ambos un cierto bien. Peculiaridades y consideraciones todas ellas que tienen mucho que ver con el crecimiento en la autoestima.

De otra parte, un padre que se comporta así entenderá mejor el esfuerzo que ha de realizar su hijo para satisfacer lo que le ha pedido, porque también él tiene que esforzarse para comportarse así. De esta forma será más prudente y estará más puesto en razón en lo que exige a su hijo.

Pero, al mismo tiempo, se sentirá orgulloso de su hijo, porque con el esfuerzo que ha realizado también se parece más a él mismo.

9.4. Espíritu de iniciativa, inquietudes y buen humor de los padres

La autoestima arraiga mejor en cualquier contexto que esté presidido por la alegría y el buen humor. El humor se contagia en seguida y crea a su alrededor una atmósfera en la que el trabajo pesa menos y las dificultades se resuelven antes. *Un padre con buen humor*, que sabe jugar con la ironía —sin abusar de ella y procurando no herir la susceptibilidad de ciertas personas—, hace que sus hijos dejen de fruncir el ceño y relajen sus rostros.

Se trata de quitar hierro a las situaciones y de quebrar la columna vertebral de los conflictos, apenas estos comienzan. Un gesto, una broma, la mueca que finge de un modo histriónico lo preocupado que se está o la sonrisa y el asentimiento que relativizan lo que amenazaba con presentarse como algo absoluto, suelen constituir buenas *estrategias de la comunicación no verbal* para hacer más amable la convivencia familiar.

Pero si se trata de que los hijos crezcan en su estima personal, eso solo —con ser mucho— no es suficiente. Es necesario, además, *que los padres sean divertidos*. Lo son cuando disponen de ciertas inquietudes que saben transmitir a sus hijos, cuando no siempre manifiestan estar cansados o si lo están no se les nota, cuando toman la iniciativa en un plan familiar que acaba por ser delicioso para todos.

Hay familias en las que cada cierto tiempo o alguna vez muy excepcional en la vida, con ocasión por ejemplo de la celebración de un aniversario, deciden realizar todos juntos un viaje al extranjero. Es posible que esto a algunos les escandalice. Pero no siempre ese escándalo está bien fundado. Todo depende de a cuánto ascienda el presupuesto de esa familia y los gastos que es menester realizar. Sus consecuencias, aunque no siempre, pueden ser espléndidas.

Una aventura así concebida, con cierta probabilidad ha de unir al grupo familiar, porque hay que ocuparse de muchas cosas que es lógico se distribuyan entre ellos, porque el viaje ha de estar presidido por una sola idea: que toda la familia sea feliz. Para conseguir este difícil objetivo se precisa que todas y cada una de las personas ponga su granito de arena. Para algunas, bastará con que no protesten de los contratiempos que en estas ocasiones no suelen faltar; para otras, en cambio, será suficiente con que no sean tan susceptibles y no se enfaden por cualquier broma de que puedan ser objeto; para un tercer grupo de ellas el esfuerzo que se les pide realizar es que sean responsables de los pequeños servicios al grupo de que se han hecho cargo.

El viaje satisfará su objetivo si aumenta la unión entre ellos, si se conserva en la memoria como un recuerdo imborrable que merecería la pena ser repetido, si entre ellos en esa ocasión fueron más pródigos en comprensión y manifestaciones de afecto.

Piense el lector que el tiempo vital es escaso y la vida familiar demasiado breve como para obtener de ella todo lo que ella puede dar. Hay personas que apenas si conservan recuerdos agradables de su vida familiar. Este es un signo inequívoco de que su autoestima está baja o tal vez lo ha estado siempre. Si la familia no constituye el mejor escenario donde la estima personal e interpersonal ha de comparecer, entonces es que probablemente la familia no ha cumplido con su función principal.

Compensa más a los hijos disponer de recuerdos familiares agradables en los que de algún modo ellos fueron protagonistas y recibieron el afecto que acaso no merecían pero sí necesitaban, que recibir una cantidad abstracta de dinero —casi siempre escasa— como patrimonio de sus ancestros.

Los recuerdos familiares positivos se avaloran con el tiempo y configuran un cierto poso donde la estima personal hinca definitivamente sus raíces. Por eso más valen los buenos recuerdos en que se funda y confunde la propia identidad personal que la herencia de un modesto y despersonalizado bien patrimonial.

9.5. LA ACEPTACIÓN DE LAS LIMITACIONES AJENAS

No todas las personas sobresalen en todo. En cada persona hay siempre algunas capacidades, funciones o habilidades menos perfectas o peor desarrolladas, así como también hay otras en que destacan sobre los demás. En algunas personas puede haber incluso una auténtica deficiencia física o psíquica.

En estos y en otros casos es imprescindible reforzar el sentimiento de *aceptación y aprecio personal*; incrementar *el reconocimiento de las posibilidades restantes* de que dispone; y *establecer metas realistas* que vayan enseñando al niño a superar esas dificultades.

Una estrategia muy inadecuada consiste en hundirle en un permanente estado de compasión. Proceder así convierte a la persona en un ser todavía más desvalido e incapacitado. No conviene —ni siquiera en esos casos extremos— hacer que la persona con limitaciones sea dependiente de otro, porque eso ni mejora sus deficiencias ni acrece su autoestima.

Es necesario, por el contrario, estimularle para que *aprenda a valerse por sí mismo y a ser autónomo* en todo cuanto pueda afrontar, de manera que pueda desarrollar las capacidades de las que todavía dispone para superar sus propios límites. Esto suele hacerse muy bien cuando se trata de anomalías o limitaciones causadas por algunas enfermedades, pero en cambio se olvida con demasiada frecuencia cuando se trata de aceptar las limitaciones normales de hijos normales.

Es lógico que los padres quieran lo mejor para sus hijos, pero conseguirán más de ellos si los conocen, si conocen bien sus limitaciones —que las tienen, como cualquier otra persona— y tratan de adecuarse a ellas. Olvidarse de este pequeño detalle, además de no estar en la realidad, puede contribuir a la quiebra de la autoestima en los hijos. *Tan malo es no exigirles nada como exigirles por encima de sus posibilidades.* Sentirse comprendido por otro es en gran parte saber que el otro conoce las propias limitaciones y las acepta tal y como son. Si se les ofrece ese punto de apoyo, que es la aceptación de sus limitaciones, es mucho más fácil que las personas se sientan estimadas por lo que realmente son. Basados en esa confianza es harto probable que se esfuercen, entonces, por ser más y mejores, incluso por sacar el mejor partido posible a las propias limitaciones. Este modo de proceder incrementa su autoestima, pues comprenden que luchar contra las propias limitaciones no sólo no les limita, sino que les hace superarse a sí mismos, dominar los límites y llegar tal vez más lejos que si no los tuvieran.

9.6. El reconocimiento y la afirmación de las personas en lo que valen

Analice cuáles son las mejores capacidades o cualidades de cada uno de sus hijos, los así llamados *puntos fuertes* de su forma de ser. Incluso, haga una lista de ellas. Asegúrese de que son dotes o capacidades que su hijo posee; no algo que usted desea que tuviera o fuese. Y una vez bien identificadas, trate de reforzar esas capacidades. Hay muchos procedimientos para ello.

Basta, por ejemplo, con que usted resalte esa capacidad cuando el hijo realiza de forma adecuada un trabajo cualquiera. Indíqueselo a su hijo, describiendo con objetividad su conducta positiva y apoyando su capacidad. «Has resuelto bien todos los problemas. Eres bueno para las matemáticas.» «Has colocado las flores como una verdadera artista.» «Has realizado muy bien la tabla de gimnasia. Tienes buena coordinación y equilibrio.»

Puede ser conveniente, en algunos casos, elogiar al niño en esa capacidad ante otras personas de la familia. Pero sea prudente y hágalo con moderación, de forma que no se enorgullezca demasiado de ello. Puede ser suficiente para ello mostrar los trabajos que ha realizado, los trofeos que ha conseguido, los cuentos que ha escrito o los dibujos que ha pintado. Aproveche la ocasión para hacerle alguna puntualización o sugerencia acerca de cómo podría mejorarlo. Al proceder así evitará su vanagloria, al tiempo que le estimula a seguir adelante con afán de superación.

Si su hijo advierte lo orgulloso que está usted de él, habrá conseguido otro importante efecto, además de afirmarle en su valor: motivarle a que se exija un poco más a sí mismo. Esto significa que *los hijos también son sensibles y estiman en mucho el orgullo de sus padres*, a causa de su comportamiento.

Puede ser conveniente que dé usted a su hijo la oportunidad de mostrar sus propias capacidades, estableciéndose a sí mismo retos que pueda alcanzar con un cierto esfuerzo. Como todo niño, él necesita muchas oportunidades y algunas prácticas, para desarrollar, probar y fortalecer sus capacidades. Si consigue alcanzar los retos que él mismo se ha impuesto y aceptado, *habrá aprendido a motivarse a sí mismo, será más independiente y se robustecerá más su estima.*

Pero *jamás le afirme en un valor del que no dispone* porque se sentirá defraudado —lo que hará que perciba a su padre como un cínico y desconfiará de usted— o pensará que su padre es poco inteligente, no le conoce lo suficiente o, por algún motivo que él ignora, está tratando de ganarse su afecto.

Es mejor *afirmarle sólo en lo que realmente de positivo haya en él,* sin magnificaciones ni ruindades, es decir, con la mayor objetividad posible. Y como cada hijo es distinto, *evite a toda costa que se comparen entre ellos.* Además, cada uno tiene sus singulares características positivas por lo que todos pueden ser afirmados en lo mucho que valen, aunque sean muy diversos los valores que distinguen a unos de otros. Proceder así *evitará la envidia* entre ellos, y les ayudará a ellos y a usted a conocerse mejor y a aceptar y superar las propias y ajenas limitaciones.

9.7. LA ESTIMULACIÓN DE LA AUTONOMÍA PERSONAL

Cuando, para terminar pronto, le viste para ir a la escuela; cuando le insiste en que no juegue en casa porque puede romper los cristales, y que no baje a la calle a causa del frío, del tráfico o de las malas compañías; cuando programa cada momento de su horario para que saque el mayor provecho posible de su tiempo; cuando no puede escoger a sus amigos sin contar antes con su autorización; cuando le prohíbe la práctica de cualquier deporte porque todos son muy peligrosos, le está impidiendo algo que para él es vital: la *autonomía personal.*

Conviene recordar que una propiedad de los seres vivos es que se mueven por sí mismos y no son movidos por otro. Esta propiedad en el caso de la persona es todavía más relevante, puesto que aquí ha de entenderse por «moverse a sí mismo» un vasto ámbito de actividades y realizaciones personales, en cuyo centro se encuentra la misma libertad.

Estimular su autonomía personal es tanto como enseñarle a descubrir poco a poco el misterio de la libertad y con ello las mil y una posibilidades de que goza la persona respecto de las acciones más diversas. Esa autonomía tiene naturalmente grados que han de adecuarse a la edad, circunstancias, capacidades etc.; pero *esa autonomía que es progresivamente creciente,* como una exigencia fundamental de la persona, es justamente la que hace posible la educación en la libertad, a la que líneas atrás se aludió.

Impedirle o disminuir esa autonomía es tan ineficaz como tratar de ponerle puertas al campo. Tan importante es esta autonomía que sin ella no es posible la autoestima personal. En cierto modo la persona se estima cuando *se reconoce autora de lo que hace, del juego por el que opta, de los estudios que elige, de las amistades con las que se relaciona, de las ideas que piensa y de los sentimientos que experimenta, es decir, cuando se descubre como un ser autónomo dotado de libertad y dueño de su vida.*

Una vida diseñada por otra persona resulta inviable para quien la tiene que sufrir, además de utópica e imposible. Lo que suele ocurrir cuando se impide la natural autonomía en la vida de los hijos es que *se sientan sustituidos, cautivos y manipulados* por sus padres, todo lo cual niega que sus padres les quieran. Si sus padres no les estiman, no confían en ellos y no les respetan, es natural que experimenten *la acritud del resentimiento.* Primero, contra sus propios padres que cometieron ese gran error y, después, contra ellos mismos, porque lo permitieron y no supieron rebelarse a tiempo. ¿Qué autoestima puede tener una persona que ni siquiera es autora de su propia biografía?

9.8. El diseño del apropiado proyecto personal

La persona es libre y, por eso, tiene la vida en sus manos para disponer de ella como quiera. Pero ese disponer de la vida se realiza en el tiempo, por lo que es necesario diseñar qué es lo que se va a hacer de ella en el futuro, en qué se comprometerá y gastará, en definitiva, de qué proyecto de persona dispone para realizarlo mientras realiza su vivir. Sin disponer de un determinado proyecto vital es difícil que la autoestima no se resienta.

La noción de proyecto personal (*Entwurf*) ha hundido sus raíces en la filosofía contemporánea, a partir de la obra de Heidegger. Un proyecto personal no consiste en hacer un mero plan, según el cual se disponga lo que todavía no se ha hecho, lo que aún está por hacer. «El proyecto no es, por así decirlo, hacer cualquier cosa mientras uno se hace a sí mismo, porque uno no se hace a sí mismo haciendo cualquier cosa» (Ferrater Mora, 1979).

Un proyecto personal, tal y como aquí se entiende, tiene mucho que ver con la vida, hasta el punto de concebir la vida como un proyecto, como una anticipación de sí mismo; más que como una realidad proyectante, como el proyectarse como realidad, de forma que la persona se elija a sí misma en su proyectarse y a través de su autodecisión.

En última instancia, *la capacidad de proyecto de una persona* significa la básica capacidad de ese sujeto al servicio de su personalización. Tener un proyecto de vida consiste en *saber a qué atenerse*, tanto en lo que respecta al mundo en que se vive como a la personal existencia en que consiste la propia vida: habérselas con la propia realidad de tal modo que, por su virtud, esta se guíe a sí misma en el ámbito del Universo, para de esta forma conseguir que su mismidad logre dar alcance a su destino personal (Polaino-Lorente, 1985).

Tiene proyecto quien teniendo ideales bien concebidos *es capaz de vertebrar su propia existencia,* de acuerdo con una forma de vida por la que libérrimamente ha optado. Con mucha dificultad podrá diseñarse una forma de vida si la *imaginación* está agotada o si *los valores,* que como referencia sirven a la orientación de la propia existencia, están oscurecidos.

Como ha podido advertirse, disponer de un proyecto personal de vida es algo muy importante, más aún, imprescindible para no extraviarse en el ámbito confuso de nuestra sociedad y alcanzar el seguro puerto que, individual y socialmente, cada hombre libremente se ha propuesto a sí mismo. De esto depende en buena medida la autoestima y la conquista de la felicidad.

La carencia de motivaciones, la confusión de valores y la incertidumbre del futuro hace que muchos jóvenes universitarios se estimen muy poco a ellos mismos, por lo que con frecuencia sus comportamientos en lugar de conductas motivadas se convierten hoy en movidas. Son personas que, aunque vayan de un lado para otro, no se mueven —no están motivadas—, sino que son movidas por otros. No se mueven porque, no estando motivadas a hacerlo, dejan de concebir el proyecto por el que en verdad a sí mismos se moverían.

Algunos de ellos han perdido *el sistema de convicciones* por el que se guiaba la generación anterior, pero tampoco lo han sustituido por otro, por lo que su mundo se ha quedado sin armazón alguna.

En estas circunstancias, como escribe Ortega (1967), «el hombre vuelve a no saber qué hacer, porque vuelve de verdad a no saber qué pensar sobre el mundo. Por eso el cambio se superlativiza en crisis y tiene el carácter de catástrofe. El cambio del mundo ha consistido en que el mundo que se vivía se ha venido abajo, y de pronto en nada más. No se sabe qué pensar de nuevo —sólo se sabe o se cree saber que las ideas y normas tradicionales son falsas, inadmisibles—. Se siente profundo desprecio por todo o casi todo lo que se creía ayer, pero la verdad es que no se tienen nuevas creencias positivas con que sustituir las tradicionales. Como aquel sistema de convicciones o mundo era el plano que permitía al hombre andar con cierta seguridad entre las cosas y ahora carece de plano, el hombre se vuelve a sentir perdido, azorado, sin orientación [...]».

«No existe eso que suele llamarse "un hombre sin convicciones" —continúa Ortega—. Vivir es siempre, quiérase o no, estar en alguna convicción, creer algo acerca del mundo y de sí mismo [...]; el no sentirse en lo cierto sobre algo importante impide al hombre decidir lo que va a hacer con precisión, energía, confianza y entusiasmo sincero: no puede encajar su vida en nada, hincarla en un claro destino. Todo lo que haga, sienta, piense y diga será decidido y ejecutado sin convicción positiva, es decir, sin efectividad: será un espectro de hacer, sentir, pensar y decir, será la *vita minima*, una vida vacía de sí misma, inconsistente, inestable. Como en el fondo no está convencido por algo positivo, por tanto no está verdaderamente decidido por nada [...]; mas, para decidir mi existencia, mi hacer y no hacer, yo tengo que poseer un repertorio de convicciones sobre el mundo.» En unas circunstancias como estas, ¿cómo poder estimarse?, ¿en qué se fundamentará la autoestima si ni siquiera se dispone de un proyecto para la propia vida?

9.9. El aprendizaje realista del adecuado nivel de aspiraciones

Como acabamos de observar, es muy difícil que emerja la autoestima si no se dispone de un proyecto personal, si no se entiende la vida propia como tarea. Pero es conveniente que *las aspiraciones* que constituyen la meta, el destino, el fin al que el proyecto se dirige sean *realistas*. Es decir, que estén de acuerdo con las potencialidades y capacidades de la persona que ha concebido para sí ese determinado proyecto de vida.

Ayudar a los hijos a que se conozcan a sí mismos, a que sean conscientes de sus peculiaridades positivas y negativas, de seguro que les ayudará a concebir expectativas y metas razonables y asequibles para ellos mismos.

Cuando los hijos son pequeños, corresponde a los padres establecer las normas que hay que respetar o satisfacer. Esas normas familiares —en modo alguno diseñadas como si se tratara de un código civil y penal familiares— constituyen para el niño las primeras metas y expectativas, por las que ha de luchar y exigirse a sí mismo, con independencia de que le gusten o no y de que no haya sido él el que se las ha dado a sí mismo.

Pero cuando los hijos crecen —y siempre crecen más deprisa de lo que padres y profesores suelen pensar—, *es conveniente que sean ellos mismos los que se den a sí propios las normas por las que han de guiarse*, a fin de alcanzar las metas y satisfacer las expectativas por las que han optado.

Un joven no alcanza la necesaria autonomía —que tan unida va a la propia estimación— hasta que no se decide a sí mismo, hasta que no se autodetermina a hacer lo que hace por sí mismo. Padres y profesores pueden *ayudarle* con su consejo a *diseñar las metas* y sobre todo los *medios* que son necesarios emplear para dar a aquellas alcance. Pero *aconsejar no es imponer. El consejo dejaría de serlo si fuese vinculante.*

De los muchos consejos que se les puede ofrecer hay algunos especialmente relevantes. Se trata de valorar *si las aspiraciones y expectativas* que ese joven ha concebido respecto de sí mismo están puestas en razón o no, es decir, son razonables, *son reales* y le definen realmente como quien es. Este consejo puede actuar como un antídoto del idealismo y la ignorancia juveniles, a causa de la escasa experiencia de la vida de que disponen y del pobre conocimiento que tienen acerca de sus personas.

Equivocarse por más o por menos en esta elección supone la ruina de su autoestima. *Si se equivocan por más*, aspirarán a unas metas que para ellos resultan inalcanzables, por lo que se expondrán a una cadena de frustraciones muy difícil de tolerar. *Si se equivocan por menos*, aspirarán a unas metas mediocres que en seguida paralizarán y detendrán sus esfuerzos, hundiéndoles en la desmotivación, el *tedio vitae*, el aburrimiento y la rutina.

Aunque de signo muy diferente, los dos anteriores errores resultan nefastos para la autoestima personal. Por eso es importante *que las expectativas sean muy realistas*. Que sean fáciles o difíciles de alcanzar por esa persona, eso ya es otra cuestión menos relevante, especialmente si la persona que las elige está advertido de ello. Pues si lo está y a pesar de ello persiste en el intento, es muy posible que su autoestima —pasado este banco de prueba— se afirme, temple y vigorice con la superación de los obstáculos.

La autoestima crece cuando las metas que constituyen el núcleo del proyecto personal estimulan la actividad y el desarrollo de las capacidades de quien libremente ha optado por ellas, le animan a esforzarse y se presentan para él como un reto interesante por el que es menester empeñar la propia vida.

9.10. LA ELECCIÓN DE BUENOS AMIGOS Y AMIGAS

Es esencial para el desarrollo personal sentirse miembro, formar parte de diversos grupos humanos. *El sentido de pertenencia y la necesidad de socializarse* constituyen la trama irrenunciable para llegar a ser quien se es. El niño ha de disponer del suficiente tiempo para estar y jugar con sus amigos. De lo contrario, su carácter se enrarecerá y su insatisfacción personal aumentará, generándose un déficit en su autoestima.

Es natural que suceda así. *La amistad es un bien* —uno de los más importantes en la vida de las personas— y se acrece cuando se amplía y comparte con más personas. *La amistad es la antítesis del narcisismo*, pues como decía Séneca a propósito de ella, «la posesión de un bien no es grata si no se comparte». Y en la amistad lo que se comparte es otro bien mayor: la propia vida, *la cara interna e íntima de la propia biografía*.

Durante las primeras etapas de la vida, padres y educadores pueden hasta cierto punto guiar al niño en la elección de sus amistades. Pero conforme avanzan en edad este consejo no suele ser tomado en cuenta por ellos. Es más, cuanto más traten los padres de imponerles una determinada compañía, ellos menos la aceptarán; por el contrario, cuanto más traten de desaconsejarles determinada amistad —por ser para ellos, dicen, «muy poco conveniente»—, tanto más estrechos serán los lazos que se establezcan entre ellos. A lo que se observa, la amistad —que es siempre un regalo— no es una materia que pueda imponerse.

En esas circunstancias, lo que los padres sí deben hacer es tratar de *conocer a los amigos y amigas de sus hijos*. En la actualidad esto es más complicado que antaño, por la sencilla razón de que se ha acortado el tiempo de convivencia familiar y el espacio o ámbito donde cada uno de los miembros de la familia realizan sus planes de ocio se ha ampliado y diversificado. A pesar de ello, sin embargo, hay que intentarlo.

A los hijos nunca se les conoce del todo. Hay, además, una dimensión de su personalidad que pasa especialmente inadvertida a los padres: la de *cómo se desenvuelven en sus relaciones sociales*. Esta inadvertencia es lógica, porque las relaciones con sus amigos, por su propia naturaleza, exigen estar a buen recaudo —lo que nada tiene que ver con los secreteos—, puesto que en la amistad lo que se comparte con otros es la intimidad y eso constituye algo propio de la persona.

Si los padres quieren conocer ese aspecto de la vida de sus hijos, lo que tendrán que hacer es suscitar el ámbito familiar apropiado en el que sus hijos convivan con sus amigos. Esa suele ser una ocasión preciosa para conocer sus relaciones, el modo en que sus compañeros le estiman e incluso la forma en que la propia autoestima del hijo se desvela cuando está con sus compañeros. Para algunos padres las anteriores circunstancias han sido como una revelación de sus propios hijos. Ocasión que puede ser aprovechada por los padres para animarles a que valoren la amistad, que traten de ser buenos amigos, que colaboren y participen con ellos, a fin de superar su propio egoísmo.

Capítulo 6

EL ADOLESCENTE, SUS PADRES Y LA AUTOESTIMA

1. Introducción
2. La autoestima y los hijos adolescentes
   2.1. El conflicto de ser admirados o descalificados socialmente
   2.2. El conflicto de la dependencia o independencia afectivas
   2.3. El conflicto de querer o ser queridos
3. Roles, autoestima y valores: aspectos diferenciales en la mujer y el varón adolescentes
   3.1. La diversidad psicobiológica y evolutiva de los adolescentes
   3.2. El desarrollo afectivo
   3.3. Los conflictos sentimentales
   3.4. Fortaleza física, agresividad manifiesta y autoestima
   3.5. ¿Roles, estereotipias o tipos de autoestima?
   3.6. La aceptación social
   3.7. Ambiciones y expectativas
4. Los errores de subestimación y sobrestimación
5. Autoestima, emotivismo y madurez en el adolescente
6. ¿Cómo sobrevivir en la convivencia con un adolescente que no se estima y... no morir en el intento?

1. Introducción

La adolescencia es, qué duda cabe, una de las etapas de la vida en que *más cambios y más rápidamente se suceden* en la persona que, con independencia de que lo desee o no, forzosamente ha de crecer, desarrollarse y cambiar. Algunos han idealizado esta etapa del desarrollo como si se tratara de *la etapa rosa* de la vida. Pero en modo alguno es esto cierto. Como toda etapa de transición, en que son muy fuertes y rápidos los cambios que se producen, el adolescente ha de adaptarse a ellos, lo que no resulta nada fácil.

La perspectiva en rosa de la adolescencia está hoy obsoleta y bastante arruinada, como consecuencia tal vez del comportamiento incalificable y un tanto extravagante de algunos de ellos. Pero siempre habrá adultos nostálgicos de su propia adolescencia. Esta nostalgia se reaviva ahora en ellos, al chocar sus miradas con los cuerpos gráciles y bien conformados de los adolescentes, con sus miradas siempre atentas e inquisidoras aunque tal vez algo desmayadas o vidriosas, *con esa marcha impetuosa y afirmadora* de quien se imagina ser el conquistador fantástico de un nuevo mundo o de quien sabe que el futuro le pertenece, *o con el caminar lento, embotado y cansino* de quienes llevan en la mochila demasiado peso de aburrimiento.

Por el contrario, otros adultos tienen una percepción menos edulcorada de esta etapa de la vida. Son las personas que se quejan de continuo de «*lo mal que está la juventud actual*». Como si la juventud no hubiera estado siempre «mal» a los ojos de las generaciones de sus padres y abuelos.

A quienes opinan de tal forma, el autor de estas líneas les formula algunas cuestiones —no sabe reprimirlas— como las siguientes: ¿Cuánto tiempo dedica usted a los jóvenes?, ¿ha procurado alguna vez ponerse en su lugar y tratar de comprenderlos?, ¿desde cuándo no habla con ellos, con libertad, a fondo y de verdad, procurando que sean ellos los que hablen y usted quien escucha?, ¿cree que es posible comprender a las personas si nunca o muy pocas veces se habla con ellas?

Si las respuestas de mis interlocutores a esas cuestiones son en exceso negativas, entonces, lo que el autor les plantea son otras cuestiones, para ellos acaso todavía más lacerantes: ¿No será que los adultos nos hemos olvidado demasiado pronto de los problemas que tuvimos cuando éramos jóvenes?, ¿no será que hemos idealizado nuestra adolescencia y sólo recordamos lo bueno que en ella nos sucedió?, ¿nos hemos preguntado alguna vez cuáles eran las opiniones de nuestros padres acerca de nosotros a esa misma edad?, ¿estamos conduciéndonos con los jóvenes actuales como nos hubiera gustado que nuestros padres se comportasen con nosotros, cuando éramos adolescentes?, ¿no será que lo que es una pena es «lo mal que está la generación de los adultos de hoy»?

A esto se debe, a mi juicio, *el conflicto entre generaciones*: a que hay una perfecta *incomunicación* entre ellas. De otra parte, el término «conflicto entre generaciones» o «generación conflictiva», considero que no hace justicia a lo que acontece entre las personas de una y otra generaciones. Responde más bien, en todo caso, a un hipotético titular de periódico que a la realidad. Es extraño que no sea un tópico, sino todo lo contrario, hablar por ejemplo de «cooperación entre generaciones», cuando es un hecho que tal cooperación acontece a diario entre miles de personas. Es más, si no hubiera esa *cooperación intergeneracional*, se habría parado ya el mundo.

Pondré un solo ejemplo de ello, tal vez demasiado elocuente. En la actualidad es casi imposible llevar a cabo un programa de investigación en el contexto universitario si no fuera, precisamente, por esa *cooperación intergeneracional*.

Los maduros profesores tienen muchos conocimientos, capacidad de investigación y, sobre todo, mucha experiencia en su propio ámbito disciplinar. Pero andan escasos de fuerzas, de motivación para seguir adelante o para emprender un nuevo programa, y sobre todo, están cansados, muy cansados, como es lógico, dada su edad y la intensidad del trabajo que realizan.

Los adolescentes y jóvenes, por el contrario, están faltos de conocimientos y desconocen por completo qué es lo que se precisa para llevar a buen puerto una determinada investigación. Su experiencia en la materia es prácticamente nula. Pero tienen fuerza —mucha fuerza— y, a veces, ilusiones, deseos de aprender, hambre por publicar los resultados a los que se llegue y empezar así a ser conocidos en el mundo científico y universitario.

Es decir, que *lo que les falta a unos lo tienen los otros*, por lo que es muy natural que unos y otros, como dos piezas diseñadas a propósito para esos fines, se ensamblen y ajusten a la perfección. Este es el misterio, el carisma que hoy sostiene la vida universitaria. Sin él, les aseguro que la universidad se transformaría, en el mejor de los casos, en una mediocre o discreta academia de formación profesional. ¿Hay o no hay cooperación intergeneracional? Y si la hay, ¿por qué no se habla de ella, por qué se la omite y silencia, tras la trampa de las mentiras «políticamente correctas»?

Es característico de la vida del adolescente las luces y las sombras; la fanfarronería y exhibición de su fuerza y los sentimientos de inutilidad más profundos; la ternura del impetuoso amor a sus *padres* al mismo tiempo que el inconformismo, la rebeldía, el espíritu de contradicción y el afán de discutir con ellos; el descubrimiento fascinante de su propia *libertad* y la *inseguridad* acerca de ellos mismos; el considerarse el ombligo del mundo a la vez que sentirse una basura y desear no haber nacido; la concepción de *grandes ideales* para su vida y el *continuo hundimiento* como consecuencia de su escasa capacidad de autocontrol; el amor desgarrado por la *justicia universal* y el tomar conciencia de su *impotencia* y de que ellos mismos se comportan injustamente con quienes les rodean; el *hambre de verdad*, que ellos describen como autenticidad, y el frecuente uso de las pequeñas *mentiras* para escapar de cuanto les pueda comprometer y no enfrentarse así a la realidad; la nobleza de la *compasión* por quienes sufren a la vez que el replegamiento más insólito en su concha *individualista*.

El adolescente se avergüenza de *sí mismo*, de ser quien es, de su origen y de sus padres, y de lo poco que todavía es. Pero al mismo tiempo sueña y se imagina a sí mismo en toda su grandeza, en el esplendor más fastuoso de la vida adulta repleta de éxitos, popularidad, dinero, amistades, etc. De aquí que experimente una gran admiración por su persona simultáneamente a su más profunda denigración.

Algo parecido les sucede en el orden de las *creencias religiosas*. En este ámbito pueden pasar de las más altas cumbres de la *mística* —eso piensan ellos— a la más tozuda convicción de un militante —y hasta exhibicionista— del agnosticismo, al que ellos denominan casi siempre con el término de *ateísmo*.

No, tampoco resulta fácil ser adolescente. Son muchas las contradicciones, acaso demasiadas, que se concitan de forma simultánea en la conciencia perpleja del adolescente que, por lo general, ignora casi todo acerca de sí mismo.

Este relativo desgarramiento que sufren en sus personas les hace todavía más sensibles y vulnerables —más expuestos y con mayores riesgos también— a cuanto acontece en su entorno. El adolescente está abriéndose al conocimiento de un mundo que también cambia de forma incesante. Y naturalmente *eso le fascina*; de ahí su *inquietud* y la avidez de sus dispersos intereses por todas las cosas. Nada hay que no le interese al adolescente, *aunque tal vez al día siguiente ya nada le satisfaga* de lo que encontró y de lo que todavía ha de encontrar.

En unas circunstancias como estas, es lógico que muchos de ellos *no sepan a qué atenerse,* porque no hacen pie en la vida del mundo social ni en sus propias vidas, y se percaten de que *van a la deriva, sin rumbo alguno.* Como consecuencia de la olla a presión en que se agitan los encontrados sentimientos que experimentan en la intimidad, su *comportamiento* a los ojos de un adulto sólo puede parecer *incoherente, paradójico e incomprensible.*

El *analfabetismo emocional* que suele caracterizar la vida de los adolescentes en esta etapa dificulta todavía más el que puedan atenerse a la realidad. Ni niños ni hombres, ni niñas ni mujeres y, sin embargo, están más cerca de lo segundo que de lo primero y así ellos mismos lo perciben, pero acaso se percaten también de que los adultos les perciben más cerca de lo primero que de lo segundo. De aquí que unos y otros no acierten a tratarse con el respeto, el tino y la cordialidad que sus dignidades respectivas exigirían.

2. La autoestima y los hijos adolescentes

Es probable que, desde la perspectiva de la autoestima, entre los conflictos más hondos y frecuentes que impactan en el talante afectivo de los adolescentes se encuentren el de ser admirados o descalificados, el de la dependencia o independencia afectivas, y el de querer o ser queridos. Estudiémoslos con mayor detalle a continuación.

2.1. El conflicto de ser admirados o descalificados socialmente

A las personas no les basta con ser conocidas socialmente. Es preciso que, además, se les *re-conozca,* es decir, que se les conozca como los autores de las acciones que han realizado, de los servicios prestados, de los méritos acumulados. El *reconocimiento social* es una exigencia del respeto que a las personas les es debido; la búsqueda de ese reconocimiento, el deseo de ser «*el condimento de todos los platos*» en modo alguno es algo que venga exigido por la dignidad de la persona.

El reconocimiento social suele prolongarse en una cierta admiración, es decir, en un volver a mirar desde dentro a esa persona para de nuevo sorprenderse de la bondad de la proeza realizada. *Reconocer y admirar* son verbos que entienden muy bien los adolescentes.

Cuando una persona está comenzando la aventura de su vida y todo son dudas e inseguridades, el que alguien —especialmente si dispone de un cierto prestigio social a los ojos del adolescente— reconozca el mérito que tiene por su inteligencia, fuerza, generosidad, etc., es algo que *fortalece y halaga en mucho su autoestima*. Es, en definitiva, lo que le da seguridad, lo que le confirma en su valor, lo que al fin le hace valioso públicamente. Este es el caso del adolescente. Sólo que no siempre las estrategias de que se vale son las apropiadas para conseguir esa estimación social de su persona.

Hay ocasiones en que lo que pretenden con su conducta es *hacerse notar, llamar la atención* del público, en cierto modo gritar a la gente que allí está él o ella. De aquí el uso de esas *vestimentas estrafalarias* que escandalizan a los adultos por su mal gusto, el empleo de *palabras malsonantes* que son impropias en los labios de una chica y que denotan la pobreza de su vocabulario o *conductas que implican un mayor riesgo* y que condicionan el que sean calificados como «gamberros».

Si no se repara en esa avidez de reconocimiento social que les caracteriza —también ellos quieren ser tratados como personas «importantes»—, será muy difícil que pueda entenderse su comportamiento. A lo que parece todo es cuestión de avisarnos de que ¡ya han llegado y están aquí en este mundo y buscan ser tenidos en cuenta, porque tienen personalidad, mucha personalidad!

Pero al mismo tiempo, *se sienten muy vulnerables a no ser aceptados o a ser rechazados o descalificados*, tanto por sus compañeros como por sus padres y la gente, en general. Es más, algunos de ellos se descalifican a sí mismos, a la vez que buscan ese reconocimiento en los demás, que no acaban de encontrar. Esto pone de manifiesto *la versatilidad y debilidad de su estima personal y la necesidad que tienen de ser afirmados en ella*. Si se *les descalifica* —o al menos eso piensan ellos— se sentirán irritados, coléricos, abatidos y no sabrán dónde esconderse. Por el contrario, *si se les alaba* o se habla positivamente de ellos —les importa mucho que hablen bien de ellos—, se crecerán y sentirán ufanos de lo valiosos que son y de que al fin la gente se haya dado cuenta de ello.

El *reconocimiento social les agiganta; la descalificación les empequeñece. Uno y otro modificarán su autoestima* que acabará por hacerse notar en su comportamiento, hasta el punto de mostrarse así en otros contextos —sobre todo en casa— muy alejados del escenario en que aquello sucedió. Por eso los padres no le comprenden. No comprenden que por la mañana estuviera feliz y que a su regreso al mediodía apareciese cabizbajo, enfadado e intratable. La madre comenta que su hijo «está raro», pero ignora qué es lo que le sucede. Lo más probable es que el adolescente no abra la boca ni ofrezca ninguna explicación acerca de la repentina transformación que ha experimentado su carácter. Con sólo estos detalles puede comenzar a afianzarse la incomunicación entre padres e hijos.

Las cosas suelen enredarse con el paso del tiempo. El hijo no se ha sentido comprendido por sus padres y los padres —que no son adivinos— ignoran lo que a su hijo le sucede, y consideran que es un maleducado que no contesta cuando se le pregunta. La historia no acaba aquí, la historia puede ser interminable. La salida para este tipo de conflictos, en los que se hunde la autoestima del adolescente, está en la *prevención*, en mejorar la comunicación entre padres e hijos desde el principio, en acostumbrar a los hijos a contar sus problemas —grandes o pequeños— al llegar a casa, de un modo parecido a como también hacen los padres.

2.2. El conflicto de la dependencia o independencia afectivas

Esto pone de manifiesto que *su afectividad es dependiente de los afectos de los demás* y, por consiguiente, muy vulnerable. Se diría que muchos adolescentes desean más ser amados que amar, y hacen todo lo posible para conseguir lo primero sin plantearse lo segundo. Es por eso que se comportan como personas reactivas a las situaciones en que viven. Han formateado su afectividad erróneamente, haciéndola depender de la estimación de valor que los demás le atribuyen.

«Si valgo mucho —se dicen a ellos mismos— me querrán más. Es así que no me quieren, luego nada valgo.» Pero el valor de que aquí se trata, tal y como el adolescente lo entiende, no es el valor objetivo, singular y personal. Se trata más bien del «valor» que los demás le atribuyen o que él supone que le atribuyen.

El varón adolescente no ha conquistado todavía la necesaria independencia personal, y depende mucho más de las manifestaciones de afecto que recibe —y de las que tanto necesita, a pesar de que de ellas nunca hable—, que de su personal disposición a querer a los demás.

Un adolescente así, toma, pide, exige afecto y por conseguirlo llega incluso a arrastrarse a sí mismo. Pero un adolescente así no da nada, no toma jamás la iniciativa, es incapaz de salir de sí mismo. Es más una persona «tomante» que «donante», y mientras siga siendo sólo un «tomante», ni es libre, ni es independiente, ni es invulnerable.

Y eso a pesar de que se revista de una estudiada y «bella indiferencia» que en apariencia le asemeja a un *varón estoico*. Se trata aquí de un estoicismo prestado, de una impostura estoica, de una débil falsificación que acabará por estallar en mil pedazos sólo cuando se dé un encuentro real y auténtico con otra persona.

2.3. El conflicto de querer o ser queridos

El adolescente, por lo general, *se quiere a sí mismo, quiere querer a los demás y quiere que le quieran*. En principio, en nada se distinguen en esto respecto de las demás personas, aunque atraviesan por muchas situaciones excepcionales respecto de estos afectos. Hay también modos y maneras muy variadas de realizar o satisfacer esos afectos que son más frecuentes entre ellos.

Algunos, por ejemplo, pasan por etapas en que se quieren muy mal a sí mismos o incluso se detestan y rechazan. Es lo que suele ocurrirles cuando *no se aceptan como son*, cuando alguien les ha hecho notar algún defecto físico o psíquico que ellos ignoraban, cuando se comparan con sus compañeros y se sienten muy inferiores a ellos o cuando perciben de forma súbita la gran distancia existente entre su persona idealizada (que hasta ese momento habían tomado como realidad) y su persona real.

En otras ocasiones, el rechazo que experimentan por ellos mismos es tan intenso que puede hablarse de *una profunda crisis vital*. Esto sucede cuando el adolescente *se escandaliza de sí mismo* a causa de lo que ha hecho. La espontaneidad de su vida se transforma, entonces, en un drama que asfixia y roza casi lo trágico. El adolescente no entiende cómo puede haber hecho aquello o cómo le ha podido pasar a él —sí, a él, precisamente— lo que le ha sucedido. La imagen que tenía de sí se ha hecho añicos y no entiende, ni sabe, ni quiere, ni puede recomponerla. En consecuencia, *no es capaz de perdonarse a sí mismo*. Sin perdón no es posible la aceptación de sí, y sin esta no hay nada que estimar. Pero esto, afortunadamente, sólo sucede en algunos o muy pocos adolescentes.

Lo más frecuente, con mucho, es que los adolescentes quieren querer y quieren ser queridos. Pero desconocen qué han de hacer para lograr lo uno y lo otro y, de hecho, no encuentran —o viven enrarecidos como si no hubieran encontrado— a las personas a las que querer y que a ellos les quieran. Esto forma parte —y parte importante— de su transitoria situación dramática que acaba casi siempre por resolverse justamente cuando tal vez menos se preocupaban ya de ello.

Si se estableciese *un balance entre querer y ser querido* o se enfrentaran a una y otra operación como excluyentes y contrarias entre sí, muchos de ellos elegirían el segundo término de esta artificial oposición, es decir, optarían por ser queridos. Esto pone de manifiesto uno de los conflictos afectivos con los que algunos adolescentes han de habérselas, siquiera sea transitoriamente.

La inclinación por tal opción desvela en algunos casos una relativa inmadurez, de la que no hay por qué preocuparse, porque suele superarse con el tiempo. Pero en otros puede llegar a constituir un excelente indicador de *dependencia afectiva* o de *personalidad narcisista*, dos formas infelices de estar en el mundo, como consecuencia de un anómalo desarrollo de la afectividad.

Hay también otro conflicto, por último, que no se debe soslayar: *el conflicto de no dejarse querer*. Hay adolescentes que quieren ser queridos, pero luego se tornan huidizos y esquivos ante las expresiones o manifestaciones de cariño de sus padres, compañeros y amigos. Pueden ser personas tímidas o excesivamente introvertidas y tal vez experimenten cierta vergüenza ante esas manifestaciones por considerarlas demasiado tiernas e íntimas. De aquí que nunca las toleren en público y respondan a ellas con gestos ariscos para evitarlas. Pero este modo de comportarse puede coincidir con un talante muy sentimental que experimenta la necesidad de afecto.

Es conveniente *enseñarles a dejarse querer*, es decir, a aceptar las manifestaciones de afecto de quienes están cerca de ellos; y no sólo eso, sino también a querer esos mismos gestos. Rechazar o huir del afecto de los demás en modo alguno es un signo de fortaleza, sino de un comportamiento que no es natural, de una afectividad tal vez reprimida en exceso aunque no se conozca cuál sea su causa.

Una persona se deja querer cuando experimenta el querer del otro y, además, quiere esa experiencia que siente. Esta naturalidad, sencillez y espontaneidad son muy apropiadas para el *homo humanus* que la persona es. *Dejarse querer es* querer el querer de la voluntad de la otra persona, una forma de quererle y, por eso, querer su querer, sentir su sentir, sentir su querer y querer su sentir, consentir en su sentir, co-sentir con ella e identificarse con ella.

Una persona *se deja querer cuando está con-forme* (con la misma forma) con que se haga lo que la otra quiere. Estar con-forme con otra persona es participar en la misma forma de su querer, es decir, estar conforme con su voluntad.

Si uno quiere que se haga la voluntad del otro es por el regalo que del otro recibe, que es precisamente su querer, su cariño, su sentimiento. Ese querer del otro es el que le capacita para responderle, para con-sentir, para querer hacer su voluntad.

De este modo, la forma de quererle se identifica con la forma de aceptar su querer y sólo por eso se identifican las dos voluntades. Llegados a esa plenitud en el querer, una persona puede decir a otra: «Lo que tú quieres para mí es lo que yo quiero para mí, con independencia de lo que pueda sentir. Tu voluntad y la mía dejan de ser dos y devienen en una sola, porque ambas están con-formadas (tienen la misma forma), y son conformes (están de acuerdo y se identifican): por eso son dos voluntades en una sola.»

3. **Roles, autoestima y valores: aspectos diferenciales en la mujer y el varón adolescentes**

La autoestima en la adolescencia está mal dibujada y no está todavía consolidada. La autoestima a esa edad depende mucho de los roles o papeles que el adolescente representa y que, sin duda alguna, la sociedad le demanda.

La exposición de los adolescentes a la confusión y ambigüedad implícitas en estos conceptos, dadas sus circunstancias evolutivas, puede contribuir a desorientarles todavía más en lo relativo a la maduración y conformación de su identidad personal (Hersch, 1999).

De hecho, la autoestima de los adolescentes varía mucho en función de que sean varón o hembra, es decir, de acuerdo con los roles que se han enmarcado en el ámbito social de pertenencia, según su sexo. Esos roles son asumidos por cada uno de ellos con el conjunto de valores implícitos que conllevan y que también los adolescentes asumen sin ningún espíritu crítico, sino de forma más o menos mimética. Observemos a continuación los aspectos diferenciales del perfil axiológico implícito en esos roles en los hijos e hijas adolescentes. De acuerdo con ellos, es más fácil estudiar el estilo de comportamiento que caracteriza a unos y a otros, lo que confirmará o no su autoestima, en función de que satisfagan o no las expectativas que la sociedad ha puesto en ellos, en función de la adscripción de roles que previamente diseñó para cada uno de ellos.

3.1. LA DIVERSIDAD PSICOBIOLÓGICA Y EVOLUTIVA DE LOS ADOLESCENTES

El varón adolescente madura más tarde que la mujer adolescente de la misma edad. El varón adolescente es especialmente frágil. El desarrollo intelectual, afectivo, verbal, experiencial y madurativo de una adolescente de 14 años es el equivalente al de un varón de 17 o 18; y esto sí que lo podemos verificar con la contundencia de los hechos empíricos que son consistentes y estables. Acaso por eso mismo, la masculinidad adolescente sea más frágil que la feminidad adolescente.

Esto es lo que sucede, por ejemplo, en el caso del varón adolescente tal vez mejor dotado intelectualmente y de gran sensibilidad por la literatura y la estética. Una persona así, dado el mayor alcance de su sensibilidad y capacidad intelectuales, no se sentirá atraído, naturalmente, por la práctica de ciertos deportes que precisan una poderosa fuerza física o que implican la puesta en marcha de conductas de cierto riesgo. En ese caso, es harto probable que sea subestimado socialmente por sus compañeros, incluso a pesar de sus excelentes calificaciones.

La causa de ello es que los rasgos que le caracterizan poco o nada tienen que ver con los que son atribuidos socialmente al rol masculino. Por eso sus compañeros se ríen de él cuando le observan leyendo un libro de poemas. Por el contrario, si participara en los juegos (de ellos) e hiciera un buen papel (satisficiera las expectativas de sus compañeros), tal vez sería considerado como el ídolo de su clase.

El varón adolescente se nos presenta como una persona valiosa, pero también, por lo general, como una persona confusa, que no sabe o no se decide (por su inseguridad) a optar por un modelo determinado de comportamiento.

Posiblemente por eso, encuentre menos dificultades en hacer amistad con el compañero de su mismo banco que con la chica de la fila de al lado. Entre otras cosas, porque desconoce por completo lo que es una mujer, porque ella saca mejores notas que él, y porque ella está más desarrollada y sabe más que él acerca de las experiencias amorosas.

A ello se añade la ignorancia acerca de lo que para esa adolescente vale, el modo en que sería aceptado o no por los adolescentes varones del grupo de referencia de hacer amistad con ella, y si su compañera le acepta-

ría o no como amigo y, en ese caso, cuáles serían sus exigencias. Todo esto hace que le tenga si no miedo, al menos un cierto respeto (es lo que suelen afirmar cuando dicen «*es que me da corte salir con ella o pedirle salir*»).
Por el contrario, con su amigo todo es más fácil. A él sí que le puede contar todas sus cosas y, además, con espontaneidad, sin vergüenza, con la naturalidad que suele acompañar las relaciones humanas entre dos personas que disponen de la experiencia de haberse entendido siempre bien.

3.2. EL DESARROLLO AFECTIVO

A los adolescentes les afectan sus propios afectos, porque los sentimientos resuenan incontenibles en ellos. Además, los adolescentes quieren querer (aunque no saben cómo) y también quieren ser queridos (aunque no acaban de encontrar la persona que les quiera). A los adolescentes les afectan también los afectos de los demás, ante los cuales en muchas ocasiones no saben cómo comportarse.

A ello se añade el que todavía no saben del todo diferenciar el afecto que experimentan respecto de un/a compañero/a (amistad) del afecto o atracción experimentada ante una chica (amor).

Por otra parte, en los adolescentes la afectividad barbota debajo de su piel y agita continuamente su corazón. La mayoría de los conflictos adolescentes están varados en *el emotivismo*, clave que de no ser tenida en cuenta resultará imposible resolver sus problemas. Esto sucede tanto en las adolescentes como en los varones adolescentes, por cuanto unas y otros son en esto especialmente vulnerables y se desenvuelven y transitan o merodean casi siempre alrededor de las así llamadas *experiencias de enamoramiento*.

La mayoría de los adolescentes varones se resisten a hablar con sus compañeros de sus emociones y sentimientos más profundos. Para arrancarle a un varón adolescente que nos manifieste «qué siente» —ya se ve que la formulación de la pregunta es mucho más frontal, abierta y casi intrusiva—, es preciso insistir y persistir en la cuestión con formulaciones diversas, con tal de que todas ellas sean respetuosas, parsimoniosas, consistentes y adecuadas. De ordinario, *el varón adolescente niega sus emociones*, que es tanto como negar la necesidad que tiene de reconocer que las experimenta, que bullen dentro de él, que le agitan, que le hacen sentirse mejor o peor, en definitiva, que también él es una persona a la que sus afectos le afectan.

La negación de toda afección sentimental es sólo una pirueta ocultadora, antinatural, contradictoria y a veces perversa, por cuanto que los sentimientos están al servicio del encuentro consigo mismo y, en función de lo que se decida, se ordenan luego a ser comunicados y compartidos o no con otro o con otra. *Esta negación radical y continua de la vida emotiva*, por los varones adolescentes, en nada se parece a lo que acontece en las mujeres adolescentes.

La mujer adolescente suele *disfrazar* sus emociones, pero al menos no las disfraza siempre. Y aunque las disfrace, desde luego *no las reprime* tan radicalmente como el varón adolescente. Es posible que la joven adolescente disponga de una mayor facilidad para disfrazar sus emociones que el varón adolescente, pero a pesar o precisamente por ello, con harta facilidad encuentra siempre «alguien» con quien se sincera, abre su corazón, se comunica y llega a compartir la intensidad abrasadora de sus sentimientos vitales, anímicos y espirituales. Cosa que no ocurre en el varón adolescente.

Tal vez quepa inferir de esto que el aislamiento y hermetismo emotivos son muy superiores en el varón que en la chica adolescente. Ahora bien, si *el varón adolescente reprime su afectividad hasta casi extinguirla*, lo lógico es que esté enmascarando su más auténtica forma de ser y lo que más le interesa, que no es otra cosa que quererse a sí mismo, ser querido por los demás y querer a quienes le rodean.

En realidad, desde el punto de vista *madurativo*, la mujer adolescente de la misma edad que el varón adolescente es superior a aquél en tres o cuatro años de edad. Cuando el varón adolescente está yendo por el camino de la vida, de la experiencia cotidiana, de la madurez personal, la mujer adolescente de la misma edad ha ido ya y ha regresado varias veces, lo que significa que tiene mayor experiencia que el chico, simplemente porque ha recorrido y transitado ese camino más veces que aquel.

Basta que el atento observador contemple, por ejemplo, cómo están tratados los útiles del aprendizaje por unas y otros. Los cuadernos de las *chicas*, las carpetas, los libros, suelen estar forrados, cuidados y ordenados. Los apuntes se despliegan día a día en un cuaderno independiente para cada materia.

Los útiles empleados por *el varón adolescente*, por contraste, aparecen arrugados, desordenados, faltos de páginas y ajados. Los apuntes y notas suelen tomarlos en un solo cuaderno y en una misma página comparecen contenidos de diversas materias sin fecha, sin orden alguno, incompletos, desordenados y revueltos. Es lógico que en función de los medios empleados por unas y otros —tan discrepantes entre sí— se obtengan *rendimientos académicos* también muy diversos, casi siempre a favor de las mujeres adolescentes.

3.3. Los conflictos sentimentales

Estas tres necesidades afectivas y vitales no suelen estar bien ensambladas en los adolescentes. A causa de ello y de sentirse un tanto perplejo, *el varón adolescente* tratará erróneamente de aplastarlas, quebrarlas o disolverlas, sin apenas alguna eficacia. Este es su problema, su mayor problema respecto de la propia estima. Si *su afectividad ha sido aplastada*, no es porque sus amigos no puedan aceptarla, sino porque ha tratado de secuestrarla y encubrirla con actitudes fanfarronas de chico «duro», independiente, indiferente al afecto de los demás, impermeable a los afectos ajenos, es decir, como una insolente y emblemática persona solitaria que, sólo en apariencia, no necesita de nadie.

Pero esa postura es falsa e inauténtica, como se manifiesta en muchos fragmentos y manifestaciones de la vida adolescente, especialmente cuando ese varón se aísla y refugia en su habitación. Tal actitud insolente es simultáneamente compatible con que derrame ardientes lágrimas acurrucado en la cama o fumando a escondidas un cigarrillo, asomado a la ventana.

La conducta de *la mujer adolescente* es muy distinta. Ante un conflicto sentimental, ante una contrariedad que le afecta y no sabe resolver, la adolescente corre y huye de la situación donde surgió el conflicto, abre la puerta de su alcoba y se desploma —si es que no se lanza— a su cama, y rompe a llorar, sin importarle que alguien le haya seguido y le esté observando. Este sí que es un hecho diferencial en el comportamiento afectivo entre chicos y chicas adolescentes.

Al menos desde la perspectiva de la sociología explícita, se asume hoy —como un lugar común— que, por ejemplo, las chicas se sienten más profundamente afectadas cuando rompen con el compañero con el que salen, que los chicos. Infortunadamente esa perspectiva sociológica en modo alguno coincide con lo que observamos en las consultas de psiquiatría.

En este escenario clínico el varón adolescente en conflicto amoroso, cuando se siente cercado por hábiles preguntas, acaba por deponer las armas, manifestando así que los sentimientos por él experimentados son tan radicales o más que los abiertamente expresados por las mujeres adolescentes en iguales circunstancias.

Esta diferencia de actitudes entre varones y mujeres adolescentes genera muchas consecuencias, algunas de ellas fatales para los primeros. *Las adolescentes* suelen salir antes de sus crisis sentimentales y son capaces de resolverlas mejor que los varones, sea porque olvidan antes, sea porque sustituyen inmediatamente por otro al compañero que dejaron o les dejó.

Los varones adolescentes, en cambio, se comportan de otra manera. Es probable que no manifiesten lo que les ha pasado ni a sus íntimos amigos, a pesar de que su comportamiento, a causa de ello, se torne raro. Ese ocultamiento del conflicto pone en marcha inferencias, juicios y conclusiones muy disparatadas como, por ejemplo, que *«todas las mujeres son iguales»*, *«la odio profundamente»*, o *«para ella es como si me hubiera muerto»*.

Ninguno de estos juicios se sostiene por sí mismo. En este punto, la terapia cognitiva (Beck, 1998) ha puesto de manifiesto la debilidad de muchas poses masculinas —erróneamente atribuidas a la masculinidad— y su incapacidad para resolver los conflictos sentimentales.

EL ADOLESCENTE, SUS PADRES Y LA AUTOESTIMA

3.4. FORTALEZA FÍSICA, AGRESIVIDAD MANIFIESTA Y AUTOESTIMA

Según todos los indicios, *el varón adolescente es más fuerte físicamente que la mujer adolescente*. Esto parece algo evidente. Sin embargo, si relacionamos fuerza física y agresividad psíquica, las cosas empiezan a estar menos claras. Es decir, que a una mayor fortaleza física no le sigue una mayor agresividad psicológica.

De que el hombre tenga más fuerza física que la mujer, en modo alguno se sigue que aquel sea más agresivo que esta. ¿Por qué el hombre habría de ser más agresivo que la mujer?, ¿lo es realmente?, ¿de qué agresividad se trata aquí?, ¿se trata tal vez de la violencia física o de la agresividad psicológica?, ¿qué es antes: la violencia física o la agresividad psicológica?, ¿quién suscita a quién? Porque en ese caso habría que matizar la anterior atribución.

El modesto ejemplo anterior puede tener —y de hecho tiene— en el ámbito jurídico muy graves repercusiones. *En los conflictos conyugales*, por ejemplo, *el agresor es de ordinario el varón*, que además de ser más fuerte físicamente suele responder con la violencia física para tal vez repeler o defenderse de la agresividad psicológica a la que ha estado expuesto por parte de la mujer.

Una vez se ha producido el acto violento, es muy fácil evaluar los efectos producidos en la mujer en las urgencias de cualquier centro médico. El informe que de esa evaluación resulte constituye una prueba que, en la mayoría de los casos, tendrá un gran peso en la sentencia a la que se llegue.

Ahora bien, ¿puede evaluarse con la misma facilidad y objetividad el modo en que esa mujer ha iniciado el conflicto, a través de palabras y gestos de una agresividad psicológica manifiesta e insoportable para el varón? No, por lo general esto no es posible porque no puede probarse. De las lesiones físicas es posible presentar un vídeo; de las manifestaciones de la violencia psicológica no, de eso no hay vídeo.

¿Quién de los dos se comportó de forma más violenta? De acuerdo con las pruebas disponibles, casi siempre el varón. Pero en verdad no sólo en función de las pruebas disponibles, sino también —y principalmente— por el *formato cultural* que se ha construido, *atribuyéndole las conductas violentas al varón y exonerando a la mujer de cualquier atribución relativa a los comportamientos agresivos*.

En realidad, las raíces de estas atribuciones se hundieron allá lejos durante la infancia, a través de la educación o mejor por medio de la transmisión de los supuestos rasgos que habían de adornar al varón.

En el contexto flota la representación de que el varón adolescente es tanto más masculino cuanto más fuerte sea o más agresivamente se conduzca. Paradójicamente, los rasgos emblemáticos masculinos puestos en circulación, con los que el adolescente se identifica, exigen de él que si alguien le insulta responda a esa agresión simbólica repeliéndola con un manifiesto comportamiento de agresividad física.

Cuanto más violenta sea su conducta deportiva y más goles meta en un partido de fútbol en el colegio, tanto mejor satisfará las «condiciones» propias de su género masculino. Incluso es posible que su masculinidad se avalore ante sus compañeros, si repite curso, si sus calificaciones son mediocres o muy insatisfactorio su rendimiento académico.

Lo mismo sucede respecto a *la valoración de su masculinidad* si en varias ocasiones ha sido el alumno de la clase que más cantidad de alcohol ha bebido, sin que su comportamiento se haya resentido en apariencia por ello. Estos rasgos del comportamiento son los que avalan, al parecer, la mejor o peor configuración y consolidación de la masculinidad en el varón adolescente.

¿Cuál es el fundamento científico y riguroso en que se apoyan tales atribuciones?, ¿de dónde proceden estos rasgos y atributos? Además de esa extraña *validez social* que les adornan, ¿disponen acaso de cierta validez fisiológica, psicológica o antropológica?, ¿están o no están fundados?

Hay que concluir que no, que en absoluto tienen validez alguna y, por tanto, no están bien fundados. Una anécdota puede ilustrar lo que se acaba de afirmar. Hace apenas unos años había discotecas en las que se premiaba al alumno que hubiera obtenido mayor número de suspensos, dispensándole de tener que abonar cuantas consumiciones hiciera. He aquí un dato demostrativo acerca de la «validez social de la masculinidad» a que se acaba de aludir. *A lo que parece, suspender todas las asignaturas y embriagarse el viernes por la noche es muy masculino.*

¿Sucede algo parecido en las mujeres adolescentes?, ¿es más femenina, por ejemplo, la mujer que en una discusión se pelea y combate físicamente con otras mujeres? No, ese comportamiento no le hace ser más femenina, sino menos. En los varones adolescentes, en cambio, sí. ¿Por qué?

El hombre es más fuerte biológicamente que la mujer y es este un hecho diferencial, por el momento, irrefutable. Si el varón es más fuerte que la mujer —en lo relativo a la fuerza física—, ¿puede sostenerse también que el varón es más fuerte psicológicamente? Mi opinión está sembrada de dudas sobre este particular, pues en modo alguno dispongo de alguna certeza al respecto. Si me atengo a la experiencia como terapeuta de pareja, he de afirmar que *la mujer es psicológicamente más fuerte que el varón.*

Observemos algunos ejemplos: desde la perspectiva psicoterapéutica, ¿qué es más difícil, sutil, agudo y complejo de resolver: el que la mujer adolescente afirme con gritos y gestos de malhumor que *«mi novio no se preocupa de mí, apenas si me hace caso, nunca me dice que me quiere»*, o ayudar al adolescente que postula con tristeza y en voz baja que *«mi novia me ha dejado y se ha ido con otro»*?

¿Cuál de los dos mensajes incide con mayor profundidad en la intimidad femenina o masculina?, ¿quién de ellos experimentará mayor dolor, en el supuesto de que ambos fueran verdaderos? Es probable que el varón adolescente, que experimenta el abandono de la chica por otro, comience a hacer atribuciones negativas relativas a su persona: «Parece que soy bobo. Como no soy fuerte, ni meto goles en los partidos, ni obtengo buenas notas y no soy muy agraciado físicamente, y me cuesta tanto decirle lo que siento por ella, es lógico que me haya dejado.»

Obsérvese que el «discurso interno» del varón adolescente está construido con ciertos rasgos característicos de lo que es atribuible al género masculino, socialmente construido. De acuerdo con ello, *su autoestima descenderá*, contribuyendo a la *elaboración de un autoconcepto negativo*.

Por otra parte, es lógico que al adolescente le cueste más que a la adolescente salir de esta pequeña crisis, puesto que de acuerdo con las estereotipias culturales actualmente vigentes, es el varón el que ha de tomar la iniciativa para salir con otra chica y «rehacer» su vida; es él quien tiene que saber salir de sí mismo y buscar y encontrar a otra.

En cambio, para la mujer adolescente es un poco más fácil, porque ella, en realidad, no tiene que salir de sí, sino que le basta con mostrarse, hacer acto de presencia, dejarse ver. Y cuando parece que al fin sale de sí, lo que hace es coquetear, insinuar, crear expectativas en el otro y, sobre todo, rodearse de un cierto misterio como si se tratara de una esfinge.

¿Cuál es el modelo de masculinidad que hoy está socialmente vigente entre los adolescentes?, ¿cuáles son los «valores» que más le importa al adolescente realizar en sí mismo, siguiendo el modelo socialmente vigente?, ¿ser más fuerte que su vecino?, ¿no tener que depender de nadie?, ¿ocultar que los afectos de los otros le afectan?, ¿mostrarse impasible respecto del emotivismo de las mujeres adolescentes y comportarse como un «tío duro, frío y acaso distante»?

Una vez que se ha descrito la desigual condición de la mujer y el varón en lo relativo a la fuerza física y a la agresividad, estamos en condiciones de adentrarnos en el problema de cómo se relacionan estas con el problema de la afectividad, los sentimientos y la autoestima.

Lo que Kindlom y Thomsom (2000) denominan *cultura de la crueldad*, característica que atribuyen al ámbito de los varones adolescentes, tiene con toda probabilidad su origen en los conflictos sentimentales. Si el conflicto emocional no se resuelve, es muy probable que se metamorfosee luego en forma de agresividad manifiesta, sea a través de la incomunicación total con las personas que le rodean (una forma de hacerse presente por medio del silencio), sea a través de la acritud e irónica rebeldía disolvente de todo cuanto se afirme o sostenga, o sea, a través de una franca conducta agresiva.

Ninguna de las anteriores vías empleadas por el adolescente son eficaces para resolver el conflicto emotivo, sino más bien para intensificarlo, extenderlo y complicarlo todavía más. En cierto modo, la *cultura de la crueldad* no es nada más que la punta del *iceberg* de la *cultura narcisista*, que se muestra impotente para afrontar y resolver un modesto problema, por otra parte muy frecuente.

Si el varón adolescente se percibe como alguien que ha sido desestimado por la persona que él más estimaba —suelen formular así sus conflictos emotivos—, lo «lógico» para él, lo más varonil es que se odie a sí mismo, entre otras cosas porque si no le estiman es porque no vale.

Pero si se odia a sí mismo —teniendo en cuenta que él mismo es la persona a la que más ama, por su peculiar narcisismo adolescente—, ¿cómo podrá querer a los demás? *Si se odia a sí mismo, lo más varonil es también odiar a los demás*; más aún, manifestar el odio que lleva dentro a quienes le rodean, para que al menos participen de alguna manera de su dolor y entiendan lo mucho que está sufriendo.

Esto es lo que hace que la convivencia con un varón adolescente en conflicto resulte insoportable, especialmente si los padres no están avisados de lo que a su joven hijo le está sucediendo.

Tal vez por eso y por la incomprensión que les acompaña se sientan completamente incapaces para ayudarle. Más aún, cuanto más intentan ayudarle —lógicamente, con gestos, procedimientos y estrategias que en modo alguno son pertinentes—, menos lo conseguirán y más se acrecerá el conflicto.

Si los padres tratan de hacer que su hijo adolescente relativice lo que le pasa, más incomprendido y aislado se sentirá el joven adolescente, por lo que tendrá motivos adicionales para enfurecerse y odiar todavía más a sus padres.

Si, por el contrario, la madre trata de aproximarse a él con ternura o procura que le cuente lo que le pasa, el varón adolescente se sentirá *controlado* o experimentará que su madre le compadece, lo cual *hunde todavía más su autoestima* y le desacredita en lo más profundo de su masculinidad mancillada. Porque *un hombre jamás debe ser compadecido*.

Y así podríamos continuar con muchas de las escenas que, lamentablemente, acontecen en la vida familiar donde está presente un varón adolescente que ha sido herido en sus emociones.

Los *rostros impenetrables* son en los adolescentes casi siempre postizos y relativamente fáciles de penetrar en ellos si se adoptan las necesarias actitudes de fortaleza, comprensión, autenticidad y madurez varonil. Si el adolescente experimenta que otra persona de su mismo género se interesa por él y con su ayuda hace que se desvele en él, poco a poco, lo que le pasa, a la vez que le exige y le comprende, *el adolescente depone las armas*.

Este *acercamiento al varón adolescente en conflicto* no se puede improvisar. Lo ideal es que su propio padre le hubiera tratado así y se hubiera servido de esas mismas actitudes con él, desde su nacimiento. Si el padre le ha contemplado desde pequeño, siempre desde una larga distancia y en un tiempo escaso, en la práctica es imposible que ahora, una vez llegada la adolescencia, pueda abordarlo y ayudarle en sus problemas.

Si, por el contrario, padre e hijo han hablado muchas veces de temas diversos —no estrictamente relacionados con el rendimiento académico—, si el padre le ha contado, en el espacio de intimidad compartida de un hombre frente a otro hombre, alguna de sus pequeñas dificultades, si le ha reconocido que alguna vez también él sufrió y lloró por una causa parecida, es decir, si se ha establecido el necesario «*feeling*», si hay «química» entre padre e hijo desde la infancia, es más que probable que el padre pueda ayudar a su hijo adolescente a resolver sus pequeños problemas.

Cuando este modo de proceder jamás se ha empleado, entonces hay que recurrir a los expertos, es decir, al psiquiatra y al psicólogo. Tal vez resulte excesivo atribuir todo este *analfabetismo emocional* de los varones al estereotipado concepto de masculinidad que está ínsito en ellos. No obstante, mucho hay de ello en la interacción y el mismo ensamblaje entre masculinidad y afectividad.

3.5. ¿Roles, estereotipias o tipos de autoestima?

El modo en que las personas se estiman a sí mismas tiene mucho que ver con los roles y el comportamiento estereotipado, de amplia circulación social, que se haya diseñado respecto de lo que es propio del varón y la mujer adolescentes.

Son estas características que probablemente nadie ha diseñado personalmente y que, sin embargo, la mayoría acepta como un hecho que forma parte de la realidad, al menos de la realidad social. Se cumple ahora un cuarto de siglo desde que Brannon y David (1976) describieron *las cuatro notas características que distinguían, entonces, a la masculinidad*, y que sintetizo a continuación:

1. La masculinidad consiste en el repudio de lo femenino.
2. La masculinidad es evaluada por la riqueza, el poder y el status social.
3. La masculinidad requiere la impenetrabilidad en las emociones.
4. La masculinidad requiere destacar, ser agresivo y realizar acciones arriesgadas en nuestra sociedad.

La formulación de estas notas características dibujan un *personaje* singular, el varón adolescente, que, por fuera, ofrece la imagen de un roble vigoroso, poderoso y decidido, cuyas decisiones y acciones bordean siempre los límites de la audacia e imprudencia. Esta imagen está lejos de ser un análogo de «Superman», pero trata de aproximársele.

Habría que *preguntarse si esta es la imagen que conviene a cualquier varón y si, además, es la imagen con la que sueñan las mujeres*. Probablemente ni lo uno ni lo otro. Pero, sin embargo, continúa manteniéndose; y, a lo que parece, tiene un buen soporte social. Pero funcionalmente, esta imagen está desajustada, tanto para realizarse en cada hombre concreto como para procurar la felicidad de las mujeres.

Las anteriores notas, por otra parte, se realizan de modo diverso en las diferentes personas y, muy probablemente también, en las distintas culturas. Pero alguna huella vestigial queda de esta imagen en lo recóndito del mapa cognitivo de los varones adolescentes, contribuyendo a inspirar el modelo de hombre que quieren llegar a ser.

La fanfarronería, la violencia y la misoginia de los varones adolescentes han encontrado en las anteriores notas el caldo de cultivo, el necesario *humus* donde arraigar de forma poderosa.

Las consecuencias de este concepto estereotipado de masculinidad se dejan fácilmente sentir y no son muy provechosas que digamos. Es preciso arbitrar el apropiado diseño educativo a cuyo través los padres varones contribuyan a la configuración del concepto de masculinidad que ha de formarse en sus hijos.

Naturalmente *esta educación la tienen que hacer los padres varones*, puesto que no disponen de nadie que pueda sustituirlos, y tanto más, como estamos observando, cuando se vive bajo la amenaza de una confusa educación afectiva.

A través de esta última es como el niño, que luego será adolescente, tiene que identificarse con el progenitor varón. Este proceso de identificación es muy largo en el tiempo, aunque comienza con el mismo nacimiento del hijo.

La educación en la afectividad ha de comenzar entonces y no en la adolescencia, etapa borrascosa en que los sentimientos acunados desde la infancia han emergido en forma de talante afectivo singular y propio para distinguir a cada persona en concreto.

En mi opinión, más que de *roles o estereotipias* —que sin duda alguna las hay y pueden condicionar la autoestima de las personas—, *de lo que hay que hablar hoy es de tipos de autoestima, de expresión de emociones, es decir, de los sentimientos, sin miedo alguno y con la necesaria veracidad acerca de ellos.*

3.6. LA ACEPTACIÓN SOCIAL

Al varón adolescente le afecta más que a la mujer adolescente *la aceptación social de su persona por el grupo de pertenencia*. A las chicas también eso les importa mucho, pero de otra forma. Las adolescentes parten de otras experiencias psicológicas, que les hace disponer de más grados de independencia y libertad respecto de la aceptación social.

Las adolescentes son sensibles ante la relevante aceptación social, pero casi siempre su sensibilidad es más transitoria —por eso cambian de grupo de pertenencia con cierta frecuencia— y, desde luego, más superficial, menos radical que los varones adolescentes. De hecho, los grupos de referencia de esa aceptación social no suelen ser permanentes para las adolescentes, del mismo modo que, cuando adultas, la amistad entre las mujeres suele durar menos que entre los varones.

Al llegar a la adolescencia, *el chico experimenta la necesidad de ser él mismo*, de hacer oír su voz y, por eso, enfatiza lo que afirma con la exagerada energía de quien sale de la clandestinidad. Al adolescente le importa mucho el reconocimiento social de su persona y, en consecuencia, *se hace valer mucho más de lo que vale*. Probablemente porque el hecho de ser reconocido en un determinado escenario social y ser aceptado por el grupo de pertenencia es una de las cosas que más le importan. Si le importa tanto es porque constituye un ingrediente irrenunciable en la génesis de lo que él entiende es y será su propia personalidad.

Esto no significa que el contenido de las afirmaciones con que el adolescente gusta alzar su voz sea rigurosamente cierto. Más bien sucede lo contrario. Lo más frecuente es que sean afirmaciones acerca de su persona, de sus capacidades, de las cosas ya realizadas y ahora un tanto magnificadas, es decir, *el discurso adolescente es más una baladronada que un autoinforme riguroso.*

Este mismo *iter* sigue las poses, los retos que arriesgadamente acepta, los desafíos y bravuconadas e incluso ciertos comportamientos violentos. En el fondo *se comporta «como él supone que debe comportarse» para que sea aceptado como el hombre que todavía no es, pero que quiere llegar a ser.*

Estas manifestaciones observables no suelen coincidir casi nunca con lo que barbota en lo hondo de su corazón. *El adolescente se siente inseguro, tímido, con un constante temor a hacer el ridículo y caer mal a la gente, tiende a la infraestimación y se mece en una enorme duda acerca de lo que será de él en el futuro.*

Este sí que es *su auténtico «discurso interior»* que está enmascarado por las manifestaciones a las que anteriormente se ha aludido. Su explicación no hay que buscarla tanto en los factores ya antes mencionados en esta publicación como, sencillamente, en lo que el adolescente considera que es el privilegio de la masculinidad y de lo que de él se espera. Y naturalmente, no quiere defraudar a su público, puesto que le va en ello su misma aceptación social como varón.

Si este mismo comportamiento se observa *en las chicas adolescentes,* más bien *sucede lo contrario.* Cuando la chica llega a la adolescencia, *el habitual parloteo y griterío que le caracterizaba en la preadolescencia, enmudece.* Ahora se vuelve *más reservada* y, en apariencia, *más prudente* también.

Sus poses son más delicadas y contenidas, porque entiende que así es como se comporta una señorita, confundiendo esos comportamientos con las categorías clave de su feminidad. Experimenta que lo deseable socialmente, *lo que se espera de ella* como mujer es precisamente eso: *control de sus impulsos, simpatía, delicadeza, finura en el trato y una cierta reserva, de manera que su intimidad quede opaca e intransparente a la mirada de curiosos y extraños.* Este modelo de conducirse le ayuda a que arraigue en sí misma *el mito del misterio de la mujer,* del que sin duda alguna se alimentará durante la adolescencia.

Esto es compatible con que la adolescente *se haga transparente en el diálogo con su «amiguísima del alma»,* llegando hasta extremos de una confidencialidad inusitada. Pero ese discurso explícito en el escenario íntimo con su amiga del alma es el que jamás se hará explícito en el escenario social o familiar.

A lo que se ve, estamos ante *dos modelos de comportamiento* un tanto enfrentados. Bastaría comparar el «discurso interior» e inefable del adolescente varón con el discurso de la adolescente mujer y el que esta mantiene con la amiga íntima para que pudiéramos establecer una correlación entre ambos tal vez significativa.

En este caso *la asertividad* que manifiestan la mayoría de las adolescentes es el equivalente explícito y social de *la agresividad y bravuconadas* que manifiesta el adolescente varón. Ha comenzado ya en ambos el moldeamiento social de su propio género, aunque, como la primavera, nadie sepa cómo ha sido.

La mujer adolescente ocultará sus habilidades naturales; *el adolescente varón* las exagerará con fanfarronería. *La mujer adolescente* esconderá las pequeñas o grandes frustraciones que experimenta; *el adolescente varón* las proclamará allí donde esté, exagerándolas incluso, aunque al hacerlo él personalmente quede mal.

Esto no quiere decir que el adolescente varón sea más auténtico y sincero que la mujer adolescente. Significa tan sólo que parten de *mapas cognitivos muy diferentes* y relativamente contrapuestos en lo concerniente a sus respectivos géneros. Ni la mujer adolescente es una *simuladora profesional*, ni el varón adolescente es un *personaje esperpéntico*. Ambos se comportan a través de la mediación de un determinado modelo social acerca de lo que entienden se espera de cada uno de ellos y acomodan sus comportamientos a este modelo. De no modificarse el modelo, lo lógico es que tampoco se modifiquen sus respectivos comportamientos.

3.7. AMBICIONES Y EXPECTATIVAS

Algo parecido sucede si consideramos lo que les motiva y el modo en que se acuna en ellos el nacimiento de las propias ambiciones. *El varón adolescente* hinchará sus ambiciones hasta desfigurarlas; se opondrá frontalmente a sus padres; gritará enérgicamente a su madre ante el más mínimo reproche; sobrestimará sus capacidades; se mostrará intolerante ante la imposición de cualquier límite o restricción de alguna de sus libertades; y concebirá metas, proyectos y realizaciones que están muy por encima de sus posibilidades y que a todas luces es incapaz de alcanzar.

El comportamiento de *la mujer adolescente* es muy diferente. De ordinario, embridará sus ambiciones y las secuestrará en el fondo de su corazón; tenderá a subestimar sus habilidades; discutirá con sus padres al notar el leve peso de la más mínima prohibición, pero lo hará de forma diversa con su padre que con su madre, habitualmente de una forma más intolerante con la segunda que con el primero; inhibirá estas manifestaciones, cuando en el contexto situacional haya alguien que no pertenece a la familia; y concebirá sólo aquellos proyectos para los que está sobradamente capacitada.

De acuerdo con estos perfiles es fácil pronosticar cuál de los dos adolescentes tendrá más éxito en sus realizaciones. Las anteriores características podrían llegar a explicar por qué el *rendimiento académico* es muy superior en las chicas que en los chicos adolescentes. Naturalmente no es esta la única causa. El proceso madurativo es también un factor añadido que podría explicar esas diferencias, casi siempre a favor de estas últimas.

4. Los errores de subestimación y sobrestimación

El conocimiento personal tiene un principio incierto y borroso y un final que sólo se acaba con el término de la vida personal. Es difícil datar cuándo comienza el conocimiento personal —probablemente antes de que la memoria pueda atesorar ninguna experiencia personal de la que luego valerse— y, sin embargo, es mucho más fácil determinar cuándo finaliza.

En realidad, el conocimiento de sí mismo no termina nunca, pues mientras haya vida la persona está abierta a la posibilidad de cambiar y de conocer los cambios que lleva a cabo porque en ella acontecen. Además, cada trayectoria biográfica culmina en un momento decisivo en que sobreviene la enfermedad mortal. Ignoramos también cómo responderemos a esa situación y el modo en que tal situación nos puede afectar y cambiar.

Es precisamente la ignorancia acerca de esa etapa y ese instante definitivos, con los que concluye la travesía de la vida, lo que mantiene en estado permanentemente abierto la propia aventura del vivir personal y el conocimiento que, como reflexión sobre ella, pueda lucrarse.

En principio, esto es mucho mejor que lo contrario. Cierto que pone de manifiesto una relativa ignorancia acerca de uno mismo. Pero si la persona se conociera por completo a una edad temprana, la propia vida carecería de sentido. Por eso es conveniente que el conocimiento personal se constituya como una tarea inacabada y siempre abierta a un perfeccionamiento mayor.

También por eso *la persona está abierta a la esperanza, dispone de un grado de libertad mayor, tiene posibilidad de modificar su trayectoria biográfica y es capaz de perfeccionarse a sí misma*. Es decir, esta ignorancia, que va asociada y es consuetudinaria del propio vivir, supone también un *plus* adicional a favor del ejercicio de la libertad y de la toma de decisiones que sigue a aquella.

El viejo dicho de que «*mientras hay vida, hay esperanza*» no sólo es una gran verdad, sino que ilumina el vivir humano, abriéndolo hasta el último instante, en la dificultosa tarea de conocerse a sí mismo.

El contenido del que depende la *autoestima* es muy diverso en los chicos y chicas adolescentes. En *el varón adolescente* la autoestima se hace depender de la fuerza, el poder económico, las habilidades para el deporte, las calificaciones escolares y desde fecha reciente —esto está actualmente cambiando— el atractivo físico.

En *las mujeres adolescentes* la autoestima se pergeña y vertebra con otros contenidos. En primer lugar, la belleza y el atractivo físico, siempre con una especial referencia a lo que está de moda. A esta primera categoría se subordinan, a mucha distancia, las restantes, como, por ejemplo, las calificaciones escolares, las capacidades intelectuales, las habilidades deportivas, etc. Antes que estas últimas importa mucho más a las chicas adolescentes la simpatía. La inteligencia, en cambio, suele estar objetivamente infravalorada, con independencia de que esa adolescente sea más o menos inteligente.

Esto en modo alguno acontece en *el varón adolescente*, a pesar de que tampoco el nivel intelectual en él sea el principal contenido que sostiene su autoestima personal. Hasta tal punto tienen fuerza estas estereotipias que, paradójicamente, el modo de alabanza social respecto de *las adolescentes* suele seguir en descenso los tres hitos siguientes: en primer lugar, *ser guapa*; y si no se es del todo guapa, *ser simpática*; y si no se es ni lo uno ni lo otro, entonces y sólo entonces, *ser inteligente*.

En consecuencia, no son comparables la autoestima masculina y femenina, sencillamente porque no son homogéneos los contenidos respecto de los cuales esas respectivas autoestimas se establecen.

Ambos, varón y mujer adolescentes, cometen numerosos *errores en el modo en que se autoestiman*. En mi opinión, ambos se *subestiman* en muchas más cualidades, capacidades y destrezas de lo que *sobrestiman* en ellos mismos. Es decir, *son más frecuentes los errores de subestimación que los errores de sobrestimación en los adolescentes*. Ninguno de los dos errores generan buenas consecuencias. Los primeros por defecto y los segundos por exceso, ambos contribuyen a que el comportamiento adolescente sea todavía más desadaptado.

Ambos tipos de errores sitúan a los adolescentes en una indefensión tal, que hace que muchos de ellos sean verdaderas *personas dolientes*. Muchas frustraciones, muchos conflictos y muchos sufrimientos adolescentes tienen aquí su causa.

Si una mujer adolescente *sobrestima su belleza*, por ejemplo, concebirá unas expectativas acordes con esa sobrestimación en el modo en que espera que los demás le traten. Comete así tres errores fundamentales: en primer lugar, el de sobrestimarse en lo relativo a su propia belleza; en segundo lugar, el de considerar que cualquier relación que pueda llegar a establecer con los chicos sólo es dependiente de su belleza personal; y, en tercer lugar, el error de concebir unas expectativas —las que se refieren a las relaciones sociales, tan importantes a esa edad— que están agigantadas.

Como luego en el escenario social real no será tratada conforme a como ella esperaba, experimentará que no la tratan como se merece, que no la valoran en modo suficiente, que le tienen envidia, en definitiva, que no la quieren ni la aceptan como ella cree que es.

Esto, obviamente, constituye para ella un motivo real de sufrimiento y subestimación —sin duda alguna, el más importante—, con independencia de que sea realmente así o no. Es decir, *los errores en la sobrestimación inicial generan consecuencias que son realmente subestimadoras*. La sobrestimación no era real; la subestimación generada como consecuencia de ella, sí que lo es.

Pondré ahora *un ejemplo de subestimación muy común en el varón adolescente*. He elegido intencionadamente este ejemplo para que no se me tilde ni de feminista ni de machista, aunque la verdad es que considero que ninguna de esas atribuciones harían crecer ni menguar mi estima personal, pero al menos contribuyamos a que los demás no yerren.

Importa más lo que cada persona piense de sí misma que lo que los demás puedan pensar de ella. Entre otras cosas, porque lo que los demás piensan de una persona no puede verificarse del todo y casi siempre constituye una porción de lo que esa misma persona piensa acerca del pensamiento de los demás.

Importa más dirigir la propia conducta de acuerdo con las condiciones personales, que dirigirla de acuerdo con los criterios versátiles, ignorantes e infundados del «qué dirán». Allí donde no hay ciencia o conocimiento científico, es posible que la ideología esté cerca.

Si un varón adolescente, por ejemplo, se subestima en su capacidad intelectual —capacidad intelectual que en absoluto conoce, pero sobre la cual, paradójicamente, cree disponer de un dato riguroso—, obviamente, ajustará su *nivel de aspiraciones académicas* a lo que considera ser conforme con ese nivel intelectual. Es decir, aspirará a mediocres resultados académicos, de acuerdo con la capacidad intelectual personal que ha subestimado.

En consecuencia con ello se exigirá menos a sí mismo, se esforzará muy poco por conseguir un logro mayor y, lógicamente, los resultados obtenidos le confirmarán en su errónea hipótesis. Esta verificación continuada en el tiempo todavía dará una mayor consistencia a su inicial error de subestimación. Si su rendimiento académico es mediocre, su autoconcepto se configurará de acuerdo con esa mediocridad. Por último, el rendimiento obtenido dará una mayor consistencia a su negativo autoconcepto.

La subestimación de su capacidad intelectual le conducirá inexorablemente a la subestimación personal. La parte (la inteligencia erróneamente valorada) sustituirá al todo (su entera persona) que quedará sazonado por el mismo error. Nada de particular tiene que ese adolescente *no se acepte a sí mismo* y aparezca en él un comportamiento retraído, enrarecido, inhibido y mal dispuesto para las relaciones sociales.

Si ese varón adolescente considera que no es inteligente —característica que, además, parece estar acreditada por los resultados académicos obtenidos—, constituiría una imprudente osadía por su parte tratar de relacionarse con las personas que obtienen mejores calificaciones que él.

Si se subestima a sí mismo, procurará evitar que otros le conozcan tal y como él es, es decir, tratará de evitar que los demás también le subestimen. De este modo, rehusará relacionarse con muchas personas con las que naturalmente desearía hacerlo, configurando así un poderoso *déficit en sus habilidades sociales.*

Es lamentable que la historia biográfica de numerosos jóvenes de tantas generaciones pongan abiertamente de manifiesto en las consultas psiquiátricas tales errores de fatales consecuencias.

No, no es verdad que el gran negocio del mundo sea comprar a las personas por lo que realmente valen y venderlas por lo que cada una de ellas cree que vale. En mi experiencia universitaria, al menos, tal diseño empresarial es desde luego ruinoso. Entre otras cosas, insisto, porque son mucho más numerosos los contenidos sobre los que los adolescentes varones hoy se subestiman y muy escasos aquellos sobre los cuales cometen el error de sobrestimarse.

Tanto unos como otros errores generan inseguridad, inquietud, angustia, dudas, indecisiones. Sin ánimo de psiquiatrizar estos problemas consuetudinarios de la adolescencia, se podría afirmar que esta es hoy la *«enfermedad mortal» de los adolescentes*, entendiendo por «enfermedad» sólo el sentido que manifiesta su significado etimológicamente más preciso. Enfermedad viene de *infirmitas*, que significa *falta de firmeza*.

A muchos jóvenes adolescentes les falta firmeza de carácter y seguridad en sí mismos, por lo que *es preciso afirmarlos*. La afirmación de sí mismo es una condición necesaria, aunque no suficiente, para la seguridad personal. Pero el adolescente se afirma no cuando decide él mismo hacerlo, sino cuando es afirmado por una persona que él considera relevante.

La afirmación adolescente exige la comparecencia de otra persona, porque su afirmación propia es casi siempre reactiva. El adolescente queda afirmado cuando se le afirma. Naturalmente, tal afirmación —sería una crueldad— no debe hacerse sino de forma objetiva. No se trata de afirmar al adolescente porque sí, por afirmarlo, y mucho menos en características y peculiaridades en que en modo alguno es valioso.

Esto más que afirmarlo, sería *manipularlo*, es decir, hacer que configure unas expectativas acerca de sí mismo para las que no dispone de las necesarias capacidades. Al proceder así, lo que inmediatamente se genera en él, a muy corto plazo, es una *frustración* insufrible y generadora de muchos conflictos. Esto debiera ser tenido en cuenta por muchos *padres y profesores permisivos* que, siendo partidarios de la educación «blanda», se dedican injustamente a halagar al hijo o al alumno en aquella cualidad, precisamente, de que carece.

Afirmar al adolescente implica, en primer lugar, *conocerle muy bien*, para luego desvelar en él aquellos rasgos valiosos de que dispone, y seguramente ignora. Esto sí que es afirmar al adolescente en lo que vale. Pero no basta con eso. Hay algo más. Es preciso que al desvelarle los valores de que dispone se le muestre también el procedimiento a seguir para *hacerlos crecer*, para que no se agosten en su crecida intensidad naciente y, sobre todo, *para que los ponga al servicio de los demás*.

Por consiguiente, el camino para afirmar al adolescente sigue estas tres etapas: manifestarle cuáles son sus rasgos positivos; enseñarle a crecer lo más rápidamente posible en ellos; y enseñarle cómo ha de disponer de ellos no para hacer crecer su yo hasta que se haga un monstruoso gigante, sino para contribuir a solucionar problemas y para que los demás también crezcan y queden afirmados en sus respectivos valores.

Una educación así entendida daría al traste con muchos de los problemas que hoy penden como una espada de Damocles sobre varones y mujeres adolescentes poniendo en grave riesgo su identidad personal.

Ciertamente que todo esto no es fácil y, sobre todo, no es suficiente. Además, antes de afirmar al adolescente, es preciso *aceptarle como es*. Aquí es donde muchos padres y profesores tropiezan. Acaso porque también tienen un modelo estereotipado de lo que es o debe ser ese adolescente.

Lo diré de una forma breve y rotunda: *hoy se tiene miedo a los adolescentes*. En mi experiencia, son muchos los padres y profesores que están «quemados» precisamente por tener que relacionarse con adolescentes.

Al adolescente hoy se le teme mucho más que en las pasadas décadas, también porque probablemente son más conflictivos y disponen de mayores recursos para potenciar la hostilidad y rebeldía propias de esa edad.

Estoy persuadido de que sería hoy un completo éxito editorial la publicación de un manual de autoayuda que llevara por título algo parecido a lo que sigue: «Cómo sobrevivir a la convivencia con un/a hijo/a adolescente y no morir en el intento.» Haría falta, eso sí —con independencia de que fuese o no un *best-seller*— que respondiera con rigor a la cuestión formulada, tanto desde la perspectiva de los padres como desde la de los profesores.

5. Autoestima, emotivismo y madurez en el adolescente

Autoestima y madurez personal se exigen recíprocamente. Una persona que se analice a sí misma de modo objetivo en función de los valores que ha realizado en ella, es lógico que se autoestime. La madurez en el ámbito de la adolescencia, en cambio, se entiende menos que la autoestima.

Sobre el particular disponemos de diversas posibilidades. Una de ellas es, por ejemplo, apelar a los criterios que Ellis (1980) establece al describir a las personas equilibradas desde la perspectiva de las emociones. En el perfil apuntado por el autor antes citado se pasa revista a algunos de los rasgos que parecen caracterizar a las personas maduras y que transcribimos a continuación: interés por uno mismo y por los demás, aceptación de sí mismo, responsabilidad, tolerancia, flexibilidad, adaptación al presente, capacidad para tomar decisiones y solucionar los problemas, y disponer de un proyecto personal de vida que sea coherente con las propias capacidades y las personales convicciones.

Son muchos los autores que vinculan también la autoestima a la madurez y que han establecido diversos perfiles para la madurez adolescente, vinculándola a lo que podría denominarse un amplio arco axiológico que se extiende de la educación moral (Kohlberg y Meyer, 1972) al aprendizaje significativo (Bruner, 1991); del autocontrol y la autorregulación (Fontana, 1996; Díaz, Neal y Amaya, 1993; Irala, 1985), al sentido de la vida (Frankl, 1988); del desarrollo y el aprendizaje (Margerison, 2000), a la creatividad y autorrealización (Maslow, 1993 y 1985).

Las diversas opciones representadas por los anteriores autores vienen a coincidir —aunque cada uno a su manera, como es lógico— en que hay que distinguir entre la madurez del adolescente y la de la persona adulta, pues aunque hay muchas cuestiones que son comunes a ambos, el modo en que estas se expresan o llevan a cabo varía mucho entre ellos. Y, en segundo lugar, en que esa educación ha de atender principalmente a la singularidad de sus personas, es decir, que ha de ser una auténtica educación personalizada (García Hoz, 1977).

Es probable que una de las cuestiones que hay que tratar de resolver para que el adolescente madure es la que se refiere a la afectividad. Algunos adolescentes *entienden el amor como emotivismo.* El amor es sustituido por demostraciones de cariño y manifestaciones de ternura tan ostentosas como epidérmicas —poco importa cuál sea la edad o las circunstancias—, que no hincan sus raíces en el corazón de la persona. *Estas inundaciones afectivas no son efectivas*, porque carecen del necesario fundamento y, en consecuencia, pasan por las vidas de las personas de forma fugaz, instantánea y trivial.

Ese exceso —no de afecto sino de afección superficial— bloquea y asfixia la imaginación hasta desvitalizarla. Acaso por ello, quien así se comporta pierde la prontitud y agudeza necesarias para dejarse sorprender. La vida deja de ser sorpresa y la persona deja de sorprenderse como consecuencia de *la hartura que produce el embotamiento de la afectividad.* Surge así la apatía (*apatheia*), el pasotismo, la ausencia de vibración, la pérdida del espíritu de aventura, mientras se desvanecen y extinguen los nobles ideales concebidos durante la etapa adolescente (Llano, 2002).

El *emotivismo* es la actitud contraria de la apertura a la afectividad. El emotivismo es sólo un modo aparente de sentir, pero en realidad no satisface ni sacia por la misma trivialización en que consiste. La defensa de la afectividad hay que hacerla hoy desde otro lugar: desde la mar adentro, donde la aventura, la soledad, la alegría y el sufrimiento, la sorpresa y el desvalimiento son mucho más auténticos.

No sentir o no padecer —no querer sentir o no querer padecer— constituyen un empobrecimiento para la persona, la imposibilidad de llegar a ser quien se es, la mutilación de la afectividad que desnaturaliza al propio yo.

Es mejor —y sobre todo más humano— *sufrir que estar impasible* como consecuencia de haber asentado el corazón, voluntariamente, en la indiferencia afectiva.

Al adolescente hay que explicarle que *es mejor querer que sentir,* que es mejor amar —aunque comporte ciertos desgarros y sufrimientos— que optar por sólo alimentarse de las emociones.

El *emotivismo* es la negación de la afectividad. El emotivismo se repliega en *la afectividad de sí para sí*, sin compartirla con el otro. El otro deviene en el medio a cuyo través la afectividad es momentáneamente satisfecha en su superficialidad, pero sin que el otro ocupe el lugar que le corresponde en el corazón de la persona emotivista.

Quien busca el emotivismo se busca a sí mismo, pero a costa de utilizar al otro, al que con anterioridad se asegura de hacerle desaparecer de su vida. *El emotivista es un ser «tomante» que nada da de sí, que no com-*

parte nada, que se aísla en su menesteroso corazón necesitado, que no se abre a la relación y el encuentro con el otro, porque sencillamente lo margina, lo excluye y lo destierra de su vida.

Pero la afectividad humana es sobre todo relación, presencia del otro, apertura, encuentro, diálogo, compromiso, es decir, salida arriesgada de sí para regalarse y perderse en el otro.

El emotivismo es probablemente una de las formas de dependencia afectiva peores. La persona ha de reconocer que depende de otros en muchas cosas, que su libertad es sobre todo interdependencia, que nadie es una isla que pueda satisfacerse y ser quien es por sí solo. Entre esas interdependencias naturales las hay de muchas clases (ontológica, familiar, funcional, autoconstitutiva, estructural, existencial, social, religiosa, etc.), de las que ahora no puedo ocuparme, todas ellas legítimas y convenientes siempre que no se sobrepase ese punto medio, de difícil equilibrio, en que consiste la virtud.

Pero la dependencia generada en el caso del emotivismo es sólo sentimental, en la que la afectividad propia campea sobre todo lo demás y se erige en el único fundamento de la toma de decisiones respecto de la relación con la otra persona. Esto supone exponerse a un grave riesgo: el de *la dependencia neurótica*.

Genera *dependencia*, porque la afectividad y las pasiones crean una sutil adicción —con su síndrome de abstinencia, la resaca que deja tras de sí la afectividad cuando la relación se rompe— un tanto compleja y de no fácil solución. Y *esa dependencia es neurótica*, porque en realidad la persona no se ha encontrado con otra ni le ha dado alcance alguno —a pesar de la aparente hartura de su sensibilidad embotada—, sino que se ha servido de ella simplemente para alimentar su inmadura o tal vez enfermiza afectividad.

La dependencia neurótica puede diferenciarse muy bien de las otras clases de dependencias naturales, porque en ella están ausentes las características de estas últimas, como la compasión, el agradecimiento, la generosidad, el sacrificio, la solidaridad, la búsqueda del bien del otro, el cuidado, la alegría, la piedad, la aceptación total e incondicionada, la misericordia, etc., es decir, la perfecta y total donación de sí que se manifiesta en ese encadenamiento de actos virtuosos.

El otro extremo en que suele caer el adolescente en esta dimensión del emotivismo es *el independentismo* (Polaino-Lorente, 1987), al que ya se aludió líneas atrás. La completa independencia o autonomía radical es una pura ficción, a pesar de que constituya hoy, vía ideología de la ilustración, uno de los ideales del hombre moderno.

He aquí una de las raíces que más savia proporciona al *utilitarismo emotivista* de nuestro tiempo: la reducción motivacional para la toma de decisiones a sólo dos principios. En primer lugar, la búsqueda del mayor bien posible (placer, casi siempre) para el mayor número de personas posible. Y, en segundo lugar, los sentimientos de empatía que en cada momento se susciten en el corazón del hombre («*se siente, se siente que tal persona está presente*») respecto de otra persona.

En síntesis, «razones» de conveniencia («*esto me conviene o interesa*») y de gusto o apetencia («*esto me apetece o me gusta*»). Por una u otra vía, lo que pone en marcha el motor de las decisiones humanas es *el encendido de las emociones inmediatas*. Pero esas emociones, cargadas de sensaciones, están vacías de afectividad porque no comparece allí el compromiso en el hondón del corazón humano.

De aquí que se pueda vivir del emotivismo, simultáneamente que el corazón humano no late, está en huelga, no sale de sí al encuentro del otro, no quiere y, precisamente por eso, se encuentra solo y vacío. Esta huelga del corazón —de los corazones— es una de las claves que ayudan a entender algunos de los problemas humanos de nuestro tiempo.

Giussani (2003) ha descrito magistralmente el emotivismo y sus trayectorias enajenantes, a propósito de los tres graves reduccionismos que, en su opinión, condicionan o pueden condicionar el mal uso de la razón y, como consecuencia de ello, la desorientación del comportamiento humano. Los tres hitos a que se refiere Giussani son: la sustitución del acontecimiento por la ideología; la reducción del signo a apariencia; y la reducción del corazón a sentimiento. Estudiemos este último, que es el que aquí y ahora más interesa.

«Tomamos al sentimiento, en vez del corazón, como motor último, como razón última de nuestro actuar —escribe Giussani—. ¿Qué quiere decir esto? Nuestra responsabilidad se vuelve irresponsable precisamente porque hacemos prevalecer el uso del sentimiento sobre el corazón, reduciendo el concepto de corazón a sentimiento. En cambio, el corazón representa y actúa como el factor fundamental de la personalidad humana; el sentimiento no, porque el sentimiento, si actúa él solo, lo hace por reacción. En el fondo, el sentimiento es algo animal [...]. El corazón indica la unidad de sentimiento y razón. Esto implica un concepto de razón no cerrada, una razón en toda la amplitud de sus posibilidades: la razón no puede actuar sin eso que se llama afecto. *El corazón —como razón y afectividad— es la condición para que la razón se ejerza sanamente. La condición para que la razón sea razón es que la revista la afectividad y, de esta manera, mueva al hombre entero*» (pp., 111 y 112; la cursiva es nuestra).

Es necesario volver a plantearse otra vez el tema de *la madurez*, una vez que el exclusivo emotivismo no es suficiente para dirigir la propia vida. Un hecho incontrovertible es que no hay una sola persona que se guste a sí misma en el 100 % de como es. Se precisa tratar de cambiar aquello que no gusta o satisface de uno mismo. *Pero eso supone esfuerzo y la atonía de la voluntad no está preparada para asumirlo.* Tal vez por eso se busquen ciertas excusas que acaban por convertirse en lugares comunes del uso del lenguaje que, lógicamente, nada justifican.

Este es el caso de la afirmación siguiente: «*Se mejora* —dicen— *pero no se cambia.*» Tal afirmación tiene un núcleo de verdad —en lo que atañe a los rasgos temperamentales—, a la vez que encubre cierta falsedad —en lo relativo a los rasgos del carácter y la personalidad—. El temperamento constituye una marca distintiva de la persona tan profundamente grabada en ella que lo más probable es que le acompañe mientras viva. Pero no acontece así en lo relativo al carácter. De hecho, hay algunos rasgos del carácter que sin que la persona se proponga cambiarlos se modifican espontáneamente en ella a lo largo de la vida. Lo más probable es que aquí influyan otros muchos factores biográficos pero, sin duda alguna, también la fuerza creativa de la libertad personal.

Se sabe, por ejemplo, que un fracaso mal asimilado puede retorcer el carácter de una persona y transformarla en cualquiera de las numerosas formas posibles de resentimiento. De otra parte, no se piense que el éxito se comporta como un factor que siempre afirma y enriquece a la persona.

Es probable que haya más personas fracturadas en su estructura y empobrecidas en su manera de ser como consecuencia del éxito (mal asimilado) que del fracaso (bien asumido). *El fracaso*, aunque parezca paradójico, es más llevadero que el éxito; se sube menos a la cabeza; enfrenta y pone a la persona más en la realidad, también en la realidad que ella misma es; y una vez asumido e integrado a un nivel superior, apenas si deja cicatrices, y... ¡Aunque las dejara!

Pero no parece que sea muy pertinente dar aquí meras recetas. Es conveniente que la conquista de la madurez se encare desde la realidad que contempla la diversidad de las personas, las peculiaridades excelentes y menos excelentes que adornan a cada una de ellas, la interdependencia que las vincula y, naturalmente, la existencia de un cierto orden en esas relaciones.

Los falsos argumentos para no cambiar son muy diversos y numerosos. El adolescente dispone de algunas coartadas para no esforzarse en cambiar, como cuando suele afirmar «*es que yo soy así*», «*es que cada persona es como es*», «*si no te gusto como soy no haberme traído a este mundo, pues yo no te pedí que lo hicieras*», «*si tanto insistes en que cambie es porque no me aceptas como soy*», etc.

Más allá de esas u otras excusas, el hecho es que el adolescente es libre y, por tanto, puede cambiar. Sin libertad la persona no sería responsable. Pero si se admite la existencia de la libertad —y nadie mejor que el adolescente para estar apelando a ella a todas horas—, entonces hay que concluir que la persona en cierto sentido se puede tener a sí misma, puede modelar y modular su forma de ser, puede y debe dirigir su comportamiento a donde considere necesario, es decir, ha de optar, elegir, determinarse a sí mismo desde el imperio de su voluntad y corazón, iluminados por la claridad de su entendimiento.

Desarrollar este *dominio sobre sí mismo* —contrariamente a lo que piense o diga el adolescente— no es nada negativo sino muy positivo. Porque tal *señorío* no consiste en sólo pelear contra los propios defectos o peculiaridades negativas, que también «adornan» a la persona —lo que sería muy cansado para el adolescente si la madurez consistiese en sólo luchar contra lo negativo—, sino, sobre todo, en *hacer crecer las cualidades positivas de que están dotados*. Y lo de «adornar» no es aquí una ironía, pues peleando contra esas cualidades negativas la persona crece y se desarrolla en otros ámbitos de su ser, todavía más relevantes, logrando alcanzar la *anhelada excelencia personal*.

Los padres han de tener en cuenta que constituye una *deformación antinatural*, utópica e ineficaz tratar de imponer *la homogeneización forzada* de la hechura de las personas, *el igualitarismo mimético y estereotipado* que sólo asemejaría las personas a robots automatizados. Una educación así sería la antítesis de lo que es educar, porque no contribuiría a *educir de cada persona* lo que propiamente le singulariza, sino que por el contrario no sacaría de ella nada a fuerza de meter —aplastando—, lo que tal vez su naturaleza ni admite ni puede dar. *Los padres han de tratar de forma desigual a los hijos desiguales*. Eso es lo justo para ellos.

La costumbre de la «buena educación» ha consistido en reprimir los sentimientos y sus manifestaciones, restando espontaneidad a las personas y sofocando, de una vez por todas, su vitalidad, su natural modo de ser. Otra cosa muy distinta es que esas manifestaciones hay que ponerlas en razón.

La fogosidad excesiva, la impaciencia, la susceptibilidad, la excesiva efusividad, la lengua demasiado suelta, el desvelamiento de la intimidad respecto de temas o contextos en que se calificarían esas manifestaciones de atentado a la subjetividad o exhibicionismo sentimental, la tozudez, la mezquindad, la frialdad, la suspicacia, el cálculo, el continuo espíritu de contradicción, el tomarse lo de los demás a broma, el no saber escuchar, las excentricidades, las manías, el porfiar y tratar de imponer las propias ideas, el llamar la atención, la búsqueda de la originalidad y el excesivo uso del ariete de la ironía, son algunas de las muchas manifestaciones que pueden obturar la comunicación y la convivencia y generar graves conflictos.

Pero *constituiría un grave error pensar que los cambios han de centrarse en sólo los defectos personales. Tan importante es disminuir estos como acrecer las cualidades positivas*. El proceso del cambio para lograr la madurez afecta a ambos grupos de cualidades por igual.

Cambiar es, por ejemplo, tratar de ser más optimista, no saborear la tristeza, crecer en simpatía y alegría, aumentar la capacidad de trabajo —«quien tuvo retuvo»—, expresarse con la mayor corrección posible, ser afable, relativizar lo que es relativo, despreocuparse con facilidad de los problemas que no se pueden resolver, ser generoso y magnánimo, incrementar la sinceridad y ensanchar la prudencia, robustecer las habilidades sociales, ser sobrio, no quejarse de nada, ser puntual, etc. Aquí la enumeración sería interminable, tanta es la diversidad de las realidades positivas que se concitan en las personas y tan numerosas son las virtudes humanas que pueden engalanarlas.

¿Es legítimo renunciar incluso al peculiar modo de ser por amor a otra persona?, ¿no se rebelará acaso la propia naturaleza ante tal exigencia? Si la persona no desarrolla los dones que ha recibido, ¿para qué, entonces, se los han dado?, ¿puede renunciar a ellos?, ¿es conveniente que lo haga, si un día habrá de dar cuenta de ellos?

Se ofrece a continuación un sucinto inventario de algunos rasgos relevantes que más pueden influir en *la conquista de la madurez adolescente*. Entre los variados rasgos posibles se han seleccionado sólo diez, justamente aquellos que están más en consonancia con la forma en que se configura el modo de ser del adolescente, tal y como a continuación se mencionan: *el interés por uno mismo y por los demás, la aceptación de sí mismo, la responsabilidad, la tolerancia, la flexibilidad, la adaptación al presente, la generosidad, la laboriosidad, la capacidad de solucionar los problemas y el desarrollo de las perfecciones perfectibles de que dispone.*

A modo de ejemplo, y para no hacer más larga esta exposición, se atenderá ahora al primero de ellos: *el interés por uno mismo y por los demás*. Una persona que se estima de forma adecuada se experimentará a sí misma como «alguien» cuya vida no está cumplida ni finalizada y, por consiguiente, incompleta e inacabada. Es decir, se percibe la vida personal como *una tarea* que puja por ser llevada a cabo. La vida se hace patente como *un proyecto* en ciernes. Es precisamente en ese proyecto en el que la totalidad de la persona y del segmento de la vida hasta ese momento ya realizado se proyectan y toman nuevo impulso para seguir adelante.

Los proyectos, las *metas vitales* varían mucho de unas a otras personas, pero hay una circunstancia que es constante en cada una de ellas: la de no estar impregnadas por el aburrimiento.

El aburrimiento consiste exactamente en eso: en percibirse en la actualidad del momento y del porvenir, cercano o lejano, como «lo ininteresante», lo no-interesante, *lo que carece de interés*. Pero el interés de que aquí se trata no coincide con el mero interés ingenuo, la mera curiosidad o una cierta atracción por lo económico. Entre otras cosas porque con sólo el interés económico no se da aliento a la vida —o no se debería alentar— para seguir su camino adelante.

El interés de que aquí se trata es más vital y profundo que todo eso. Es el interés que se alumbra en la consideración de la situación de *inter-esse* en que se hinca la existencia.

El término *inter-esse* expresa aquí el aspecto relacional en el que se hace presente o emerge el encuentro con otra persona, un ingrediente autoconstitutivo de la misma vida del adolescente. Según esto, ninguna persona está sola, porque su mismo ser, como tal persona, no sería lo que es sin esas relaciones. El ser del adolescente es *un-ser-entre-otros-seres*, y las relaciones que le unen o separan a esos otros seres en modo alguno son indiferentes.

No se trata, pues, de un interés individualista, solitario y egótico, que contribuya a encerrar todavía más a la persona en sí misma. Consiste más bien en todo lo contrario. Se trata de un interés que amplía el horizonte personal, que desde los otros regresa e interpela incansablemente al propio yo, que inquieta y afecta sin desmayo, que muestra al desnudo la realidad de *la interdependencia entre las personas*.

Un interés así es incompatible con la experiencia del aburrimiento. Un interés así ha de abrir el entendimiento al conocimiento del otro y de sí mismo, en función del otro; ha de movilizar y armar la voluntad de una energía mayor al servicio de las acciones que sea menester poner en marcha.

Es el interés por los otros y por sí mismo el que alumbra la conciencia de que *la vida es una tarea todavía no cumplida y anda inquieta hasta ser hecha*. La acción no se amodorra en lo ya hecho, sino que se apoya en ello para seguir con la vida adelante.

El interés al que se está haciendo mención es una poderosa fuente motivadora al servicio del vivir humano. Gracias a él la persona descubre que todavía *no puede renunciar o dimitir de quien es, porque ella sigue siendo interesante para sí misma y para los otros, y porque estos también son interesantes para su vivir personal.*

Gracias a ese interés la persona se percata de que nada está acabado en su vivir, que hay muchos cabos sueltos que todavía no están trenzados y atados, que hay muchas cosas que todavía valen la pena de ser ensayadas o conquistadas, que es tal vez menos importante lo que se ha vivido que lo que todavía queda por vivir.

Esta característica de la persona madura no se identifica con el propio «Yo» en construcción, como si se tratase de un misterioso y poderoso demiurgo. Este interés surge del conocimiento de que la vida —la vida personal— todavía descansa en las propias manos y las vidas de muchas otras personas, en pequeñas o grandes cosas —que eso importa ahora menos—, pero todas ellas igualmente relevantes y hasta cierto punto dependientes de lo que con la vida propia se haga.

Este interés por sí mismo y por los otros no siempre, lamentablemente, tiene la significación positiva que debiera en el adolescente. Este es el caso, por ejemplo, de los adolescentes que gustan de compararse con otras personas o son reivindicativos y vengativos, o quieren «morir matando». En ellos no se da el aburrimiento, pero tampoco el interés al que aquí se ha aludido, porque sus inclinaciones son destructivas y sobre ellas nada puede construirse. Por esta razón no es posible calificarlas de personas maduras.

6. ¿Cómo sobrevivir en la convivencia con un adolescente que no se estima y... no morir en el intento?

Se ha afirmado líneas atrás que *hoy se tiene miedo a los adolescentes*, que padres y profesores preferirían no encontrarse con ellos. Se comprende que sea así, puesto que el comportamiento de los adolescentes ha alcanzado cotas de mala educación, estulticia, violencia y agresividad antes impensables. Pero no es bueno tenerles miedo y menos aún manifestarlo delante de ellos. En el momento que los adolescentes se percaten de esos miedos, puede asegurarse que se ha abolido toda autoridad sobre ellos.

Admitamos que es difícil la convivencia con ellos. *Las madres no saben ya qué hacer con sus hijos adolescentes*. Cada vez que se dirigen a ellos con ánimo de dialogar reciben respuestas monosilábicas y hurañas; y si continúan en el intento es posible que acaben recibiendo un portazo. Nada se les puede decir porque están siempre como enfadados, pero al mismo tiempo es preciso decirles muchas cosas, incluso más que en la anterior etapa evolutiva.

Una discusión muy común en nuestro país es el tema de *las salidas nocturnas los fines de semana*. El adolescente defiende este pequeño territorio conquistado y su completa autonomía en él con uñas y dientes. Así es que los padres acaban por abandonar la contienda. Su hijo o hija irá arrebatando niveles de autonomía cada vez mayores en este ámbito. A los padres parece que sólo les ha quedado la triste tarea de *quedarse por las noches esperándoles, «para al menos ver cómo vienen»*. Claro que es muy poco lo que pueden hacer aunque lleguen tarde, un poco cargados de alcohol y con los ojos vidriosos.

La madre está casi siempre en el centro del ojo del huracán de las discusiones con los hijos adolescentes. Y, lógicamente, tratará de darles criterio, imponer un cierto orden en sus vidas y recordarles algunas exigencias. El discurso materno será rechazado de inmediato por el hijo adolescente y, además, con gruesas palabras y gestos despectivos que, de ordinario, no deberían ser tolerados. Pero las miradas, los gestos, las palabras y la poderosa fuerza física de los hijos, que están a la vista, suscitan en las madres un miedo natural. Suelen apelar, entonces, a «*cuando venga tu padre*», como si el padre fuera el agente de la autoridad, *un padre-gendarme* que ha de imponer el orden que el adolescente quebranta y la familia precisa.

En muchas circunstancias la convivencia familiar se resiente. El adolescente devora a deshora todo cuanto hay en la nevera y deja sembrada la cocina de desperdicios inútiles, pero no suele compartir la comida con sus padres; entrar en su cuarto es como visitar una «leonera» en la que las camisas recién planchadas conviven con unos *jeans* embarrados que no se han mandado a lavar desde hace dos meses y unos calcetines sucios de hacer deporte; deja siempre el estudio para los días anteriores a los exámenes y es incapaz de hacerse un plan ordenado o sacrificar siquiera la «movida» de una noche; concibe planes fantásticos donde pasar sus vacaciones o ampliar los estudios que está haciendo, sin tener en cuenta el precio que hay que pagar por ello; exige, exige y exige que todo esté a punto, desde la comida a la ropa, pero es incapaz de satisfacer el más pequeño encargo que se le hace; del ordenador al móvil, así transcurre su vida, sin que nadie pueda corregirle en algo por considerarlo como una invasión de su intimidad, atentatoria del más elemental de los derechos humanos; comienza a tomar su casa como si se tratara de una «pensión», sólo que supone que nada ha de pagar por ello; y no consiente que nadie se inmiscuya en lo que considera son sus asuntos, sus planes de cada día, por lo que se ofende si sus padres le piden cuentas acerca de sus estudios o del cuidado de las cosas que usa.

Con un hijo así es comprensible que *la madre esté casi siempre «al borde de un ataque de nervios»* y que su ansiedad se proyecte y resienta luego las relaciones con su marido, quien en plan benevolente para con el hijo tal vez la culpe a ella por lo inoportuna, machacona y desacertada que está en lo que le pide a su hijo adolescente. *El conflicto madre-hijo se amplía y prolonga en el conflicto esposo-esposa*, por lo que la madre está muy cansada y le lleva a cuestionarse abiertamente: «*¿Se puede vivir así?*»

La madre tiene mucha razón en lo que cuenta, pero no es menos cierto que tendría que haber empezado mucho antes la educación de su hijo, que ahora es un adolescente.

De otra parte, no es fácil cubrir satisfactoriamente hoy la etapa de la adolescencia. *En la sociedad actual, los adolescentes lo tienen algo más difícil que en las etapas anteriores*. El medio social, tan rico en bienes de consumo, les sitúa muy próximos a una situación vital inaceptable: *morir de confort*. La sociedad ha armado su brazo derecho con el poderío de las tecnologías más sofisticadas, antes impensables. Los comportamientos innovadores, y antes excepcionales, se han generalizado y devenido en costumbre. La ausencia de convivencia con la familia, el aislamiento personal y la generalizada permisividad han transformado la vida de los adolescentes en auténticas islas en el mar infinito del mundo, sin brújula para orientarse y sin energías para buscar la brújula perdida de la que no disponen.

No, tampoco es fácil convivir con los padres hoy siendo un adolescente y no morir en el intento. Es preciso que algo cambie o se modifique en padres e hijos adolescentes, si es voluntad de ambos sobrevivir a esa convivencia.

Es preciso que padres y profesores *si no aceptan al adolescente como es, al menos lo toleren*. La adolescencia es una etapa por sí misma conflictiva que hace del adolescente un ser en crisis, como consecuencia del cambio continuo que está experimentando. *Acoger, aceptar* o cuando menos *tolerar* a un adolescente, día a día, exige, sin duda alguna, un mayor esfuerzo.

Por eso parecen muy acertadas las recomendaciones que a los padres de los adolescentes hacen Kindlom y Thompsom (2000) en su último libro, *Raising Cain*, que se ha convertido en un *best-seller*, en el último año, en Estados Unidos. Al título del libro sigue un subtítulo que es todavía más elocuente, y que dice así: «Protegiendo la vida emocional de los chicos.»

Sobre el «analfabetismo emocional» de los adolescentes ya me he ocupado líneas arriba; ahora sigamos con los consejos que estos autores dan a los padres de los adolescentes, y que resumo a continuación: «*ser indulgentes con sus emociones*»; «*aceptar su alto nivel de actividad física*»; «*hablar su lenguaje y tratarles con respeto*»; «*enseñarles que la empatía es coraje*»; «*usar la disciplina en su dirección y formación*»; «*mostrarles un modelo de masculinidad en el que esté incluido el apego emocional*»; y «*enseñarles muchos de los caminos en que un chico adolescente puede llegar a ser un hombre*» (pp., 241-256).

Los autores se refieren aquí, naturalmente, sólo a los chicos, y razones hay para ello, pues como hemos observado líneas atrás, uno de los ámbitos más deficitarios en la formación de los varones adolescentes y en su futura configuración autoconstitutiva es precisamente este: la incapacidad para expresar emociones y relacionarse empáticamente con las personas con quienes conviven.

En cualquier caso, no es que *la convivencia con las hijas adolescentes sea más fácil que con los hijos de la misma edad*. Por sólo citar un dato, es muy frecuente que las madres se quejen más de las hijas que de los hijos adolescentes. Algún sentido tienen esas quejas.

La hija adolescente suele detestar, durante esa etapa, a su madre más que a ninguna otra persona, hasta el punto de prometerse a sí misma que *jamás será como ella*. Esto, qué duda cabe, puede hacer sufrir mucho a las madres. Pero tengan paciencia, pues ese arrojo descontrolado de la hija tiene casi siempre un amable camino de regreso. *Es mejor que durante esta etapa el padre se ocupe más de la educación de la hija adolescente*. Entre otras cosas, porque *será mejor aceptado que la madre*. Luego, pasados dos o tres años, la hija volverá donde su madre, y su comportamiento será más comprensivo y también menos violento y crítico, y comenzará a asumir las indicaciones que años atrás le hacía su madre.

La alternancia entre el padre y la madre en la educación de los adolescentes —y, en general, en todas las edades— es muy conveniente para todos. Gracias a ello, la autoridad de los padres se erosiona menos —sobre todo, si no discuten nunca entre sí, delante de los hijos— y las relaciones padres-hijos se articulan mejor, de acuerdo con los cambios que estos últimos experimentan, en función de su recorrido por las diversas etapas evolutivas.

Es bueno recordar a estas alturas las irónicas afirmaciones —un tanto caricaturescas— que se predican de los hijos, según su edad. He aquí *lo que el hijo piensa del padre* —según se dice—, *en función de la edad* que tenga: a los 7 años, «¡papá es un sabio que todo lo sabe!». A los 14 años, «me parece que se equivoca en algunas cosas...». A los 20 años, «mis padres están un poco atrasados. ¡No son de esta época!». A los 25 años, «mi padre no sabe nada. Decididamente está chocheando». A los 30 años, «no sé si ir a consultar este asunto con mi padre, tal vez él podría aconsejarme». A los 45 años, «¡que lástima que mi padre se haya ido! Él me hubiera aconsejado». A los 60 años, «¡pobre de mi padre! Era un sabio. Lástima que yo lo haya comprendido demasiado tarde».

Los padres han de ser confirmados en la seguridad de que son del todo necesarios e imprescindibles para que sus hijos adolescentes lleguen a la madurez que es propia de las personas. Acaso por eso sólo valga la pena vivir con tanta intensidad las preocupaciones (fundadas), los sufrimientos (lacerantes) y los desvelos (fatigadores) a que están expuestos, por convivir y educar a un hijo adolescente.

Pero la adolescencia también se pasa. *De lo que no conviene pasar* es de las decisiones que es menester tomar y llevar a la práctica —no importa la ansiedad que estas susciten—, a fin de que en sus hijos emerja la mejor persona de acuerdo a sus posibilidades. Sin la acción y el consejo de los padres, se agostaría el ideal espléndido que un día vislumbró el adolescente y que quedaría en nada, se obstaculizaría la emergencia y desarrollo del «yo» adolescente sin que logre hincarse en un claro destino, y tal vez se cegaría su autoconciencia vital que quedaría reducida a una masa informe e indiferenciada.

Los hijos adolescentes son los elementos emblemáticos —y siempre provisionales— de la así llamada *«generación del yo»*, que ha de ser transformada en la *«generación del nosotros»*. Esa transformación necesita del tiempo y, por tanto, de la paciencia —de mucha paciencia— de los padres. Sin esa paciencia, la vida del hijo primero se astilla y luego se fragmenta, hasta llegar incluso a no reconocerse el rostro de la persona que hay en ella.

En ausencia de esa paciencia se va creando en su interior *una oquedad existencial* que acaba por resultar insoportable para sí mismo y para quienes le rodean. «Peer Gynt —escribe el dramaturgo noruego Visen sobre uno de sus personajes— se parecía a una cebolla que se va desmoronando sin llegar nunca a un punto sólido. La vida para él no consistía más que en una sucesión de meses y años que el viento se lleva, sin llegar nunca a un centro resistente. El único epitafio que se podría grabar en la losa de su tumba sería este: *aquí no yace nadie.*» «Alguien ha podido decir que los Peer Gynt pueblan la tierra y la cubren por doquier de campos de cebolla» (Llano, 2002). No, no conviene que el hijo adolescente incremente el número de las personas que se parecen a las cebollas.

Vale la pena, pues, seguir con su vida adelante, sostenerlo, auparlo, ayudarle a desvelar su intimidad para que a sí mismo se conduzca mejor, acrecerlo, impulsarlo y hacer que se comprometa en la aventurada, singular y grandiosa tarea de ser quien es, quien quiere ser, quien debe ser. Y esto a pesar de que haya momentos en que parezca a los padres que es casi imposible su misma supervivencia. Una consideración consoladora para cuando lleguen esos momentos es recordar que su hijo adolescente es también «la única criatura en la tierra que Dios ha querido por sí misma» (*Gaudium et spes*, n.º 24).

Capítulo 7

LA AUTOESTIMA Y LOS TRASTORNOS PSICOPATOLÓGICOS

1. Introducción
2. Autoestima, psicopatología y psicoterapia
3. La psicopatología y la evaluación de la autoestima
4. Relevancia de la autoestima para la psicopatología
5. La autoestima y los trastornos psicopatológicos menores
6. La autoestima y los trastornos psicopatológicos mayores
7. Intervención terapéutica, psicopatología y déficit de autoestima

1. Introducción

La inteligencia y las emociones son, qué duda cabe, funciones psíquicas diferentes que pueden distinguirse entre sí, pero que necesaria y simultáneamente se concitan en el obrar humano.

Inteligencia y voluntad pueden disociarse, tal y como lo exige su estudio individualizado, pero no debe olvidarse que tal disociación es en cierto modo un artefacto, porque en la persona humana, donde las dos se concitan recíprocamente, ninguna de ellas puede organizar y dirigir la conducta de la persona en ausencia de la otra. Lo que sí cabe es que en esta o en aquella acción, la una se subordine a la otra, y viceversa.

Por contra, hay una opinión, hoy muy generalizada, que parece sostener que las capacidades cognitivas para obtener éxito han de estar como subordinadas a la emotividad. En definitiva, que lo que importa para alcanzar el éxito es echar mano del poderoso y robusto recurso que son los sentimientos. Quienes así opinan se olvidan de que también los sentimientos deben estar naturalmente subordinados a las funciones cognitivas o, por mejor decir, a eso que se ha dado en llamar *el mapa cognitivo de las emociones*.

En el pasado se desconfiaba de todo pensamiento que estuviera subordinado a la afectividad, por lo que un pensamiento así era automáticamente descalificado como «pensamiento visceral», como mera «irracionalidad». ¿Cuál de las dos opciones anteriores está más puesta en razón?, ¿es que acaso la razón puede independizarse totalmente de la afectividad, por ejemplo, en la toma de decisiones o en la intelección de algo?, ¿es que tal vez la persona humana puede actuar de forma sectorial y no unitariamente?, ¿dónde acaban las emociones y dónde comienza la racionalidad?

En el fondo de estas hipótesis emergentes, una y otra vez vuelve a ponerse sobre el tapete la contraposición insoslayable —y un tanto artificial— entre «cabeza» y «corazón», o formulado de un modo más clásico, entre entendimiento y voluntad.

Recordando a los clásicos es preciso afirmar, hoy como ayer, que *el objeto del entendimiento es la verdad y el fin de la voluntad es el bien*, todo lo cual compete también en lo relativo a la autoestima. Pero bien y verdad son, en cualquier caso, aspectos de una misma realidad; como entendimiento y voluntad son facultades de una misma persona.

Por eso, *cuando el entendimiento alcanza la verdad, esta deviene en un cierto bien que es al mismo tiempo apetecido por la voluntad*. De aquí que pueda hablarse, respecto de la voluntad, *del bien de la verdad* y, respecto del entendimiento, *de la verdad del bien*. Ninguno está por encima del otro, sino que ambos atraen de un modo simultáneo. Aunque, eso sí, según las personas y las diversas circunstancias puede haber un relativo predominio del entendimiento sobre la voluntad, del querer sobre el conocer, o de la verdad sobre el bien, y eso con independencia de que el entendimiento y la voluntad no se equivoquen cuando el primero se percata de lo que entiende como verdad y el segundo de lo que quiere como bien.

Otro ingrediente imprescindible, al que no siempre se da el necesario énfasis, es el propio cuerpo. *No hay estima sin corporalidad*, de la misma forma que no hay persona sin cuerpo. Pero la percepción de la corporalidad casi nunca es objetiva en la mayoría de las personas, sino que hay sesgos, atribuciones, comparaciones con los modelos impuestos por las modas, las cuales, en algunos casos, acaban por parasitar, confundir y/o tergiversar la estima personal hasta el ámbito de lo patológico, como sucede, por ejemplo, en el caso de *la anorexia mental*.

La autoestima, además, es un concepto excesivamente versátil que, lógicamente, va modificándose a lo largo de la vida. Y ello no sólo por la natural modificación de la persona que conlleva el devenir vital, sino también por los profundos cambios de ciertas variables culturales (estereotipias, sesgos, atribuciones erróneas, modas, nuevos estilos de vida, etc.).

La autoestima atraviesa de parte a parte el entramado que configura la trayectoria biográfica de la persona a lo largo de su vida. De aquí que sea un rasgo ciertamente vinculado a la personalidad, pero en modo alguno estable, consistente y fiable, dada su natural dependencia de cómo se lleve a cabo el desarrollo autobiográfico y los cambios de los factores contextuales de los que aquel depende.

Sería muy conveniente estudiar la modificación de la autoestima en función de la historia biográfica personal, de los aciertos y desaciertos, de los éxitos y fracasos, de las victorias y derrotas, de las acciones dignas e indignas con que se entreteje eso que se ha dado en llamar la biografía personal.

La autoestima, tal y como es concebida hoy, es más un resultado (del rendimiento) que un principio (de la dignidad de la persona); una propiedad que entronca y deriva de lo «conquistado» (lo adquirido) más que de lo «dado» (el don innato y recibido); *que muy poco tiene que ver con la bondad o maldad de lo que uno hace* (comportamiento ético) *y mucho con la buena o mala forma en que aquello se hace* (comportamiento instrumentalizado). De acuerdo con los anteriores criterios, es lógico que si la autoestima no consigue esos objetivos se altere y pueda llegar a condicionar la eclosión de ciertas manifestaciones psicopatológicas.

El ser y el tener, lo objetivo y lo subjetivo, el yo y los resultados por él obtenidos se confunden aquí sin apenas poder diferenciarse. A pesar de que tal modo de proceder sea contrario a la común y generalizada experiencia empírica personal. De hecho, al mismo tiempo que se acepta esta perspectiva, se rechaza frontalmente cualquier opinión *que subjetivamente reduzca el propio valor personal a sólo el éxito alcanzado, el poder conquistado o la realización de las propias pretensiones*.

Puestos ya a hablar de estimación, forzoso es admitir que hoy está agigantada, lo que no deja de constituir una *estima magnificada*. De otro lado, el incremento de la validez y deseabilidad social de la autoestima tampoco es que haya emergido como un hecho imprevisible, aislado e insólito. Si tanto se ha generalizado el uso de este término es porque se ha priorizado y puesto un mayor énfasis en el ámbito de la emotividad. Paradójicamente, *la inteligencia parece estar en descrédito en la actualidad*, mientras el emotivismo amenaza con llenarlo todo.

Acaso por ello, atraen más, «se venden mejor», han hecho más fortuna cultural los programas relativos a la educación sentimental —cualquiera que sea el modo en que esta es formulada— que otros programas que tal vez podrían incidir más en el desarrollo cognitivo («aprender a pensar», «el enriquecimiento instrumental de la inteligencia», etc.).

Sin duda alguna, el concepto de autoestima se ha popularizado, hasta el punto de invadir también ciertos sectores del *ámbito clínico*. No son pocos los pacientes cuyo principal motivo de consulta con el psiquiatra es, según manifiestan, un problema de autoestima. Son personas a las que cuando se les pregunta por el motivo de la consulta, suelen contestar lo que sigue: *«doctor, es que tengo un problema de autoestima», «es que mi autoestima está baja»*.

En muchos de ellos esto es verdad, pero casi nunca toda o sólo la verdad. En efecto, el déficit de autoestima está presente en ellos, además de otros muchos síntomas psicopatológicos. Pero aunque en tanto que tal déficit esté presente en todos ellos, la naturaleza, intensidad y cualidad de este trastorno no suele ser coincidente en la mayoría de los pacientes. Esto quiere decir que, al menos en el ámbito psicopatológico, el término de autoestima se predica de muy diversas formas.

Como tendremos ocasión de observar más adelante en este capítulo, en modo alguno se asemeja el déficit de autoestima manifestado, por ejemplo, en un paciente con depresión que en otros afectados por un trastorno de personalidad o por una fobia a hablar en público. Hay, qué duda cabe, algo común en todos ellos, pero también muchos y diversos matices que les diferencian, por lo que parece legítimo preguntarse si en todos los casos se tratará del mismo o de diferentes déficit.

El concepto de autoestima se encuentra hoy en el candelero con todo derecho. Entre los expertos está generalizada la tesis de que la baja autoestima es un rasgo más, al que en la actualidad se le da una especial importancia, acaso por estar de moda o tal vez porque la *depresión* —el síndrome psiquiátrico más frecuente, con mucho— está muy relacionada con la pérdida de autoestima. *El depresivo no se quiere a sí mismo y dispone de una memoria selectiva que sólo recuerda lo negativo de su vida.*

Pero la preocupación por la autoestima tiene sus pros y sus contras, su haz y su envés, porque, entre otras cosas, se ha configurado como un concepto equívoco.

De una parte, es muy conveniente que las personas se estimen a sí mismas, es decir, que no se rechacen a ellas mismas sino que se acepten y se respeten tal y como realmente son. Esta circunstancia es algo normal que proporciona un cierto equilibrio personal. Incluso en la tradición bíblica se nos dice que hay que amar a los demás como a nosotros mismos. Por tanto, cierto amor propio es necesario, pues si la persona no se ama a sí misma, será muy difícil —casi imposible, de hecho— que ame a los demás. Por contra, si la persona se odiara a sí misma sería lógico, entonces, que aumentasen los homicidios y los suicidios.

Quienes sufren problemas de autoestima no se aceptan como son, se rechazan a sí mismos y difícilmente aman a los demás. La baja autoestima provoca conflictos en el ambiente familiar, laboral y social y, desde luego, destroza la amistad.

Por otra parte, parece lógico *que la autoestima se altere como consecuencia de los diversos trastornos psicopatológicos*. Entre otras razones, porque cualquier alteración psicopatológica o enfermedad psiquiátrica casi siempre disminuye el rendimiento profesional, lo que vulnera el núcleo mismo de la autoestima, toda vez que esta se ha concebido más como «autoestima-resultado» que como «autoestima-principio». El pragmatismo utilitarista o «eficacismo» que de aquí se deriva es un hecho obvio y tal vez de fatales consecuencias para ciertas personas.

2. **Autoestima, psicopatología y psicoterapia**

La autoestima es como el «humus» en el que se cobijan las raíces del propio yo. De aquí que podría definirse como el lugar, la tierra firme donde hincar el propio yo de manera que crezca derecho y en su máxima estatura, con tal de que se desarrolle vigorosamente y permita sacar de sí la mejor persona posible.

En el ámbito de la *psicopatología* este concepto es de vital importancia, por cuanto los síntomas y alteraciones suelen ser tozudos y dejan su impronta en la persona. Acaso por ello, la autoestima se nos ofrece en la clínica psiquiátrica como el eje sobre el que componer, rectificar y vertebrar el propio yo que, en el camino zigzagueante de la vida, tal vez se deshizo a causa de la enfermedad y de la errónea tarea de hacerse a sí mismo.

Resulta también muy conveniente valorar en *psicoterapia* la autoestima de los pacientes, por cuanto muchas veces constituye la condición de posibilidad de que la persona pueda rehacerse, a partir de los deshechos fragmentarios, grandes o pequeños, en que quedó atomizado el propio yo.

En el contexto más amplio de la *antropología médica*, la autoestima inicial o principalista —la autoestima primera que está en el origen— se nos ofrece como el punto de partida de la personal trayectoria biográfica que hay que recorrer para hacerse a sí mismo, para acrecer el regalo de la vida que se ha recibido, para hincar la vida en su propio destino, es decir, para ser feliz.

En cierto modo, es lógico y comprensible que este concepto haya hecho correr ríos de tinta. En ello le va a la persona —y cree que le va— su propia felicidad. De aquí su generalizado interés. Pero obsérvese, que de acuerdo con ese interés felicitario del que se habló en las últimas propuestas de definición expuestas en el primer capítulo de esta publicación, la autoestima tiene menos que ver con ciertos valores materiales a pesar de que coticen en la actual sociedad a la alza —el éxito, el poder, la gloria, el dinero, la popularidad, el rendimiento, etc.—, que con otros valores más noéticos y espirituales de un calado más profundo —la dignidad, la sabiduría, la autenticidad, la veracidad, etc.— y también más difíciles de realizar en la propia personalidad.

Por todo ello es muy aconsejable —muy necesario en la práctica— conocernos a nosotros mismos. Pero este *conocimiento* no es fácil. La perfecta reflexión acerca de nuestro yo no es el camino más aconsejable y, desde luego, en modo alguno el único. La reflexión solitaria es necesaria, pero sólo ocasionalmente. Si nos excedemos en ella, puede contribuir a la propia ruina en forma de *narcisismo, autodesprecio* o *fatiga de ser quienes somos* (Polaino-Lorente, 2003c).

La inteligencia que se dirige al propio conocimiento *in recto*, derechamente, no debe trabajar en el vacío, porque se queda sin referentes, sin razones acerca de lo que es conveniente o no. Por contra, es mejor la inteligencia que aprehende el propio yo *in obliquo*, mediata e indirectamente, porque entonces no trabaja sola sino en un contexto habitado por las necesarias referencias: se aprehende el yo en lo que la persona hace, dice, siente o piensa. Pero ese pensar, sentir, decir o hacer no está descontextualizado, sino que se realiza en concreto, es decir, constituye una situación en que es casi imposible que no emerjan las obligadas referencias.

El *iter*, la vía a seguir que aquí se propone, de acuerdo con lo exigido por la salud mental, es la siguiente: conocimiento personal, aceptación serena de uno mismo, autoposesión y autodonación. Sin conocimiento de sí mismo es en la práctica poco menos que imposible que nos aceptemos tal y como somos.

De no aceptarnos —también en nuestras limitaciones y defectos—, puede afirmarse que en verdad no nos poseemos. Y si no nos poseemos, ¿cómo darnos a los demás?, ¿cómo entregar el propio yo, operación en que consiste el amor humano?, ¿cómo amar a alguien, cómo darnos al otro si no nos pertenecemos?

Pero si no nos damos porque no podemos, ¿para qué queremos estimarnos?, ¿para qué disponer de un expediente o *curriculum vitae* inmaculado y excepcional —la autoestima—, que no podemos compartir con nadie?, ¿podemos acaso ser felices con tan sólo estimarnos a nosotros mismos en la soledad incomunicante e incomunicada de nuestro propio corazón aislado?

Aunque sólo fuera por esto, *la autoestima constituye una pieza fundamental sobre la que han de volver, una y otra vez, los estudiosos de la psicopatología y de la psicoterapia.*

3. La psicopatología y la evaluación de la autoestima

En el contexto de la psicopatología clínica es preciso evaluar la autoestima, sobre todo para saber a qué atenerse, tanto en el ámbito del diagnóstico como de la terapia que, como resultado de ella, conviene aconsejar por ser para ese paciente la más conveniente.

Disponemos de muchos instrumentos para la evaluación de la autoestima, aunque tal vez precisamente por ello encontremos serias dificultades para su aplicación en el ámbito clínico. Algunos de ellos —los más conocidos, por cierto— tienen ya un largo pasado.

Este es el caso, por ejemplo, del *Self-Concept Inventor* (Sears, 1963), de la *Tennessee Self-Concept Scale* (Fitts, 1964), de la *Piers-Harris Children's Self-Concept Scale* (Piers, 1969), de la *Self-Esteem Scale* (Rosenberg, 1965), del *Coopersmith Self-Esteem Inventory* (Coopersmith, 1967 y 1981), de la *Maryland Preschool Self-Concept Scale* (Smith, 1977), del *Personal Attribute Inventory for Children* (Parish y Taylor, 1978), del *Self Perception Inventory* (Soares y Soares, 1980), etc.

Muchos de estos instrumentos, en realidad, están diseñados más específicamente para la evaluación del autoconcepto que de la autoestima, aunque resulte difícil distinguir en la práctica qué ítems evalúan respectivamente unos u otros contenidos.

Es lógico que encontremos serias dificultades para evaluar la autoestima, una vez que este concepto, por su excesiva complejidad, no se ha formulado sino de una manera equívoca y, desde luego, sin que se haya definido de una forma operativa —¿puede acaso definírsele de un modo operativo?—, como demandan las exigencias de los trabajos empíricos.

Nada tiene de particular que se alcen voces discrepantes y que todavía la discusión permanezca abierta entre numerosos autores (Jonson, 1998; Oliver, Pastor y Tomás, 1998; Ashkanasy, 1997; Hunter, Platow, Bell, Kypri y Lewis, 1997; etc.).

La discusión es también intensa en lo que se refiere al empleo de conceptos diversos que, no obstante, algunos autores usan como si fueran realmente sinónimos, como, por ejemplo, autoestima y autoconcepto (Polaino-Lorente, 1988). Algo parecido sucede respecto de la *self-esteem* y la *self-efficacy* (Stanley y Murphy, 1997).

Además, los mismos modelos que han servido de base para el diseño de instrumentos de evaluación ofrecen ciertas dificultades cuando se les estudia desde el punto de vista de las dimensiones de otras escalas que, en principio, parecen estar relacionadas con el concepto de autoestima (Francis, 1997a y b).

Cuando se han estudiado algunas escalas de autoestima desde, por ejemplo, la perspectiva de la reactancia, los resultados correlacionales obtenidos han puesto de manifiesto la eliminación de variables implicadas en las relaciones entre autoestima y libertad de elección (Hellman y McMillin, 1997). En otro orden de cosas, algunas escalas no parece que faciliten la comprensión del formato de las respuestas por parte de los probandos (Eiser, Eiser y Havermans, 1996).

Por último, la comparación de los resultados obtenidos entre dos escalas que, en principio, evalúan la autoestima (Coopersmith y Rosenberg), sólo obtienen una intercorrelación de 0,52, lo que sugiere que las dos escalas evalúan similares aspectos de la autoestima, pero en modo alguno aspectos que sean entre sí idénticos (Francis y Wilcox, 1996).

En realidad, más que de equivocidad conceptual, habría que hablar aquí, a propósito de estas escalas, de la *multiplicidad o pluralidad de conceptos*. Fierro (1986), por ejemplo, distingue entre cuatro medidas diversas en la evaluación de la autoestima implícita (idiográfica, proyectada, reputada y normalizada). Todo lo cual sugiere al autor que «la autoestima implícita, según sean los criterios de valor aplicados, obliga a concebirla como una dimensión no simple, como una estructura compleja que engloba contenidos varios, en parte asociados y en parte disociables» (p. 88).

Por consiguiente, aunque tales medidas puedan ser consideradas como variables empíricas y no meros constructos, no obstante, deberían tomarse no como variables simples sino complejas. De otro lado, los resultados que se obtengan mediante estas escalas tampoco han de presumirse «estables» a lo largo del tiempo, y mucho menos «consistentes» a todo lo ancho de las diversas situaciones.

A causa de los anteriores resultados y de la debilidad predictiva de estas escalas, asistimos así al establecimiento de una extraña analogía (!) entre ellas, que tal vez no esté del todo puesta en razón y, por tanto, resulte quizá un poco forzada.

Aunque entre estas escalas de evaluación es poco en lo que difieren, podrían establecerse las oportunas analogías; pero en tanto que son diferentes los contenidos que evalúan, no ha lugar para establecer tales analogías. Esto significa que, en el ámbito de la práctica clínica, dichos instrumentos de evaluación no debieran usarse como procedimientos rigurosos y útiles porque, sencillamente, sus resultados no son suficientemente válidos y rigurosos.

4. Relevancia de la autoestima para la psicopatología

En la actualidad es cada vez más frecuente encontrar en la práctica de la psiquiatría clínica un relativo e importante cambio de actitud en los pacientes, a propósito de la autoestima. Tal cambio de actitud —como se ha dicho anteriormente— consiste en la apelación como *motivo de consulta*, por parte del paciente, a un *déficit en la autoestima*. Son muchos los pacientes que al preguntarles qué les pasa, contestan con frases como las siguientes: «*vengo porque tengo un problema de autoestima*», «*mi autoestima está baja*», «*tengo un déficit de autoestima*».

Esta apelación a la autoestima, como justificación o explicación de lo que les acontece, no debiera sorprender al clínico. En realidad, el paciente apela a los términos puestos en circulación en la opinión pública —es decir, a los tópicos y lugares comunes, que le son más cercanos y familiares— para, tomándolos como clave de lo que le pasa, reformular y/o configurar las molestias que le aquejan, de manera que estas sean para él comprensibles.

Un acercamiento desde la *sociología de la enfermedad* de seguro que confirmaría lo que se acaba de afirmar acerca de este modo innovador, a cuyo través los pacientes «formatean» sus problemas. Hasta aquí, tal cambio de actitudes podría en apariencia resultar irrelevante. Pero en modo alguno es así. La forma en que la persona reconfigura y reinterpreta lo que le sucede contribuye también a modificar lo que le acontece.

No es lo mismo formular un problema en clave de autoestima que, por ejemplo, en clave de culpabilidad, de vergüenza o de persecución. *La clave desde la que el paciente interpreta sus síntomas* matiza y en cierto modo modifica el modo en que aquellos se manifiestan, es decir, modifica sus contenidos temáticos, las expectativas sobre lo que hay que hacer, el modo más adecuado de afrontarlos, lo que el paciente espera de la ayuda del clínico, su pronóstico, etc.

Precisamente por esto, la psicopatología no debiera desentenderse de las nuevas reformulaciones emergentes en que los pacientes expresan el malestar que les aqueja. Es responsabilidad de la psicopatología atender y atenerse a estas manifestaciones, por cuanto que estas modifican, cambian y transforman —y a veces de una forma especialmente relevante— los contenidos intrínsecos de los trastornos psicopatológicos, además de la relación entre el médico y el paciente.

Es obvio que *los trastornos psicopatológicos son también modificados por las modas y por los usos lingüísticos*; por eso, cuanto más intensos sean los cambios operados en estos, mayor suele ser también la urgencia y necesidad con que deben ser conocidos y atendidos por el clínico.

Respecto de la autoestima no parece que la clínica psicopatológica haya demostrado, por el momento, un gran interés. Tal silencio clínico pone de manifiesto la presencia de un elocuente hecho: la ausencia de diálogo entre los principios y criterios propios de esa disciplina —*la teoría*— y el discurso de los pacientes a través del cual estos expresan lo que les acontece —*la práctica*— sobre la que precisamente versan esos conocimientos teóricos.

En otro orden de cosas, es preciso cuestionarse acerca de si la autoestima constituye una manifestación propia de la condición humana y en qué consiste; si esa característica está vinculada o no con la naturaleza de la persona; y si puede alterarse y devenir en algo patológico en ciertas personas.

Aunque no es este el lugar oportuno para responder a las anteriores cuestiones, hay muchos indicadores, en opinión de quien esto escribe, que ponen de manifiesto como una realidad natural el hecho de que la persona se estime a sí misma.

Esa peculiaridad, en primer lugar, es una constante en todas las personas. En segundo lugar, la autoestima tiene mucho que ver con la aceptación de sí mismo, cuestión esta más radical ya que cuando no es atendida y satisfecha de modo conveniente es susceptible de generar comportamientos anómalos. Y, en tercer lugar, porque la autoestima hace referencia no sólo a un cierto instinto de conservación sino también al autoconcepto y al proyecto autobiográfico por el que cada persona opta.

De admitirse que la autoestima es una dimensión natural de la persona, manifestación de una función natural subyacente, parece lógico postular que como tal función tal vez pueda sufrir —al igual que otras muchas funciones psicológicas humanas— ciertas alteraciones. No estudiarlas y atenderlas como se debe, ignorarlas o, simplemente, silenciarlas no parece que sean los procedimientos más adecuados por parte de la ciencia para resolver estos problemas.

Pero hay además otra razón que aconseja que la investigación clínica en psicopatología se haga cargo de esta exigencia. Si continúa la presión social que magnifica este término, es muy posible que tal concepto se incluya en el discurso psicopatológico e incluso en la nosología psiquiátrica, dada la importancia que el uso coloquial del lenguaje tiene en los modelos en que se formula, expresa y comprende el enfermar humano.

Por todo ello parece lógico reconocer que «los problemas de autoestima» de que se quejan los pacientes, en algún modo, interpelan, atañen e impactan en el mismo núcleo de la psicopatología. La asunción de este nuevo concepto y su reformulación psicopatológica se muestra en principio como una necesidad vital y científica. Tanto más cuanto que posiblemente la reformulación psicopatológica de muy diversos trastornos, en clave de autoestima, contribuya a modificar el marco de referencias científicas así como los criterios en que se inscribe el mismo quehacer clínico, en especial en lo que atañe al diagnóstico.

En esta nueva perspectiva es menester que se atienda y resuelva la actual equivocidad que acompaña a este término; que se desvelen algunos de los factores que se concitan en su origen y desarrollo; que se apresen e identifiquen las manifestaciones diferenciales que distinguen a unas de otras alteraciones específicas en los diversos cuadros clínicos; etc.

Hay mucho que desentrañar y dilucidar en torno a la *psicopatología de la autoestima*. Baste un ejemplo de lo que se acaba de decir. La mayoría de las personas se quejan de sufrir un trastorno en su autoestima, casi siempre a la baja, es decir, por defecto. Por el contrario, ninguna persona suele quejarse de sufrir un trastorno por exceso de autoestima. Lo lógico es que si hay trastornos por defecto, los haya también por exceso, pues siendo una función natural, es apropiado que sufra variaciones por más y por menos, con independencia de que el enfermo pueda silenciar aquellas y magnificar estas.

Para una introducción a la psicopatología de la autoestima, propósito de este capítulo, parece conveniente distinguir entre dos amplios sectores: los trastornos psicopatológicos menores y mayores de la autoestima. Veamos algunos de ellos a continuación.

5. La autoestima y los trastornos psicopatológicos menores

Los trastornos psicopatológicos menores de la autoestima son los que acontecen en personas que no padecen propiamente un trastorno psicopatológico específico, por lo que las alteraciones de la autoestima en este caso suelen estar más relacionadas con el desarrollo de la personalidad, las prácticas de crianza, la educación recibida, los conflictos familiares y las dificultades en el contexto sociocultural. Son, pues, pequeñas alteraciones que, por otra parte, afectan a muchísimas personas y que, por lo general, no son tributarias del psiquiatra y casi nunca o sólo muy rara vez llegan a su consulta.

Pero el hecho de que esta incipiente y superficial patología menor no exija un tratamiento psiquiátrico, en modo alguno quiere significar que deba desatenderse por completo. Es cierto que en muchos casos esas pequeñas dificultades con la autoestima evolucionan de forma espontánea y favorable, sin que precisen de ningún cuidado terapéutico. Sin embargo, otras veces, el no atenderlas como se debiera tal vez condicione una evolución tórpida que, con el tiempo, pudiera llegar a transformarse en un cuadro morboso. Aquí es mucho lo que padres, educadores y psicólogos pueden hacer, tanto en lo que se refiere a su detección precoz y posible intervención psicopedagógica temprana como en lo relativo a su prevención.

A modo de ejemplo, citaré a continuación algunos de los contenidos que, por darse con relativa frecuencia, pudieran incluirse en el ámbito de los trastornos psicopatológicos menores de la autoestima. Este es el caso, por ejemplo, de los *diversos tipos de apego* —en especial los inseguros— entre padres e hijos; *el modo en que el niño o el adulto aprende a habérselas con el éxito o el fracaso; el modo en que afrontan los problemas y el estilo atribucional que emplean respecto de los resultados que obtienen; la forma en que desarrollan ciertos estilos emocionales así como los «set» cognitivos que han configurado en relación con ellos mismos; los errores de infraestimación y sobrestimación* que, tras repetirlos reiteradamente, consolidan hábitos de comportamiento que impactan de forma decisiva en la génesis y desarrollo de su autoconcepto, nivel de aspiraciones, etc.

Como manifestación de lo que se está afirmando, tomemos el último de los ejemplos a los que se ha aludido: las variaciones de la autoestima por exceso o por defecto, a causa de los errores de sobrestimación o infraestimación personal.

Estos errores —de los que sin duda alguna depende mucho la versatilidad circunstancial de la autoestima— no son en su origen estimativos sino cognitivos. La persona se autoatribuye un cierto valor, característica o rasgo, que en modo alguno le pertenece, al menos en lo que se refiere a la cuantía o intensidad de ese rasgo o valor.

Estos errores ponen de manifiesto que las personas no se conocen a sí mismas en modo suficiente, por lo que el comportamiento que sigue a ese conocimiento defectuoso, del que este último depende, ni suele estar puesto en razón ni resulta adaptativo.

Cualquier conducta desadaptada constituye ya un comienzo de conflicto. Su prolongada reiteración puede actuar como un factor desencadenante de diversos trastornos psicopatológicos. De aquí la conveniencia de que estos *sesgos y errores autoperceptivos y atribucionales* se solucionen.

Consideremos el caso, por ejemplo, de una niña que sobrestima su belleza o su inteligencia, es decir que se atribuye a sí misma la belleza o inteligencia que no tiene. Tal atribución —precisamente porque es errónea— generará en ella unas expectativas que sólo con mucha dificultad podrán ser satisfechas. Esa niña esperará de sus compañeros que alaben su belleza y que sus resultados académicos sean conformes a su inteligencia. Si esas expectativas no se cumplen —y lo lógico es que no se satisfagan—, esa niña se sentirá frustrada, considerará que sus compañeros no la tratan como se merece y que sus profesores son injustos.

Esta situación es de suyo *conflictiva*. Si esa niña no se percata de lo que realmente vale en lo relativo a su belleza e inteligencia, persistirá en sus expectativas, lo que condicionará que se agraven los conflictos. Si éstos se intensifican o cronifican comenzará a sospechar de las malas intenciones de los demás, malas intenciones que atribuirá probablemente a la envidia de sus compañeros y a la injusticia de sus profesores (*comportamiento paranoide*).

Si todavía persiste en tales atribuciones, su conducta comenzara a enrarecerse, se tornará suspicaz, se sentirá preterida y perseguida, no se adaptará a su medio, se socializará peor, disminuirán sus habilidades sociales, formará un autoconcepto negativo y su vida acabará por convertirse en la historia de un resentimiento.

En estas circunstancias, hay exceso en algunos sectores de su autoestima, mientras que con mucha probabilidad otros adolezcan de un error por defecto. El *exceso* consiste en que persiste en no modificar las excesivas atribuciones que hace acerca de sus propios valores (belleza e inteligencia); el *defecto* radica en las atribuciones negativas que hace respecto de sus compañeros y profesores (envidia e injusticia). De aquí que el balance resultante sea más bien negativo, lo que probablemente condicione el modo en que se percibirá a sí misma y a los demás.

Por el contrario, si a lo largo de la anterior secuencia esa niña vuelve atrás y modifica sus atribuciones —es más realista en el modo en que se atribuye esos valores, aunque tal vez por eso descienda un poco su autoestima—, se sentirá más estimada como consecuencia de la mejor relación que establecerá con sus compañeros y profesores. Esto suscitará en ella una mayor aceptación de sí misma, una mejor adaptación al medio, una percepción más justa de las calificaciones de sus profesores, etc.

Algo parecido sucede en los *errores de infraestimación*. Sólo que por lo general en este caso las autoexigencias disminuyen, a la vez que desciende el nivel de aspiraciones. *Cuanto más baja sea la autoestima de una persona, a menos aspirará y menos se exigirá a sí misma*. Este error a la baja suele estar muy extendido entre los niños y jóvenes y, como no suele modificarse, genera consecuencias funestas en sus respectivos desarrollos biográficos.

Muchos *fracasos escolares* están en deuda con estos errores. Claro está que en unas ocasiones este error de estimación es anterior y condiciona el fracaso escolar, mientras que en otras la autoestima desciende a causa del fracaso escolar. En realidad, entre *fracaso escolar y autoestima* suele haber casi siempre una interacción recíproca y bidireccional, que es preciso estudiar con mucha atención.

Como consecuencia del fracaso escolar y de la infraestima que a él sigue o precede, el autoconcepto del niño o del joven sufre sus consecuencias. Disponer de un *autoconcepto negativo* supone, entre otras cosas, limitar el horizonte humano muy por debajo, en ocasiones, de las propias expectativas, de lo que sería razonable y más conveniente esperar de esa persona.

Un niño que, por ejemplo, se considera más bien torpe —como consecuencia del rendimiento escolar obtenido— restringirá su nivel de aspiraciones, renunciará a relacionarse con los que considera los mejores compañeros de su clase a pesar de que sintonice mucho con ellos, se instalará en un nivel mediocre sin aspirar a más y se tendrá a sí mismo en poco, en menos de lo que es y vale.

Esto constituye un flaco servicio tanto para sí mismo como para los demás, porque es muy difícil que desde esa posición vital pueda tratar de sacar de sí, de desarrollar los mejores valores innatos de que dispone.

En realidad, todas las personas tenemos errores por exceso y por defecto respecto de nuestra estima personal, porque nadie se conoce del todo a sí mismo. La clave para tratar de solucionar esos errores no se encuentra, precisamente, en los sentimientos. *Los errores, ciertamente, se manifiestan como sentimientos, pero su causa está en otro lugar, en las funciones cognitivas*. Por eso, la mera educación sentimental obtiene aquí muy escasos resultados. Es preciso ir al origen, a la causa de esos sentimientos, en una palabra, al conocimiento real de sí mismo. Cuanto mejor y más puesto en verdad sea el conocimiento que la persona tiene de ella misma, tanto mejor.

No sería adecuado en estos casos consultar con el psiquiatra. Pero si esos errores no se salvan, si persisten, si la persona no tiene un conocimiento veraz acerca de sí misma, es harto probable que con el tiempo tenga que consultar con el psiquiatra. También aquí un pequeño error en el inicio de la trayectoria biográfica constituye o puede ocasionar un grave trastorno al final del itinerario de su desarrollo personal.

6. La autoestima y los trastornos psicopatológicos mayores

Observemos ahora los trastornos psicopatológicos mayores de la autoestima. Sin duda alguna, puede hablarse también de una psicopatología mayor de la autoestima. Se entiende por tal los excesos y defectos de la autoestima —lo que comporta también un nuevo modo de atenerse a la realidad personal— como consecuencia de otros trastornos psicopatológicos más o menos graves que preceden, acompañan o siguen a aquella.

En principio, es preciso admitir que *en la mayoría de las enfermedades psiquiátricas la autoestima de los pacientes está alterada*. El hecho de que todavía no se haya prestado demasiada atención a ello en el ámbito psicopatológico está relativamente legitimado.

Por lo general, los principales síntomas psicopatológicos suelen afectar a funciones psicológicas más relevantes y se manifiestan como signos y señales, como hechos que por su tozudez y gravedad son más fácilmente evaluables. Las diversas constelaciones sintomáticas suelen vertebrarse orgánicamente hasta constituir síndromes específicos y característicos de determinadas enfermedades. En esta perspectiva puede concluirse que a pesar de su sutileza, la mayoría de los síntomas psicopatológicos de los que se sirve el clínico para realizar un diagnóstico tienen un relativo grado de estabilidad y consistencia, además de una especial densidad, tal y como se pone de manifiesto en los pacientes. Esto es precisamente lo que no acontece en el caso de la autoestima.

Sin embargo, sea a causa de alguno de estos síntomas o de todos ellos, el hecho es que *casi siempre la autoestima del paciente psíquico resulta gravemente alcanzada por el impacto de la enfermedad*. Dado este supuesto, ¿no convendría estudiar la pertinencia o no de incluir ciertos trastornos de la autoestima entre los criterios sintomáticos que tal vez fueran útiles para el diagnóstico psicopatológico?

En cierto modo, a esta cuestión se puede responder de modo afirmativo, pero también de modo negativo. Cada una de las anteriores respuestas comporta ciertas ventajas pero también ciertos inconvenientes, en tanto que cualesquiera de ellas podrían relativamente hipotecar el concepto mismo que se tiene de psicopatología.

En efecto, si se opta por *la inclusión* de los trastornos de la autoestima en el árbol sintomático específico de los trastornos psicopatológicos, es muy posible que con su concurso se estuviera optando por la construcción de una psicopatología en clave timocéntrica o cognitivista, en la que se estarían privilegiando bien el emotivismo o bien el cognitivismo intrapersonal.

Esto, sin duda alguna, cambiaría parcialmente el perfil psicopatológico de los trastornos psiquiátricos, tal y como hoy los conocemos. Por el contrario, si nos desentendemos, *si no se acogen los trastornos de la autoestima*, es muy posible que el ámbito psicopatológico siga su andadura como hasta ahora; pero es también muy probable que se ayude menos al paciente a resolver sus problemas, es decir, que no se le facilite el apoyo necesario para el buen uso de los recursos naturales de los que dispone para superar su enfermedad.

Sería injusto sostener que nada se ha hecho en relación con este tema. En la bibliografía reciente resulta fácil encontrar numerosas muestras demostrativas de este esfuerzo, tal y como a continuación observaremos.

Un hecho evidente en la clínica es que en muchos trastornos psicopatológicos la autoestima del paciente suele sufrir un grave quebranto. Sin embargo, desconocemos por ahora cuál es su intensidad, los factores que la suscitan, las cualidades específicas que la definen en cada caso, su pronóstico, el modo en que cada paciente afronta su problema, cómo puede ser restaurada, etc. Es decir, ignoramos mucho más de lo que sabemos.

Es posible que haya un factor común a este *déficit de autoestima* en los diversos trastornos psicopatológicos. Pero aunque esto fuere así, el hecho de que se emplee el concepto de autoestima de forma unívoca para todos los trastornos psiquiátricos no parece que esté muy autorizado, a menos desde los criterios rigurosos de que se suele servir la actual ciencia psicopatológica.

De otro lado, la propia clínica manifiesta que los componentes primordiales de los principales factores que probablemente susciten esos déficit varían mucho de unos casos a otros. Esta variabilidad de los factores etiológicos en modo alguno es baladí. Su apresamiento e identificación no es sólo conveniente sino necesaria, dadas las exigencias perentorias de las indicaciones terapéuticas. Estudiemos a continuación en concreto algunas de las principales alteraciones psicopatológicas y su incidencia en la autoestima.

El déficit de autoestima en la *enfermedad depresiva* es, sin duda alguna, uno de los trastornos psicopatológicos en los que más investigación se ha realizado y, al parecer, con aceptables resultados, puesto que a través de ellos se ha podido configurar más específicamente determinados paquetes de intervención en la terapia cognitiva de la depresión (Culp y Beach, 1998; Emde, Harmond y Good, 1996; Cheung 1996; Leitenberg, Yost y Karroll-Wilson, 1986; Zinet y Farley, 1996 y 1987; Domken, Schott y Kelly, 1994; Maddox y Norton y Stoltenberg, 1986; Ryckman, Robbins, Thornton, Gold y Kunhln, 1985; Polaino-Lorente, 1982, 1983, 1984 y 1987*a* y *b*).

No obstante, hay aquí una laguna que resulta sorprendente, sobre todo si atendemos a que una relevante proporción de los trastornos depresivos son bipolares, es decir, que su curso evoluciona por fases, algunas de las cuales manifiestan el perfil típico de la *manía* e *hipomanía*. En estos casos, la autoestima del paciente suele estar magnificada hasta niveles gigantescos como, entre otras cosas, se pone de manifiesto, por ejemplo, en el hecho de que no suelen tener conciencia alguna de enfermedad.

Ese *crecimiento exagerado, morboso e invasor de la autoestima personal* condiciona la imposibilidad de que el paciente pueda relacionarse con los demás, por lo que en ocasiones resulta imposible en la práctica cualquier acción terapéutica.

Sin embargo, la bibliografía disponible apenas se ha hecho eco de este trastorno de la autoestima, de una excesiva y patológica autoestima en estos casos. Lo que ha sucedido aquí es que la opinión dominante ha reconfigurado los trastornos de la autoestima únicamente a la baja, dejando fuera de foco los trastornos a la alza, por lo demás muy frecuentes.

En cambio, es mucho lo que se ha hecho en este contexto respecto de la *conducta suicida*. Se han estudiado desde la psicología de la atribución los factores más intensamente comprometidos con la autoestima y la puesta en marcha de la conducta suicida (Orbach, Mikulincer, Blumensor, Menster y Stein, 1999; para una revisión del tema, cfr. Polaino-Lorente, 1982, 1983, 1984 y 1987a y b).

En el ámbito de los *trastornos obsesivos-compulsivos*, apenas si disponemos, a este respecto, de alguna investigación. También aquí *la autoestima disminuye en el paciente de forma significativa*, especialmente durante los períodos en que la intensidad, frecuencia y duración de las ideas obsesivas son más graves. En esta ocasión la intervención cognitiva no suele ser eficaz, a no ser que estos síntomas se controlen previamente mediante la administración de los oportunos psicofármacos.

Por contra, la aplicación del mismo programa terapéutico puede ser muy eficaz para la prevención de las recaídas y para que el propio paciente aprenda a afrontar y superar el déficit de autoestima que acompaña a su enfermedad. Por lo general, casi la totalidad de las terapias que hoy se practican adolecen de una individuación específica —tanto a nivel sintomático como a nivel estratégico, aunque en este último sector la investigación disponible ha avanzado un poco más—, que salga garante de en qué ámbitos sectoriales de un determinado proceso patológico está indicado o no el uso de este o aquel procedimiento de intervención.

En el caso de las obsesiones, sería conveniente precisar también si el modo más eficaz para mejorar la autoestima del paciente es emplear la terapia individual o la de grupo. Es posible que si el control de los propios pensamientos no es eficaz —ni siquiera a través del *stop thinking*, de la detección del pensamiento—, la baja autoestima del paciente se incremente mejor con la ayuda que le prestan las personas del grupo de terapia, a través de su aprobación social, el uso de refuerzos, etc.

Otro ámbito especialmente relevante para estudiar la psicopatología de la autoestima es la *anorexia nerviosa*. En este caso, los trastornos de la autoestima están más vinculados a las alteraciones del esquema corporal, al sobrepeso y a un cierto perfeccionismo estético no exento de manifestaciones de tipo obsesivo (Costanzo, Musante, Freedman, Kern y Tomlinson, 1999; David y Jonson, 1998; Duva y Lester, 1997; Steinberg y Shaw, 1997; Wood, Waller y Gowors, 1994; Polaino-Lorente, 1992a).

Dadas estas características, parece lógico inferir que el déficit de autoestima que caracteriza a los *pacientes anoréxicos* nada o muy poco tenga que ver con los déficit específicos que son propios de las otras enfermedades, a las que líneas atrás se ha aludido. Y esto, lógicamente, ha de reflejarse también en los procedimientos de intervención por los que se opte en cada caso, que han de tratar de incidir en la diana de los factores que se concitan en el origen específico de cada alteración.

En otros tipos de alteraciones psicopatológicas, el autor de estas líneas sostiene que muy difícilmente puede tener cabida el tema de la autoestima en una mera dimensión cuantitativa del *plus* al *minus*. Este es el caso, por ejemplo, de lo que acontece en *la esquizofrenia* y en *los trastornos de personalidad*. En ellos, efectivamente, suele también estar alterada la autoestima, pero no sólo de una forma cuantitativa.

En el caso de la *esquizofrenia*, hay algo constitutivo y orgánico que está en el origen de la alteración de la autoestima del paciente. Esta *alteración estructural* no tiene cabida en la estricta dimensión cuantitativa de la autoestima. No es que el esquizofrénico se estime más o menos y que en ello consista su patología, sino que *se percibe a sí mismo de un modo cualitativo nuevo y constitutivamente alterado*.

Hay, además, mucha variabilidad de unos a otros esquizofrénicos en estas alteraciones, tanta o probablemente más que entre los tipos de esquizofrenia que hoy distinguimos. Especial relevancia tiene el estudio de la autoestima en los pacientes con *esquizofrenia simple*, caracterizados por la incapacidad para hacerse cargo, para sintonizar con las emociones del otro, a la vez que adolecen de los recursos necesarios para *la expresión de sus emociones*. En este caso lo más común es una completa y total *indiferencia* a lo que es y significa la autoestima.

Tal «neutralidad», «indiferencia» o «ambivalencia» afectivas están proclamando la emergencia de *un trastorno cualitativo de la autoestima, todavía hoy desconocido*. Recuérdese a este respecto que para calificar este síntoma se introdujo por primera vez el concepto de *autismo*. No se trata, pues, de estudiar la autoestima en esta última y compleja enfermedad, por otra parte cada vez más y mejor estudiada, también en lo que atañe a la comprensión y expresión de emociones (cfr., García Villamisar y Polaino-Lorente, 2000).

Se trata tan sólo de indagar y explorar qué tipo de alteraciones sufren los pacientes afectados por la esquizofrenia, puesto que de ello dependerá en buena parte el buen o mal uso de sus *habilidades sociales*. Esto es importante, porque mucho depende de ellas su *socialización* e *integración personal*. Por eso resulta paradójico que aunque el término esté de moda, su estudio en modo alguno se haya afrontado en el ámbito bien definido de este grupo de enfermedades.

Algo parecido sucede, aunque en menor grado, en el caso de los *trastornos de la personalidad*, trastornos que son muy diversos —la actual nosología establece hasta once tipos diferentes—, y cuyo estudio probablemente permita establecer *aspectos cualitativos diferenciales entre ellos*, desde la perspectiva de la autoestima. Esto es tanto más importante cuanto que los procedimientos terapéuticos para estos trastornos son más bien escasos y no demasiado eficaces.

Otros ámbitos psicopatológicos en los que la investigación de la autoestima puede resultar eficaz es el de la *ansiedad* y las *toxicomanías*. Respecto de la ansiedad convendría individuar los trastornos específicos de la autoestima —y el modo en que aquellos se manifiestan— en cada uno de los numerosos trastornos que están hoy bien diferenciados (fobias, ataques de pánico, ansiedad generalizada, etc.). Lo mismo acontece respecto de las toxicomanías (alcoholismo, cocaína, heroína, etc.).

En el caso del *alcoholismo* es muy probable que el déficit de autoestima sea un tanto especial y constituya un perfil muy bien diferenciado. De ordinario, es muy poco frecuente que en estos pacientes el déficit de autoestima no sea muy grave. Desde luego hay razones para ello, pues en la mayoría de estos pacientes hay *sentimientos de culpabilidad y fracaso, absentismo laboral y trastornos distímicos*, lo que contribuye a configurar en ellos *un autoconcepto tan negativo* que se erige en un poderoso factor que les empuja a las *recaídas*. Desde esta perspectiva, puede afirmarse que en la medida que mejora la autoestima, mejora también el pronóstico de su enfermedad, hasta el punto de considerarse a este factor como un buen *predictor de su recuperación*.

No toda la investigación realizada sobre estos particulares trastornos han incidido por igual sobre el ámbito de la psicopatología. Algunos sectores han sido expresamente mejor atendidos. Este es el caso, por ejemplo, de la autoestima respecto de las *expectativas de éxito* y la *ansiedad* (Foster, 1997; Abel, 1996; Newbegin y Owins, 1996; Seller, Carver y Bidges, 1994; Marchand, Goupil, Trudel y Belanger, 1995). Un sector este que por afectar a un numeroso público está bien que se haya atendido de forma prioritaria, por las contribuciones que esto puede suponer para la prevención de los trastornos de ansiedad.

Es muy probable que los trastornos de la autoestima en estas enfermedades se manifiesten de forma diversa y acaso un tanto específica, lo que también puede contribuir a singularizar cada uno de los respectivos diagnósticos así como los tratamientos que para ellos están indicados. He aquí otra razón más para salir definitivamente de la univocidad —muy cercana en este caso a la equivocidad—, con que hoy se emplea el concepto de autoestima.

Un caso particular, que promete ser fascinante, es el estudio de la autoestima en personas cuyas conductas adictivas no son dependientes de ningún tóxico ni sustancia alguna, y cuya prevalencia, sin embargo, va en este momento en aumento. Me refiero, claro está, a *la adicción a los ordenadores, al sexo, al trabajo, al juego*, etc. (Colwell, Grady y Rhaiti, 1995: Polaino Lorente, 1998a). En cada uno de estos ámbitos es pertinente abrir la correspondiente línea de investigación, por cuanto que todas estas nuevas adicciones generan manifiestas alteraciones de la autoestima.

Un ámbito en el que el estudio de la autoestima se muestra especialmente relevante es el de las *fobias sociales* y de una manera muy especial *el miedo a hablar en público*. Este último está mucho menos relacionado con las fobias sociales, aunque puede darse vinculado a ellas o, lo que es muy probable, puede condicionar e incrementar la frecuencia e intensidad de muchas fobias sociales.

En realidad, esta especial dificultad que afecta a tantas personas tiene mucho que ver con la *educación*. En una indagación que realizamos en 1995 en alumnos de la Universidad Complutense, encontramos que alrededor del 40 % de ellos presentaban este problema. La mayoría de ellos se ponían muy nerviosos sólo con ser preguntados durante las clases o cuando tenían que salir al encerado. De otra parte, casi la totalidad de los alumnos rechazaban, por esta misma causa, cualquier prueba oral para evaluar sus conocimientos.

Es probable que estos temores vengan de muy atrás, quizá desde las guarderías infantiles a las que asistieron cuando pequeños. Sería conveniente incluir la formación en estas habilidades —tan necesarias, por otra parte, en la actual sociedad democrática— en la educación temprana, de manera *que perdieran el miedo a expresar libremente sus opiniones y que no temieran tanto a hacer el ridículo*. Es harto probable que si este déficit se atendiera como es debido —y aquí la educación es más pertinente que la psicopatología—, posiblemente mejorase también *el respeto hacia quienes opinan de diversa manera*. Con esto disminuiría mucho ese fatal error colectivo —y muy generalizado, por cierto— consistente en *descalificar a las personas que no piensan de igual forma*. Al mismo tiempo *mejoraría la tolerancia* que exige el multiculturalismo de nuestra sociedad y el *argumentar las propias opiniones con razones y no con descalificaciones*.

Nada de particular tiene que si estos temores continúan, luego cuando adultos muchas personas hayan de prepararse (automedicación) para cualquier pequeña intervención en público, con la ingesta previa de ciertos medicamentos, como frecuentemente sucede. No se olvide que hablar en público es una habilidad instrumental tan de primera necesidad como la de escribir. Y si en estas habilidades instrumentales las personas encuentran dificultades —por una deficiente educación—, ¿de qué les sirve conocer bien otros muchos temas si luego no saben expresarse y comunicarlos?

Las relaciones interpersonales, en sus diversas manifestaciones, suelen constituir un excelente escenario donde estudiar la autoestima. Este es el caso, por ejemplo, del *comportamiento celoso*, sea patológico o no y de las *rupturas y fracasos emocionales* que con tanta frecuencia afectan a adolescentes y jóvenes. En este concreto ámbito deberían estudiarse las posibles relaciones existentes entre las alteraciones de la autoestima y las conductas de apego; la elaboración del «duelo» tras la ruptura de relaciones; el déficit de autoestima que sigue a aquella; etc. La educación sentimental, que la actual y nueva sensibilidad está auspiciando, tiene aquí un ámbito de intervención que le es propio, especialmente desde la perspectiva preventiva.

Algo parecido sucede respecto de otros problemas psicopatológicos, que se sitúan más bien en el contexto del escenario social, propiamente dicho. Este es el caso de la *exclusión* y/o *autoexclusión* social que caracteriza, por ejemplo, a los *homeless* (Polaino-Lorente, 1998a).

La aparición de trastornos psiquiátricos en *enfermos crónicos* y en pacientes geriátricos es algo muy real con lo que tienen que habérselas tanto los especialistas como la propia familia (Polaino-Lorente, 2000d; Ranzijn, Keeves, Luszcz y Feather, 1998; Takahashi, Tamura y Tokoro, 1997). Algunas recientes investigaciones se están ocupando del estudio de la patología de la autoestima en ciertas enfermedades crónicas como la *esclerosis múltiple* (Crigger, 1996), la *epilepsia* (Tedman, Thornton y Baker, 1995; Collings, 1994), la *afasia* (Brumfitt, 1998), la *demencia* (Brod, Stewart y Sands, 1999), etc.

La *patología de la identidad* —en relación con el género o no, que eso ahora importa menos— ha de ser entendida de un modo más innovador, dadas las variedades del perfil psicopatológico con que hoy se nos ofrece. Lo mismo sucede respecto del *abuso sexual* (Sahota y Chesterman, 1998; Conti, Moncure, Hines, Clack, Smith y Simpkins, 1998).

En todas ellas los trastornos de autoestima constituyen una nota que no suele faltar. De aquí la necesidad de ocuparnos de este ámbito de investigación, tal y como recientemente se ha comenzado a hacer por algunos autores (Hayes, Crocker, Kowalski, 1999; McKinley, 1998; McIntosh,1996; Andersen y Williams,1985).

En una investigación realizada para evaluar los síntomas psicopatológicos en *niños con deprivación afectiva y cultural*, en los que, obviamente, estaba muy baja su autoestima, se obtuvieron resultados demasiado elocuentes como para ser silenciados. La muestra estuvo configurada por la totalidad de los niños y adolescentes (43 en total; 24 niños y 19 niñas; 19 niños y niñas menores de 12 años y 24 niños y niñas mayores de 12 años), que residían en cinco hogares de una asociación de acogimiento de menores de la ciudad de Madrid (Polaino-Lorente y De las Heras, 1996). Los niños vivían distribuidos en pequeños grupos (entre cuatro y diez niños), alojándose permanentemente en viviendas como otras cualquiera, situadas en diversos barrios de Madrid. A su cuidado estaban dos o más educadores (por lo general, psicólogos y pedagogos), que trabajaban bajo la supervisión de la Comunidad Autónoma de Madrid.

Los motivos familiares legales para el ingreso en la institución fueron los siguientes: *desatención familiar grave* (no causada por enfermedad física); *enfermedad física familiar incapacitante para cuidar al niño; drogodependencia de los padres; abusos sexuales; abandono; y malos tratos graves*. Para evaluar su comportamiento y posibles manifestaciones sintomáticas se les aplicó a todos el Child Behavior Checklist (CBC) de Achenbach (Achenbach, 1985; Achenbach y Edelbrock, 1978), que fue completado, no por los padres debido a sus particulares características, sino por los educadores que se encontraban a cargo de cada uno de ellos. Los datos obtenidos fueron tratados para su estudio estadístico mediante un análisis de medias y de igualdad de medias (*t-test for equality of means*), empleándose para ello el SPSS para Windows.

Los *ítems del cuestionario* que obtuvieron una mayor puntuación en la *totalidad de la muestra* estudiada pusieron de relieve las dificultades de atención y concentración; conductas de desobediencia; reclamar excesiva atención; frecuentes engaños y mentiras; y rendimiento escolar bajo. *Otros problemas frecuentemente detectados* fueron los siguientes: rabietas, mal genio, impulsividad, nerviosismo, testarudez, coprolalia, discusiones y protestas, y actitudes de reserva de su intimidad respecto de los educadores.

Entre los *niños y niñas menores de 12 años* los *ítems* más puntuados del CBC pusieron de relieve sus deficiencias en atención, desobediencia en casa y en el colegio, frecuentes mentiras y trampas, protestas, rabietas, gritos, irritabilidad, testarudez y mal genio. Se manifestaron también conductas de hiperactividad, impulsividad, nerviosismo, bajo rendimiento escolar, comportamiento celoso y necesidad de llamar la atención.

Entre los *niños y niñas mayores de 12 años* los *ítems* más destacados pusieron de manifiesto su desconfianza y recelo, exigencia de atenciones, discusiones frecuentes, déficit de atención, engaños y bajo rendimiento escolar. En un grado más moderado destacó también la desobediencia, coprolalia, mal genio, protestas, nerviosismo y conductas para llamar la atención.

Entre ambos *grupos de edad* sólo se encontró *diferencias significativas* en 14 ítems, poniéndose de manifiesto que *los mayores* eran más reservados con los educadores, con frecuencia tenían la sensación de no ser queridos por nadie y/o que los demás deseaban perjudicarles. Por contra, *los más pequeños* fueron los que comían peor (frente a los mayores en que había exceso de peso), tenían enuresis nocturna y eran los que más lloraban. En *los mayores*, en cambio, eran más frecuentes el insomnio, las pesadillas y las continuas quejas. La hiperactividad fue más frecuente en el grupo de menor edad, mientras que en el grupo de más edad fue más frecuente el pensamiento obsesivo.

En lo relativo a *la sexualidad*, los más pequeños eran los que más jugaban con su sexo (genitales) en público, mientras que los mayores eran quienes más pensaban en temas sexuales en forma excesiva.

En *función del sexo*, se encontraron diferencias estadísticamente significativas entre ambos grupos en apenas siete *ítems* del CBC. *Los varones* eran los más impulsivos, ruidosos, escandalosos y los que hablaban demasiado; *las niñas*, por el contrario, fueron las que con mayor frecuencia estaban ensimismadas, retraídas y sin apenas relacionarse con los demás. En las niñas predominaron también los comportamientos de chuparse el dedo, las pesadillas y la ausencia de sentimientos de culpabilidad, después de haberse comportado mal.

Al mostrar aquí una breve síntesis de las conclusiones que obtuvimos no se ha pretendido otra cosa que poner de manifiesto las nefastas consecuencias que tiene la *privación afectiva* sobre el comportamiento infantil, y muy en especial sobre la *autoestima*. En la población estudiada hay que admitir, además de esa privación de afecto de los padres, otros graves factores perturbadores de la conducta infantil como el abandono, los abusos sexuales y el maltrato, a lo que habría que añadir la ruptura del apego con sus respectivas familias de origen. En cualquier caso, es un hecho suficientemente comprobado —quede aquí constancia de ello— que el desafecto de los padres puede facilitar la aparición de trastornos psicopatológicos en los hijos.

Por último, es preciso mencionar aquí ese abigarrado y numerosísimo ámbito de los *trastornos psicosomáticos*, cualquiera que fuere su naturaleza, desde la *hipocondría* a la úlcera de estómago, de los pacientes candidatos a la *cirugía estética* a los pacientes *vasectomizados*, pasando por los que solicitan el *cambio quirúrgico de sexo*, etc. También en todos ellos la *investigación de la autoestima* se ofrece muy prometedora.

A lo largo de este recorrido, se ha podido observar que la psicopatología no ha acogido como debiera el estudio de la autoestima. Ello significa que respecto del uso clínico de este término, a pesar de su amplia circulación social o precisamente por ello, todavía estamos en un estadio precientífico. Y eso a pesar de que la no relativamente escasa bibliografía sobre este particular haya abierto y dilatado horizontes insospechados sobre este problema. Para lo que interesa a la investigación psicopatológica de este problema, lo realizado hasta ahora no es suficiente. Es preciso, además, que desde otras disciplinas se acometa también su estudio.

El ámbito de la *educación* es uno de los escenarios naturales más relevantes a este respecto. Acometer ese reto, sin duda alguna, beneficiaría también a la clínica. De un lado, porque podría contribuir a *la prevención de estos déficit y trastornos*; y de otro, porque tal vez alumbre, genere o inspire nuevas vías para el abordaje de estos problemas, vías que tal vez sean más ecológicas y naturalistas y menos estereotipadas y tecnificadas. Un ejemplo de ello es lo que sucede con los *programas infantiles para la mejora de la autoestima en situaciones relativamente críticas, como es el caso de la hospitalización o de la ausencia del padre* (Polaino-Lorente, 1993a y b).

Por último, porque la perspectiva de la *educación moral* incide también en el ámbito de la autoestima. De hecho, hay una frontera borrosa y mal establecida —en la actualidad muy escasamente delimitada— entre el concepto de autoestima y otros términos que, aunque de muy diversa naturaleza, le son afines.

Este es el caso, por ejemplo, de la autoexaltación, el orgullo, la vanagloria, el amor propio, la vanidad, la altivez, la soberbia, etc. Poco importa que muchos de ellos hayan sido formulados desde otros contextos disciplinares. El hecho es que, en la práctica, algunos de estos últimos se confunden, concitan, amasan y entreveran con la autoestima patológica, hasta el punto de no poder diferenciarse del todo de ella.

Sea como fuere, el hecho es que también aquí, a propósito de la autoestima, se da la paradoja siguiente: *cuanto más se habla y se usa un término, menos se conoce lo que significa*.

7. Intervención terapéutica, psicopatología y déficit de autoestima

No podría poner punto final a este capítulo si no manifestase algunas de mis *preocupaciones* relativas al modo en que hoy, unos y otros profesionales de la salud psíquica, nos enfrentamos a estos problemas.

La *intervención psicológica y terapéutica en los déficit de autoestima* tal vez sea subestimada por algunas personas, habida cuenta el abuso que de este concepto se ha hecho. Sin embargo, son muchos de los trastornos psicopatológicos —a algunos de los cuales anteriormente se aludió— en los que mejorar la autoestima es de vital importancia. Conviene, pues, distinguir con toda precisión entre lo que es un uso abusivo o el mal uso de un término —que, además, está de moda— y la perentoria necesidad que muchas personas tienen de mejorar los posibles déficit que por una u otra causa haya sufrido su autoestima.

Hacer esta distinción no siempre es fácil, ni siquiera entre los expertos, por cuanto hay algunas relevantes cuestiones sobre este particular que todavía no se han desvelado de forma satisfactoria. Este es el caso, por ejemplo, de si los déficit de autoestima son de la misma naturaleza en todos y cada uno de los variados trastornos psicopatológicos. De otra parte, se ignora también si hay o no diferencias cualitativas —además de cuantitativas— en esos déficit, en función de que estén causados o sean independientes de los trastornos psicopatológicos a los que ya se aludió.

Son muchas las preguntas que cabe aquí formular y a las que habrá que responder en la medida que se incrementen los conocimientos disponibles acerca de estos problemas. ¿Puede afirmarse acaso que una misma causa psicopatológica genere diversas manifestaciones deficitarias de autoestima?, ¿en función de qué variables?, ¿hay alguna especificidad en esos déficit o, por el contrario, todos ellos se comportan siempre igual, con independencia de cuál sea la enfermedad a la que acompañan?, ¿son tal vez idénticas esas manifestaciones, con independencia de que la persona sufra o no un trastorno psicopatológico?, ¿es que acaso no se manifiestan también de un modo diverso, en función de, por ejemplo, el tipo y estructura de la personalidad del sujeto?

En lo relativo a las *estrategias y procedimientos de intervención terapéutica* que en la actualidad se emplean, cabe formular también algunas cuestiones. ¿Puede contribuir el uso de psicofármacos a mejorar la autoestima?, ¿en todos los pacientes, con independencia de cuál sea su enfermedad?, ¿hay diferencias, a este respecto, entre el uso de unos y otros fármacos?, ¿son eficaces las estrategias que actualmente se emplean en la terapia de la autoestima?, ¿se conoce tal vez la eficacia diferencial de cada una de ellas, en función de cuál sea la naturaleza del déficit, la personalidad del paciente o el trastorno que sufre? En el caso de que no fuese así, ¿podrían continuar postulándose el principio de «diferentes causas e idénticas estrategias»?, ¿qué es lo más conveniente como actitud terapéutica: el isomorfismo o la diversificación terapéutica?, ¿se dispone acaso de alguna información acerca de los resultados obtenidos en función de que se emplee sólo la psicoterapia, sólo los psicofármacos o la terapia mixta en que están combinados ambos procedimientos?, ¿se ha estudiado qué secuencia es la más conveniente seguir, en los casos en que esté indicada la terapia mixta?

A cualquier observador, por poco avezado que esté en estos menesteres, no se le oculta que es mucho lo que todavía nos queda por conocer acerca de *cómo mejorar la autoestima en aquellas personas que, desgraciadamente, se subestiman en exceso*. Estos retos, qué duda cabe, abren de una vez el dilatado horizonte que espera a psiquiatras y psicólogos. La última palabra la dirá el futuro, es decir, los resultados que se obtengan sobre estas y otras cuestiones que estando todavía muy vivas precisan de estudios rigurosos y bien diseñados.

Capítulo 8

LAS CRISIS CONYUGALES, LAS CRISIS DE LA AUTOESTIMA Y LA VIOLENCIA FAMILIAR

1. Introducción
2. La autoestima, el ciclo vital y las crisis conyugales
    2.1. El primer año de matrimonio
    2.2. Los años intermedios
    2.3. A los 40 años de edad
    2.4. La vida de la pareja a los 50 años
3. Cómo superar los «baches»
4. ¿Se pueden evitar las crisis conyugales?
5. En las redes de la violencia familiar
6. Excitabilidad, impulsividad, irritabilidad, agresividad, violencia y autoestima
7. Personalidades desajustadas
8. Tensiones y conflictos: la antítesis de la ternura
9. La negación de la autoestima: el abuso sexual
10. ¿Cómo reaccionar ante la violencia familiar?
11. La estimación y la «otra» violencia

1. Introducción

La pareja perfecta no existe, el enamoramiento no dura eternamente, y al amor hay que alimentarlo día a día. Hay momentos cruciales de la existencia humana que repercuten en la pareja, y aunque algunas crisis son inevitables, una pareja con una convivencia satisfactoria y una vida en común madura y estable puede salir airosa de casi cualquier situación.

Una *crisis conyugal* o de pareja es, por lo general, un cúmulo de conflictos no resueltos, que se han ido amontonando con el tiempo y que suelen hacerse más patentes y explícitos en momentos o situaciones un tanto especiales, como consecuencia de la presencia de un nuevo conflicto añadido. Las crisis conyugales, en principio, no son ni buenas ni malas; simplemente son y se dan.

En muchas ocasiones constituyen apenas un alto en el camino de la vida de la pareja, *un momento para detenerse y madurar* que, de resolverse bien, pueden contribuir al fortalecimiento de la pareja. Otras veces las crisis sobrevienen de forma súbita y se extinguen y desaparecen con la misma prisa con que llegaron. Pero hay circunstancias en que esos períodos críticos parecen estacionarse y detenerse, como si los motivos que condujeron al conflicto hubiesen encallado y la pareja se encontrara en *un túnel sin salida*.

Algunas de estas crisis de pareja van precedidas por *las crisis personales* de uno de los cónyuges o de ambos. Es conveniente, entonces, bucear y prestar una mayor atención al origen de esas crisis personales, a fin de resolver la crisis conyugal que deriva de aquellas. Esta última es como una prolongación de aquella y no podrá solucionarse si no se encuentra antes el oportuno remedio para la crisis personal. En realidad, hay tantas y tan diferentes crisis de la pareja como personas y parejas.

Al comienzo de algunos conflictos conyugales es fácil observar *una disminución de la autoestima* en uno de ellos. Esto puede ser o no importante, en función del mayor o menor grado de compromiso que tenga la pareja con la crisis. En otros casos la autoestima está intacta en ambos cónyuges, lo que constituye un buen indicador de la magnitud de la crisis que se aproxima.

En cualquier caso, puede afirmarse que de prolongarse el conflicto es harto probable que se resienta la autoestima de uno o de ambos cónyuges. De hecho, al final de la mayoría de las crisis que no se resuelven sino con la extinción de la pareja, *el descenso de la autoestima en los dos suele ser una constante* que no falta. Por el contrario, cuando el conflicto se soluciona —especialmente si se soluciona en un breve período de tiempo— la autoestima de la pareja se recupera, si es que no resulta reforzada por ella.

En principio *no hay que tener miedo a las crisis y conflictos conyugales*, aunque tampoco hay que desear que sucedan. Mejor sería que no se presentaran. Pero si acontecen, lo que hay que hacer es atacarlos de forma decidida, atajar el mal antes de que se magnifique o enrarezca y, sobre todo, aprender de él para no darle lugar a una segunda oportunidad.

Las crisis conyugales tienen cierta similitud con las crisis de crecimiento de los adolescentes. Pueden servir para madurar, para hacer crecer a los cónyuges en su más alta estatura, para reencontrarse y comenzar de nuevo —con mayor pujanza, respeto y delicadeza— las relaciones posiblemente ya agotadas y casi estereotipadas, que tal vez se venían arrastrando desde quién sabe cuánto tiempo.

La vida de la pareja no es tan uniforme y homogénea como algunos piensan. Tal vez por eso han hecho fortuna, desde la perspectiva del ciclo vital, los nuevos acercamientos a la vida conyugal. Una cosa es que con el transcurso del tiempo haya cierta *inercia* en las relaciones de pareja —*efecto de la rutinización de la vida conyugal, una de las formas cancerígenas más graves del matrimonio*—, y otra muy diferente es que cada etapa de la vida en común no vaya marcada por determinadas y especiales características.

El estudio atento del ciclo vital familiar ha puesto de manifiesto que en cada una de esas etapas de la vida familiar suelen producirse ciertos conflictos característicos y un tanto específicos. En las líneas que siguen se pasará revista a algunos de estos conflictos —los que son más específicamente frecuentes en cada una de estas etapas—, y a la vinculación y/o resonancias mayores o menores que desencadenan en la autoestima de los cónyuges.

2. La autoestima, el ciclo vital y las crisis conyugales

Autoestima y felicidad conyugal suelen ir del brazo por el mismo sendero. Si la una decrece, la otra se debilita. Cabe establecer, pues, cierta correlación entre ellas. Se entiende que se comporten así. De un lado, la felicidad conyugal suele variar en función de la *recíproca estimación* que los cónyuges se tengan. De otro, *el nivel de la autoestima personal puede condicionar en mayor o menor grado la estimación del otro*, tanto en lo relativo al modo en que se manifiesta como a la forma en que se acoge.

Sin embargo, tanto la felicidad de la pareja como la autoestima de cada uno de los cónyuges se comportan también, en otro cierto sentido, como variables independientes entre sí, cuya mudanza y variabilidad las hace especialmente versátiles.

Este comportamiento ambivalente de la autoestima personal y su continua exposición a la mudanza de lo que le rodea (la salud, la vida profesional, lo social, la dinámica de la propia familia, los cambios y eventos en las familias de origen de las que se procede, etc.) permiten hacer muy escasas predicciones acerca de ella, que rigurosamente se cumplan.

No obstante estas dificultades, se han podido identificar algunas peculiaridades de cierta significación y relevancia que suelen jalonar la vida de la pareja a lo largo de su ciclo vital familiar. Se entiende por *ciclo vital familiar* «los acontecimientos vitales esperados por los que pasan la mayoría de las familias en una secuencia bastante predecible, aunque variable» (Glick, Berman, Clarkin y Rait, 2003). Entre esos acontecimientos hay algunos que contribuyen al desarrollo y diferenciación de la pareja y la familia, pero hay otros —inesperados casi siempre— que actúan en sentido contrario.

Por eso el funcionamiento conyugal y familiar que de aquí resulta es casi siempre un precario e inestable equilibrio hecho de tensiones y miedos, en el que no faltan las expectativas ansiosas ante lo desconocido.

La pareja, qué duda cabe, tiende a buscar *la estabilidad*, pero no siempre la encuentra. Los mismos cónyuges van cambiando con el tiempo —lo más natural y frecuente es que esos cambios acontezcan de forma insensible, pero en otras ocasiones aparecen súbitamente y no están preparados para afrontarlos—; la familia, en función de los hijos que tengan y de las edades de estos, se modifica de forma sustantiva en su mismo funcionamiento; el entorno de la familia extensa tampoco es invariante sino muy variable; y el contexto sociocultural, profesional, etc., sufre también numerosas modificaciones. ¿Cómo mantener la estabilidad familiar en un contexto personal, interpersonal y sociocultural tan versátil? He aquí algunas de las dificultades con que se encuentran los cónyuges para continuar camino adelante en sus vidas y *dar estabilidad a la identidad conjunta que tienen como pareja* (Carter y McGoldrick, 1998). En el ciclo vital familiar pueden reconocerse algunos hitos que jalonan su curso evolutivo y es importante que sean conocidos por el terapeuta familiar, al menos para pensar en ellos como una posibilidad real de lo que a esa pareja acontece. Entre los estudiosos del *ciclo familiar* hay como dos grandes orientaciones: la de algunos que son partidarios de establecer las diversas etapas del ciclo *en función sobre todo de los hijos*, y la de otros que toman como variable crítica *la edad de los cónyuges*.

En realidad, este concepto es sólo orientativo, pues en la práctica no hay dos familias iguales. Además, cada persona y cada familia se sirve de estrategias y procedimientos para afrontar los problemas y dificultades que le sobrevienen de forma muy diversa.

De aquí que no dispongamos de recetas para esto. Cada familia encuentra el equilibrio y la estabilidad deseadas abriéndose paso entre la maraña de dificultades que en cada etapa les sobreviene, apoyándose más y mejor en los puntos fuertes de que disponen.

Por eso, uno y otro modo de proceder al diseñar el modelo del ciclo vital familiar tienen sus ventajas e inconvenientes, por lo que lo ideal sería atenerse conjuntamente, en la práctica, a ambos criterios.

De acuerdo con Lidz (1963) —quien trató de integrar ambos criterios; cfr., Glick, Berman, Clarkin y Rait (2003), pero en mi opinión, optando más por el primero de ellos—, cabe distinguir ocho fases en el ciclo vital de la familia, todas ellas esperadas por los cónyuges:

1. *La formación de la pareja*, de una duración aproximada de 2 años, en la que los hitos más relevantes son: el enamoramiento y el matrimonio.
2. *La familia con hijos*, de una duración muy variable de entre 2,5 a 15 años, en la que los hitos más relevantes son: el nacimiento del primer hijo y los siguientes, y/o la existencia de hijos de menos de 5 años de edad.
3. *La familia con hijos en edad preescolar*, de duración variable según el número de hijos que están en la etapa preescolar, en la que los hitos más relevantes son: la elección de colegio y la crianza y educación de los hijos.
4. *La familia con hijos en edad escolar*, de duración variable según el número de hijos que están en la etapa escolar, en la que los hitos más relevantes son: la elección de colegio, el rendimiento académico y la educación de los hijos.
5. *La familia con hijos adolescentes*, de duración variable según el número de hijos que están en esta edad, en la que son muchos y variados los hitos relevantes relativos a la educación de los hijos adolescentes: elección de estudios, autonomía e independencia, rebeldía frente a los padres, rendimiento académico, elección de amistades, introducción de un nuevo estilo de vida, consumo de alcohol y tabaco, salidas nocturnas, etc.
6. *La familia con hijos que se están independizando*, de duración muy variable en el actual contexto sociocultural (Polaino-Lorente, 2000*b*)

que puede abarcar entre 10 y 20 años, en la que los hitos más relevantes son: la búsqueda de trabajo, el abandono del hogar, la pérdida de control de los padres sobre ellos, la percepción de su ausencia en el hogar, etc.

7. *La familia con hijos adultos de mediana edad*, de duración variable entre 10 y 15 años, en la que los hitos más relevantes son: el síndrome del nido vacío, la jubilación de uno o ambos cónyuges, la llegada del primer nieto, las relaciones con sus hijos maduros y las respectivas familias que han formado, la soledad, las primeras pérdidas de los amigos, los iniciales síntomas de envejecimiento, etc.

8. *La familia mayor*, de duración variable entre 10 y 15 años, en la que los hitos más relevantes son: las relaciones entre tres generaciones, las enfermedades y limitaciones de la vejez, la posible muerte de uno de los cónyuges, etc.

Sería una pretensión injusta exponer aquí algunos de esos hitos —por muy frecuente que sea su presentación en esas etapas de la vida de la pareja— como hechos tozudos. En modo alguno es así. Si se exponen aquí es sólo por el interés eminentemente práctico que pueden tener para los orientadores y terapeutas de familia.

De otra parte, es conveniente hacer deslizar a todo lo largo del ciclo vital *el modo en que se va transformando la estima propia y la de los demás miembros de la familia*, pues este es un relevante factor que puede servir de contrapeso a las presiones ejercidas por los otros factores, esperados o inesperados, en lo relativo a la posible génesis de conflictos conyugales.

En las líneas que siguen se han seleccionado, de forma sucinta, algunos de los principales hitos y etapas del ciclo familiar, en función de la edad de los cónyuges y de los *hechos* que suelen acontecer y ser *más significativos respecto de la autoestima personal y la estimación del otro*.

2.1. El primer año de matrimonio

Suele aparecer *la crisis del desencanto*. Una gran parte de las parejas que se casan no superan el primer año de matrimonio sin la aparición de una cierta crisis. Es la primera gran prueba.

Como novios o prometidos, cada uno en casa de sus padres, la relación funcionaba bien porque la convivencia entre ellos estaba temporalmente limitada, y se dedicaban a la conquista del otro. Pero pasado el tiempo de la *conquista* hay que *establecerse en los asentamientos estables de la convivencia*, y eso es y exige otra cosa.

Estos momentos iniciales dependen de cómo se conozcan las personas y de la idea que tengan de la vida en común, es decir, del *modelo de familia* por el que quieren optar. La *ignorancia* y la *inmadurez* suelen ser las causas más comunes de estas pequeñas crisis iniciales, pero hay otros muchos factores que también intervienen. Así, por ejemplo, *el «ideal» de pareja y familia* de que parta cada uno de ellos.

Cada cónyuge aporta al matrimonio su visión personal de la familia, la «visión» que adquirió en su familia de origen —con que puede estar muy identificado o de forma reactiva, en contra de ella— que, por otra parte, casi nunca suele coincidir exactamente con aquella que fue su inspiradora y que cada nuevo cónyuge interioriza, matiza, corrige y ajusta, según su modo personal de ser y su propio estilo de vida.

Por eso, hombre y mujer además de constituir una nueva familia —que la constituyen—, lo que acontece también es que cuando contraen matrimonio ha de producirse una relativa *fusión de dos modelos implícitos de familia*, que pueden coincidir, parcial o totalmente, o no coincidir en nada.

Pero estos modelos implícitos que llevan en sus mentes se trasladan con cada uno de ellos a la nueva familia que están formando. De aquí que sea necesario tomarlos o dejarlos, en parte o en su totalidad, y ajustarlos, incorporando a ellos lo que de nuevo u originario han decidido aportar y todo ello integrarlo en *un único modelo*, lo que no resulta una tarea sencilla.

Es probable, por ejemplo, que tal y como cada uno experimentó *los roles del padre y de la madre* en sus respectivos hogares, pretendan ahora *revivirlos* o *explicitarlos* desde la formulación implícita en que están puestos a buen recaudo, sean o no conscientes de ello.

Lo mismo se podría afirmar respecto de *los roles en tanto que hijos y hermanos*, además de todo lo que hace referencia a estilos afectivos y educativos, costumbres, reparto de poder, etc.

Es posible que esos modelos implícitos les sirvan de inspiración a la hora de establecer los *valores* y *reglas* por las que se van a regir en su convivencia. A veces se llega a un acuerdo espontáneo entre ellos; en muchas otras ocasiones, la vida prosigue su curso y va tejiendo una historia biográfica familiar que jamás se diseñó o explicitó y sobre la cual nada se comunicaron entre sí.

En unas ocasiones, *uno cede espontáneamente* porque la familia de origen del otro es más de su agrado que su familia de pertenencia. Pero en otras *se parte de conceptos de familia que son entre sí incompatibles* y que sólo con mucha dificultad un cónyuge tolerará el modelo que el otro trata de imponerle. Es entonces cuando surgen los *conflictos* en este primer año de la vida de la pareja que, por otra parte, es de vital importancia.

De cómo se resuelva este pequeño o gran conflicto van a depender —y mucho— las futuras relaciones de la pareja, lo que podría llegar a condicionar su permanencia, estabilidad y viabilidad.

Otra prueba de fuego, en la que ahora no debo entrar, es la mayor o menor intromisión de las familias políticas o de alguno de sus miembros en la vida de pareja. Es obvio que ambos han de defenderse y defender su intimidad con todas sus fuerzas, desde el inicio mismo del matrimonio. Si no se procede así —y a veces es casi imposible, sobre todo si los nuevos cónyuges han optado por vivir provisionalmente en la casa de los padres de uno de ellos—, los conflictos emergerán y, además, con vocación de futuro, de un futuro muy largo.

2.2. Los años intermedios

Los anglosajones denominan esta etapa como la *crisis del séptimo año* y suele producirse por varias causas, entre las más comunes *la rutina, la adicción al trabajo* o *la espontánea evolución* de cada cónyuge por caminos muy distanciados entre sí. Comenzar una relación es relativamente fácil, lo complicado es continuarla de forma tan satisfactoria o mejor que cuando comenzó.

El matrimonio es también un *contrato*, pero un contrato que por definición no hace felices a las partes contratantes, y mucho menos «para siempre». Pero como el amor tiene vocación de eternidad, el matrimonio —como vínculo natural entre un hombre y una mujer que se dan y se aceptan recíprocamente— ha de ser para siempre. La conquista del otro —a pesar del contrato o precisamente por él— es algo que precisa ser renovada cada día.

Si uno o los dos se confían y deja de esforzarse por estar pendiente del otro, entonces *la tensión amorosa se relaja y enmohece*, y con ella los pequeños detalles de cariño, mientras *la pasión languidece, el respeto mutuo se esfuma y al final hasta el amor que les unía* y que parecía tener una vocación sin final, acaba por extinguirse y *llega a su abolición*.

La adicción al trabajo se produce cuando uno de los cónyuges antepone su carrera profesional a su vida de pareja. El protagonismo social y laboral se sitúa entonces por encima de las necesidades de la pareja, bien porque *el reconocimiento social* que la persona necesita lo consigue en el trabajo, bien porque *la empresa le exige un ritmo de trabajo desenfrenado* y la persona se ve obligada a *elegir entre carrera o pareja*.

2.3. A los 40 años de edad

Es la también llamada *crisis de la mitad de la vida* o *crisis del mediodía*. Las *épocas de transición* son especialmente críticas, y en este momento, mientras los hijos se acercan a la preadolescencia —etapa de cambios y sensaciones contradictorias—, los padres se enfrentan a la toma de conciencia de que han superado la mitad de su existencia, y les ocurre algo parecido.

Es lo que se dio en llamar *la crisis de los cuarenta*, una experiencia vital y personal en la que cada cónyuge se plantea qué es lo que ha hecho con su vida y qué quiere hacer con ella el resto de sus días.

Las crisis a causa de la infidelidad se pueden producir en cualquier momento, aunque acontecen con mayor frecuencia alrededor de esta edad. Es bastante difícil de superar y en algunas parejas termina en la separación.

De hecho, la infidelidad es la primera causa de divorcio en el mundo. Para entenderla hay que analizar en qué circunstancias se produce. Puede suceder que la persona infiel busque fuera la admiración o ternura que no obtiene en su hogar, o que esté atravesando un momento personal conflictivo.

2.4. La vida de la pareja a los 50 años

En esta etapa suele presentarse *la crisis del reajuste personal*. Se trata de una situación parecida a la etapa anterior, de la que en ocasiones es su obvia prolongación. En otras parejas lo que sucede es que la crisis de los cuarenta no llegó a emerger entonces, y lo hace ahora con nuevo nervio y vigor. Las crisis se desplazan de unas etapas a otras, lógicamente, en la medida que los años de la vida se amplían y dilatan.

Una de las paradojas que observamos en la terapia de familia es que de los cincuenta a los sesenta algunas parejas entran en graves conflictos. *En la cincuentena*, la autoestima entra en crisis o está exaltada, en función de cómo le haya ido en la vida a la persona. *Se exalta la autoestima* cuando la persona no sólo triunfó a lo largo de su vida profesional, sino que continúa estando todavía en la cresta de la ola, como si fuera a sostenerse allí para siempre tocando el cielo con sus manos. Tal exaltación hace a la persona más exigente respecto de los afectos y cuidados que recibe del otro cónyuge, que tal vez un tanto cansado y aburrido no se siente con capacidad para atender las numerosas demandas y nuevas exigencias de su compañero.

Decrece la autoestima en la cincuentena cuando el cónyuge contempla que apenas si dispone ya de otras nuevas opciones para dar un giro a su vida. Al mismo tiempo entiende que sólo puede continuar lo que durante tantos años ha hecho, lo que le hunde en la pereza y el hastío. Ha perdido el amor por su trabajo y comienza a tener miedo de ser desplazado por otros profesionales más jóvenes, eficaces y ambiciosos, que se abren paso con renovadas energías por la vida.

En la mujer suele coincidir con *la menopausia* —un nuevo factor añadido— y en el varón con *el declive sexual*. En esta situación es preciso hacer memoria, ser un poco más rigurosos y revalidar la existencia, valorar las expectativas cumplidas y colocar cada cosa en su sitio, en su preciso lugar. Pero hay personas que se olvidan, que no tienen memoria de lo positivo que hicieron y se quedan sus ilusiones como resecas y desmayadas, que sólo con muchas dificultades lograrán vigorizar y reverdecer de nuevo.

Este estado puede desembocar con harta facilidad en *la depresión*. Sus pensamientos se tornan entonces catastrofistas. Están tan cansados de todo que, principalmente, *están cansados de ellos mismos*. Se comprende que en un contexto vital así, cualquier pequeña desavenencia conyugal devenga en tragedia, que ninguno de ellos dé su brazo a torcer, y que aquella eficaz y hasta feliz unión de tantos años acabe disolviéndose.

Otros, en cambio, tratan de paliar estas sensaciones —en que el horizonte vital se agosta a causa del natural ocaso biológico experimentado— con *la fuga hacia delante en una búsqueda voraz de nuevos estímulos*. En este caso la crisis de la pareja se produce como consecuencia de una fatal incapacidad para aceptar la personal situación vital.

Una persona sensata, madura y feliz es aquella en la que deseos y realidad están de acuerdo, se ensamblan bien, están perfectamente ajustados y no hay disonancias chirriantes entre ellos. Quienes han hincado las raíces de su estima personal en un claro destino, en un ámbito de la realidad del que tienen una conciencia vivida son bastantes resistentes a estas crisis conyugales.

3. Cómo superar los «baches»

Ante todo hay que realizar una lectura positiva de lo que está sucediendo. Los «baches» son momentos en que se vive una cierta transformación personal, dual o de la relación, a la que es preciso embrazar con mimo y cuidado, a fin de no aumentar el sufrimiento de la persona doliente. Los «baches», si son bien conducidos, pueden aprovecharse para reforzar los lazos que unen a la pareja, de manera que esta salga fortalecida.

Los «baches» son de muy diversa naturaleza: desde un grave conflicto profesional, al que imprudentemente se ha dejado entrar en casa, a un especial estado sentimental en el que, según parece, las ilusiones se han volatilizado y todo se hace a contrapelo.

Es llegado el momento de la *mayor tolerancia y comprensión*. Es preciso e irrenunciable, entonces, *saber escuchar*. Más aún, saber ponerse en idéntico estado psicoafectivo que el otro, a fin de compartir con él sus dudas y sinsabores, la amargura o perplejidad momentáneas, el abandono y las incomprensiones que ha sufrido. Cuando la soledad y el desencanto arrecian y parecen anegar todo con la humillación más aristada es cuando el otro no puede dejar de comparecer, de darle aliento, de proveerle de la ayuda que más necesita: la de sentirse acompañado en esos momentos.

Si se procede de esta forma, las consecuencias últimas de los «baches» no son negativas sino muy positivas, optimizadoras casi de la relación. Los dos ganan. *Quien «está pasando ese bache»*, porque sentirá el bálsamo de la comprensión y la ternura que alivia sus heridas; y *quien ayuda*, porque está aprovechando una magnífica ocasión para conocer al otro mejor, ahora que se siente como derrumbado y deshecho.

Es muy difícil que una persona olvide la ayuda que se le prestó en un difícil momento de su vida. Estos hechos se clavan en la memoria y asientan allí su morada para siempre.

En otras ocasiones, es posible que ambos cónyuges estén atravesando por un mismo o diferente «bache». Si es el mismo para ambos, entonces sería más apropiado y riguroso emplear el término de conflicto para referirse a él. Es conveniente, además, que ambos partan del principio de que *ceder no es perder*, de que *pedir perdón* —aunque se crea que es el menos responsable en cuanto ha sucedido— *no es humillarse, sino la forma más gallarda de ser en verdad inteligente*. Detrás de estos «baches» hay muchas veces *un grave error en la comunicación conyugal*, por cuyo defecto tal vez se ha magnificado y elevado a categoría trascendental lo que apenas si era una anécdota cualquiera.

Una de las mejores estrategias a seguir para salir del «bache» es *perdonar*, y perdonar cuanto antes mejor. Pero perdonar supone no sólo un esfuerzo de la voluntad, sino también —y de forma muy relevante— de la memoria. Si se perdona pero no se olvida, entonces lo más probable es que no se haya perdonado.

De aquí que lo que fuera la causa de ese «bache» tienda a retornar, una y otra vez, aunque sólo sea a través de su inevitable evocación. Y si se evoca, lo más probable es que el contenido de lo evocado se escape incorregiblemente en forma de palabras por los labios. La reiteración de un hecho, que en su día fue raíz de un conflicto, vuelve a activarse y a revivirse de nuevo. *Lo paradójico es que a las personas les cueste menos doblegar su voluntad que borrar su memoria.*

Otra estrategia que puede ser muy útil para salir del «bache» consiste en *cambiar de escenario y de discurso*. Lo primero es más fácil que lo segundo, aunque aquel ayuda a este. Uno y otro son muy convenientes para favorecer los pequeños o grandes reajustes que se precisan hacer en las relaciones de la pareja. Esto suele mejorar la adaptación de los cónyuges a esas circunstancias que están atravesando y sin que exija de ellos un gran esfuerzo.

Si se cambia de escenario pero se continúa con el mismo discurso, lo más probable es que la pareja no salga del «bache» por el que atraviesa. *El cambio de contexto ayuda a cambiar de discurso*. Pero es preciso que haya una decidida voluntad de cambiarlo. El escenario que se escoja ha de favorecer la distensión y la comunicación, de manera que la intimidad aflore sin encontrar obstáculos a su paso. A partir de una experiencia de esta clase resulta mucho más fácil comenzar de nuevo, como si nada hubiera ocurrido.

Cuando ninguna de las estrategias anteriores logran resolver el problema, es conveniente ponerse en manos de *un buen experto en terapia familiar*. Su ayuda puede ser decisiva. Cuanto antes se consulte tanto mejor. Aplazar los problemas no es resolverlos. No tomar decisiones es ya optar por la peor de las decisiones posibles.

4. ¿Se pueden evitar las crisis conyugales?

Disponemos en la actualidad de algunos *indicadores* que, de satisfacerse en la pareja, permiten *predecir un menor riesgo respecto de las crisis conyugales*. Naturalmente aquí se está hablando de ciertas probabilidades y no de certezas imbatibles. Pero disponer de esos indicadores garantiza en cierto modo un nivel aceptable de la propia estimación y de la del otro. Por eso estos indicadores pueden ser de gran utilidad, pues al menos nos podemos servir de ellos como señales orientadoras en la travesía de la terapia o del consejo que hay que emprender con las parejas en conflicto. Enumeremos, a modo de ejemplo, algunos de esos indicadores:

1. *La comunicación de la pareja* es un factor preventivo esencial. Lo que no se comunica, no se comparte. Lo que no se comparte, aleja. Lo que aleja crea distancias insalvables. Lo que distancia, desune. Y lo que desune, acaba por extinguir y disolver cualquier relación, hasta que cada uno de ellos se transforma en un extraño para el otro. El silencio y la incomunicación son los mayores enemigos de las relaciones conyugales (Polaino-Lorente, 2002). No deja de ser curioso que el 86 % de las mujeres españolas casadas, de edades comprendidas entre los 35 y 55 años, consideren la incomunicación conyugal como el primero de sus problemas de pareja.

2. *El respeto y la admiración* también son fundamentales, como factores de resistencia de los conflictos de pareja. Para que emerja un conflicto entre los cónyuges forzosamente han tenido antes que dejar de admirarse. Cuando se extingue la mutua admiración, la pérdida del respeto —al inicio sólo gestual y verbal— está cerca. Esta inicial pérdida de respeto verbal se prolonga en ocasiones —basta con que estén más irritables o, por un momento, «pierdan los nervios»— en la pérdida de respeto físico o, dicho sin ningún eufemismo, en *la violencia doméstica*, de la que se tratará más adelante. Es muy difícil que una pareja entre en crisis si la admiración y el respeto mutuo no sólo se conservan sino que, con el pasar de los años, crecen.

3. *No rehuir las dificultades y no insistir en las diferencias*. Para tratar de resolver los problemas, lo primero que hay que hacer es identificarlos y, a continuación, afrontarlos. Si las dificultades se silencian y «aparcan», lo que era pequeño se agranda, y lo que en un inicio apenas si tenía importancia deviene en el detonante de la crisis. La convivencia consiste en buena parte en aprender a resolver con éxito y conjuntamente los pequeños conflictos de cada día. Las diferencias entre el hombre y la mujer son imborrables e inextinguibles. Por eso es de mal gusto insistir en ellas, a tiempo y a destiempo. *Los hechos diferenciales* que singularizan a uno y a otra están ahí para una excelsa función: la de complementarse, crecer y enriquecerse. *El respeto por esas diferencias inmodificables* constituye una excelente oportunidad para que ambos se conozcan mejor a ellos mismos.

4. *Es imprescindible dedicar tiempo, paciencia y ternura al otro cónyuge*. El amor exige tiempo, atención y dedicación vigilante. Quien no atiende no entiende. Quien marcha siempre con prisa no puede advertir la realidad del otro, por la sencilla razón de que atraviesa su ámbito espacial sin dejarse asombrar ni penetrar por su presencia. Entre las personas que se quieren hay que disponer de la necesaria paciencia, por lo menos de la misma paciencia que precisa la crianza y buena educación de un niño pequeño. Si se dan las dos condiciones anteriores, la ternura acaba por emerger e invadir la intimidad del otro y, entonces y sólo entonces, desaparecerán las quejas acerca de si le han dicho o no que le quieren,

porque la ternura es la demostración objetiva de ese querer, un grito silencioso más poderoso que cualquier decir, y que casi nunca pasa inadvertido a las personas.

5. *Esforzarse por llevar una vida sexual plena y activa.* Las relaciones sexuales son necesarias en la vida de la pareja. No son, desde luego, lo primero, pero sí una de las primeras condiciones que definen el matrimonio, y que han de satisfacerse. La sexualidad puede suponer y supone un cierto esfuerzo, sobre todo si —como habría de ser en el matrimonio— cada uno de los cónyuges se olvida de sí y sólo piensa en la plenitud de la satisfacción del otro. *Hasta en esto la donación recíproca está vigente* y no debería ser omitida, renunciada y mucho menos frustrada. No deja de ser frecuente que en la pareja se use a veces de la sexualidad bien para resolver otros conflictos, en que no se llegó a acuerdo alguno, o bien mediante la negación a ella para seguir revindicando, guerreando y extendiendo los problemas que asientan en otros ámbitos de la conyugalidad, y cuyo contenido es muy diferente. Lo correcto es que cada problema se resuelva justamente en el ámbito en que se originó y al que obviamente pertenece, sin dar lugar a tomarse la revancha en otros ámbitos, que en modo alguno son afines a aquél y no pueden sustituirlo.

6. *Establecer y respetar el necesario ámbito de libertad personal del otro.* Que hombre y mujer sean una sola carne no ha de tomarse como una unión tal que conlleva la fusión entre ellos y la confusión de sus personas. El matrimonio, desde luego, les constituye en una sola carne, pero al mismo tiempo —he aquí el misterio— conserva en su integridad y aspectos diferenciales las genuinas personalidades de cada uno de ellos. Como consecuencia de ello, es preciso establecer cuál es el apropiado ámbito de libertad que a cada uno de ellos es propio y que el otro no puede, no debe forzar ni dejar de respetar. En el escenario de la profesión, por ejemplo, esto es una exigencia ética que jamás debería ser conculcada.

7. *Mantener un reparto equilibrado y flexible de tareas y roles.* Las diversas cualidades de cada uno de los cónyuges y su propia singularidad exige este reparto de funciones entre ellos. Lo lógico es que el más dotado para una determinada tarea o el que le cueste menos esfuerzo llevarla a cabo sea el que tendría que desempeñarla. No se trata de «sacar el hombro» de los menesteres menos agradables para cargar las espaldas del otro. Se trata tan sólo de ser más eficaces, pero sin hundirse en el utilitarismo funcionalista. Por eso es también conveniente que si uno de ellos advierte que al otro el desempeño de una función le supone mucho esfuerzo se adelante y la haga o le ayude mientras la hace. La pareja no está constituida para restar sino para sumar; está para multiplicar en lugar de dividir, para tener más en cuenta lo que les une que lo que les separa. En cierto sentido, marido y mujer devienen en cofundadores, a partes iguales, de una sola y única empresa, en la que no puede precisarse qué es de cada uno de ellos, porque lo que es de uno es también del otro, porque todo es de los dos.

8. *Fomentar una cierta complicidad añadida.* La autoestima está reñida con la incomprensión y el sentimiento de soledad. La pareja es com-

pañía, ausencia de soledad, comunión. No es infrecuente la presencia de parejas que posiblemente se quieren mucho entre ellos y son muy equilibradas, pero se percibe que les falta algo. Son marido y mujer y excelentes padre y madre, pero... no son compañeros, la vida de uno no se ha hecho compañía inseparable de la vida del otro. En estos casos lo que falta es esa generosidad para abrir la intimidad —lo que más les suele costar— y ofrecerla y regalarla gustosamente al otro. Cuando ambos devienen en compañeros —en buenos compañeros, se entiende—, el regalo de la intimidad se desborda y surge esa alegría vital, que no se puede ocultar, en quienes se sienten cómplices y lo son de sus propios afanes, ilusiones, deseos, expectativas, fantasías, decires, sentimientos, proyectos, pensamientos y recuerdos.

5. En las redes de la violencia familiar

Nadie pondrá en duda que la violencia se ha incrementado en la sociedad actual, hasta el punto de constituir un hecho lacerante que, con cierta frecuencia, convulsiona de dolor la vida ciudadana. Las páginas de los diarios constituyen, a este respecto, un buen indicador.

El problema parece ser endémico en las grandes ciudades y, por lo general, con tendencia al alza en la mayoría de los países. Baste considerar, por ejemplo, que la tercera parte de la población norteamericana comprendida entre los 20 y 30 años de edad se encuentra hoy en un proceso *sub judice* a causa de la violencia,

Contrariamente a la imagen que se da, sin duda alguna el siglo XX pasará a la historia como uno de los más violentos. ¿Por qué se ha multiplicado tanto la violencia en el mundo?

Hay, desde luego, muchas razones. Entre ellas no debiera olvidarse *el tiempo de exposición de jóvenes y menos jóvenes a ciertos modelos de comportamientos violentos* —especialmente diseminados por el cine y la televisión— a causa del sexo, el poder, la ambición (de lo que no necesito ni tengo) y la envidia (de lo que el otro tiene y tal vez yo no tenga demasiada necesidad). He aquí el fenómeno absurdo de la violencia gratuita y estúpida.

Los *mass media* transmiten cualquier «noticia» con tal que dé continuidad a su futuro, es decir, que venda y haga incrementar sus audiencias y ediciones. Y algo tiene que ver todo esto con las causas de la violencia familiar, como también con sus consecuencias.

Algunos periodistas parecen estar preocupados sólo por el *rating* y la cuota de audiencia. «Lo preocupante de la situación —escribe García-Noblejas (1994)— es que estamos fascinados por la violencia que nos ofrece. Y esto lo saben los ejecutivos del *marketing* recién desembarcados en las televisiones para ocuparse eficazmente de ganar la batalla de los *ratings*, haciéndose cargo de los programas con la objetividad y el rigor científico con que podrían ocuparse de las rebajas en unos grandes almacenes donde el servicio al cliente importe poco. La estricta eficacia del ejecutivo de *marketing* puede que esté bien cuando se aplica a la fabricación de electrodomésticos, pero es nefasta si se introduce en los procesos de comunicación. Porque los procesos de comunicación —a diferencia de los electrodomésticos— son intencionalmente culturales. Por eso se entiende que la sociedad pida un tiempo de reflexión. Al menos, como los partidos de basquetbol.»

La familia en modo alguno se instala y vive en el vacío. La familia tampoco escapa a la *violencia social*. Más aún, *la familia es causa y consecuencia, en ciertas proporciones, de la violencia social*. La familia es un reflejo de la sociedad y en la sociedad hay una cierta reverberación del tipo de familia por el que las parejas han optado.

La familia no es la sociedad (en abstracto), pero es la primera sociedad (en concreto), y de la que depende cualquier otra que se considere. Por eso, si hay tanta violencia social es porque hay *muchas familias disfuncionales* en las que de una u otra forma la violencia está presente.

Hay muchas razones por las que una familia llega a ser disfuncional. Este es el caso de aquellas familias en que es insatisfactorio el modo de llevar a cabo el desempeño de las principales funciones familiares por los padres: cubrir las necesidades básicas, unidad conyugal y familiar, y crianza y socialización de los hijos. Si estas funciones familiares elementales no se llevan a cabo, lo más probable es que esa familia no se adapte a la sociedad y entre en disfunción el sistema familiar (Jacobson y Christensen, 1996). Es decir, esa familia no funciona. Es lo que suele acontecer en situaciones de desempleo de uno de los cónyuges, la muerte de un familiar, la atención a un hijo enfermo crónico, el traslado de la familia a otra ciudad, los conflictos con la familia de origen de los cónyuges, etc.

En esas situaciones, la interrupción o bloqueo de la comunicación conyugal suele aparecer como uno de los primeros síntomas, seguido de muchas negligencias e insuficiencias en el desempeño de las tareas domésticas, lo que sencillamente hace insoportable la convivencia familiar (Clarkin y Miklowitz, 1997). Esta situación se prolonga en auténticos conflictos en la diada conyugal, lo que arruina las relaciones de los padres con los hijos y *acaba con la estima propia y ajena*. En síntesis, que *en las familias disfuncionales la autoestima y la estimación ajena no están presentes*. Una familia es disfuncional cuando en ella las personas no son aceptadas y queridas por ser ellas mismas, por ser quienes son.

La ausencia de estimación es una de las primeras raíces y/o consecuencias de esa disfunción. En una familia así resulta imposible que cada persona crezca sintiéndose estimada y estimándose a sí misma. Sin estimación no es posible que la familia cumpla o satisfaga su propia función. *La eclosión de la violencia familiar desvela en quien la causa una ausencia de autoestima personal*. No se puede hacer daño a otro —especialmente si el otro es una de las personas a la que más se quiere— *y no hacerse daño al mismo tiempo a sí mismo*.

Pero ¿qué es lo que hace estimarse a la persona?, ¿darse al otro o imponerse y violentar injustamente su persona e intimidad? Recuerde el lector la historia de Caín. ¿Acaso le hace al hombre estimarse más a sí mismo cuando se abandona a sus impulsos cainitas?, ¿es este tal vez el mejor modo de crecer en la autoestima personal?

6. **Excitabilidad, impulsividad, irritabilidad, agresividad, violencia y autoestima**

No es fácil acertar a explicar cuáles son *las causas de la violencia familiar*. Ni siquiera el mismo concepto de violencia familiar está suficientemente explicitado. A fin de comprender mejor lo que se desea significar con este término, conviene distinguir entre excitabilidad, impulsividad, agresividad, irritabilidad y violencia.

La *excitabilidad* es una propiedad natural de los seres vivos que traduce la condición fisiológica de nuestra naturaleza, por cuya virtud no somos indiferentes frente a los estímulos, sino que una vez que estos modifican nuestros umbrales sensoriales, son capaces de suscitar en nosotros —casi siempre de acuerdo también con nuestra libertad— las respuestas oportunas, a través de las cuales nos adaptamos al medio.

En principio, *decir que un cónyuge es excitable es no decir nada*. Afirmar que alguien es excitable es reconocer que está vivo, que es susceptible de ser modificado por los estímulos del medio y capaz de responder libremente a ellos. El uso coloquial del lenguaje, no obstante, suele introducir otro sesgo en el significado de este concepto. Y así, cuando se califica a una persona como «muy excitable», lo que el hablante quiere significar es que su comportamiento, el modo en que responde a los otros o a sus familiares, es excesivo y desproporcionado. En este caso, excitabilidad e irritabilidad pueden llegar a ser coincidentes.

Pero la mera excitabilidad no causa —y mucho menos justifica— la violencia familiar. El cónyuge que llamamos excitable debiera atenuar la intemperancia de su desembridada excitabilidad. Responder de forma pronta, impetuosa y desproporcionada a cualquier evento en las relaciones de pareja, en modo alguno comporta una mayor vitalidad, como tampoco es manifestación de una virilidad o feminidad más acusadas. Responder así lo único que tal vez exprese es *la ausencia de control* sobre el propio comportamiento, *una nota de debilidad y vulnerabilidad más que de fortaleza*, demasiado endeble para ufanarse o autoestimarse más a causa de ella.

La *impulsividad* es también una condición biológica que puede llegar o no a alterarse. La impulsividad está en la base del espíritu de iniciativa, de los programas de acción, de cualquier proyecto biográfico libremente elegido o, como ahora dicen los neurofisiólogos, de las funciones ejecutivas que asientan en el lóbulo frontal (García Villamisar y Polaino-Lorente, 2000). Sin ella, el mismo ejercicio de la libertad personal estaría imposibilitado.

Sin embargo, si la impulsividad se intensifica más de la cuenta, la conducta personal puede desajustarse. Un cónyuge muy impulsivo, por ejemplo, toma decisiones y actúa en solitario y demasiado aprisa, casi irracionalmente, sin que la reflexión atempere como debiera la pertinencia o no de las acciones que acomete y sin que tan siquiera medie ningún cambio de impresiones o consulta alguna con el otro cónyuge. Por eso mismo, *la impulsividad puede devenir en irritabilidad* y generar ciertos conflictos conyugales, que acaben en un comportamiento violento.

A un *cónyuge impulsivo* es menester aconsejarle cierta parsimonia, pautar mejor las numerosas acciones que emprende, introducir pausas entre ellas; en definitiva, tratar de que reflexione primero y actúe después, y no al contrario.

No se olvide que *la estimación del otro precisa de cierto sosiego y serenidad*. Lo mismo acontece respecto de la autoestima personal. El marchar azacanado de un lado para otro, *el activismo sin sentido* es contrario al goce y manifestación de los sentimientos de estima. La *impulsividad*, por eso, *es enemiga del detalle y de la ternura*. En bastantes personas el mero hecho de estar expuestas al comportamiento impulsivo de otros ya les pone nerviosas. *El nerviosismo es mal compañero de viaje de las expresiones de afecto y de su acogimiento*. En síntesis, que *la impulsividad afecta los afectos, disuelve la estimación del otro y la propia, y prepara para la irritabilidad*.

La *irritabilidad* manifiesta una propiedad del sistema nervioso central que, justamente, se muestra en el modo de afrontar la realidad, de la cual, en buena parte, es responsable nuestro *temperamento*. En ocasiones, la irritabilidad deviene también en violencia, condicionada de alguna manera por la excesiva intensidad de *las desavenencias familiares, las faltas de atención, la creencia de que se le hace de menos o que tal vez no se le estima como debiera o deseara* (como el propio interesado piensa que debiera o desea). En otros casos, su raíz está en algunas muy sutiles *disfunciones cerebrales*, con frecuencia no diagnosticadas.

Una persona propensa a la irritabilidad es difícil de tratar. Entre otras cosas, porque no es posible predecir cómo responderá a una manifestación de afecto, por lo que, en consecuencia, sus familiares se inhiben y le privan de esas manifestaciones. Es decir, a las personas irritables no es que se les quiera peor o que en absoluto se les quiera. Es simplemente que les cuesta más a los familiares «atreverse» a expresarle sus sentimientos, no vayan a ser mal acogidos.

A las personas en que esta característica está vigorosamente asentada, de ordinario, se les teme. Pero *el temor es irreconciliable con la estimación*. Se teme lo desconocido, lo que no es previsible, lo que acaso pueda ser mal interpretado. Y por eso los afectos y sus manifestaciones se bloquean y enmudecen en la pareja y la familia de estas personas.

De otra parte, *es posible que una persona se tenga en alta autoestima, a la vez que manifiesta su irritabilidad*. Pero la impresión que comunica a quienes le rodean no es exactamente esa, sino más bien la contraria. Y como por su aparente irritabilidad, los demás no se atreven a manifestarle sus sentimientos, la consecuencia es que no los percibirá, de donde *inferirá que no se le quiere*, lo que desde luego puede arruinar su autoestima y aumentar su irritabilidad, cerrándose así el perfecto y nocivo círculo vicioso de su comportamiento.

La *agresividad*, en cambio, expresa formas de comportamiento gestual o verbal, cuyas raíces están condicionadas, simultáneamente, por factores biológicos y socioculturales. Acaso por eso, la agresividad se entiende hoy apelando al ámbito de cierta dimensión psicobiológica, cada vez más estudiada y mejor conocida.

La estructura nerviosa de la que depende la agresividad radica principalmente en la *amígdala cerebral* —una estructura asentada en el centro del cerebro—, aunque su manifestación comportamental esté mediada y modulada también por la personalidad.

En personas normales el comportamiento agresivo está subordinado, hasta cierto punto, a las propias elecciones del sujeto, de manera que este puede autorregularse, ejerciendo sobre sí mismo y su comportamiento un relativo autocontrol.

Muchas manifestaciones agresivas no debieran entenderse como comportamientos violentos. Por contra, en todo comportamiento violento está siempre presente, de alguna manera, la agresividad.

La conducta agresiva no siempre es la antítesis de la autoestima o la ternura. Hay personas cuyo comportamiento es en apariencia agresivo —o al menos así es interpretado por los demás— y, sin embargo, disponen de una alta autoestima y de una sincera ternura. ¿Qué es lo que les sucede, entonces? Pues, sencillamente que *no saben expresar sus afectos*, que han sido educados según el principio de que es ridículo manifestar las emociones, es decir, que son unos *analfabetos afectivos*.

Esto suele suceder a muchas personas, más especialmente entre los varones y demuestra algunos de los graves errores pedagógicos que, con tanta torpeza y funestas consecuencias, se cometieron en el pasado.

En otras circunstancias, el comportamiento agresivo no nace de la intimidad, sino que es más bien una pose, un modo de adorno gestual con el que se quiere insistir en la importancia de determinado hecho, es decir, una forma de impostura que a fuerza de ser repetida acaba por ser interiorizada y creída.

Son personas que suelen ser muy «duras» en su modo de decir o exigir, pero por dentro son tal vez demasiado «blandas». Y es esa blandura la que les infunde un cierto temor a no ser obedecidos o una relativa desconfianza e inseguridad acerca de su propio valer. En definitiva, son personas que tienen ciertos problemas con la autoestima y la expresión de emociones, a las que valdría la pena que en eso alguien les ayudase.

La *violencia*, en cambio, es dependiente no sólo de ciertos factores biológicos y psicopatológicos, sino también del estilo de vida de la persona y de numerosas variables socioculturales como el desempleo, pobreza, educación, valores, alienación, manipulación, etc.

No toda violencia es patológica, aunque toda manifestación violenta constituya un flaco servicio al respeto que es debido a la condición humana de quienes la padecen y de quienes así se comportan.

La violencia depende también —¡y mucho!— de *factores comportamentales y cognitivos*, sobre los que la educación recibida y algunas manifestaciones culturales ejercen una relevante función configuradora, por otra parte muy significativa.

Otras veces la violencia es consecuencia de un *exceso de autoestima*, si es que se nos autoriza a hablar en estos términos. Es el imperio del «yo», en este caso, que en su avance expansivo e ilimitado llega a aplastar la más pequeña parcela de cualquier «tú», por modesto que sea.

La solución pasa, entonces, por quebrar o someter ese exceso de autoestima, de amor propio o del autoritarismo de su personalidad que hay que doblegar ante el «tú» ofendido y ultrajado. Es preciso someter el propio «yo» al otro, optar por una rendición sin condiciones y preferir la estimación del otro a la propia. *Abrirse a la estimación generalizada de cualquier «tú» puede constituir un buen factor preventivo de la violencia.*

Proceder así evita la violencia en la pareja y la familia. Contribuye también a una pronta recuperación de la dolorida autoestima del violento. Porque, de ordinario, a tal doblegamiento del «yo» violento en seguida sigue la amable y tierna caricia manifestada por la estimación del otro. Y un «yo» que se sacrifica por otro, es lógico que recupere su autoestima, es decir, que la sitúe exactamente donde aquella debe estar situada.

La estimación que es acogida se prolonga casi siempre en un incremento de la autoestima. *Sentirse estimado y autoestimarse* devienen, entonces, en un mismo e idéntico sentimiento.

No podría poner fin a estas palabras sobre la violencia familiar y la autoestima sin mencionar otros dos aspectos relevantes al respecto. Me refiero, claro está, a la distinción entre violencia física y violencia psicológica, y al diverso modo en que las personas se sienten estimadas y hacen crecer su autoestima personal en función de su sexo.

La violencia física es una manifestación más propia del varón. Por el contrario, *la violencia psicológica es la que mejor suele caracterizar a la mujer.* No se trata aquí de atribuir una y otra de acuerdo con los roles tradicionales que culturalmente nos han llegado respecto del varón y la mujer. Hay algo, además que prueba que tales atribuciones, a pesar de su inercia, no son tan rígidas ni están tan bien atribuidas como antes se pensó. De hecho, comienza a darse una cierta homogeneización entre ellas, como lo prueban los numerosos casos de que, desgraciadamente, nos informan los *mass media*.

Pero todavía en la actualidad hay que sostener que esta distribución de las formas de violencia, según los sexos, está vigente. A este hecho habría que dedicarle una mayor atención, especialmente en lo que se refiere al ámbito de la violencia familiar. En efecto, *la violencia física*, por ejemplo, *deja siempre tras de sí ciertas pruebas* que, pregoneras y testigos de lo que aconteció, son muy útiles para identificarla.

Muchas pericias y dictámenes de expertos se fundan precisamente en ellas y contribuyen a informar a los jueces, quienes, conformes con los datos aportados, prueban determinados hechos y dictan sentencia en consecuencia con ellos.

Por el contrario, *la violencia psíquica no parece dejar tras de sí*, por el momento, *rastro alguno*, por lo que su verificación es mucho más compleja y difícil. De admitirse lo que se propuso al principio, puede concluirse que hay *un agravio comparativo* entre hombre y mujer en lo que a la violencia familiar y de pareja se refiere.

¿Cómo probar ante el magistrado la permanente hostilidad verbal, la falta de acogida, las injustas y reiteradas recriminaciones, las miradas asesinas, la pésima administración de los escasos recursos económicos familiares disponibles, las hilarantes descalificaciones en público, la desautorización en presencia de los hijos, la resistencia a cualquier contacto físico, el franco insulto y la insinuante humillación?, ¿qué huellas dejan tras de sí cualesquiera de esas violentas manifestaciones sufridas por el varón?, ¿son acaso más fáciles de sufrir, aun cuando sean mucho más reiteradas que la mera amenaza o lesión física, por otra parte relativamente excepcional?, ¿puede acaso descubrirse quién empezó primero?, ¿qué afecta más a la armonía de la persona: la violencia psíquica o la física?

No, nada de esto está hoy claro. Del mismo modo se desconoce por qué unas formas de manifestar la violencia son más frecuentes que otras en según qué personas y qué sexo. Este ámbito de investigación se promete muy eficaz en el futuro próximo y, además, es probable que provea de un largo alcance explicativo a otras manifestaciones y comportamientos.

De los resultados que se obtengan en estas investigaciones depende en gran medida el que se extingan o no ciertas *estereotipias, sesgos y tópicos* que hoy enmascaran la violencia en la pareja y su *impunidad jurídica*.

Algo parecido sucede respecto de la autoestima. Los hombres y las mujeres no se estiman a sí mismos de idéntica forma, como tampoco coinciden sus habilidades y repertorios a través de los cuales manifestar la estima a su pareja.

7. **Personalidades desajustadas**

Los efectos psicológicos de la violencia son numerosos y de diversa significación, tanto en quienes la causan como en quienes la sufren. La persona violenta, a causa de este comportamiento, suele desajustarse. Para que el comportamiento violento se ponga en marcha es indispensable que acontezcan ciertas modificaciones profundas en el sistema endocrino y muy especialmente en las cápsulas suprarrenales.

En situaciones violentas, la *adrenalina y noradrenalina* se excretan en forma cuantiosa, activando el ritmo cardíaco y respiratorio y la sudoración, y disminuyendo la vascularización del aparato digestivo y el control de las emociones. Como consecuencia de ello, *se modifica la dinámica del funcionamiento cerebral, bloqueándose las funciones superiores* —de las que dependen el pensamiento, la reflexión, la memoria, el control de los impulsos, el lenguaje, etc.— *y siendo sustituidas por otras funciones mucho más primitivas e instintivas.*

Desde el punto de vista psicológico, *la atención* se dirige únicamente a las personas y el contexto en el que se ha originado el conflicto, mientras que *la percepción queda cautiva* en esa situación. De este modo, *se constriñe y restringe la libertad perceptiva* que queda focalizada y fija sólo en aquello que tiene la significación —verdadera o falsa, que eso ahora importa menos— de lo que constituye en principio una afrenta insoportable.

Las pequeñas dificultades se agigantan; las diferencias mínimas amplían el espacio que separa a las personas —todavía misteriosamente unidas, sin embargo—, por el hecho doloroso de la supuesta humillación que no se perdona.

Surge así la paradoja en el cónyuge ofendido, que está incapacitado para poner la suficiente y necesaria distancia entre el hecho que suscitó la ofensa y su propio comportamiento, al mismo tiempo que se agiganta y enfría el espacio interpersonal propio del encuentro y la comunicación, por lo que le separa del otro.

Al prenderse la llama de la violencia, la persona sufre una pérdida de libertad y una primitivización de toda su conducta. En un primer momento se pone fuera de sí, deja de ser dueña de sus actos, dimite de sus convicciones, queda abolida su voluntad y esteriliza sus capacidades cognitivas más dignas, de donde podría venirle la solución a sus problemas.

En este primer estadio, la violencia supone una grave abolición de la persona (en tanto que ser racional), experimentando una eventual y rápida animalización.

Quien a causa de la violencia pierde el respeto al otro, simultáneamente se pierde el respeto a sí mismo y, en cierto modo, se ataca a sí propio al zaherir al otro. Atentar contra la dignidad de los demás es destruir lo que hay de humanidad en ellos y, en consecuencia, también en nosotros.

8. **Tensiones y conflictos: la antítesis de la ternura**

Desde esta perspectiva, el comportamiento violento supone abdicar de uno de los rasgos más característicos y preciosos de la condición humana: *la capacidad de compasión y ternura*. La violencia es la antítesis de aquellas, la fatal negación de la emergencia de las convicciones contrarias.

Por la *compasión*, la persona se hace una con los otros, sintoniza con ellos, se compadece de ellos. La compasión pone de manifiesto que somos capaces de hacer nuestro el dolor ajeno (así se trasluce, espontáneamente, en el rostro de cuantos esporádicamente observan a cualquier otra persona que sufre).

Este rasgo común y propio de nuestra condición humana —por otra parte, universal e incondicionado respecto de factores culturales, étnicos, políticos, económicos y religiosos— queda pulverizado y extinguido, como consecuencia de la violencia.

Algo parecido acontece respecto de la *ternura*. Toda violencia comporta tensión, y la tensión es la antítesis de la ternura. Una vez que se pone en marcha el comportamiento violento y que en la hondura de la persona arde el fogonazo de la crispación, *se cierra herméticamente su capacidad de recepción y acogida*. Por ello, habría de representarse icónicamente la violencia con una figura convexa, mientras que la acogida, la ternura y el perdón se representarían mejor por medio de una figura cóncava, que manifiesta el abrazo que da cabida a la aceptación humilde y sencilla.

En la violencia el «yo» se afila, magnifica, autoafirma y hace prepotente, pero sólo en sus aspectos instintivos e irracionales.

Bajo las máscaras de la fuerza que conforma tal actitud, se desvela al fin la menesterosa impotencia, el desvalimiento de quien ha perdido su capacidad de control. La violencia hace patente, en última instancia, *la transformación del «yo», ahora mudado en un «yo-fuerza», que es tanto como decir en un yo débil, en un «yo-sin-yo»*. Pues lo propio del yo humano es la racionalidad. Fuerza y racionalidad, a qué dudarlo, constituyen modulaciones contrapuestas del yo, siendo *la racionalidad* propia y connatural, y *la fuerza*, tal y como aquí es empleada, un mero artefacto desnaturalizador.

La debilidad implícita de las personas violentas emerge así como la antítesis de la fortaleza de las personas amables y aceptadoras. En quienes la sufren, constituye también una relevante prueba que pone de manifiesto los valores que llevan dentro.

En todo caso —como decían los clásicos—, *es mejor padecer la injusticia que causarla*. En efecto, sufrir no empequeñece la dignidad de la persona. Más aún, se puede sufrir una injusticia y, no obstante, crecer en dignidad, precisamente en aquella que optimiza el perdón, el mayor de todos los dones.

Por contra, quienes ceden a estos impulsos, arrojándose en brazos de la conducta violenta, frecuentemente son arrastrados por ella. Lo que demuestra, en cierto sentido, que la violencia es más fuerte que ellos, que su libertad ha sido neutralizada por el cambio de las circunstancias suscitada por aquella.

9. La negación de la autoestima: el abuso sexual

Sin duda alguna, la violencia familiar se ha incrementado en las últimas décadas en todos los países. Es posible que el incremento experimentado no sea tan intenso, en términos absolutos, como parece, puesto que ha cambiado también la sensibilidad social respecto de este tema.

Por eso debieran relativizarse —desde la perspectiva estadística, pero en modo alguno desde la perspectiva humana— las noticias que la prensa nos trae cada día acerca de la violencia familiar, y muy especialmente en lo que se refiere a la mujer, que, en muchas ocasiones, incomprensiblemente, puede llegar hasta sufrir el homicidio.

La APA (*The American Psychological Association Task Force on Violence and the Family*, 1996) ha definido en su protocolo la violencia familiar, distinguiéndola del abuso infantil. La *violencia familiar* queda calificada como una forma de comportamiento abusivo, en el que se incluye un amplio rango de maltrato físico, sexual y psicológico de una persona —con la que el violador está vinculado en la intimidad—, a fin de obtener un cierto poder sobre ella y mantenerla sometida a su control personal.

Por el contrario, el *abuso* es un término que aunque viene a designar lo mismo en la práctica, no obstante, califica más específicamente el maltrato dirigido a los hijos.

En realidad, la atracción y la estima sexual forman parte de la autoestima. *El abuso sexual familiar*, por eso, entraña una grave patología, porque niega, con toda rotundidad, la naturalidad de esa atracción sexual, que de alguna forma está vinculada a la autoestima y a la estimación de los otros.

El abuso sexual es antes que nada un abuso contra las propias tendencias naturales, en lo relativo a la atracción experimentada respecto de otras personas, y contra el respeto y estima natural a la persona de la que se abusa. Este abuso es tanto peor y más grave cuando la persona de la que se abusa pertenece a la propia familia.

Es mucha la ignorancia que hay al respecto, tal y como se manifiesta casi siempre a través de una subestimación de la incidencia del abuso sexual infantil. Aunque no resulta fácil de determinar la incidencia real de este problema en la población (Garrido, Stangeland y Redondo, 1999), no obstante el abuso sexual es mucho más frecuente de lo que parece (López, 1997).

Así, por ejemplo, en España, el 23 % de las mujeres y el 15 % de los hombres han sido víctimas de algún tipo de abuso sexual en la infancia. De ellos sólo el 2 % de los casos llegan a ser conocidos en el momento en que se producen. Y eso a pesar de que en el 70 % de las víctimas se presenta, a corto plazo, un cuadro clínico de cierta importancia como consecuencia de ello.

El *perfil típico del abusador* es el siguiente: personas relativamente ausentes del hogar, con *baja autoestima y trastornos psicopatológicos*, consumidores de drogas y alcohol, con dificultades en la relación de pareja y socialmente aislados. Con frecuencia estas personas han sido víctimas de abuso sexual durante la infancia y pueden manifestarse como extremadamente protectoras y celosas en el trato con sus hijos.

Entre los trastornos psicopatológicos que suelen ser más frecuentes en el agresor se encuentran el abuso de alcohol y drogas (Conner y Ackarley, 1994), los celos patológicos (Faulkner y cols., 1992), las alteraciones en el control de los impulsos y los trastornos de personalidad (Fernández-Montalvo y Echeburúa, 1998).

El abuso sexual de los hijos facilita que, con cierta probabilidad, *ellos se transformen en abusadores de la siguiente generación. La destrucción de la autoestima* que sigue a quien padece el abuso sexual contribuye a configurar su total desaprobación como persona y la desestimación de quienes le rodean.

Si un niño no se estima a sí mismo, como consecuencia del abuso sexual que ha sufrido, ¿en virtud de qué principio o razón podrá estimar a los demás? Si tanto se desestima a sí mismo —en ocasiones se dan asco y sufren una repugnancia invencible respecto de su propio cuerpo y su entera persona—, ¿qué impedirá que extienda esa desestimación a los otros? Acontece así una *transmisión intergeneracional y transgeneracional de la desestimación*, de muy graves y perturbadoras consecuencias. En cierto modo, habría que afirmar que el abuso sexual infantil nos salpica a todos, aunque sólo sea a través de la desconfianza y suspicacia básicas que genera.

La baja autoestima causada por el abuso sexual sufrido cuando pequeño acaba por salpicar a los niños de la generación siguiente, lo que debiera entenderse como un importante factor a favor de la falta de equidad entre generaciones.

Por el contrario, una persona cuya autoestima es normal, es decir, que se estima a sí misma, ¿incurrirá con facilidad en el abuso sexual de un pequeño? Si se estima a sí misma, razones tiene para estimar a los demás. Y si estima a los otros, ¿en virtud de qué extraña razón atentará contra la intimidad y dignidad de un pequeño, abusando sexualmente de él?

Pero disponemos en este punto de muchas paradojas algo difíciles de explicar. Constituye una de esas paradojas el hecho de que el 50 % de las mujeres que sufren la violencia familiar continúen conviviendo con su pareja (Echeburúa, Corral, Sarasua y Zubizarreta, 1996).

Nos encontramos ante una situación que resulta difícil de entender. ¿Cómo es posible que una mujer que ha denunciado en varias ocasiones a su marido retire, pocos días después, los hechos denunciados? En estos casos —nada infrecuentes, por cierto— hay que apelar a otras razones. Es posible que en esas circunstancias lo que acontece en la pareja son ciertos sentimientos ambivalentes (estima-desestimada; apego-desapegado) que podrían, hasta cierto punto, dar razón de su extraño comportamiento.

De ordinario, la violencia familiar exige siempre *una intervención terapéutica sobre la víctima*, en la que las manifestaciones psicopatológicas que con mayor frecuencia se presentan son la ansiedad, la depresión, el retraimiento social, la *baja autoestima*, el trastorno de estrés postraumático, la hostilidad y agresividad y el miedo generalizado.

Algunas de estas manifestaciones acontecen también en el agresor, pero no suelen ser tan claras ni tan intensas. *Si no se interviene sobre el agresor*, la violencia familiar continuará, ampliando su impacto sobre los hijos y generando un mayor número de víctimas. De ordinario, el agresor dirigirá su comportamiento no sólo a su mujer sino también a sus hijos. Y en el caso de que haya roto con la familia o se haya separado de ella, *es muy probable que repita su comportamiento con otra mujer* y/o lo generalice también en el ámbito extrafamiliar.

De acuerdo con Fernández-Montalvo y Echeburúa (1998), *los programas cognitivo-conductuales* suelen ser los más eficaces. En ellos resulta imprescindible el empleo de estrategias y procedimientos como los siguientes: entrenamiento en habilidades de comunicación y solución de problemas, autocontrol de la ira, reestructuración cognitiva, técnicas de relajación, tiempo fuera, modificación de las estereotipias sexuales, autocontrol del consumo de alcohol y drogas, modificación del comportamiento celoso (Polaino-Lorente, 1991a) y reeducación de las actitudes irracionales respecto de los roles sexuales.

Muchos de estos procedimientos, sin duda alguna eficaces, no alcanzan a modificar como debieran otros aspectos psicopatológicos que, no obstante, están presentes tanto en el agresor como en sus víctimas. Me refiero, principalmente, claro está, a *los trastornos del control de los impulsos, los trastornos de la personalidad, la ansiedad y la depresión*. Para una más rápida y eficaz modificación y alivio de estos trastornos, parece más aconsejable asociar el *tratamiento psicofarmacológico* pertinente, cuando ello sea necesario.

Los mejores resultados parecen obtenerse en intervenciones terapéuticas mixtas en que a los programas cognitivo-conductuales se asocia el empleo de psicofármacos específicos, tal y como son exigidos por el diagnóstico clínico, previamente establecido en cada persona.

El *perfil de las características familiares* en las que acontece el abuso sexual infantil son las siguientes (Mas, 1995; Vázquez Mezquita y Calle, 1995): familias monoparentales o reconstituidas, con un funcionamiento caótico o desestructurado, en las que la madre está frecuentemente enferma, ausente o muy poco accesible desde el punto de vista emocional, que también ha experimentado con frecuencia durante la infancia el abuso sexual, y en las que las hijas mayores asumen una parte importante de las responsabilidades propias de la familia.

Una revisión actualizada de *la violencia doméstica, a nivel mundial*, puede encontrarse en Walker (1999). La autora llega a algunas conclusiones, que se resumen a continuación:

1. *La incidencia de la violencia familiar y doméstica* en la mayoría de los países es relativamente parecida, a pesar de poder distinguirse ciertas matizaciones entre unos y otros países, probablemente atribuibles a factores socioculturales (Campbel, 1995; Chalk y King, 1998).

2. *Los tópicos más frecuentes* que han de considerarse en la violencia familiar son los siguientes: abuso físico, psíquico y sexual de la mujer; exposición de los hijos a la violencia y maltrato infantil, maltrato de los ancianos y abuso sexual de la infancia (APA, 1996).

3. *Otros factores que parecen estar implicados* en la suscitación de la violencia familiar son los siguientes: interacción entre los cónyuges, ciertas actitudes hacia la violencia en general, separación y divorcio, deprivación cultural y económica, consumo de alcohol y drogas, emigración a otros países, política de la familia y creencias religiosas (APA, 1996).

4. *El estrés en el ámbito de la familia* suele estar siempre presente, aumentando en la medida que se incrementa la intensidad de la violencia. Investigaciones recientes, de acuerdo con lo que se acaba de afirmar, ponen de manifiesto un incremento en la prevalencia de estrés emocional en la mujer. Los resultados obtenidos manifiestan que *la incidencia del estrés*

emocional es del 50 % en las mujeres que han experimentado la violencia doméstica, frente a sólo el 20 % de las que estando casadas no lo han sufrido, y del 10 % de las que permanecen solteras (Ellsberg, Caldera, Herrera, Winkvist y Kullgern, 1999). Los datos anteriores se refieren a la población estudiada en mujeres de Nicaragua, aunque probablemente suceda algo parecido en las mujeres de cualquier otro país.

5. Se confirma una *estrecha relación entre la violencia familiar y la violencia en la comunidad.*

6. Hay suficientes evidencias que demuestran que *la conducta violenta se ha aprendido y se transmite de una a otra generación* (Eron, Gentry y Schlegel, 1994).

7. Un factor relevante, que puede considerarse como *predictor de riesgo de violencia familiar*, consiste en que uno de los cónyuges proceda de una familia en la que fue maltratado durante la infancia (Jacobson y Gottman, 1998).

8. *La intervención psicológica y la terapia* no sólo reducen el número de víctimas, sino que constituye un eficaz procedimiento preventivo de la violencia futura (Walker y Snokin, 1995).

9. *La violencia doméstica se incrementa justamente cuando los conflictos conyugales se prolongan en la etapa de separación.* En esta etapa se concentra el 70 % de los casos de violencia familiar denunciados en Estados Unidos (Liss y Stahly, 1993).

10. *La educación constituye un importante factor preventivo*, especialmente entre la población con menos formación cultural. Este factor es al parecer mucho más importante en las familias latinoamericanas que en las norteamericanas. La relevancia de este factor debe ser tenida en cuenta en *el diseño de los programas terapéuticos y de rehabilitación*, en los que hay que incorporar especialmente intervenciones de tipo psicoeducativo tendentes a la modificación del rol sexual del cónyuge violento y de otros recursos que faciliten su resocialización (Corsi, 1999).

11. *El perfil del agresor* permite distinguir *tres tipos* bien diferenciados:

 11.1. *El agresor que usa la violencia como una estrategia* para obtener un mayor poder y controlar al otro cónyuge y a su familia.

 11.2. *El agresor cuya violencia es el resultado del trastorno psiquiátrico* que padece.

 11.3. *El agresor que padece de un grave trastorno de personalidad* y que junto a la violencia familiar incurre también en otros actos criminales fuera de su familia (Meloy, 1988; Walker y Meloy, 1998).

12. Hay aspectos diferenciales, probablemente atribuibles a *factores socioculturales*, en países entre sí muy poco afines, en lo que se refiere a las *poblaciones de alto riesgo que predicen el comportamiento violento*. Así, por ejemplo, son *poblaciones de alto riesgo* de sufrir la violencia familiar las mujeres adolescentes en Israel (Steiner, 1999); en Japón la violencia cambia de polaridad y se centra más en los hijos contra los padres (Kozu, 1999); en Estados Unidos, los inmigrantes mexicanos (Valencia y

Van Hoorne, 1999); en México, la población caracterizada por la pobreza y la deprivación cultural (Ellsberg y cols., 1999).

Sin embargo, desde la perspectiva cultural, hay numerosos trabajos que demuestran que *son más las coincidencias que las discrepancias* en las poblaciones estudiadas de países muy diferentes. Este es el caso de lo manifestado respecto de Chile (McWhirter, 1999), Rusia (Horne, 1999) y Japón (Kozu, 1999).

13. En la mayoría de las investigaciones se concluye que *un factor común* en todas las poblaciones en las que es preciso intervenir es el relativo a *las actitudes que respecto de las mujeres y de la violencia contra ellas tengan sus maridos*. Estas actitudes están especialmente vinculadas a *factores educativos* y a ciertas *creencias* y *estereotipias*, que más tarde hacen sentir su peso en la interacción sexual entre hombre y mujer. El cambio de rol sexual que se precisa aquí no sólo debe de implicar a los *varones* —cuyo comportamiento violento no se modificará, si no se atiende a este factor—, sino también a la *mujer*, especialmente en su modo de afrontar los problemas, en el modo de interpelar al marido y generar conflictos y en su *estilo de negociación* para resolver las dificultades. Esto significa que deben incrementarse los programas para el cambio y modificación de las actitudes respecto de los roles sexuales y los hábitos de comportamiento que median la interacción hombre-mujer en la pareja en un escenario mucho más amplio, donde se lleva a cabo la socialización de unos y otros. Algunos intentos recientes en esta dirección se han producido ya, con cierta eficacia, en México (Instituto Mexicano de Investigación de Familia y Población; Fawcett y cols., 1999) y Grecia (Antonopoulou, 1999).

Hemos visto hasta aquí cómo el abuso sexual supone *la abolición de la autoestima del agresor*, pero también y ante todo *la extinción de la estima en el agredido*. La síntesis a la que se acaba de aludir, siguiendo a Walker (1999), pone de manifiesto que *violencia social y violencia familiar están interrelacionadas; que el comportamiento violento se transmite de una a otra generación; que la persona que fue maltratada durante su infancia corre el grave riesgo de maltratar a los niños y jóvenes de la siguiente generación; que la violencia familiar se acrecienta de acuerdo con la violencia conyugal; y que la educación constituye, por el momento, uno de los medios preventivos más eficaces*.

Estas valiosas *conclusiones acerca de la violencia familiar* nos remiten de nuevo a la autoestima. Es la autoestima y la estimación de los demás las que realmente han de ser educadas, a fin de que se extinga la violencia y sus perniciosos efectos familiares y sociales. Para este propósito se remite al lector interesado a otros capítulos de esta publicación y a otras publicaciones que también inciden en este problema (cfr., Polaino-Lorente, 2003a y b).

En la opinión de quien esto escribe no es suficiente con diseñar programas de intervención para el aprendizaje de estrategias que no tienen otra finalidad que la de incrementar, supuestamente, la autoestima personal y/o implementar la autoeficacia instrumental de los más jóvenes. Eso está bien, pero resulta insuficiente.

La autoestima no es la mera consecuencia, con ser esto muy importante, de un mero aprendizaje tecnológico. *El aprendizaje de la autoestima no será tal si no se profundiza*, como es menester, *en los fundamentos que la hacen posible*. Y estos van mucho más allá de las meras tecnologías e ingenierías humanas, por muy avanzadas e innovadoras que sean.

Los fundamentos de la estima personal y de los otros son de orden estrictamente *antropológico*, por lo que habrá que apelar a esa disciplina, es decir, a una antropología realista que la provea de su ayuda y ahonde en su necesario sentido y significado.

Esto nos urge a plantear la enseñanza de otras cuestiones que, relacionadas con la estimación de la persona, la sobrepasan en toda su amplitud. Es el caso, por ejemplo, de *la educación en el respeto y la dignidad de la persona humana; el conocimiento de sí mismo; las relaciones humanas; la compasión; el aprendizaje a través de los errores propios y ajenos; la aceptación de sí mismo; la educación en valores y virtudes; la paternidad y la filiación; la donación y la acogida; el diseño de un proyecto personal y vital que tenga sentido; etc.*

No, a lo que se observa, *no basta con un mero aprendizaje práctico de algunas habilidades*. Entre otras cosas, porque el mero hecho de disponer de ciertas habilidades no nos hace estimar mejor a los demás o de forma más verdadera a nosotros mismos.

10. **¿Cómo reaccionar ante la violencia familiar?**

Una persona es tanto más ella misma y más fuerte cuanto más libre, mejor y más eficazmente dirige su conducta hacia la meta que había concebido, con independencia de cuáles sean las circunstancias, violentas o no, que acontezcan en su entorno.

Cuando *quien padece o sufre la injusticia de la violencia* responde a su vez con un comportamiento violento, renuncia a su libertad, pues previamente a sufrirla, no había decidido en modo alguno comportarse de esta suerte.

Esto significa que las circunstancias, y no su libertad, son las que dirigen su comportamiento o, si se prefiere, que aquellas han sustituido a esta y, en consecuencia, el comportamiento que de aquí resulta puede llegar a ser *más circunstanciado y menos personalizado*.

Por contra, quienes no responden a ella, quienes sujetan su potencial conducta violenta, subordinándola a lo que, prudencialmente, la razón en ese caso les aconseja, *crecen en libertad, adensan su humanidad y mejoran su control personal*. Y, lo que es también importante, contribuyen al bien del otro.

Devolver un mal por otro mal no deja de ser un mal en sí mismo considerado. En cambio, devolver un bien por un mal injustamente recibido, necesariamente comporta un bien. Tanta es la bondad de esta última forma de comportarse que, en ocasiones, el propio bien de la conducta de quienes así responden logra desarmar y extinguir la violencia impotente de quienes injustamente los atacaron.

Hay otras muchas consecuencias psicológicas relacionadas con la violencia en las que aquí no puedo penetrar como debiera. Por citar sólo algunas, piense el lector en el desprecio, el temor, la culpabilidad, los celos, el aislamiento, la soledad, el resentimiento e insatisfacción consigo mismo, etc.

A ello habría que añadir la frustración, el estrés, la ansiedad y toda esa amplia constelación de *enfermedades psicosomáticas* y de las así llamadas *enfermedades de la civilización* que le acompañan: cefaleas, úlcera gástrica, infarto de miocardio, hipertensión arterial, insomnio, etc. De otro lado, muchas *enfermedades crónicas* como el cáncer, la diabetes, el asma, la epilepsia o la esclerosis lateral amiotrófica, por señalar sólo algunas, empeoran con la violencia.

Por último, la totalidad de los *trastornos psiquiátricos* son, obviamente, los que más intensamente acusan el impacto de la violencia, agravándose su evolución o malignizándose, hasta el punto de hacerse crónicos e irreversibles y, por tanto, sin posibilidades de recuperación.

En cualquier caso, la violencia sostenida está en la génesis de muchos *trastornos de la personalidad*. Una vez que esta es modalizada por las conductas violentas, acaba por configurarse según un patrón psicopatológico muy difícil de modificar.

Claro que hay también otras muchas dimensiones implicadas en el hecho de la violencia. Este es el caso, por ejemplo, del instinto de supervivencia, del impulso por conservar la vida, la honra y la fama, o la tendencia a no claudicar ante un abuso injustificado que, además, resulta atentatorio contra la dignidad personal.

Pero no debiera apelarse con excesiva facilidad a tal instancia para legitimar el propio comportamiento violento. En este punto conviene no engañarse. Cuando las personas lo hacen, casi nunca suelen quedar tranquilas. Muy al contrario de lo que cabría esperar, en el fondo de su ser nacen las dudas, lo que unido al deterioro sufrido en su dignidad a causa de su conducta violenta, constituye un mentis rotundo de que tal comportamiento debería haberse llevado a cabo.

Es de elemental prudencia examinar en cada caso lo que resulta más conveniente hacer, valorar los bienes a cuyo logro se encaminan unos y otros comportamientos, ponderar el bien que de ellos puede derivarse para los demás, en una palabra, atenerse al bien implícito que entreverado con cada comportamiento le es más propio.

Proceder de este modo ayuda a crecer y robustece al propio yo, amplía y profundiza la libertad personal, significa a quienes así se comportan, hace madurar la personalidad y, como hemos observado, hace progresar la existencia de otros muchos valores en nuestra sociedad.

De aquí que el sufrimiento injusto de la violencia —o mejor, la forma en que nos comportamos frente a ella— tenga mucho que ver con la autoestima y la estimación o no de quienes nos rodean, incluidas las personas que la causaron. Repeler la violencia puede ser una exigencia natural que es menester satisfacer. Pero conviene ponderar antes cómo hacerlo, a fin de que por mor de ese comportamiento no se quiebre la estima personal o se relance la espiral de una violencia sin término que acabaría o extinguiría en mucho la estima de todos.

11. La estimación y la «otra» violencia

Nuestra conducta no acontece en el vacío. Nuestra libertad, sin dejar de pertenecernos, tiene indudablemente una dimensión social. La libertad humana, y el uso que de ella hagamos, pone de manifiesto la insoslayable interdependencia entre las personas. Ninguna persona hubiera llegado a ser quien es sin la ayuda de los demás.

Como escribe Lévinas (1991), «la comprensión del otro es inseparable de su invocación. Comprender a una persona es ya hablarle. Poner la existencia de otro, dejándole ser, es ya haber aceptado esta existencia, haberla tenido en cuenta».

En la violencia sucede exactamente lo contrario. El otro, sin llegar a desaparecer, se encuentra sometido al poder de quien lo violenta, aunque sólo sea parcialmente. Esta *negación del otro*, aunque sólo fuere parcial o sectorial, acontece cuando se niega su independencia a través de la posesión absorbente, que lo reduce a un ser «para-mí» diferente a su «ser-en-sí», que no se respeta. La posesión no se consigue sin la previa negación de la persona poseída.

En uno u otro sentido, es necesario reconocer la insuficiencia de tal posesión o, si se prefiere, el reconocimiento de que el ámbito de dominación del poseedor, aun cuando logre esclavizar a la otra persona, jamás acaba de abarcarlo por completo.

De aquí la conclusión de Lévinas de que «el otro es el único ente en el que la negación sólo puede tener un carácter total: un asesinato. El otro es al único al que puedo querer matar».

La observación atenta de este hecho nos permite derivar algunas de las muchas *consecuencias sociales de la violencia*. La violencia constituye la negación de las relaciones interpersonales, destruye el tejido social y engendra casi siempre violencia.

Poco importa que sus manifestaciones sean gestuales o físicas, emocionales o instintivamente actuadas. En cualquier caso, *siempre que hay violencia se extingue el bien común de la sociedad (de todos), además del bien personal del violentador y del violentado.*

Nada de particular tiene que allí donde la violencia se asienta no puedan crecer la paz, el orden social y la seguridad ciudadana. ¿Cómo invitar en esas circunstancias a la solidaridad?, ¿tendría sentido hablar de justicia social en una «sociedad» configurada como un conglomerado informe y contrahecho, en el que los más elementales derechos humanos han sido sistemáticamente conculcados y atropellados?

La violencia desune, disuelve cualquier vinculación y acaba por atomizar la entera sociedad. La violencia impide que las personas se comuniquen entre ellas —la violencia es antes que nada la negación de la comunicación—, las condena al solipsismo y al soliloquio, instaurando un *autismo social* que empobrece, envilece y asfixia.

Las consecuencias sociales de la violencia acaban por amputar la dimensión social de la persona, que de «animal político» deviene entonces en *un ser apátrida*, en un «paria», en una persona en la que no es fácil encontrar las señas de su identidad.

Pero si la violencia es *el cáncer de la socialización*, ella misma sí que puede socializarse e incluso democratizarse. Acaso por eso mismo, hoy se ha abolido la compasión por el prójimo, reduciéndola a un prejuicio individualista e insolidario que, en tanto que resto atávico y obsoleto, amenaza con tergiversar y empañar la eficacia de la acción, la tecnología, la ideología y el sistema.

La violencia socialmente magnificada despoja al hombre de su conciencia y de su razón, es decir, de su concreta humanidad, de su identidad personal, transformando el medio social en el fatal espejismo de un escenario selvático, incompatible con la vida humana.

Para hacer frente a la violencia, cabe invocar otro tipo de violencia: la violencia intro-punitiva de los antiviolentos, la de quienes se hacen violencia a sí mismos con tal de no ser violentos con los demás, *la violencia que supone someterse a los otros y colocarlos por delante de uno mismo.* Esta otra violencia sí que puede alcanzar la difícil meta de *incrementar la autoestima personal y la estimación de los otros,* de entrelazar mejor los hilos de los comportamientos personales en el cañamazo social, en definitiva, de encaminar sus pasos a la vertebración de una más justa sociedad. Con este modo de proceder nadie pierde y todos ganan.

Esta es la violencia del asceta y del místico —*violenti rapiunt*—, de la que tan necesitada está nuestra sociedad. Pero no se olvide que esta es también la violencia necesaria para autodominarse, poseerse y conducirse mejor a sí mismo, es decir, para alcanzar la felicidad personal, y con ella y a su través contribuir a la felicidad de los demás.

Capítulo 9

ERRORES, SESGOS Y DISTORSIONES COGNITIVAS EN LA AUTOESTIMA CONYUGAL Y FAMILIAR

1. Introducción
2. Autoestima y atribución
3. Las atribuciones acerca del éxito y el fracaso, y la autoestima
4. Errores y sesgos cognitivos
5. Distorsiones cognitivas en la autoestima conyugal y familiar
6. ¿Es científico compararse con los demás?
7. Las atribuciones, la excelencia personal y el contexto familiar
8. Autoestima familiar y excelencia personal: algunos consejos preventivos

1. Introducción

En los capítulos precedentes se ha pasado revista, en general, a los principales factores que intervienen en la autoestima personal y la estimación de otras personas. Pero no se ha entrado en lo que sucede respecto de la autoestima en la corta distancia de las interacciones entre los cónyuges y entre padres e hijos.

Se trata ahora de analizar con más detalle lo que sucede en esas relaciones que configuran lo que se conoce con el término de *dinámica familiar*. En esta perspectiva, la consideración más pormenorizada de los factores cognitivos resulta irrenunciable, por cuanto es en las cogniciones a donde deben dirigirse los pasos a fin de que se esclarezcan tantas paradojas como acontecen en las relaciones familiares.

Nada de particular tiene, por eso, que uno de los mejores escenarios para estudiar los sesgos cognitivos sea precisamente el de la terapia conyugal. Un ejemplo de ello es lo que suele suceder cuando se observa cuidadosamente lo que acontece en la primera entrevista con la pareja. En la *entrevista inicial*, cuando se comienza a indagar acerca del *motivo* por el que la pareja consulta, comienzan ya a emerger de una y otra bocas informaciones opuestas, y aun contradictorias, acerca de sus relaciones y características relativas a sus respectivas personalidades.

Resulta paradójico o cuando menos extraño que acerca de un mismo hecho —que de existir, habría de ser percibido de forma muy parecida por ambos cónyuges—, se emitan opiniones tan contrarias, contenidos tan opuestos, se generen actitudes tan irreconciliables hasta el punto de que esta radical disonancia entre los informadores afecte de forma relevante a la misma descripción de aquel hecho o comportamiento, que ambos coinciden en señalar como el principal motivo de la consulta.

En realidad, en lo único que coinciden los cónyuges es en la identificación del hecho —por ejemplo, que «nuestra convivencia es insoportable» o que «no nos comunicamos en modo alguno»—. Pero cuando se les solicita que, de forma independiente lo describan, el terapeuta familiar no puede sino sorprenderse ante la oposición radical existente entre las descripciones realizadas por ellos (Polaino-Lorente y Carreño, 2000).

El terapeuta se preguntará, entonces, si no estará en presencia de hechos diferentes, habida cuenta de las discrepancias existentes y de cómo lo describe cada uno de ellos.

Parece imposible que un hecho único que, teóricamente tiene sus raíces en el comportamiento de ambos, de seguirse el discurso de cada uno de ellos —y para ello basta con dejarles no más de cuatro o cinco minutos para que expongan espontáneamente lo que les pasa—, se transforme en seguida en dos o varios hechos, conforme a los descriptores de que se han servido para informar al terapeuta cada uno de los cónyuges.

En las líneas que siguen se atenderá en especial a los errores perceptivos y atribucionales que sesgan o pueden sesgar las opiniones y sentimientos que se albergan hacia sí mismo y los demás, así como a algunas de las principales distorsiones cognitivas que de no ser advertidas, identificadas y modificadas, pueden disolver la convivencia conyugal y familiar.

Muchas de estas alteraciones cognitivas son moneda común en las relaciones interpersonales, por lo que suelen pasar inadvertidas a quienes las sufren. Es lógico que sea así, pues ¿hay algo más íntimo a la persona que sus propios pensamientos? Y si los pensamientos condicionan y arrastran tras de sí a los sentimientos, ¿podremos extrañarnos acaso de que cada cónyuge esté tan robustamente persuadido de que tiene razón y de que jamás dará «su brazo a torcer» en el hecho que le afecta?

2. Autoestima y atribución

La misma *autoestima* no es sino la *atribución* que hace la persona acerca de ella misma y su propio valor. Dado que el conocimiento de sí mismo no es completo y mucho menos perfecto, en realidad lo que acontece en las personas es que nos atribuimos ciertos valores —algunos puestos en razón, otros fundados en lo que acerca de nosotros hemos oído, y algunos sin fundamento alguno—, en la confianza de que así somos y así es nuestra autoestima.

Pero esto nada significa acerca de la veracidad de esas atribuciones. Es muy posible que tales atribuciones sean verosímiles y, sin embargo, no ser en modo alguno veraces. Que una persona tenga mucha certeza sobre una determinada cuestión, nada añade ni nada resta a la verdad de esa certeza. De otra parte, es tanta *el hambre de verdad* que alienta en el ser humano —y muy especialmente si se trata de algo relativo a su propia persona—, que es comprensible se aventure a la búsqueda de una explicación acerca de lo que le sucede. Ningún ser humano es indiferente a lo que también sucede a su alrededor. De hecho, ante cualquier suceso o acontecimiento, la persona se cuestiona, inmediatamente, acerca de la causa de lo ocurrido.

De acuerdo con Heider (1958), el ser humano pretende controlar el medio en el que vive haciéndose preguntas y estableciendo atribuciones (es decir, supuestas o hipotéticas explicaciones) acerca de las causas de lo que sucede a su alrededor (Polaino-Lorente, 1982a). Esto acontece de esta forma porque la persona necesita sentir la sensación de *control*, experimentar un cierto sentimiento de *seguridad*, lo que alcanza cuando *conoce el porqué de las cosas* (Polaino-Lorente, 1982b). Mediante las atribuciones que se realizan acerca de los sucesos inesperados, inciertos o negativos, esa necesidad de control se satisface de alguna forma (Polaino-Lorente, 1984a).

La *teoría de la atribución* se fundamenta, precisamente, en la suposición bien fundada de que las personas buscan descubrir de manera activa el porqué de los sucesos que les ocurren.

Las explicaciones y justificaciones de lo que ha acontecido constituyen las *atribuciones causales*, que juegan un importante papel en las reacciones emocionales de las personas, en el desarrollo de sus expectativas respecto del futuro y en la génesis de sus motivaciones.

La teoría de la atribución se ocupa del estudio de las *inferencias causales* (la inferencia consiste en sacar una consecuencia o deducir algo a partir de las causas de los acontecimientos) y de las razones por las que, según parece, suceden los acontecimientos.

Los iniciadores de este enfoque, como Heider (1958), Jones y Davis (1965) y Kelley (1967), partieron de la psicología social y todos ellos estuvieron interesados en el estudio de las relaciones interpersonales y de la conducta social que, más tarde, a través de esta teoría, han contribuido parcialmente a su explicación.

Heider y Simmel (1944) realizaron un atinado estudio al plantearse la cuestión acerca de *en qué manera trata el hombre de comprender la conducta de los demás*. Heider sostuvo que al interpretar la conducta de otras personas se suele adjudicar la responsabilidad de tal comportamiento a diversos motivos (capacidad, motivación, suerte, etc.). Su teoría trata de dar respuesta a las cuestiones surgidas al filo de este supuesto, como ¿por qué se establecen esas atribuciones?, ¿qué características de la situación hacen que sea así?, ¿por qué no puede ser de otra forma?

En este punto cabe también preguntarse acerca de las atribuciones que la persona hace respecto de sí misma: ¿por qué me veo en la forma en que lo hago?, ¿cuál es el fundamento que sostiene mi autoconcepto?, ¿qué hace que a mí mismo me atribuya estas determinadas cualidades?, ¿considero que en mi persona se concitan más aspectos positivos que negativos?, ¿cuáles?, ¿qué hace que me estime de la forma en que lo hago?, ¿es la forma más apropiada?, ¿por qué?

El proceso de atribución de la autoestima se refiere tan sólo al modo en que llegan a establecerse ciertas inferencias causales, es decir, el modo en que la persona trata de explicar cómo llega a «saber» la causa de los hechos y cómo llega a cuestionarse el porqué —y a resolverlo— de los acontecimientos que se suceden en el ambiente que le rodea (Buceta, Polaino-Lorente y Parrón, 1982*c*; Polaino-Lorente, 1984*b*). De ordinario, la persona trata de establecer alguna relación entre los antecedentes y los hechos, para inferir luego de esas relaciones una determinada explicación de lo sucedido (*inferencias causales*).

Este funcionalismo cognitivo, podría afirmarse, es propio de la naturaleza humana, es decir, es algo inherente a todo ser humano por el mero hecho de serlo, puesto que nadie, en unas condiciones más o menos normales de salud, permanece indiferente al contexto que le rodea.

Cualquier hecho nos interpela y nos cuestiona profundamente dando origen, en ocasiones, a complejos procesos cognitivos cuyo objetivo no es otro que el de llegar a determinar cuál es la naturaleza de esas inferencias.

3. Las atribuciones acerca del éxito y el fracaso, y la autoestima

El éxito y el fracaso —con independencia de que sean acertado o no— constituyen en la actualidad uno de los pilares fundamentales de la autoestima. Aunque este modo de proceder de las cogniciones humanas sea muy generalizado, el modo en concreto en que se establece qué es éxito o fracaso y cómo se atribuyen a sí mismo, varía mucho de unas a otras personas.

A Weiner (1979, 1990 y 1992) corresponde el mérito de haber sido el pionero en el estudio de las *atribuciones acerca de los propios éxitos y fracasos*. Esto le llevó a establecer *tres dimensiones* acerca de esas atribuciones: *externas-internas; estabilidad-consistencia; y responsabilidad-irresponsabilidad*.

La primera dimensión supone que las personas establecen las causas de los acontecimientos como *externas o internas*. Es la dimensión del así llamado *locus de control o lugar donde asienta la causalidad*, es decir, si la causa a la que la persona atribuye su éxito o fracaso es interna (ella misma) o externa (el medio). Ante un acontecimiento de fracaso o éxito, la persona trata de explicarlo apelando a los motivos que han dado lugar a ese hecho. En unas ocasiones sitúa las causas dentro de sí (*lugar de control interno*), mientras que otras veces las residencia fuera de sí (*lugar de control externo*).

La segunda dimensión es la de la *estabilidad–consistencia*. Las causas que supuestamente determinan los acontecimientos exitosos o no difieren en lo que se denomina estabilidad, llegando a diferenciarse las atribuciones, según sean estables o inestables en el tiempo (Weiner, 1995). Es posible que en algunas circunstancias un mismo acontecimiento se atribuya a factores persistentes (*atribución estable*), mientras que en otras a factores inestables (*atribución inestable*).

La tercera dimensión es la de la *responsabilidad* y se refiere a si la persona puede controlar o no la causa. En caso afirmativo se atribuirá a sí misma la responsabilidad de lo sucedido; en el caso contrario, por no poder controlar lo que sucedió, no se sentirá responsable de aquello.

En algunas culturas el éxito académico es percibido como una cuestión de honor (como ocurre, por ejemplo, entre los estudiantes japoneses), por lo que el fracaso atribuido a factores internos puede llegar a suscitar, en algunas personas, una conducta suicida como consecuencia de ello.

Si un estudiante atribuye su éxito o fracaso académico a *factores estables* en el tiempo (como, por ejemplo, la dificultad de la tarea), tendrá altas expectativas respecto de su futuro éxito o fracaso. Pero si lo atribuye a *factores inestables* (como, por ejemplo, la suerte o el destino), esperará o anhelará que se produzcan espontáneamente ciertos cambios en el futuro, cosa que sucederá o no. De la estabilidad de los factores causales depende en gran parte las futuras expectativas de los estudiantes en relación con su desempeño académico.

Respecto de la última de las dimensiones aludidas —la de la responsabilidad—, Weiner sostiene que los estudiantes que se sienten responsables de sus éxitos y fracasos académicos consideran además que pueden modificarlos o que son ellos mismos quienes los determinan, pues pueden ejercer un cierto control sobre lo acaecido. Esto es lo que no sucede en el caso de los estudiantes que piensan que no son responsables de sus éxitos o fracasos (Polaino-Lorente, 1983 y Polaino-Lorente y García Villamisar, 1985).

Para estos últimos, el *fracaso* en una tarea será atribuido a personas o situaciones que, según ellos, son la causa determinante de ese hecho; por el contrario, el *éxito* suscitará en ellos sentimientos de agradecimiento hacia las personas o situaciones a las que considera son su causa.

A través de numerosos estudios experimentales, Rotter (1966) ha demostrado que los diversos rendimientos en tareas de destreza generan cambios en las expectativas de éxito de las personas. Así, por ejemplo, después de un fracaso en una tarea de destreza, las expectativas de la persona ante la tarea siguiente suele decaer.

Desde esta perspectiva, el autor distingue entre dos tipos de personas: las que se consideran *responsables de sus destinos* y las que piensan que las consecuencias de sus actos están *reguladas por agentes externos* (azar).

Las primeras presentan un *locus de control interno* y son propensas a trabajar en actividades académicas, donde el *esfuerzo* y la *habilidad* son la clave del éxito; en el caso de las segundas, el *locus de control* es *externo* y les agrada, por lo general, trabajar en actividades cuyos resultados estén determinados por el *azar*.

En cualquier caso, tomar el éxito o el fracaso como las dos únicas metas por las que ha de regirse la vida es una opción muy desacertada. Éxito y fracaso son categorías de un valor muy relativo, cuyo contenido, además, se va diversificando con la edad.

Así, por ejemplo, a los 4 años, tener éxito es no hacerse pipí en los pantalones. A los 12 años, tener éxito es tener amigos. A los 20 años, tener éxito es obtener brillantes calificaciones y tener prometida. A los 30 años, tener éxito es haber formado una familia feliz. A los 35 años, tener éxito es tener dinero. A los 50 años, tener éxito es que los hijos estén bien encaminados en sus vidas. A los 60 años, tener éxito es seguir trabajando y disponer de buena salud. A los 70 años, tener éxito es tener amigos. A los 80 años, tener éxito es no ser un estorbo para nadie. A los 90 años, tener éxito es no hacerse pipí en los pantalones. Como puede apreciarse el ciclo se cierra, lo que en modo alguno supone que el éxito sea idéntico a los 4 y a los 90 años.

Sin duda alguna, estos principios, trasladados al ámbito de la familia, que aquí nos ocupa, permiten prever numerosas y eficaces aplicaciones concretas en el complejo mundo del entramado de las relaciones familiares.

Aramburu y Guerra (2001), que han matizado la cuestión de las dimensiones, consideran que el factor responsable de las expectativas frente al futuro es sobre todo la estabilidad de las atribuciones, más que el hecho de que estas sean internas o externas.

Cuando se atribuye el éxito a una determinada *habilidad*, por ejemplo, se está atribuyendo a una *causa estable*; por el contrario, si se atribuye al *esfuerzo*, se está atribuyendo a una *causa inestable*. Al atribuirlo a una habilidad se entiende que nos estamos refiriendo a una *causa interna y estable*; en cambio, cuando lo atribuimos a la suerte, estamos apelando a una *causa externa e inestable*.

Pero las cosas no son tan sencillas como parece, pues hay causas atribucionales que son *internas* e *inestables* (como es el caso del *esfuerzo*) y otras que son *internas* y *estables* (como es el caso de la *habilidad*). De aquí que algunos autores sostengan en la actualidad que es *la estabilidad*, sobre todo, la que es responsable de esas atribuciones y de *las expectativas* que la persona forme respecto de su futuro.

La teoría de la atribución se aplica, por tanto, al conjunto de explicaciones causales que las personas se ofrecen a sí mismas respecto de los acontecimientos positivos y negativos que acontecen en sus vidas (Polaino-Lorente, 1984*b* y 1987).

El tipo de atribución dependerá, por tanto, de las cuatro dimensiones siguientes: la estabilidad, la internalidad, la globalidad y la controlabilidad.

En función de la dimensión de *estabilidad* de las atribuciones, la causa del éxito o fracaso puede percibirse como estable-fija o como inestable-variable.

En lo relativo a la dimensión de *internalidad*, las causas de los acontecimientos pueden percibirse como provenientes de dentro (*locus* interno) o de fuera (*locus* externo), en función de cuál sea el lugar en que se establezca el control o la causalidad.

De acuerdo con la dimensión de *globalidad*, las causas de los sucesos positivos o negativos de nuestras vidas se percibirán como recurrentes y, por tanto, extensivas a otras situaciones, o se percibirán como causas circunscritas a sólo algunas situaciones específicas.

Respecto a la dimensión de *controlabilidad* (dimensión relativa a la *autoeficacia percibida*, es decir, a cómo se percibe la eficacia del propio comportamiento en la resolución del problema), el hecho de alcanzar una meta puede percibirse como controlable a través del esfuerzo o como irrelevante y no contingente respecto de aquel.

La autoestima personal, familiar y conyugal depende mucho de cómo se formulen las atribuciones acerca del éxito y del fracaso; de qué se entienda por uno u otro; de si se educa en positivo reafirmando lo que de afirmativo tiene cada hijo o si por el contrario sólo se insiste en sus defectos y rasgos negativos; de que se atribuya el éxito, por ejemplo, a todos los miembros de la familia o a sólo su destinatario; de que se magnifique el éxito y se demonice el fracaso; de que los cónyuges «se vean con buenos ojos» o no, es decir, de que cada uno de ellos sea capaz de dilatar sus pupilas para los valores que hay en el otro, al mismo tiempo que «mira para otro lado», cuando su comportamiento no es el adecuado, y viceversa; etc.

Esto quiere decir que las atribuciones no suelen caer del cielo, sino que dependen también —y mucho— de cómo se perciba al otro. En todo caso, las atribuciones no serían tan significativas como en realidad lo son, si no se exteriorizaran, si no se comunicasen a los otros. Pero, por lo general, la unidad de la persona es también responsable al fin de que lo que se habla es aquello que se piensa o se siente, y lo que se piensa condiciona en mucho lo que se siente. Pero no ha de olvidarse que, a su vez, lo que se piensa depende de lo que se percibe.

4. **Errores y sesgos cognitivos**

No todas las atribuciones que hacen las personas se corresponden con la realidad de los hechos objetivos. De aquí que con mucha frecuencia se produzcan sesgos relativos a las discrepancias existentes entre los sistemas mentales (representaciones) de los cónyuges respecto de la misma realidad percibida por ellos. De esta manera la proposición «lo que pienso es lo que ocurre», no siempre —y en algunas personas, casi nunca— es verdadera.

Es importante no perder de vista que forma parte de la naturaleza del hombre el deseo de que el propio conocimiento sea lo más «seguro» posible, lo más cercano a la realidad, *disminuyendo así el grado de incertidumbre e inseguridad* que el «no conocimiento» (la ignorancia) genera. De hecho, son muchas las personas que pueden llegar a estados de preocupación y ansiedad como consecuencia de la ausencia de control que erróneamente perciben acerca de lo que supuestamente podría acontecerles en el futuro.

Cuando la persona atribuye las causas de los hechos a una serie de elementos situacionales, contextuales, personales, etc., lo hace movida por la necesidad de darse a ella misma una explicación acerca de lo que ha pasado o de tratar de controlar esos mismos hechos.

El proceso de atribución supone que, a partir del procesamiento de la información disponible, una persona emite un juicio u obtiene una conclusión. Por tanto, nos encontramos con tres variables implicadas en este proceso: en primer lugar, una *información* disponible que no es «toda» la información ni tiene por qué ser verdadera, es decir, percibida de una manera objetiva; en segundo lugar, un *tratamiento de la información*, que puede o no seguir unos procedimientos científicos, lógico-deductivos, intuitivos, etc., que varían mucho de unas a otras personas; y, en tercer lugar, por último, una *consecuencia*, derivada de todo lo anterior, que puede ser falsa o verdadera o, como observaremos a continuación, ni falsa ni verdadera.

A continuación se describen los cuatro *principios generales* respecto de la atribución propuestos por Echeverría (1994). En primer lugar, está el hecho de la causa a la que *atribuyen* un determinado hecho, evento o acontecimiento, cosa que acontece con la naturalidad y frecuencia de lo que es cotidiano. En segundo lugar, el principio de que las atribuciones que se establecen no siempre se corresponden con la realidad y, por tanto, cabe admitir en ellas la presencia de *errores*. En tercer lugar, el principio de que las personas se comportan en función de cómo *perciben e interpretan* los hechos. Y, por último, en cuarto lugar, el principio de que las atribuciones se relacionan y ordenan a una cierta *función adaptativa* del comportamiento de la persona que así las concibe.

Lo afirmado líneas atrás pone de manifiesto que el proceso cognitivo a través del cual se formulan o conciben las atribuciones es muy complejo. En él se concitan numerosas variables —muy diversas y estrechamente relacionadas entre sí—, como las diferencias individuales que singularizan a cada persona; la situación o contexto y el momento en que aconteció ese determinado hecho; las consecuencias inmediatas que el suceso provocó; las reacciones emocionales de la persona; el modo en que resultaron modificadas sus motivaciones; etc. Parece evidente que cuando una persona atribuye unos hechos determinados a ciertas causas, no siempre lo hace de forma correcta.

A continuación se describen algunos de los *errores cognitivos* que son más frecuentes. Entre los errores atribucionales más estudiados se encuentra el *sesgo hedónico* o *sesgo de atribución*, que consiste en *la tendencia a atribuirse a sí mismo la causa del éxito y atribuir el fracaso a causas externas* (Weiner, 1995). A lo que parece el sesgo hedónico contribuye a que la persona mantenga un estado afectivo positivo, por lo que también es considerado como un mecanismo de adaptación.

En segundo lugar, cabe mencionar el error atribucional de *la perspectiva actor–observador*. Este error fue intuido por Heider (1958), quien sostuvo que, por lo general, *la persona tiende a atribuir sus propias reacciones al mundo objetivo y las reacciones de los otros a características personales*. Es decir, las personas tienden a explicar *su propia conducta* mediante causas del contexto (*externas*) y cuando se trata de explicar *la conducta de otra persona* hay una cierta tendencia a adscribir la causa de dicho comportamiento a ciertos factores de su personalidad (*internas*).

Esta tendencia a usar factores internos para explicar la conducta de los otros está tan extendida que se considera en la actualidad como uno de los más relevantes errores en las atribuciones.

En tercer lugar, está el error del *sesgo de autoasistencia e ilusión de control*, también conocido con el concepto de *seudoilusión de la percepción de control*. Este error suele acontecer en personas, mentalmente sanas, que sin embargo disponen de una especial capacidad para distorsionar la realidad, justamente en una dirección que mejora su autoestima y mantiene sus creencias en la eficacia personal, a la vez que promueve en ellas una visión optimista del futuro (Polaino-Lorente, 1981). En este caso, las personas tienden a hacer atribuciones internas tras la consecuencia de un éxito, al mismo tiempo que realizan atribuciones externas a continuación de un fracaso.

Este proceso de internalizar las causas del éxito y externalizar las causas de los fracasos suele generar en las personas una mayor y más poderosa *convicción*, de la que objetivamente disponen, *acerca del control que ejercen sobre los resultados*.

En algunas ocasiones, estas personas pueden llegar al extremo de mantener un repertorio completo de excusas negativas y de sentirse autodesengañadas, con tal de mantener su estima personal (Lazarus, 1982; Sackeim y Gur, 1983; Affleck, Tennen, Croog y Levine, 1987). Parece comprobarse, por tanto, que la causa de este sesgo es puramente motivacional, a fin de proteger y salvaguardar la propia autoestima.

En la convivencia diaria de la pareja y en la vida familiar —sobre todo si tienen hijos adolescentes— puede observarse con harta frecuencia la apelación a este recurso, con independencia de que constituya un error cognitivo o una abierta conducta simuladora.

La forma tan diversa y variada en que se llevan a cabo los procesos de atribución en las personas hace que se establezcan diferencias considerables entre ellas, dando lugar a la génesis de un *estilo de atribución* peculiar y propio. Algunos de estos errores forman parte también del peculiar estilo atribucional de cada persona.

El estilo atribucional de una persona determina la manera en que atribuye los sucesos negativos y positivos que le acontecen a causas internas, estables o globales. *Los estilos atribucionales son, por tanto, tendencias idiosincráticas que las personas emplean para tratar de explicar la propia conducta o la ajena* (Polaino-Lorente y García Villamisar, 1985).

Las personas que suelen emplear un *estilo atribucional pesimista y negativo* se sentirán responsables de sus fracasos, pero no de sus éxitos. De otra parte, quien hace uso de *un estilo atribucional racional, optimista y positivo* tenderá a evaluar la situación de manera objetiva y se hará responsable tanto de sus fracasos como de sus éxitos.

El *estilo atribucional optimista* se fundamenta, por lo general, en atribuciones internas, estables y globales, especialmente respecto de los sucesos positivos. El *estilo atribucional depresivo o pesimista* se configura a través de atribuciones internas, estables y globales para los fracasos y los sucesos negativos (Polaino-Lorente y cols., 1985).

El *estilo atribucional irracionalmente optimista* puede llegar a ser tan nocivo como el *estilo atribucional pesimista*. El primero, porque sólo será vulnerable a los acontecimientos positivos; el segundo, porque será especialmente sensible a los acontecimientos negativos. Unos y otros atribuyen lo positivo y negativo que, respectivamente, les sucede a ellos mismos.

Las personas que atribuyen a sí mismas todos los éxitos y culpan de sus fracasos a los demás, como las que hacen atribuciones en sentido contrario, configuran una *situación insostenible para el propio equilibrio emocional*, en primer lugar, *y después para la pareja y la familia entera*.

Por otra parte, cuando las personas llegan a considerar que los eventos y resultados de sus vidas son, en su mayor parte, *incontrolables*, estamos ante lo que Seligman (1975) denominó con el término de *indefensión o desvalimiento aprendido*. Este concepto expresa *el pensamiento de impotencia e incompetencia que suele ir asociado a un sentimiento de minusvalía, lo que conduce a una rotunda inhibición para la acción y toma de decisiones en la resolución de los problemas* (Polaino-Lorente, 1981 y 1982*a*).

En esta situación la persona experimenta que el problema le sobrepasa y no puede resolverlo, por lo que no hace nada para remediarlo. En la formulación original de la teoría de la *indefensión aprendida* se afirma que cuando los organismos son expuestos a situaciones en las que las consecuencias son independientes de todas sus respuestas, se aprende que las consecuencias son, de hecho, incontrolables y este aprendizaje lleva a concebir la expectativa de que en el futuro tampoco habrá relación de contingencia entre las acciones y las consecuencias, lo que genera *un déficit a tres niveles: a nivel motivacional, a nivel cognitivo y a nivel emocional* (Polaino-Lorente, 1984*a*; Ruiz Caballero, 1987).

Por eso se consideró que la incontrolabilidad de los sucesos negativos, a través del propio comportamiento, podría constituir un importante factor o un síntoma primario de la conducta depresiva. Al parecer, más que ser causa de la objetiva gravedad de los síntomas, lo que condiciona la prolongación del estado depresivo es este peculiar estilo atribucional de las personas que sufren de depresión (Polaino-Lorente, 1981, 1982*a* y 1983; Polaino-Lorente y García Villamisar, 1985).

En numerosas investigaciones se ha comprobado que las atribuciones causales que se hacen partiendo de sucesos negativos constituyen un importante determinante adicional para las futuras expectativas de no controlabilidad y de indefensión que experimenta la persona (Seligman, 1975; Polaino-Lorente, 1982*c*, 1984*a* y *b*, 1987, 1994*a* y *b*).

Un tipo diferente es el *estilo atribucional pesimista*. Este estilo atribucional podría considerarse como una variable cognitiva de personalidad que refleja la manera habitual en que las personas explican las causas de los sucesos negativos que les ocurren (Peterson y Seligman, 1984).

El *estilo pesimista* se fundamenta en la creencia de que los sucesos negativos están causados por factores internos, estables y globales más que por factores externos, inestables y específicos. Las atribuciones que son propias de este estilo hacen un flaco servicio a la pareja, puesto que *desanima, frustra y hace muy poco amable la vida del otro cónyuge*.

Peterson, Seligman y Valliant (1988) han encontrado que el estilo pesimista correlaciona con estados de precaria salud física, a partir de los 45 años, y se prolonga más allá de los 60, por lo que postulan que el estilo explicativo de que se dispone a los 25 años tal vez pueda llegar a predecir el estado de salud de esa persona a los 45-60 años.

Estos resultados aconsejan que el centro de interés, en lo relativo al estilo atribucional, se amplíe y supere el exclusivo ámbito del estudio de la frustración, donde surgió, ampliando el círculo de sus contenidos hacia una consideración más amplia, que tome como punto de partida el estudio del bienestar general de la pareja y la familia.

De acuerdo con esta conclusión, el estilo atribucional condicionaría o podría llegar a condicionar en muchas personas cuestiones tan vitales y relevantes como el estilo cognitivo, el estilo de aprendizaje, la autoestima, la asertividad, el nivel de aspiraciones, el logro y, lo que es muy importante, podría dar cuenta de numerosos estados emocionales como la ansiedad, los déficit en interacción social, el miedo, la inhibición, la timidez, etc.

Otras investigaciones han encontrado ciertas relaciones entre el estilo pesimista y el fracaso académico, el estrés social, la enfermedad física, la depresión, el escaso rendimiento en el trabajo, los conflictos conyugales, e incluso el fracaso en ciertas elecciones presidenciales (Affleck, Tennen, Croog y Levine, 1987; Affleck, Pfeiffer, Tennen y Fifield, 1987).

5. Distorsiones cognitivas en la autoestima conyugal y familiar

Después de haber estudiado algunos sesgos y errores cognitivos, a causa de las atribuciones, y de cómo estas afectan la vida de la pareja, se tratará ahora de describir algunas de las *distorsiones cognitivas* en que con relativa frecuencia se incurre en el ámbito de la pareja y la familia.

Se diría que a cada cónyuge le cabe muy poca «realidad» objetiva y verdadera en la cabeza, o que la realidad que hay en su pensamiento está tan subjetivada que apenas si es coincidente —a no ser en algún remoto vestigio— con la realidad asentada en el pensamiento del otro cónyuge. Y esto con independencia de que cada uno de ellos tenga también sus limitaciones mayores o menores en el modo de procesar la información, se equivoquen o no, y cometan errores o no en las descripciones y atribuciones que hacen acerca de cualquier hecho personal o familiar.

Pero sobrestimaríamos estos sesgos, de suponer que todos ellos son determinantes causales de los conflictos conyugales. Hay, qué duda cabe de ello, numerosos sesgos que generan también *disonancias cognitivas en los cónyuges*, a pesar de lo cual no generan conflictos entre ellos, por cuanto que contribuyen a que cada uno se ajuste y adapte a la realidad o, si se prefiere, a «su realidad particular» que es, principalmente, el otro.

Sí parece ser cierto que detrás de los conflictos conyugales hay casi siempre sesgos y errores cognitivos suficientemente gruesos como para que sean analizados por el terapeuta y posteriormente tratados. Pero no parece ser cierto que detrás de cada sesgo se presuma la existencia de un conflicto, que antes o después acabará por emerger.

De este modo, es fácil constatar que hay diversos *esquemas cognitivos*, establecidos con anterioridad en cada cónyuge, que sustentan el comportamiento abierto y observable a través de la conducta manifiesta en que esa persona expresa o acoge las emociones del otro.

En la rápida toma de decisiones que caracteriza la vida cotidiana, es lógico que con frecuencia la pareja no disponga de la necesaria y completa información, sencillamente porque no se ha estudiado aquella cuestión en modo suficiente o por el nivel de incertidumbre o ambigüedad de la situación, porque se ha simplificado la escasa información de que se disponía, porque se han interpretado de forma poco objetiva los datos disponibles, porque no se han tenido en cuenta las expectativas de la otra persona o tal vez porque la información disponible ha sufrido una interferencia por parte de la evocación de recuerdos afectivos que no hacen al caso o, de modo más simple, a causa de la habituación a responder de una determinada forma.

Los anteriores elementos mencionados intervienen y condicionan a su vez los sesgos cognitivos que están en el origen de muchos conflictos conyugales.

La capacidad de las personas de hacer inferencias, si no ilimitada, es, desde luego, indefinida y muy versátil. Algunas de esas inferencias erróneas tienen su origen en muy diversos atajos cognitivos, es decir, mediante la aplicación de *esquemas cognitivos*, que no son sino *estructuras organizadas y simplificadas de información*.

Mediante estas estructuras, y de acuerdo con las expectativas previas que se tienen y «la experiencia de la vida» de que se dispone, tratan de suplir la información de que no disponen para, apoyados en ellas, procurar reinterpretar con rapidez los escasos datos disponibles —casi siempre de acuerdo con esas estructuras cognitivas—, para desde allí encaminarse a la toma de decisiones, que con mucha frecuencia son harto sesgadas.

Entre los numerosos esquemas cognitivos de que puede hacer uso una persona, es posible que algunos de ellos estén distorsionados —cualquiera que sea su causa— y que configuren un *set* o paquete de respuestas cognitivas automáticas y en cortocircuito, muy rápidas e impermeables a la reflexión y a la crítica.

La repetición de estos automatismos puede asentar de forma casi definitiva ese tipo de *distorsiones cognitivas* que, a su modo, se expresan mediante el lenguaje, dirigen el comportamiento y pueden ser causa de relevantes conflictos de pareja.

Muchas de estas distorsiones pueden evaluarse a través del *lenguaje* en que se manifiestan. Las personas usan, entonces, de ciertas expresiones verbales —como si se tratara de «muletillas»— que, aunque nada o muy poco tienen que ver con los trastornos de la comunicación, hacen que las cogniciones que hay en su origen se transparenten y desvelen.

De otra parte, esos usos lingüísticos —es decir, cognitivos— son muy poderosos, porque contribuyen al control social del comportamiento del otro o/y a replegarse el hablante sobre sí mismo para dejar una espinosa cuestión zanjada, para abrir o cerrar la conversación sobre un tema determinado y, en definitiva, para conseguir su propósito.

Si el resultado es positivo, esas expresiones verbales y las cogniciones de las que estas emanan se robustecen y vigorizan, por lo que tenderán a repetirse en otros contextos parecidos o ante análogos contenidos.

Se describen a continuación algunas de las expresiones, de uso más común en la pareja, que desvelan las distorsiones cognitivas que las fundamentan. Este es el caso, por ejemplo, del empleo enfático y muy generalizado de términos como «nunca», «siempre», «nada», «jamás», «nadie», «todos», «ninguno», «todo», «absoluto», etc., en las conversaciones entre los cónyuges, especialmente cuando la emotividad es el hilo sutil que dirige el discurso.

Hay otras expresiones de menor calado, cuyo uso traduce peor las distorsiones cognitivas que son su origen, pero que a su manera también las apuntan y señalan. Me refiero, claro está, a expresiones como «relativo», «seguro», «depende», «debo», «siento», «imposible», «tengo que...», etc., que pueden esclarecer o no ciertas distorsiones, aunque suelan emplearse también como tópicos en el pobre y estereotipado contexto cultural. Estas expresiones no son tan elocuentes como las anteriores y habrá que someterlas a un fino análisis para identificar y apresar lo que en ellas subyace.

Ciertamente los términos lingüísticos a que se acaba de aludir nunca van solos, sino que acompañan frases hechas, comentarios inoportunos o formas de expresión que de modo lamentable se lanzan, como armas arrojadizas, uno a otro cónyuge. Es lo que sucede cuando la mujer comenta con una amiga lo que sigue: «*Mi marido nunca me saca a la calle. En quince años de matrimonio no sé lo que es un cine, ni un teatro, ni un restaurante.*» De forma parecida, el marido suele también comentar con su compañero lo que sigue: «*Mi mujer nuca llega puntual a una cita.*»

En otras ocasiones, estas distorsiones cognitivas se expresan de forma abierta, en el calor de una discusión que va *in crescendo*: «Siempre me haces igual; en cuanto nos reunimos con alguien, siempre me dejas en ridículo.» A lo que el otro cónyuge tal vez responda: «*Como siempre, te pasas el día gritando a los niños.*»

A veces, el encadenamiento de estas formas de decir o expresar lo que piensan es manifiesto y el «discurso» que de aquí resulta está repleto de estas distorsiones.

Estúdiese, a modo de ejemplo, el texto siguiente: «Tú *jamás* has tenido un detalle conmigo. Yo *siempre* he hecho lo que tú has querido. Ese ha sido mi error. *Nunca* debería haber cedido en esto. *Jamás* me lo perdonaré. *Nada* de lo que yo haga o piense a ti te interesa. Tú *siempre* ves *todo* negativo. *Nadie* sabe lo que yo he sufrido contigo. *Ninguna* persona te habría aguantado tanto como yo te he aguantado. *Todas* mis amigas me compadecen.»

Se han subrayado las palabras clave que pueden servir de orientación al terapeuta. En efecto, decir que «tú *jamás* has tenido un detalle conmigo» es cuando menos un error. Es en la práctica imposible que en una pareja, uno de ellos *jamás* haya tenido un detalle con el otro. En primer lugar, porque si fuera así no se entiende cómo han podido llegar a constituir una pareja. Y, en segundo lugar, porque aunque una persona se lo proponga es harto difícil que no se le escape un gesto amable, un comentario positivo, una alabanza hacia la otra persona.

Si se les deja hablar y no se les interrumpe es harto probable que en el diálogo entre ellos el terapeuta encuentre una expresión, recuerdo o gesto que niega lo que se sostenía en esa afirmación. A partir de aquí se puede ir desmontando esta distorsión en el cónyuge que incurrió en ella. Basta con hacerle ver que el anillo, los pendientes o el traje que lleva fue un regalo del otro cónyuge y, por tanto, un detalle que se opone rotundamente al *jamás* afirmado. Más adelante puede entrenarse a los dos a matizar y emplear con mayor rigor las palabras que usan.

Así, por ejemplo, en lugar de emplear el término *jamás* para referirse a un determinado comportamiento, es más apropiado emplear otros como: «con escasa frecuencia», «es muy raro», «sólo ocasionalmente», «a veces», «en ciertas ocasiones», etc.

A la vez que se entrena es muy importante que se elabore *un inventario de recuerdos que son contrarios a esas duras y erróneas expresiones*, de manera que cuando a una persona le vengan esos pensamientos pueda y sepa neutralizarlos evocando los recuerdos positivos, contrarios a ese tipo de cogniciones negativas.

Este entrenamiento puede y debe aprovecharse para que los cónyuges modifiquen también sus respectivos comportamientos, de forma que ninguno de ellos pueda incurrir en el futuro en esas distorsiones cognitivas y sus respectivas manifestaciones verbales.

El set cognitivo distorsionado se modifica cuando la pareja dispone de otros *atajos cognitivos alternativos* que están más puestos en razón. En lugar de *siempre* pueden emplearse otros conceptos menos irritantes y disolventes que, además, hacen mayor justicia a la realidad como «alguna vez», «a veces», «ahora, pero no siempre», «con frecuencia no, pero alguna vez sí», etc.

Puede emplearse en la terapia de las distorsiones cognitivas *la consideración de términos antitéticos y radicales en su oposición* y llamar la atención de la pareja sobre ejemplos bien seleccionados que les permita hacerse cargo del concreto significado de las expresiones que utilizaban. Este es el caso de «todo-nada», «todos-nadie», «absoluto-relativo», «ninguno-alguno», «seguro-probable», «no vale la pena-podría valer la pena», etc.

Al proceder así, las viejas y estereotipadas cogniciones se desmantelan. Una vez que se ha terminado con la etapa de desmontar una determinada distorsión, es preciso ayudarles a reestructurar sus cogniciones. Para ello es muy conveniente ofrecer otras informaciones más ajustadas a la realidad, con el fin de que la pareja practique y los cónyuges vayan consolidando un nuevo sistema cognitivo.

Conviene que los cónyuges estén avisados de otros posibles errores, de los que también han de tratar de defenderse. Me refiero, claro está, a la magnificación o minimización del éxito y del fracaso; a expresiones como «cualquiera o alguien», «siento..., luego lo soy», «debería... sabría... podría... y querría...», y sus opuestas «debo, sé, puedo y quiero»; «sucedió esto..., lo que demuestra que yo...»; «lo que le sucede es por mi culpa... o nada tengo que ver en lo que le sucede...»; «ese es su problema... o su problema es también mi problema»; «sé que jamás lo conseguiré o no estoy seguro de que...».

Estos entrenamientos pueden ser un tanto largos, pero no tediosos, sobre todo si el terapeuta sabe usar de ellos con la necesaria moderación y de la forma más adecuada y cercana a las cogniciones y a los conflictos concretos propios de la pareja.

Conviene no olvidar que esas formas de expresión manifiestan un talante cognitivo que suele ser muy negativo. En efecto, si «tú *jamás* has tenido un detalle conmigo. Yo *siempre* he hecho lo que tú has querido. Ese ha sido mi error. *Nunca* debería haber cedido en esto. *Jamás* me lo perdonaré. *Nada* de lo que yo haga o piense a ti te interesa. Tú *siempre* ves *todo* negativo. *Nadie* sabe lo que yo he sufrido contigo. *Ninguna* persona te habría aguantado tanto como yo te he aguantado. *Todas* mis amigas me compadecen», entonces, muy poco es lo que se puede hacer, a no ser separarse y huir cada uno de ellos en direcciones opuestas.

Cogniciones como estas son muy nefastas, porque cierran el camino de las personas hacia el futuro; porque contribuyen a enfatizar sólo las percepciones, recuerdos y evocaciones negativas, aunque con ese conjunto no se dé razón ni de la mitad del contenido de la vida de pareja y ni siquiera del más relevante; porque de forma errónea se anticipa lo peor, sin que apenas se disponga de un indicio razonable en el que fundamentarlo; porque al expresar verbalmente esos contenidos se encierra al otro en un etiquetado que en modo alguno le hace justicia; porque muchas de esas cogniciones no son racionales sino que hunden sus raíces en las malas costumbres.

Lo que aquí importa es *el discurso interior de los cónyuges*, es decir, sus pensamientos, atribuciones, distorsiones, etiquetados emotivistas y cosificadores, interpretaciones acerca del comportamiento del otro, etc.

En este punto conviene no olvidar que *el intérprete y la interpretación* por él realizada modulan e incluso configuran la experiencia vivida de un modo nuevo, pero casi nunca verdadero. Es decir, *el intérprete queda cautivo en sus propias interpretaciones*, con independencia de que éstas sean acertadas o no, lo que acaba por experimentarse con la certeza de lo que si no es verdadero, al menos parece muy verosímil.

Pero, *lo verosímil no es la verdad*. Comportarse en función de sólo lo que resulta verosímil es convertirse en un *rehén de las apariencias*, apariencias que en los conflictos de pareja son, además, casi siempre negativas. Por eso sorprende todavía más que a través de estas distorsiones se alcance un cierto «ninguneo» del yo y del otro, y que, a pesar de constituir un flagrante error, esté dotado de tan poderosa y extraña capacidad de hacer sufrir a sí mismo, al otro y a la entera familia.

6. ¿Es científico compararse con los demás?

Es frecuente que las personas se comparen entre sí. En cierto modo esto resulta inevitable, puesto que pertenecen a la misma especie y disponen de la capacidad de «ponerse en los zapatos del otro». Es más, hasta es posible reconcer en esto de la comparación con los demás una fuente de conocimiento: el conocimiento por connaturalidad. Es decir, si al otro, que dispone de ciertas cualidades, le ha sucedido esto, ¿por qué he de pensar que no me pueda pasar a mí lo mismo?

Desde esta perspectiva parece que el compararse con los demás es una de las muchas tareas científicas a las que los seres humanos pueden dedicarse. Ahora bien, ¿es científico compararse con los demás?

En modo alguno debiéramos juzgar esa actividad como científica. Es, desde luego, inevitable o casi inevitable, pero no científica. Es inevitable, según parece, por lo que se acaba de afirmar. Pero no es científica, a mi entender, por muchas razones, algunas de las cuales se mencionan a continuación.

En primer lugar, porque el conocimiento que la persona tiene de los otros es casi siempre muy superficial. Cierto que puede apoyarse en la observación de su comportamiento —especialmente en lo que se refiere a la pareja—, pero su comportamiento poco o nada tiene que ver con su intencionalidad, con lo que bulle en su corazón, con los argumentos a los que apela su razón, con el modo en que le influyen las circunstancias, etc.

En segundo lugar, porque la persona que se compara con otra tampoco se conoce a sí misma hasta el punto de poder establecer esa comparación en términos de justicia. Quien se compara ignora incluso cuál es la última causa por la que se entrega a esa actividad, por qué se compara con esa persona y no con otra, por qué se compara en este aspecto y no en aquellos otros, etc.

En tercer lugar, porque cada persona es singular, única e irrepetible y la comparación entraña una cierta repetibilidad de un ser personal, aunque sólo sea a nivel cognitivo. De aquí que en muchas comparaciones lo que se compara en verdad no son dos personas sino meros aspectos o ciertas cualidades que se dan en ellas y, en ocasiones, ni siquiera eso. Lo que se comparan son los iconos mentales que acerca de una persona se tienen en el mapa cognitivo, sin que se haya tomado conciencia de cómo han llegado hasta allí, de cuál es su fundamento, de por qué se han formado de esa manera.

En cuarto lugar, porque la misma comparación es epistemológicamente imposible y lo es porque no hay ciencia acerca de una y otra persona y ni siquiera del mismo proceso por virtud del cual se establece tal comparación.

En quinto lugar, porque son tantas las diferencias que concurren en la singularidad de cada persona —genéticas, temperamentales, intelectuales, de personalidad, etc.— que tratar de homogeneizarlas en una síntesis, de modo que sea posible establecer la comparación, no es otra cosa que deformarlas y desnaturalizarlas. La persona es además libre, lo que significa que las propiedades de que disponía y le caracterizaban se han ido modificando, de acuerdo al modo en que ha hecho uso de su libertad. La libertad es aquí la piedra de toque más poderosa para entender el proceso diferenciador y muy singular de cada persona, al mismo tiempo que desacredita la posibilidad de que esa comparación se haya realizado por un procedimiento científico.

Pues bien, a pesar de estas y otras muchas razones que aquí no se mencionan, es un hecho que las personas se comparan. Se compara el marido con la mujer y la mujer con el marido; se comparan los hijos entre sí respecto del aprecio y cariño que reciben de sus padres y, sobre todo, de si son o no justos al determinar para cada uno de ellos lo que han de hacer; se comparan los padres respecto del amor que cada uno de ellos tienen a cada uno de sus hijos e hijas, al mismo tiempo que establecen comparaciones entre sus hijos; etc.

Hay en todo esto una *trampa cognitiva* de la que conviene estar avisados. Las comparaciones que se realizan en público suelen hacer mucho daño a los hijos. Y lo mismo sucede también entre los esposos. Acaso por eso el refranero está muy acertado al afirmar que «las comparaciones son odiosas». Es lógico que lo sean.

Si se establece la comparación es porque antes se han abolido las diferencias. Pero si se hace tabla rasa de aquellas, se incurre en el igualitarismo y el isomorfismo. Y si se pone a las personas en pie de igualdad, ¿cómo sostener entonces la aceptación del otro tal y como el otro es?, ¿en qué puede fundamentarse esa aceptación, una vez que se han extinguido las diferencias gracias a las cuales esa persona es la que es y no otra?

Las comparaciones se establecen cuando la autoestima casi ha desaparecido o la vida personal se ha llevado al extremo del precipicio en que cualquier movimiento que se realice comporta un enorme riesgo.

En el ámbito de las comparaciones sectoriales de uno o varios rasgos o cualidades, las causas son bien distintas. Lo más probable es que procedan de ese deseo natural de competir y rivalizar con los otros —una emulación que, contra lo que algunos sostienen, puede ser muy sana— o bien de la envidia. La primera de las razones es más conveniente que la segunda, aunque siempre que esté atemperada y modulada esa competitividad.

Otras veces las dos razones anteriores se dan de forma simultánea.

En todo caso, la envidia constituye una verdadera trampa cognitiva que nada aprovecha ni al envidiado ni al envidioso, por lo que sería mejor que no fuese la fuente que alimenta la comparación.

No, a lo que se ve las comparaciones no son científicas y ni siquiera humanas. Probablemente una de las peores consecuencias de las comparaciones sea la que concluye en *«querer ser como el otro»*. Este sí que es un auténtico imposible metafísico. Porque, ¿cómo un «yo» desde sí mismo —desde el propio «yo»— puede elegir ser otra persona, un «otro-no-yo»?, ¿cómo es posible que un «yo» elija para sí un no-yo?, ¿no se hará tal vez esa elección porque no se acepta el propio yo, porque no se está contento con ser quien es, porque se rechaza a sí mismo? Y si se rechaza a la persona que es, ¿en qué puede aventurar su esperanza para sostener que si fuera la otra persona se sentiría dichosa de sí misma?, ¿es esto cierto?, ¿lo ha probado tal vez alguien?, ¿científicamente?

7. Las atribuciones, la excelencia personal y el contexto familiar

Una de las metas de la *terapia cognitiva de la pareja*, por tanto, apunta a la sustitución de las atribuciones causales erróneas por otras más útiles a la adaptación, lo que genera, en consecuencia, ciertos cambios en las conductas disfuncionales. Este modo de proceder se ha aplicado con éxito y eficacia en el tratamiento de la depresión y en la terapia familiar y conyugal (Polaino-Lorente, 1987 y 1994*b*).

En las líneas anteriores se han examinado las atribuciones como mecanismos de defensa, como determinantes de las inferencias de rasgos, así como su relación con las expectativas de éxito y fracaso, el cambio conductual que pueden llegar a propiciar y la fuerte carga emocional que desempeñan en el ámbito relacional, por lo que es obligado admitir que la aplicación de la teoría atribucional en el ámbito de *la terapia cognitiva familiar y conyugal* tiene por delante un largo y esperanzador camino que recorrer (Polaino-Lorente, 1994*a*).

La familia es y debe ser el ámbito natural en el que el ser humano se encuentra en libertad y exento de condicionamientos, pues es en ella donde se gesta y desarrolla la persona desde sus primeras etapas.

Por tratarse del primer espacio vital para el desarrollo de la persona, la familia es, precisamente también, *el ámbito privilegiado para la correcta génesis de los procesos atribucionales* que acaecerán simultáneamente y de acuerdo con las primeras cogniciones infantiles. De aquí que las atribuciones de los padres influyan tanto en las atribuciones que luego hacen los hijos y, a través de estas, en el propio comportamiento infantil.

Es conveniente, para ello, que la familia establezca un marco de objetividad, de acogida, libertad y espontaneidad a través de las relaciones que se establecen entre los miembros del sistema familiar.

En la familia habría que evitar, siempre que fuera posible, las tomas de decisiones que enfatizan un subjetivismo sin fundamentos, ya que *el subjetivismo* es casi siempre una fuente de problemas, aunque sólo sea por configurar la génesis de *numerosas inferencias erróneas* que, a la larga, pueden devenir en *estereotipias, prejuicios y etiquetados, que dificultan, obstruyen y asfixian la dinámica, más o menos armónica, de la vida familiar.*

A la *educación familiar* corresponde la tarea y responsabilidad de contribuir a la génesis y desarrollo de un estilo cognitivo sano y equilibrado en cada uno de los hijos. El estilo educativo que caracteriza a la familia, su funcionamiento interno, la dinámica de las relaciones entre sus miembros, etc., son algunos de los elementos y variables que pueden condicionar cuál será el futuro estilo cognitivo del niño.

Puede concluirse, por tanto, que el *estilo educativo familiar* puede constituir un relevante fundamento del desarrollo del estilo cognitivo, del estilo atribucional y de los sesgos y errores atribucionales —si los hubiere— en las personas que conforman cada familia concreta.

La familia es el ámbito que, si es saludable, puede actuar por sí mismo como un importante factor preventivo de los *esquemas cognitivos erróneos* y de *los sesgos erróneos* infundados o mal asentados en los hijos de temprana edad. A través de la educación pueden enderezarse y reestructurarse muchos de estos esquemas, antes de que sean disfuncionales.

Esto no quiere decir que la educación familiar deba centrarse en la prevención y terapia, o dedicarse a la reestructuración cognitiva de las atribuciones erróneas de sus miembros.

La familia debe dedicarse a ser familia, a ser lo que es, es decir, a suscitar el clima que es más propio y saludable para ella. En esta forma concreta de «hacer familia», la educación es su herramienta principal y puede generar efectos más beneficiosos de los que tal vez puedan alcanzarse a través de ciertos programas terapéuticos, mediante el establecimiento de unas sólidas, bien arraigadas y maduras relaciones entre sus miembros, que hundan sus raíces en el respeto, el amor, la espontaneidad y la libertad.

La autoestima como las atribuciones tienen mucho que ver con la *excelencia personal*. El término excelencia viene definido como la «superior calidad o bondad que constituye y hace digna de singular aprecio y estimación en su género una cosa» (DRAE, 2001). Este significado no debiera restringirse a sólo el ámbito profesional o laboral, sino que por derecho propio debiera extenderse también a la familia y relacionarse con *la autoestima personal.*

De hecho, en el mismo fundamento del concepto de «excelencia personal» subyace uno de los principios antropológicos más fundamentales, originarios y universales del ser humano: se trata del principio, presente en toda persona, *de querer ser más, de querer ser mejor, de querer superarse a sí mismo.*

Aspirar a la superación personal y a la excelencia humana en toda su amplitud, personal y social, es algo que caracteriza y distingue al hombre del animal. Es necesario, por tanto, ampliar el restringido ámbito de aplicación de este término a cualquier escenario natural y personal que tenga algo que ver con el hombre.

Para alcanzar la «*excelencia personal*» es preciso que el hombre se conozca a sí mismo, que conozca sus propias capacidades, limitaciones y posibilidades, que se acepte a sí propio y que, en medio de las complejidades contingentes —cualesquiera que estas fuesen—, esté dispuesto a dar lo mejor de sí.

La excelencia personal supone y exige el esfuerzo de ser cada día mejor; quien así se lo propone, llegará a serlo, si las circunstancias le acompañan. *Esta búsqueda de la excelencia* invade todos los ámbitos de la persona: ser el mejor estudiante, ser el mejor profesional, ser el mejor deportista, ser el mejor padre, tratar, en definitiva, de ser la mejor persona, de acuerdo siempre con las naturales posibilidades.

No se trata tanto de un afán de competir con los demás, sino más bien de una manifestación de autosuperación y de no querer «contentarse con lo mediocre», de no instalarse en la *aurea mediocritas*.

De la «excelencia» habría de hacerse la meta cotidiana de cada ser humano. Habría de concebirse, por tanto, como *un estilo de vida*, como una forma que ha de ser incorporada y reafirmada por los hábitos del propio ser.

Más que un rasgo o cualidad de la persona, la excelencia consiste en la disposición de aprender a cambiar, a desvelar la verdad del misterio del propio ser, del ser de una persona en constante evolución, que nunca termina de aprender, de formarse, de crecer.

Tratar de ser excelente es proponerse hacer las cosas que se han decidido hacer de la mejor forma posible y no buscar excusas para dejar de hacerlas. Tratar de ser excelente es no dejarse contagiar por el éxito, la envidia o la soberbia y, al mismo tiempo, aspirar al éxito, sabiendo que el éxito no se improvisa, sino que es el resultado del esfuerzo cotidiano, del ejercicio de la voluntad y de buscar las oportunidades para alcanzarlo.

Los tres componentes básicos de la «excelencia» personal son los siguientes: el *conocimiento*, como cimiento básico de la excelencia; la *calidad*, en todos los sentidos; y el *compromiso*, en un doble sentido: con uno mismo y con la sociedad.

La persona «excelente» se cuestiona sobre qué es lo que efectivamente *debe realizar* y —como suele ser inconformista y crítico por naturaleza— no se limita solamente a criticar lo que está mal, sino que marca los senderos que hay que transitar para que se hagan realidad los ideales propuestos.

La persona excelente está *orientada a la acción*, a cambiar aquello que no le gusta, cualquiera que sea el esfuerzo que suponga su ejecución.

La persona excelente está dispuesta a *abandonar las justificaciones que proceden de la mediocridad personal*, basadas casi siempre en las excusas de «ir tirando» o de no tener otra alternativa que la de permanecer donde se encuentra por falta de apoyo, decisión o presupuesto. Las personas excelentes son indispensables para construir una sociedad mejor, más desarrollada y, desde luego, más humana y a la altura de la dignidad de la persona.

La persona excelente comienza por su familia, pues está persuadida de que es ese el primer y fundamental ámbito por el que hay que comenzar y donde ha de demostrarse si se es o no excelente.

8. Autoestima familiar y excelencia personal: algunos consejos preventivos

La autoestima no ha de ser afirmada sólo en las personas, sino también en la familia y en las instituciones. La familia como grupo, como conjunto de personas unidas por lazos de sangre ha de ser estimada por ella misma. Es lo que algunos llaman *orgullo de pertenencia*, porque o se pertenece a una familia o no se pertenece a nadie. Y si la autoestima constituye algo que está vinculado al orgullo personal, lo que cabe esperar es que esa estima regrese y se proyecte sobre el grupo que dio origen a esa persona y a su estima personal.

Esto no siempre sucede así, aunque parezca un tanto extraño. Hay *personas resentidas*, por ejemplo, contra sus padres y hermanos. Con estos últimos el resentimiento surgió cuando, pasados los años, sucedieron ciertas discrepancias y conflictos entre ellos, a propósito de la distribución de los bienes patrimoniales.

A partir de esos *conflictos fratricidas* —que siempre debieran ser obviados, cualquiera que fuere el precio a pagar por ello—, algunos renuncian a sus relaciones familiares, como si fuera fácil renunciar a ello. Otros llegan incluso a *repudiar a sus hermanos y, por extensión, a sus propios padres*, a quienes culpan de no haber hecho las cosas bien (se entiende aquí el bien a gusto del repudiador).

Entre ciertos *adolescente*s —aunque de forma transitoria—, es posible no sólo que no sientan ningún orgullo de pertenencia acerca de las personas y las familias que están en sus propios orígenes. Lo que suelen sentir más bien es *vergüenza* de ellos y casi siempre por pequeñas nonadas (que si el padre no es elegante, que si la madre dispone de un automóvil que está obsoleto, que si ha heredado de sus padres una nariz que es horrorosa, que si ambos son muy rancios o no son todo lo guapos e inteligentes que el adolescente quisiera, etc.). Pero todo esto con el transcurso del tiempo —de muy poco tiempo, por lo general— finaliza, se apaga y desaparece.

La excelencia personal tiene mucho que ver con la autoestima familiar. Con independencia de cuáles sean las condiciones económicas, socioculturales, políticas, etc., de la familia de origen, cuanto mayor sea la autoestima de la familia es muy probable que mayor sea también la autoestima y la excelencia personal de sus miembros. De aquí que parezca conveniente poner fin a este capítulo con el estudio de algunos consejos preventivos de la subestimación personal y familiar en su conjunto.

Pero antes de referirme a ellos, permita el lector que haga dos consideraciones introductorias. En primer lugar, la que se refiere al *reto de la libertad personal, entendido este como superación ante los obstáculos y fortalecimiento de la autoestima*. Sin duda alguna, cada persona encuentra dificultades en el desarrollo de su autoestima, cualquiera que fuere la familia de la que procede.

Pero cada persona es también *un centro descentrado*. Me explicaré: la persona es un ser que sólo se centra a sí misma cuando su centro está fuera de ella. Si ponemos el centro en nosotros mismos, perderemos el equilibrio como un muñeco de cartón al que le falta una pierna.

Por contra, si el centro al cual se dirige nuestra mirada, nuestra atención, nuestra donación, nuestras preocupaciones, etc., está fuera de nosotros, es decir, en otra persona, las trayectorias biográficas por las que nos decidamos estarán bien asentadas y centrado el propio «Yo».

Uno se autorrealiza como persona, si, y sólo si, contribuye a que las demás personas se autorrealicen como personas. Si uno se autorrealiza, por ejemplo, siendo más simpático, siendo más alegre, para luego mirarse al ombligo y a solas decirse «¡qué simpático soy!», eso no sirve para nada, porque está poniendo el centro exactamente allí donde no debe.

Para crecer en autoestima es preciso conducir el «Yo» fuera de sí, abrirlo a todos (*descentrarlo*), de manera que se hagan propias las vicisitudes que jalonan las biografías de los demás (*que devienen en el propio centro*). Para intentar ser la mejor persona posible que llevamos dentro, es necesario contribuir a que las demás personas se autorrealicen como personas.

De hecho, nuestra autorrealización personal depende en gran parte de lo que cada uno hace consigo mismo, pero en otro cierto sentido también de lo que hacemos por los demás. Porque si actuamos como agentes que contribuyen a facilitar la felicidad ajena, esos mismos agentes forzosamente han de ser también felices.

Recuérdese a este respecto que la causa es mayor que el efecto; que la causa es anterior al efecto; y que la naturaleza de la causa se refleja en la naturaleza del efecto. Si los que nos rodean son felices —en cierto modo porque se han realizado como las personas que son, gracias también a nuestra personal contribución—, es lógico y esperable que también nosotros alcancemos esa misma felicidad y participemos en la de ellos.

La autoestima así vivida coopera a dignificar a las personas. Se tiene tanta o más autoestima en la misma medida que sea la donación de la persona. *Quien da más se autoestima mejor*.

Consideremos ahora la segunda de las cuestiones previas a la que quería referirme: la de *la donación*. Sin duda alguna, hay una dimensión de la persona —*la dimensión donal*—, mal estudiada y peor enseñada, en la que habría que profundizar con el necesario rigor.

La persona es un ser que está hecho para darse, para regalarse. Hay muchas razones que lo justifican —aunque no,es este el momento de argumentar ninguna demostración—, como, por ejemplo, el hecho de que nadie se haya dado la vida a sí mismo, a pesar de lo cual la consideramos como un valor, que además nos pertenece. Ante esta consideración, lo mínimo que cabe esperar es que, en cierto sentido, *las personas se sientan deudoras de sus propias vidas*.

Este tipo de deuda es impagable y no genera responsabilidad jurídica alguna, puesto que la vida que se recibió constituyó un regalo, no sometido a regulación jurídica alguna. Pero ante las deudas, lo mejor es responder cuanto antes a ellas, neutralizarlas y si fuera posible conculcarlas.

¿Cómo puede satisfacer la persona la deuda que tiene acerca de su propia vida? Pues regalando su propia vida, dándola a otros, ocupándose de ellos, es decir, tratando de hacer lo que con ella otros —sus padres en especial— hicieron. Experimentarse como deudor nada tiene que ver con el hecho de sentirse culpable.

La persona no es culpable de ser el destinatario de su vida, en primer lugar porque la vida en sí es un valor y no algo negativo y, en segundo lugar, porque tampoco ella hizo nada para merecer o aceptar el regalo, hasta el punto de que ni siquiera fue consultada ni es probable que tuviera la posibilidad de aceptarlo o rechazarlo.

Sencillamente, le dieron la vida y aquí está. Y, desde luego, la considera un inmenso valor, que en justicia le pertenece (de aquí que para referirse a ella hable siempre de *su vida*). Por esa razón puede concluirse que la persona está hecha para la donación.

Pero la donación de la persona en sí misma considerada no está sujeta al mismo tipo de contabilidad de, por ejemplo, las cuentas corrientes bancarias en las que cuanto más gastamos, menos saldo queda. En la donación de las personas sucede paradójicamente lo contrario: cuanto más se da más crece, mayor es su autoestima, más posibilidades de dar tendrá en el futuro.

La persona da su vida y se da ella misma a las personas que quiere. De aquí que el valor de la vida tenga mucho que ver con la donación de sí y las personas a las que se quiere. La vida de una persona vale lo que valen sus amores, que son todas aquellas personas a las cuales esa persona se da, es decir, se autoexpropia libremente en su favor. Y cuanto más ame, más dará y más valdrá.

Si la persona pone toda su libertad a trabajar para hacerse la mejor persona posible, a fin de poder darse mejor a los demás —para ayudarles a resolver sus problemas—, su autoestima crecerá inevitablemente. Entre otras cosas, porque está hecha con el entrelazamiento del crecimiento de la estima personal de la gente a la que se ha dado y ayudado.

Esta es también *la forma más justa, ambiciosa y humana de estimarse a sí mismo y de macizar la identidad personal*, que estará hecha con lo mejor que hay en ella, es decir, con la mejor persona posible que, por vía de la donación, ha sacado de sí.

En este sentido, una vida humana que haya logrado de esta forma la autoestima *constituye una plusvalía vital inconmensurable*.

En las líneas que siguen se enuncian apenas algunos de los consejos que, en opinión del autor, suelen ser bastante eficaces para prevenir la subestima personal y familiar. No se desmenuzan y desarrollan aquí como sería menester, a fin de no alargar todavía más este texto. Pero es probable, además de muy necesario, que sobre esta especie de guía, apenas esbozada, el lector pueda servirse de su *propia reflexión* y de la *lectura* de algún texto apropiado que, de acuerdo con su formación y circunstancias, sea requerido.

Estos consejos se han enunciado en forma de verbos en infinitivo, para tratar de persuadir e invitar a los padres a la acción, en la opinión de que «no hay padres de quita y pon», de que nadie les puede sustituir en la profunda y grandiosa tarea de educar a sus hijos. Observémoslos a continuación:

1. *Conocer*
Conocer lo que es el matrimonio y la familia.
Conocerse y conocerle (marido-mujer).
Conocerse y conocerles (padres-hijos).
Formación moral, doctrinal y religiosa sobre el matrimonio y la familia.

2. *Querer*
Manifestar el propio querer.
Acoger las manifestaciones de afecto de los demás.
Dejarse querer.
Aprender a querer.
Saber querer.
Querer querer, cuando decaiga el mero atractivo humano de las personas.
Querer a cada persona como ella quiere ser querida.

3. *Unir*
A-tender para en-tender.
Saber escuchar.
Tratar de comprender.
Mejorar y tratar de mantener a toda costa la comunicación conyugal.
Respeto y fortalecimiento de la autoridad entre los cónyuges.
La mutua afirmación de los cónyuges ante los hijos.
Expresar y fortalecer la admiración por el otro cónyuge delante de los hijos.
Unidad, exclusividad, fidelidad.
El matrimonio unido jamás será vencido.
Los dos cónyuges a una, como en «Fuenteovejuna».

4. *Educar*
Afirmar a cada hijo en lo que realmente vale.
Tratar a los hijos con respeto, de acuerdo a su singularidad y diversidad.
Procurar pasarlo bien con los hijos; contagiarles la propia alegría.
Disponibilidad y liberalidad: llevar la imaginación al hogar.

Bicefalismo y alternancia en el poder y las actividades entre los cónyuges.
«Tanto monta, monta tanto la mujer como el marido.»
Trabajar coordinados en las tareas de corregir, alabar, estimular y exigir a los hijos.
Lo positivo en cada familia es siempre superior y más numeroso que lo negativo.
La realidad, también la humana, es siempre positiva.
Igualdad y diversidad: tratar a cada hijo tal y como es.
Ser justo, rectificar y, si fuere necesario, pedir perdón a los hijos.
Exigirse a sí mimos en aquello que exigirán a sus hijos.
Estudiar con ellos, ayudarles y compartir sus libros de texto.
Valorar en su justa medida el rendimiento académico.

5. *Trabajar*
La familia es primero y mayor que el trabajo.
El trabajo ha de subordinarse a la familia, y no al revés.
El trabajo (medio) está en función de la familia (fin), y no la familia en función del trabajo.
Hacer lo que se quiere y querer lo que se hace.
Flexibilidad y adaptación del horario del trabajo al horario familiar.
Apoyar siempre en casa, con independencia del éxito o el fracaso en el trabajo.
Querer lo que se tiene y aprender a renunciar a lo que no se necesita.
Los padres no han de «comprar» ni «vender» nada entre ellos ni a sus hijos.
Los padres no tienen que demostrar nada a nadie, ni siquiera a sí mismos.
Aprender a aceptar y superar las propias limitaciones y las de los hijos.
No imponer metas a los hijos que pudieran calificarse de heroicas.
El valor en la persona está en función del amor. Una persona vale lo que valen sus amores.
Enseñar a los hijos a avalorarse, a ser la persona valiosa que quieren ser, a crecer y a madurar.

6. *Autoestima y amor conyugal*
No dejar de profundizar en el encuentro interpersonal «yo-tú», sobre el que se funda el «nosotros».
El balance entre el deseo y la convicción de ser amado puede determinar la magnitud del «Yo» en las relaciones conyugales.
A mayor amor propio, más fuerte la convicción de que se es digno de ser amado y más intensa también la frustración de no ser amado; y viceversa.
A mayor amor propio, más intenso el deseo de ser amado por sí mismo y mayor la persuasión de que los otros han de estimarle, rápida, intensa y necesariamente.

Cuanto menor sea el amor propio, mejor se acogerá la estima del otro. Ante un «Yo» gigante (real o imaginario), comparece con frecuencia el «Tú» enano (imaginario o real), en que ha devenido la otra persona. Entre un «Yo» gigante y un «Tú» enano, hay suficiente espacio para que cualquier «él» o «ella» irrumpa y quiebre la relación y el tejido del «nosotros» (infidelidad).

Llevar a la práctica los anteriores consejos exige una continuada, mayor y mejor formación de los cónyuges y, sobre todo, la necesaria presencia del diálogo entre ellos.

El conocimiento de la realidad familiar no es posible que sea sustituido por cualquier otra actividad. Pero para que sea eficaz ese conocimiento ha de estar sometido a ciertas normas. No se trata, pues, de que los padres que quieren a sus hijos y la autoestima de éstos, vayan por ahí como expertos en lo que no son.

El conocimiento familiar —todo lo profundo y extenso que pueda ser— ha de ordenarse a querer a los hijos y al quererse de los cónyuges. De lo contrario, el aprendizaje de esta ciencia serviría muy poco, tal y como nos avisa de ellos Pablo de Tarso cuando escribe: «La ciencia hincha, la caridad edifica.» ¿Qué utilidad tendría un padre o una madre hinchados por sus propios conocimientos, si con ellos no mejoran y optimizan el amor a su familia?

No puedo renunciar aquí a una última advertencia respecto de *la función del conocimiento en la educación familiar*. Esta advertencia viene demandada por exigencia misma de los padres —ellos no me lo perdonarían, con toda razón— que, teniendo la dicha de ser cristianos, quieren educar a sus hijos de acuerdo con sus convicciones. El texto que se transcribe a continuación es de Tomás de Aquino y considero que puede ayudar a la mayoría de los padres, con independencia de cuáles sean sus convicciones religiosas y el modelo por el que hayan optado para la educación de sus hijos.

Escribe Tomás de Aquino: «El apóstol no aprueba saber muchas cosas si ese saber no respeta el recto orden que debe tener la ciencia. Para que el conocimiento sea recto, deben ser adecuados el orden, el esfuerzo y el fin con que se adquiere. *El orden*, para buscar en primer lugar lo que conduce más inmediatamente a la salvación; *el esfuerzo*, para poner más empeño en lo que facilita el amor de Dios; *el fin*, para no querer nada por curiosidad o vanidad, sino para la santidad personal y la del prójimo. Hay personas que desean saber sólo por saber, y eso es *curiosidad*; otras, para alcanzar fama, y eso es *vanidad*; otras, para enriquecerse con su ciencia, y ese es *un negocio torpe*; otras, para ser edificadas, y eso es *prudencia*; otras, para edificar a los demás, y eso es *caridad*» (la cursiva es nuestra).

Los padres han de saber muchas cosas acerca de la pareja y la educación familiar. Pero este afán por saber no ha de estar presidido por una motivación cualquiera, ni tan siquiera por la muy comprensible y humana de evitar sufrimientos a sus hijos en el futuro.

La *motivación esencial* que ha de dirigir esta sed de conocimientos es la de amar más y mejor a los suyos. Esta es justamente la motivación más alta y mejor puesta en razón en este menester, que el autor también desea y hace extensiva a cuantos profesionales gasten sus vidas en ayudar a cada familia a que sea ella misma, la que es, la que quiere ser, la que debe ser.

CAPÍTULO 10

AUTOESTIMA Y TERAPIA FAMILIAR

1. Introducción
2. La autoestima y la estima en la pareja
3. El apego infantil y el apego en la pareja
4. Apego, autoestima y estructuras familiares
5. Los estilos de estimación en las familias «enredada rígida» y «desprendida caótica»
6. Los estilos de estimación en las familias con mucha «cohesión» o muy «dispersas»
7. Estructuras familiares y terapia familiar
8. La autoestima y la crítica a los suegros
9. La infidelidad conyugal y la quiebra del encuentro amoroso

1. Introducción

El tema de la autoestima se asoma de modo obligado en el ámbito de la terapia familiar. Se diría que en el contexto de la *terapia familiar* no hay ninguna pareja que haya consultado, en la que de una u otra forma no haya que tratar del tema de la *estima propia y ajena*. Cualquier terapeuta familiar dispone de suficiente experiencia en este ámbito, por lo que no se incurrirá aquí en reiteraciones innecesarias.

Este hecho, no por demasiado frecuente está suficientemente explicado. Más bien habría que afirmar lo contrario: que, a pesar de la frecuencia con que se presenta, está muy mal explicado. Es posible que la ausencia de explicaciones disponibles a este respecto tenga su origen en otras cuestiones como la ignorancia que hay en lo relativo a la afectividad de la pareja o en lo que se refiere a la sustancia misma de la donación y aceptación recíprocas en que consiste el matrimonio.

Sea como fuere, en este capítulo se tratará de realizar algunas indagaciones en el ámbito de la autoestima, pero limitando su alcance a sólo las relaciones conyugales, tal y como le aconseja la experiencia de que dispone como terapeuta de pareja al autor de estas líneas.

Las apelaciones a *la familia de origen* son muy frecuentes entre los cónyuges que consultan por conflictos de pareja. En algunos casos es precisamente en esas relaciones donde asienta la clave del problema, bien porque la afectividad de uno de ellos o de ambos se moduló tal y como ahora se manifiesta al calor de las relaciones con sus padres o bien porque las relaciones con ellos se han prolongado —sin variación alguna—, haciendo caso omiso de su nueva situación conyugal y familiar.

En otras circunstancias, no puede advertirse ni apresarse ninguna dificultad en la pareja en lo relativo a las relaciones con sus respectivas familias de origen y/o con los familiares del otro cónyuge. No obstante, es muy conveniente llevar a cabo una somera exploración de ellas antes de comenzar la terapia.

En las líneas que siguen se tratará de esclarecer algunos de los supuestos que median las conexiones existentes entre la autoestima personal de cada uno de los cónyuges y de los afectos que hay entre ellos con las primeras relaciones afectivas habidas por cada uno en aquella primera urdimbre afectiva familiar, donde con cierta probabilidad se gestó y acuñó el talante o estilo afectivo que en la actualidad parece caracterizarles.

Tratar de desvelar el origen de los sentimientos en que parecen fundarse y sostenerse sus actuales relaciones de pareja —más o menos problemáticas— constituye casi siempre una audaz aventura para el terapeuta de pareja, quien sólo en ciertas ocasiones excepcionales logra ayudarles a modificarlas o mejorarlas, de forma que aprendan a resolver por sí mismos sus problemas.

2. **La autoestima y la estima en la pareja**

Es posible que una forma práctica de iniciar estas indagaciones acerca de la autoestima y la familia de origen consista en abrir su exposición formulando algunas preguntas —ingenuas a la vez que inquietantes—, que es probable que muchas personas alguna vez se hayan hecho sin darse el tiempo suficiente para encontrar las respuestas más adecuadas.

¿Puede una persona querer si nunca se ha sentido querida?, ¿en qué medida el modo en que una persona quiere está relacionado con la forma en que ha sido querida?, ¿puede una persona querer aunque no haya sido querida?, ¿desea una persona querer ser querida aunque nunca la hayan querido?, ¿qué relación hay entre el estilo afectivo de cada persona y el modo en que se percibió a sí misma siendo querida por sus padres?, ¿cuál es el primer recuerdo afectivo de que dispone esa persona?, ¿un sentimiento surgido en ella misma sin relación con nadie o un afecto suscitado por el comportamiento previo de alguno de sus padres?, ¿puede establecerse alguna relación entre esa primera experiencia emotiva y el desarrollo posterior de su afectividad, del modo que es característico en ella al expresar sus emociones y a la necesidad que tiene de que la estimen?

No resulta fácil contestar a las anteriores cuestiones. El lector sabrá a qué atenerse si toma sobre sí la entretenida tarea de pensar un poco en ellas. Por el momento, hay que afirmar que no están claras las relaciones que puedan haber entre estas primeras experiencias emotivas infantiles y el decurso posterior del estilo emocional personal. La psicología del apego, de las relaciones tempranas padres-hijos tiene aquí mucho que decir.

A lo que parece y de admitirse que el posterior estilo emocional depende no sólo del temperamento con el que se nace —lo «dado»—, sino también de las primeras relaciones afectivas —lo «adquirido»—, todavía quedan por dilucidar otras muchas cuestiones. Este es el caso, por ejemplo, de las posibles *relaciones existentes entre el modo en que espontáneamente se manifiesta el querer a los demás y la forma en que se desea ser querido por los otros*. Pero sobre la familia de origen volveremos más tarde en este mismo capítulo.

En muchas parejas ambos estilos emocionales no son coincidentes; en otras, en cambio, sí. Pero ignoramos su porqué. Ahora nos importa atender más al modo en que se estiman los cónyuges entre sí, lo que es probable que esté condicionado por la génesis y el desarrollo de la autoestima en cada uno de ellos. Por lo general, hay ciertas *disonancias en el modo en que se dan y acogen sus respectivas manifestaciones afectivas*. Esta disonancia entre ambos estilos afectivos —que denominaremos aquí con los sencillos términos de «donante» y «aceptante», respectivamente—, está en el origen y desarrollo de muchos conflictos conyugales.

No cabe duda de que el modo en que cada persona manifiesta su afectividad al otro —el modo en que se dona, otorga y regala al otro—, es decir, *su personal estilo emocional de querer*, varía mucho de unas a otras, a pesar de que haya un cierto y relativamente estrecho denominador común a todas ellas.

De otro lado, el modo en que una persona percibe los afectos de otra —*estilo emocional aceptante*— resulta en sí mismo también válido. Pero puede suceder que no tome en cuenta, que no procese como manifestaciones afectivas procedentes del otro, lo que de suyo son las más genuinas manifestaciones de afecto del otro (*su estilo emocional donante o expresivo*).

En principio, *lo ideal sería que el estilo emocional donante de un cónyuge y el estilo emocional aceptante del otro coincidieran* o al menos lograran articularse con cierta correspondencia entre ellos. Pero como en la mayoría de los matrimonios esto no ocurre y como del tema, además, casi nunca se habla con la profundidad que requiere, el hecho es que queriéndose ambos mucho, no obstante, se experimentan a sí mismos y al otro cónyuge como distantes, fríos y despegados. Esto es lo que erróneamente se califica por muchos, sin el más modesto análisis, como *desamor*.

Lo que mejor y más se atiene con la naturaleza humana es que, afectiva y efectivamente, una persona se dé a la otra según su ser natural, puesto que lo que se trata de dar al otro es precisamente su ser natural. Y, hasta cierto punto, se violentaría la naturaleza si una persona diera a la otra lo que no es o las manifestaciones expresivas de afecto que no tiene, no quiere o no sabe cómo llevarlas a término. Proceder así sería en cierto modo *una artificialización contranatura de las relaciones personales más íntimas*, a través de las cuales se transfiere al otro lo más íntimo del propio «yo».

Ahora bien, si el cónyuge al que se le otorga el afecto —por disponer de un estilo emocional aceptante, diferente del estilo emocional donante del otro— no percibe que es querido a través de las manifestaciones afectivas que el otro le prodiga, es comprensible que no se sienta querido.

De aquí que a pesar de la relativa artificialidad que ello pueda entrañar, lo lógico es que *el donante acomode sus manifestaciones afectivas, tal y como aconseja sean expresadas por el estilo emocional aceptante del otro*, de manera que indubitablemente esa persona se sienta querida, que es al fin lo que se pretende. Pues si no se sintiese querida, si no experimentase que es querida, a pesar de las muchas manifestaciones de afecto que recibe del otro, ¿para qué le servirían, cuál sería el último sentido de tales manifestaciones de afecto?

Ahora bien, es preciso reconocer que conducirse así comporta un importante esfuerzo. *Acomodar las expresiones afectivas* —en las que se manifiesta la donación de sí— *al estilo emocional del aceptante supone un enorme sacrificio*. Tal modo de comportarse se identifica con *el holocausto del propio yo*, sobre el que se tiene que ejercer una cierta violencia de tal forma que la persona aceptante así lo perciba. Es posible que para esta forma de darse el donante no esté preparado.

Es mucho lo que aquí se pide, pero es obvia su pertinencia, puesto que ¿para qué serviría una donación que no fuese recibida y acogida como tal donación?, ¿para qué serviría una donación que no fuese, por esta causa, aceptada?, ¿en un caso así, se habría realizado tal donación? No, *la meta final y eficaz que ha de alcanzar toda donación es la aceptación de lo donado por el destinatario al que ese don se otorga*.

Mientras que no haya una aceptación en concreto de eso que le ha sido donado, la donación en realidad no está cumplida, no ha alcanzado su fin y, por tanto, no se ha realizado. Es más un intento frustrado de darse al otro que una donación o, si se prefiere, se trata de un acto de donación desfinalizado e incompleto que el otro no percibe como tal y, por eso, tampoco lo acoge.

En un caso así, tan sólo se habría iniciado el proceso de realizar en un futuro muy próximo una donación, la intención de hacerlo, una intención en cierto modo inútil porque no es eficaz para alcanzar su propio destino.

Ahora bien, donar así el propio yo exige un previo *exilio del yo*, y un exilio que no cuenta con espectadores que lo aplaudan, puesto que permanece sumergido en lo más recóndito de la intimidad del donante, mientras se hurta a la observación de curiosos y extraños e incluso a la misma mirada de la persona más íntima y que mejor podría comprenderlo, el aceptante.

Este es *el sacrificio* que impone al fin *querer al otro como el otro quiere ser querido*: una donación total del yo que exige, previamente, *la autoexpropiación del yo*. Esto sí que es propiamente amar al otro, si se sigue admitiendo la vieja definición en que consiste el amor de «querer el bien del otro». Pero eso, como a continuación observaremos, no es suficiente.

No basta con querer el bien del otro; es preciso entender también la verdad del otro. El vínculo amoroso con el otro exige el simultáneo compromiso del entendimiento y la voluntad. Hasta aquí hemos visto el querer de la voluntad, pero en modo alguno hemos analizado el conocer del entendimiento. *Una voluntad que quiere, sin entender, es un amor ciego. Un entendimiento que conoce la verdad del otro, pero que no quiere, es un amor paralítico*. Sólo puede superarse esa parálisis y esa ceguera amorosas cuando entendimiento y voluntad cabalgan juntos y, además, acompasados y hacen diana en un único destino.

Otros muchos conflictos conyugales se originan con harta frecuencia, precisamente, por esa importante ausencia de entendimiento de uno de ellos respecto de la verdad del otro. Es lo que se califica en el uso coloquial del lenguaje conyugal con términos como «*falta de comprensión*», «*no hacerse cargo*», «*no sentirse comprendido*», y otras muchas afirmaciones y tópicos que explicitan, en definitiva, la incomunicación conyugal.

Si no se pasa por el entendimiento del otro, ¿cómo asentar el propio yo en el corazón del otro? Cuando esto sucede es posible que pueda alcanzarse una cierta fusión entre ambos cónyuges, pero en este caso se tratará de una fusión endeble, incompleta y debilitada, porque todavía entre ellos hay un hiato que les separa: el de encontrarse cada uno asentado en «su verdad» particular.

Esto ocasiona, naturalmente, forcejeos, malentendidos, discrepancias y todo ese conjunto de debates más o menos dialécticos que, en la práctica, son tal vez sutiles y brillantes pero inútiles para encontrar la verdad. Todavía más cuanto ninguno escucha al otro, sino que cada uno —replegado en sí mismo, mientras el otro habla— está preparando su discurso, de manera que alcance al otro donde más le duela, cuando su turno de réplica le llegue.

Ciertamente, que esta *exigencia cognitiva* —aunque no suficientemente prestigiada en la actual cultura— es más poderosa y radical que *la exigencia del corazón*. Resulta más fácil subordinar al otro la forma de querer, que la forma de pensar. El sacrificio del entendimiento, en este último caso, realiza en sí, de forma más prístina, la «espina en la carne» que suele acompañar al sufrimiento humano de la donación, según el espíritu avizorado por Kierkegaard.

Por contra, cuando la donación del yo ha llegado a alcanzar esta cumbre, cuando el yo se ha vaciado de sí mismo hasta el extremo, entonces y sólo entonces, *la fusión entre los cónyuges está cumplida. Sólo entonces la pertenencia que es cada uno de ellos deviene en copertenencia, como sus vivencias en convivencia, sus existencias en coexistencia y su unión en comunión*.

Se entiende, claro está, que los dos se comportan recíprocamente de la misma forma, pues, en caso contrario, apenas si habrá un donante que no acaba de donarse y un aceptante que no acaba de aceptar o acoger lo recibido. En otros casos, el donante da, pero el don no es acogido, bien porque el aceptante no se percata de que aquello es un don, o bien porque siendo realmente un don no coincide con la clase de don que el aceptante deseaba recibir. En este caso como el aceptante da mucho menos —porque también ama mucho menos—, padecerá de esa voracidad que singulariza a las personas radicalmente «tomantes».

Asistimos así a un equilibrio inestable, aunque compensatorio, siempre que el donante hinque su voluntad y entendimiento en el propósito de su donación. De lo contrario, la precaria estabilidad del equilibrio en el encuentro amoroso dejará expedito un franco camino hacia el conflicto.

Entender la verdad que anida en el otro consiste en observar el mundo no desde los propios ojos, sino desde los ojos del otro, mutarse, transformarse en él, asumir una extraña identidad —la del otro—, que de no ser sostenida por el propio amor resultaría antinatural. Es lo que clásicamente se quería significar al sostener que *«el amor tiende a la unidad e identidad de los amantes»* (Tomás de Aquino).

Una vez lograda la unidad de los entendimientos y de las voluntades de los cónyuges, apenas si ofrece dificultad la unidad de sus cuerpos, hasta dar en constituir «una sola carne». Es cierto que, en ocasiones, los conflictos surgen precisamente en este elemental nivel que es la unidad de los cuerpos. De ello también ha de ocuparse con relativa frecuencia, como es menester, la terapia familiar. Pero el establecimiento del conflicto en este nivel —un nivel importante, qué duda cabe, pero no el más importante ni el único importante—, puede resolverse con relativa facilidad, cosa que no acontece cuando el conflicto se instala a nivel afectivo o cognitivo.

De hecho, hay muchas parejas en las que apenas sí existen conflictos en lo relativo a la donación de sus cuerpos y, sin embargo, la convivencia entre ellos no deja de estar erizada de dificultades insolubles. En esos casos es necesario intervenir allí donde es preciso: en el corazón y en la cabeza, lo que constituye una mayor dificultad y precisa del empleo de estrategias mucho más sutiles.

El problema que nos ocupa debiera retomarse desde otra perspectiva muy diferente: la del aceptante. Qué duda cabe que si *el aceptante* acoge la donación que se le hace —sea esta idéntica o no a los anhelos de su ser natural—, el ensamblaje entre donante y aceptante se produce de modo que tal donación acontece necesariamente.

Pero en ningún caso el aceptante debiera hacer uso de una *aceptación selectiva*, es decir, de sólo aceptar aquellos sectores o manifestaciones del otro que coinciden y se identifican con los por él deseados.

También al filo de la aceptación puede emerger *una total donación del yo aceptante*. Basta para ello salir de sí, acoger como propio lo ajeno, incluso querer el querer del otro aunque todavía no se satisfaga o quiera el ser querido así entender y acoger la verdad del otro, poco importa que haya que modificar la personal hechura mental.

Cuando el aceptante se comporta de esta forma, la aceptación del don y la donación del aceptante coinciden, aunque no sin cierto sacrificio por parte del aceptante. Ninguno de ellos queda, entonces, por encima del otro, ninguno da más que el otro, tan generoso es el aceptante como el donante, porque en la donación y en la aceptación que así resultan se ha cubierto una etapa previa: *la dimisión de cada «yo» en favor de la fundación de un «nosotros».*

Por eso es tan difícil en el encuentro amoroso dilucidar quién tiene más mérito, si el aceptante o el donante. En el actual ámbito cultural suele darse mayor importancia al donante que al aceptante, pero ello es porque se valora esa relación concediendo un mayor énfasis a la persona que toma la iniciativa, que está en el origen del proceso donal.

Algo de verdad hay en esto, aunque no toda la verdad. Cierto que cualquier donación al otro supone en quien da una acción gratuita que implica la salida de sí. Pero con sólo salir de sí la donación no se finaliza. Por eso sería muy conveniente tener en consideración los dos extremos del proceso (el inicio de la donación y el final, la aceptación de ella), además del proceso en sí mismo considerado. Un seguimiento longitudinal de todo el proceso donal, muy probablemente igualaría lo que de meritorio tienen quien dona y quien acepta.

Quizá algún lector que hasta aquí haya seguido la lectura de este texto pueda calificarlo como utópico, idealista, algo que sólo puede sostenerse desde un romanticismo obsoleto y caduco. Quien eso suponga, es muy posible que se malicie que aquí se ha apelado a una situación que es extrema y excepcional, por lo que resulta más difícil invalidar cuanto aquí se ha dicho. De aquí que su posible interpelación tal vez sea formulada como sigue: *«¿Cómo se compadece lo que anteriormente se ha afirmado en el caso de que uno de los cónyuges haya sido infiel al otro?»*

Ciertamente que una interpelación así puede ser justa y muy acertada, sobre todo si se tiene en cuenta lo que acontece hoy en algunas parejas. Y hasta es posible que esta objeción logre quebrar o, al menos, poner en graves apuros a las hipótesis antes formuladas. Es necesario, pues, atender a esa interpelación, dado que su vigencia social resulta obvia y, por consiguiente, debe ser atendida desde cualquier modelo teórico que esté bien construido. A ello se contestará en las líneas que siguen.

3. El apego infantil y el apego en la pareja

En lo que se refiere a la terapia familiar, es muy conveniente advertir a los terapeutas de la relevancia que tiene el apego padre-hijos. De hecho, como observaremos a continuación, las relaciones de pareja median y son responsables en buena medida del apego que se establece entre padre e hijos y lo que los hijos aprenden acerca de los sentimientos. Pero al mismo tiempo, las relaciones de pareja, el peculiar estilo afectivo mostrado por cada uno de los cónyuges en su relación con el otro, tiene algo que ver —y hasta pueden ser una lejana consecuencia— con el respectivo apego que cada uno de los cónyuges experimentaron cuando niños con sus respectivos padres.

El apego infantil —la vinculación efectiva, afectiva y cognitiva con los propios padres— remite, se prolonga y puede llegar a configurar el apego entre los cónyuges. He aquí una peculiaridad más a favor de las diferencias que suelen caracterizar a los diversos talantes afectivos y estilos emocionales de los cónyuges.

Esas diferencias son más acusadas en función también del *sexo*, dado que la afectividad y el modo en que esta se expresa varía mucho entre la mujer y el hombre, así como del diverso *vínculo* que cada uno de ellos estableció con sus respectivos padres y madres.

Sin embargo, parece que los factores que condicionan el que el apego padre-hijo sea seguro o inseguro (Pedersen y cols., 1979) son similares a los que condicionan, en este mismo sentido, el apego madre-hijo (Volling y Belsky, 1992).

Entre esos factores hay que destacar *la sensibilidad y la calidad de las respuestas de los padres a las señales emitidas por sus hijos; las interacciones armónicas entre la pareja; y la autoestima del padre*.

Este último factor es especialmente relevante, puesto que al parecer contribuye a dar seguridad al niño a través de la interacción padre-hijo, fundamento sobre el que se asentará un apego seguro.

Es también de vital importancia el segundo factor al que se ha aludido: el de *las relaciones de la pareja*. En realidad, esas relaciones constituyen el elemento clave de la educación sentimental de los hijos. No podía ser de otra forma, dado que en la familia apenas se atiende a la educación de la afectividad propiamente dicha.

Por eso, los hijos aprenden lo que son los afectos y el modo como estos se expresan y acogen entre personas de distinto sexo —de una forma mediata, indirecta o *in obliquo*—, a través de lo que observan en sus padres. En cierta forma, *la estima que han observado entre sus padres les es muy útil también para completar su autoestima personal, además de para aprender a estimar a las personas del otro sexo.*

Respecto de las relaciones de pareja, diversos autores señalan que el estatus laboral de ambos padres constituye un cierto predictor del apego seguro padre-hijo (Stifter, Coulehan y Fish, 1993). El apego inseguro padre-hijo parece ser más frecuente en los niños varones cuando la madre también trabaja (Belsky y Rovine, 1988; Chase-Lansdale y Owen, 1987; Volling y Belsky, 1992).

En esas circunstancias, los hijos se relacionarían peor con las madres (por no disponer estas del tiempo necesario), al mismo tiempo que percibirían las actitudes del padre hacia ellos como más exigentes y negativas y, en ocasiones, pueden vivirlas como relativamente impuestas.

De aquí que algunos autores sostengan (Barnett y Baruch, 1987; Crouter, Perry-Jenkins, Huston y McHale, 1987; Volling y Belsky, 1992), que *el modo en que el padre se implica en la relación con su hijo* varía en función de cuál sea el tipo de empleo y la mayor o menor dedicación de la madre.

En las familias donde los dos trabajan, la necesidad de una mayor participación del padre en las tareas del hogar suele estar asociada a una cierta resistencia por su parte, lo que también puede contribuir a condicionar el apego inseguro padre-hijo. *En las familias donde sólo trabaja fuera de casa uno de ellos*, los padres tienen actitudes más positivas respecto del cuidado del hijo (Crouter y cols., 1987; Volling y Belsky, 1992).

Las actitudes positivas del padre contribuyen a la configuración de un apego más seguro con su hijo en cierto modo porque las tareas de cuidar de él no son vividas por el padre como impuestas.

Por otra parte, los padres —no las madres— que participan en mayor medida en el cuidado del hijo, suelen atribuir a este mayores competencias (Ninio y Rinott, 1988; Mercer y Ferketich, 1990).

En lo que se refiere a *la historia del apego paterno*, los padres más involucrados en el cuidado de sus respectivos hijos suelen ser algo desinteresados y poco sensibles (Barnett y Baruch, 1987; Lamb, Pleck, Charnov y Levine, 1987; Radin, 1981; Sagi, 1982; Volling y Belsky, 1992). Estas actitudes pueden estar originadas en un proceso compensatorio y reactivo.

Por contra, *los padres que tuvieron relaciones adversas con sus progenitores* suelen reaccionar —probablemente a causa de su propia historia biográfica—, tratando de proporcionar mayor seguridad a sus hijos.

Sin embargo, en el estudio de Volling y Belsky (1992), los padres cuyos hijos disponían de un apego seguro tendieron a responder peor y con menor frecuencia a sus hijos. En un principio, este resultado parece ser inconsistente con la explicación del proceso compensatorio, tal y como antes se había postulado, inconsistencia que algunos autores pretenden resolver aceptando *la hipótesis de la sobreestimulación*. Es decir, que los padres cuyas relaciones de apego cuando niños no fueron suficientemente satisfactorias tratarán de comportarse de tal forma que a sus hijos no les acontezca lo que a ellos.

En lo que respecta al *apego madre-hijo*, numerosos autores postulan hoy que las madres suelen sobreestimular a sus hijos inseguros-evitativos, respondiendo a sus señales de forma intrusiva durante el primer año de vida (Belsky y cols., 1984a; Volling y Belsky, 1992).

Aunque en un principio se trató de hacer depender al apego paterno de idénticos factores a los implicados en el materno, hoy disponemos de datos contradictorios al respecto. El procedimiento de la «situación extraña» para evaluar el apego ha sido validado en las interacciones madre-hijo, pero eso no significa que este paradigma sea también válido para evaluar la relación del apego padre-hijo, lo que justificaría la dificultad señalada por Volling y cols. (1992) para encontrar variables antecedentes que establezcan ciertas diferencias entre los grupos de apego seguro e inseguro.

Suess y cols. (1992) también ponen en duda la adecuación de este procedimiento en el caso del apego padre-hijo. Sin embargo, a falta de otra situación de evaluación empírica del apego, esta fue utilizada en una investigación realizada con niños en edad preescolar a fin de constatar la correlación existente entre el tipo de apego establecido con la madre o el padre y el ulterior desarrollo del hijo (competencia en el juego y resolución de problemas).

Los resultados obtenidos pusieron de manifiesto el poder predictivo del apego madre-hijo, que fue superior al del apego padre-hijo. Esto no quiere decir que los padres sean menos importantes que las madres, sino que posiblemente las influencias del padre tal vez alcancen su mayor relevancia cuando es mayor la edad del niño y es probable, además, que esa relevancia mayor se concrete en otros dominios y funciones que no por no ser sensibles a los procedimientos elaborados por Ainsworth («situación extraña»), tampoco puedan ser evaluadas.

Además, *el influjo del padre es más difícil de percibir* ya que este ejerce su influencia sobre el niño/a de manera indirecta, es decir, a través del apoyo social y de la estabilidad familiar que proporciona a su familia (Crockenberg y McCluskey, 1986; Erickson y cols., 1985; Suess y cols., 1992).

De lo anteriormente expuesto se puede inferir que, por el momento, es poco lo que se ha investigado sobre el modo en que influye el padre en el desarrollo del hijo.

En consecuencia, parece conveniente realizar futuras investigaciones que traten de examinar las características de los padres, sus historias biográficas respecto del cuidado infantil y su conducta de actuación con el hijo/a para poder explicar el porqué de los apegos seguros e inseguros al padre.

Sólo así podría identificarse *la influencia que*, por ejemplo, *la autoestima del padre ejerce en la autoestima de los hijos*. Del mismo modo, si se estudiaran *las relaciones afectivas (expresivas y de acogida) de la pareja*, es posible que pudiera más tarde valorarse *la autoestima de los hijos y los estilos emocionales*, que de allí proceden, y acaban por caracterizarles.

Si las interacciones de calidad madre-hijo promueven un apego seguro, es de suponer que esto también suceda en el caso del padre. Por tanto, debemos examinar más de cerca las interacciones del padre con el hijo en el hogar. Tal vez esto nos pueda proporcionar datos interesantes acerca de la influencia del padre, hasta ahora injustamente menospreciada o subestimada, en el desarrollo de la personalidad de sus hijos e hijas.

4. Apego, autoestima y estructuras familiares

En el apego se amasa el talante afectivo de la persona, es decir, la naturaleza y características de su afectividad, así como el modo en que más tarde esta se manifestará. El talante afectivo que hunde sus raíces en un determinado tipo de apego puede condicionar luego, en gran medida, la vida emocional y la interacción social de las personas.

De las formas de apego depende relativamente, por ejemplo, el modo en que uno expresa sus emociones, el tipo de atenciones afectivas (reforzadores) que más le satisface recibir, el modo en que refuerza positiva o negativamente la conducta de otros, *la autoestima personal*, muchos de los valores personales y familiares por los que uno apuesta la vida, la seguridad en sí mismo, la mayor o menor capacidad de empatizar con los demás, la frialdad o el calor que le acompaña en las nuevas relaciones que hace, ciertos rasgos de su estilo cognitivo, las habilidades sociales, etc.

Nada de particular tiene que entre *apego, autoestima y estructuras familiares* haya una cierta correlación. Es posible que *la autoestima y el modo en que se estima a los otros* actúen como *factores intermedios* entre el apego infantil y la génesis de las estructuras familiares por las que ha optado la nueva pareja.

Pero una *estructura familiar* no se genera a partir de una sola persona, sino de la interacción entre dos o más personas, y en el seno de la convivencia diaria. Y como esas estructuras familiares, para que sean tales, han de comprometer a ambos cónyuges, esto significa que —procediendo cada uno de ellos de estructuras familiares diferentes— han de tener que hacer un gran esfuerzo adaptativo —*es necesario que cada uno de ellos renuncie a ciertos aspectos de su anterior estilo de vida*— para encontrar la necesaria síntesis armónica con el estilo de vida del otro.

La pareja es la «re-unión» de dos personas, y no puede haber tal re-unión si previa y/o simultáneamente no se da *la «unión» entre ellas*. Esta unión funda una unidad en la diversidad, en la diversidad tanto de las personas como del apego y estructuras familiares que están como agazapadas e implícitas en cada uno de ellos y que, de una forma u otra, se reintroducen más tarde en el ámbito de la nueva familia por ellos fundada.

La dificultad consiste, por eso, en que sin renunciar los cónyuges a sus respectivas identidades personales —que no son renunciables—, no obstante, han de tratar de coincidir y fusionarse con el otro. Una fusión esta que debe evitar la confusión de personas y en la que se respetará siempre la identidad del otro y el ámbito de libertad que le es propio como persona.

Lo dicho más arriba no constituye un modelo utópico, sino real. Hay muchos datos empíricos que se podrían traer aquí a colación. Así, por ejemplo, es muy frecuente observar en matrimonios ancianos —cuando los cónyuges han vivido la aventura de su unión durante muchos años—, en los que hay incluso un cierto parecido entre ellos, también en el modo en que se conducen, a pesar de que cada uno conserve unas relativas y bien asentadas diferencias personales.

Este parecido —en expresiones, gestos, gustos, convicciones, etc.— se ha ido produciendo y moldeando muy lentamente, asentándose en ellos de forma definitiva como una elocuente joya residual, más allá del calor y del frío al que la interacción recíproca les ha sometido.

Con el fluir del tiempo, la *estructura familiar* a que los cónyuges dieron origen posibilita y también se refleja en una cierta y parecida *estructuración de sus personalidades* respectivas.

Podría apelarse a estas estructuras familiares para dar alguna cuenta y razón del parecido que encontramos entre ellos. Sería interesante estudiar las posibles analogías o correlaciones existentes entre «estructuras familiares» y «estructura de la personalidad» de ambos cónyuges.

Al llegar aquí, parece conveniente recordar que el conjunto de estas estructuras familiares coincide precisamente con lo que la terapia sistémica concibió con el término de *sistemas familiares*. Las estructuras familiares parecen emerger de la fusión de los estilos de vida de los cónyuges, que a su vez están en parte condicionados por el apego infantil.

La autoestima de cada uno de los cónyuges media y articula, al modo de una «bisagra», las posibles relaciones existentes entre el apego y las estructuras familiares que singularizan la vida de cada pareja.

5. **Los estilos de estimación en las familias «enredada rígida» y «desprendida caótica»**

La evaluación familiar entraña muy variadas dificultades, dada la complejidad que le caracteriza. Sin embargo, es una tarea que resulta imprescindible para la terapia, tal y como se demostró en anteriores publicaciones (Polaino-Lorente y Martínez Cano, 1997 y 1999) y a la que ningún terapeuta debiera renunciar. Disponemos en la actualidad de instrumentos de evaluación para estos propósitos que permiten identificar con facilidad y precisión el tipo de familia ante la que nos encontramos.

Uno de los más frecuentemente usados hoy es *la Escala de Cohesión y Adaptación Familiar* (cfr. Olson, 1989), que establece *dieciséis tipos de familia*, cada uno de los cuales con sus características y peculiaridades singulares, en función de las puntuaciones que hayan obtenido en las dimensiones que evalúa esta escala.

De acuerdo con ella, se ha optado aquí por elegir, a modo de ejemplos, dos tipos de familia —la «enredada rígida» y la «desprendida caótica»—, por entender que son emblemáticas en lo que se refiere a la *baja autoestima* de las personas que forman parte de ellas. Se recuerda que ambos tipos de familia son *extremos* y, por consiguiente, pueden estar más cercanos a las *familias disfuncionales*.

El estilo emocional en la familia «enredada rígida» se caracteriza por establecer vínculos muy poderosos entre sus miembros con una independencia personal muy baja. La petición de ayuda entre ellos es casi constante, de manera que un problema afectivo personal cualquiera resuena en el ámbito de la familia y de las personas que la integran como si se viviese por todas ellas.

Los gestos de afectos y la expresión de emociones son abundantes, con independencia de que se conozcan entre sí mejor o peor. Las amistades de cada hijo se aprueban o rechazan de forma corporativa. La atmósfera familiar que así se genera está caracterizada por frecuentes intercambios positivos entre ellos, numerosas consultas al grupo familiar sobre cualquier tema, seguimiento del código normativo por el que los padres hayan optado y una extremada disciplina. Suelen ser muy frecuentes las coaliciones padres-hijos, así como el tiempo de ocio que se comparte con las otras personas del grupo familiar.

Junto a sus muchas *ventajas*, este estilo emocional tiene también algunos *inconvenientes* como, por ejemplo, la escasa aceptación de la singularidad e individualidad de las personas, un cierto pensamiento absolutista y la ausencia de confianza relativa al buen arte de cada persona de gobernarse a sí misma. En unas circunstancias como las que se han descrito, es muy posible que los hijos experimenten que están demasiado amparados afectivamente por su familia, pero que son muy poco comprendidos por ella; que acaso sean muy bien valorados, pero que no se les permite el necesario ámbito de libertad para que crezcan sus valores y satisfagan sus propias expectativas; que, desde luego, o se les apoya por completo en lo que proponen o no se les apoya en absoluto.

La excesiva estimación que en este caso se hace de la persona es compatible con que sea *muy baja su propia autoestima*. La exagerada prudencia, el atenerse al estricto cumplimiento de la disciplina y la escasa autoridad que manifiestan los padres acaban por sofocar el nacimiento y desarrollo en los hijos de *la confianza en sí mismos*.

El estilo emocional de la familia «desprendida caótica» se caracteriza por darse entre sus miembros una escasa vinculación afectiva y una alta dosis de independencia personal. De otra parte, son muy infrecuentes los gestos y la expresión de emociones, y sólo de un modo excepcional se hacen consultas entre ellos. Lo que es de uno es asunto de él y de nadie más. Esto quiere decir que la vida personal se comparte muy poco con los demás; que suelen estar ausentes las manifestaciones de apoyo entre ellos; que el tiempo de ocio no se comparte con ningún familiar, sino que cada uno va por libre.

De otra parte, el sometimiento al código familiar es en la práctica inexistente, así como la exigencia de su cumplimiento. Se acepta, desde luego, la singularidad e individualidad de las personas, pero sin que haya el necesario tejido de interacciones entre ellas. Las coaliciones entre padres e hijos son muy débiles o excepcionales y la autoridad brilla por su ausencia. Nadie se somete al horario de nadie, sino que cada uno va a lo suyo, «cada quien va a su bola».

Es cierto que la independencia familiar en este estilo emocional es muy grande y que cada persona comienza a gobernarse a sí misma desde el principio, pero no es menos cierto que probablemente se sienta sola y, sobre todo, que nunca haya sido afirmada en su propio valer, por lo que *su autoestima puede estar desfondada*, por mal arraigada, y no disponer de ningún modelo de referencia en el que inspirarse en lo que atañe a sus relaciones afectivas.

Es posible que algunos tipos de familias remitan a ciertas estructuras de las familias de origen, de las que los cónyuges provienen. Como líneas atrás hemos observado, tales estructuras en las familias de origen suelen estar fuertemente vinculadas con las formas de apego en que se moldeó el complejo núcleo de la afectividad de cada uno de los cónyuges.

Es muy probable que ciertos conflictos conyugales sean deudores de las disfunciones que se originan durante los primeros años de matrimonio, como consecuencia del mal ajuste que realizan los cónyuges entre los diversos estilos de estimación procedentes de las respectivas familias de origen.

Es urgente, pues, estudiar cómo se realiza este *ajuste entre los estilos de estimación de los cónyuges*, ya que la interacción entre ellos puede estar mediada o condicionada por los diversos estilos afectivos de las respectivas familias de procedencia. Baste recordar aquí las características que definen a los dos tipos de familia que se han propuesto como ejemplos, líneas arriba.

6. Los estilos de estimación en las familias con mucha «cohesión» o muy «dispersas»

El *sistema familiar cohesivo* es causa, pero también consecuencia, de que las personas que lo integran estén más orientadas hacia dentro, tengan relaciones sociales más escasas, sean más difusos los límites entre las personas que configuran esa familia y muy estrecha la distancia interpersonal que hay entre ellos.

En un sistema como éste cada una de las personas que lo integran se repliega sobre sí misma, a la vez que enfatiza y prioriza jerárquicamente aquellos valores que son más adecuados respecto de la cercanía y unión familiar.

La interacción entre iguales y entre padres e hijos suele estar aquí mediadas por esta jerarquía axiológica, según la cual «*lo que es de uno es de todos*». En esta perspectiva, todo lo extrafamiliar resulta mucho más distante y alejado del núcleo familiar, e incluso puede ser percibido como amenazador.

Y como «*la unidad hace la fuerza*», y *aquí la unidad familiar es entendida como el supremo valor*, lo lógico es que la mayoría de las fuerzas disponibles se empleen en salvaguardar esa unidad.

En el sistema familiar cohesivo es mucho más frecuente *el parecido en el modo en que cada uno de ellos expresa su afectividad*. En un núcleo familiar como este *la autonomía personal está subordinada al plan familiar*, como la independencia está relativamente sometida a la dependencia afectiva, al menos durante los primeros años de la vida.

La seguridad de que se provee al niño a través de estas estructuras familiares, le hará madurar a un ritmo distinto: por supuesto, *muy seguro de sí mismo, pero muy necesitado también del vínculo familiar*. En consecuencia con ello, los hijos, por lo general, *se independizarán de la familia mucho más tarde* y, en el futuro, *les será más difícil «cortar amarras» con sus familiares*.

Por contra, los *sistemas familiares dispersos* se caracterizan porque cada una de las personas que lo integran están más volcados hacia fuera. La familia sólo es la imprescindible plataforma, la base de operaciones a la que se viene a repostar.

Los límites entre las personas son netos y están muy bien establecidos; la distancia interpersonal entre ellos, también. La cercanía física o emocional puede considerarse como un estorbo, por lo que difícilmente se tolera la expresión de los afectos en el ámbito familiar. Como el talante emocional varía mucho entre sus miembros, es lógico que algunos de ellos se sientan más bien rechazados que aceptados. En un contexto como este, no resulta incongruente que *el estilo emocional y los valores por los que se opta sean suscitados más bien por el ámbito social* —al que el niño está expuesto y en el que también aprende—, que por el núcleo familiar.

Las relaciones entre hermanos y entre padres e hijos están coloreadas por el despego. Los *hijos* devienen más pronto y frecuentemente *independientes, despredíendose del núcleo familiar relativamente muy temprano.*

No resulta extraño que la configuración de una nueva familia varíe mucho, en función de cuáles sean las estructuras familiares de origen, punto de partida de cada uno de los cónyuges. Por eso, forzosamente *han de ser diferentes las familias en las que ambos cónyuges procedan de sistemas cohesivos o dispersos*, como aquellas otras en las que un cónyuge proceda de un sistema disperso y el otro de un sistema cohesivo.

Hasta aquí las configuraciones familiares que, a modo de ejemplo, ilustran lo sostenido líneas atrás. Recuérdese que se había establecido una cierta conexión entre las formas de apego familiar y las estructuras de los sistemas familiares.

Esto quiere decir que una familia nunca está sola ni en el vacío, y que cualquier conflicto que se suscite en los progenitores (segunda generación) es ampliado por esa caja de resonancia configurada por las familias de origen (primera generación) y por los hijos (tercera generación).

Cualquier *familia disfuncional* extiende inevitablemente la patología que en su seno se origina *a la primera y tercera generaciones*, a las que salpica involuntariamente.

Se ha dicho que «*la mejor seguridad social es siempre la familia*». Y es cierto. Siempre que un miembro de la familia tiene un problema, de una u otra forma acaba yendo a ella a sanar sus heridas.

Por eso también, cuando el comportamiento de un miembro familiar genera problemas, acaba por suscitarlos en sus ancestros y descendientes. Es decir, *los problemas se trasladan de unas a otras generaciones*, sin que apenas se disponga de programas de prevención para ello.

El autor de estas líneas en absoluto opta aquí por el determinismo, ni tan siquiera por el determinismo familiar. La libertad de la persona hace posible que los miembros de la primera y tercera generaciones puedan escapar a las consecuencias de estas relaciones morbosas en la segunda generación.

Ciertamente, como afirma el dicho popular, «*del más sucio estiércol puede brotar la más bella rosa*». Pero esto no empece para que los progenitores traten de roturar y cuidar con todas sus fuerzas el terreno al que se confía la rosa que ha de brotar.

7. Estructuras familiares y terapia familiar

Consideremos ahora una configuración familiar en la que *ambos cónyuges proceden de un mismo tipo de familia*, por ejemplo, *la familia enredada*.

En ese caso es más probable que *ambos continúen manteniendo una estrecha relación con sus padres* y que la relación entre ellos logre estabilizarse, a pesar de que inicialmente fuera una relación bastante frágil.

Esto significa que *el esfuerzo adaptativo* tendrá que ser mucho *más intenso* en las primeras etapas de la vida conyugal. En la medida que continúe la proximidad parental o la cercanía geográfica entre hijos y padres, *la cohesión entre el hombre y la mujer, en la nueva familia, es posible que sea más bien débil*.

Es muy probable que en este tipo de familias ambos tengan valores familiares muy parecidos, además de una cierta similitud en variables de tipo demográfico y en las propias convicciones.

Probablemente, *los estilos educativos* a los que cada uno ha estado expuesto sean muy semejantes. Son parejas que acabarán teniendo *una gran cohesión*, pero después de atravesar, especialmente en la primera etapa, *grandes conflictos*.

La intensidad de estos conflictos dependerá en gran medida del hecho de vivir muy intensamente las relaciones entre ellos y emitir muchas respuestas emocionales, puesto que *disponen de un alto nivel de expresión de emociones*.

El riesgo de separación y divorcio en una pareja así es muy alto al principio y muy bajo al final de la vida conyugal, siempre que hayan logrado superar sus conflictos y realizar un buen ajuste de las estructuras familiares de las que proceden, que, siendo semejantes o relativamente parecidas, contribuyen, no obstante, a establecer ciertas diferencias y competitividades entre ellos.

En ocasiones esos conflictos suelen magnificarse. Y eso, porque no suelen converger a resolverlos dos personas aisladas —los cónyuges—, sino que también intervienen, a su modo, las familias de que ellos proceden.

Como suelen manifestar en vivo y con toda intensidad sus emociones espontáneas, las *descalificaciones* entre ellos pueden llegar a ser permanentes. Cuando esto sucede, *la autoridad, la asunción del poder y la distribución de las responsabilidades en la pareja son muy versátiles y cambiantes*.

Si en esta etapa crítica tienen *hijos*, hay bastante probabilidad de que se alumbren en ellos ciertos trastornos psicopatológicos. Y es que los hijos necesitan de una mayor estabilidad y de una tasa menor de conflictos, de manera que perciban con claridad el ámbito de la autoridad, de la responsabilidad, de la división de trabajo y de la distribución de roles en sus padres.

Pero en este tipo de familias, tales ámbitos suelen estar dibujados muy ambiguamente, es decir, que hay entre ellos abundantes superposiciones, sustituciones, enfrentamientos, etc. Si a esto sumamos el que los conflictos se manifiestan espontáneamente, expresándose según numerosas respuestas emocionales, se comprende que los hijos sufran graves consecuencias.

Consideremos ahora otra configuración familiar, aquella en la que *uno de los cónyuges procede* de una familia muy unida, por ejemplo la *familia unida rígida*, mientras *el otro procede de una familia muy poco unida* como, por ejemplo, la *familia desprendida caótica*. Inicialmente, esta pareja —aunque resulte paradójico— es probable que sea más estable y menos conflictiva que la pareja del ejemplo anterior. Pero esa estabilidad dependerá mucho de cómo sean aceptados ambos cónyuges por las respectivas familias políticas.

De ordinario, la *familia unida rígida*, por su peculiar estructuración, es la que tendrá más dificultades para acoger y aceptar al cónyuge que procede de la familia desprendida caótica. Por contra, la *familia desprendida caótica* es la que en principio suele tener menos dificultades para aceptar relativamente al otro miembro de la pareja, siempre que esa aceptación no implique una importante cercanía o intrusión en ella. Esto significa que emerge una *configuración asimétrica* en el modo en que los cónyuges son aceptados respectivamente por la familia del otro.

Lo más frecuente es que el centro referencial de la nueva pareja se sitúe en la *familia unida rígida*, de la que, por otra parte, todavía no se ha desvinculado del todo —habrá casos en que jamás se desvinculará por completo— el cónyuge que de ella procede. Pero como la *familia desprendida caótica* continúa priorizando la autonomía de sus miembros, es muy difícil que se formen alianzas consistentes con el cónyuge que de ella procede. Por eso, este último será más fácilmente absorbido o detestado por la familia unida rígida del otro cónyuge.

En la *familia unida rígida* es muy probable que se produzca *la absorción de la nueva pareja*. Esto implica, por ejemplo, que la nueva pareja se incorporará e integrará en la familia unida rígida de origen, hasta el punto de ser esta y no la pareja quien «decide» si han de pasar con ellos o no las vacaciones o las fiestas de Navidad.

En la *familia desprendida caótica*, en cambio, es fácil que surjan ciertos conflictos, pero de muy poca intensidad, porque pretenderán «recuperar» —aunque sólo sea relativamente— a «su» miembro (el cónyuge de la nueva pareja originado en ella), pero sin decidirse del todo a incorporar al otro cónyuge, respecto del que se dan actitudes distantes e indiferentes.

En estas circunstancias, la peor estrategia que puede seguir el cónyuge procedente de la familia unida rígida es cerrar filas respecto de su familia de origen. Cuando procede de esta lamentable forma, *se pone del lado de su familia de origen y, simultáneamente, en contra de su cónyuge y de la familia de este*, lo que facilita la emergencia de numerosos conflictos y, eventualmente, hasta la separación y el divorcio entre ellos.

Entre otras cosas, porque el cónyuge que ha sido excluido, al no tener fuertes vínculos con su familia de origen y ser detestado por su familia política, queda aislado y solo, circunstancias muy propicias para establecer nuevos contactos extrafamiliares y hacer todavía más compleja la situación conflictiva. De otra parte, como por las características de su apego familiar ha aprendido a tener muchos amigos y suele estar volcado hacia fuera de la familia, su facilidad para establecer esos contactos será mucho mayor.

Algunos de estos conflictos pueden resultar patéticos y hasta dramáticos. El cónyuge que ha sido aislado suele disponer, paradójicamente, de unas bien entrenadas habilidades sociales, al mismo tiempo que tal vez anhele la cohesión familiar que observa en la familia de origen del otro cónyuge, a la que probablemente idealizará.

El conflicto que personalmente vive podría formularse como un *conflicto de aproximación-evitación*. Es decir, al tiempo que intenta aproximarse a la familia de su cónyuge, esta le rechaza. Su fantasía idealiza la cohesión que observa en la familia de su cónyuge —a la que suele calificar de «muy unida»—, mientras que los comportamientos de esos familiares políticos le están gritando que esa unidad y el sentido de esa pertenencia no son para él/ella.

En un contexto conflictivo como el aquí descrito es muy frecuente que emerja la patología psiquiátrica, que puede manifestarse en uno solo de los cónyuges o dilatarse e invadir también al otro y a los hijos. Si la joven pareja tiene hijos, las cosas se complican. Es usual, entonces, que *la familia unida rígida de origen asuma como propios a los nietos*, a la vez que persiste en *el rechazo de su padre/madre*, el/la hijo/a político/a.

En este último caso, *el progenitor puede aliarse con uno de sus hijos en contra de la familia de origen del otro cónyuge*, lo que tal vez suscite ciertos trastornos psicopatológicos en el progenitor y en el hijo. Asistimos entonces a una nueva *vinculación intergeneracional* y morbosa, capaz de dar origen y configurar unas *relaciones triangulares patológicas*.

Por último, el cónyuge que procede de una *familia unida rígida* también constituye, a su modo, un terreno abonado para la aparición de trastornos psicopatológicos. *Este cónyuge no sabe, no puede o no quiere desvincularse de su familia de origen*, a la vez que se va erosionando el vínculo contraído con su pareja. Una situación emocional del «tira y afloja» tan comprometida como esta, forzosamente ha de originar con el tiempo ciertas relaciones conflictivas.

Por eso hemos de considerar como un acierto el que la terapia familiar sistémica haya puesto el énfasis en lo que se ha dado en llamar *terapia familiar trigeneracional* (cfr. Canevaro, 1982 y 1985). Con este concepto se quiere significar que el amplio ámbito de la terapia familiar ha de dilatarse todavía más y embrazar no sólo a los clientes o pacientes en conflicto de esa generación, a los que específicamente se trata, sino también a los de la anterior y posterior generaciones.

Es cierto que para aliviar a un paciente sintomático es obligado modificar, en ocasiones, el contexto familiar. Pero no es menos cierto que en el tratamiento sistémico de cualquier familia no debiera omitirse la información proviniente de la sombra que hacia atrás y hacia delante proyectan los cónyuges, es decir, las familias de origen y las familias a que pertenece la siguiente generación.

Y esto con independencia de que, como es lógico, no se esté recomendando aquí el tratamiento simultáneo de una familia en sus tres generaciones, es decir, de las tres familias con lazos de parentesco que las vinculan entre sí. Esto último de seguro que será impracticable con relativa frecuencia.

Por todo esto es necesario concluir que *no se puede tratar una familia sin conocer los datos relevantes de las familias de procedencia de los cónyuges.* Cualquier sistema familiar interacciona con los sistemas familiares que le anteceden y le siguen, aunque en muy diversa forma e intensidad. De aquí que esta relevante información no debiera ser manumitida ni soslayada antes de diseñar la oportuna terapia familiar por la que se opte.

Paternidad, maternidad, filiación y vinculación son los hilos que tejen la red sobre la que se asienta el apego y, a su través, *la autoestima, la estima de los otros y las relaciones entre los miembros de la familia nuclear,* configurando determinadas *estructuras familiares.*

Estas estructuras constituyen, a su vez, el punto nodal sobre el que se articula el *sistema trigeneracional.* El vínculo entre generaciones —el vínculo intergeneracional— se anuda principalmente con el vínculo conyugal, la autoestima y el apego entre padres e hijos.

Cuanto más fuertes y bien entrelazados sean esos vínculos, más consistente será el apego. Del mismo modo que cuanto más consistente sea este último mayor relevancia tendrá la estimación propia y ajena, y más adensado y tupido será también el tejido social. *La entera sociedad es a la postre un fiel reflejo de los vínculos familiares.*

8. La autoestima y la crítica a los suegros

Uno de los factores más relevantes, aunque no el único en los conflictos de pareja, es el de *las discusiones conyugales, a propósito de la recíproca aceptación/rechazo de la familia de origen del otro cónyuge.* Este factor constituye un ingrediente insoslayable en muchos casos, que el terapeuta no puede rehusar ni dejar de tratar.

Por poner un ejemplo, hay cónyuges que una de las cosas que más les irrita del otro es precisamente *la crítica* que hace acerca de sus padres o *el control* que sistemáticamente ejerce sobre él, respecto de la frecuencia y naturaleza de sus relaciones con la familia de origen.

Es también muy frecuente —y mortifica tanto al cónyuge, que puede considerarse en muchos casos como un «disparador» de los conflictos conyugales— el hecho de que, por ejemplo, el otro cónyuge le diga: «*Cada día te pareces más a tu madre.*» Si esta afirmación irrita tanto al cónyuge es porque previamente se ha descalificado a su madre, construyendo un modelo de ella con sólo los rasgos negativos, sin mezcla de ningún rasgo positivo.

Como la esposa suele estar más o menos conforme con las críticas a ese modelo —o al menos no manifiesta su desacuerdo, aunque no lo comparta por entero—, posteriormente le resultará inaceptable que también ella sea *un modelo clonado* de su madre o, mejor dicho, de sólo los rasgos negativos que caracterizan a su madre, según el otro cónyuge.

No deja de ser curiosa la ausencia de bibliografía en terapia familiar sobre este frecuente conflicto. Las consecuencias que de él se derivan son casi siempre relevantes para la armonía de la pareja. De aquí que sea pertinente preguntarse: ¿qué subyace detrás de este conflicto? Con frecuencia, lo que subyace detrás de la descalificación que se ha arrojado sobre la madre o el padre del otro o de la otra es que plantea un doble conflicto, muy difícil de resolver.

La crítica a uno o ambos progenitores, por parte del cónyuge, supone, en primer lugar, una *fragmentación de la identidad personal*, puesto que los padres configuraron —con su comportamiento y modo de ser— un cierto modelo con el que, muy probablemente, el cónyuge ofendido se identificó parcial o totalmente (Senchak y Leonard, 1992; Simpson, Rholes y Nelligan, 1992; Sperling y Berman, 1991).

El proceso de esta identidad temprana es muy complejo y no ha sido suficientemente estudiado. Como han puesto de manifiesto las teorías del apego (Vargas y Polaino, 1996) y el apredizaje observacional o vicario (Bandura y Walters, 1963), la importancia de la vinculación padres-hijos y las conductas de imitación de los hijos respecto de los padres son especialmente significativas y pueden condicionar el futuro desarrollo afectivo de los hijos.

Tras el apego, la imitación, los gestos, gustos, modos de hablar, costumbres y todo ese vasto universo que caracteriza el estilo comportamental de los padres acaba por interiorizarse y consolidarse en los hijos, aunque no exactamente igual a como se han realizado en los padres.

La imitación no constituye una réplica exacta del comportamiento de los padres, sino que se diferencia de ellos, sutil pero radicalmente, en función de la personalidad del niño y de otras muchas variables.

El niño, pues, *interioriza lo imitado*, pero a su modo, es decir, *personalizándolo según su temperamento y su peculiar forma de ser*. Por este motivo ni siquiera la metáfora de la «clonación comportamental» —si es que pudiera admitirse como tal metáfora— hace justicia a este proceso.

A la vez que interioriza estas o aquellas características de sus ancestros, el niño se identifica con ellas y con las personas —sus progenitores— en las que las observó. Luego, al realizarlas en sí mismo, el niño se percatará de que forman ya parte de él, de su identidad, poco importa que el referente extrapersonal de esas caracterizaciones continúe siendo o no los padres, a cuyos comportamientos, por otra parte, estuvo expuesto.

Una secuencia así jalona el proceso gracias al cual se configura *la autoestima y la identidad personal*. De la identificación del niño con sus progenitores (*modelo referencial externo*) resulta casi siempre una identidad parcial y relativa que necesita de otro ingrediente, la realización y asunción de las conductas imitadas (*modelo interno o personal*).

En las últimas etapas del proceso de identidad suele compararse uno y otro modelos y se realizan pequeños ajustes, de manera que la construcción de *la identidad personal del niño* que de ello resulta *deviene en un análogo no clónico de la identidad de sus padres*, en el que quedan subsumidas y comprometidas la autoestima personal, el modo de expresar sus emociones, la forma en que estima a los demás, el uso de la libertad, y la personalidad del niño y luego la del joven.

Un ataque al modelo de identidad constituye siempre, y simultáneamente, un ataque a la identidad personal, por lo que es lógico que suscite en la persona atacada *inseguridad, irritabilidad y ansiedad*, manifestaciones todas ellas que forzosamente han de intensificar las crisis conyugales.

Pero tal conflicto no queda aquí. Hay también otro ámbito en que el impacto de tales críticas genera consecuencias muy nocivas. Me refiero, claro está, al núcleo de la afectividad, sobre el que en buena parte se funda el carácter unitivo de la relación conyugal.

Tales críticas afectan, en primer lugar, al cónyuge que ha sido criticado. Si esa persona se «parece cada vez más a su madre» —y esta ha sido globalmente descalificada—, no se entiende cómo ese mismo cónyuge descalificador pueda continuar queriéndola.

Esto genera en la persona atacada una cierta *sospecha y desconfianza* acerca de las buenas intenciones y la sinceridad del otro cónyuge. Pero es que, además, la afectividad de la persona criticada comienza a quebrantarse, puesto que, disponiendo de un único talante afectivo, son ultrajados en él los afectos relativos a sus padres a los que imitó, interiorizó y con los que al fin se identificó. Y eso ocurre precisamente a expensas de otra persona, el cónyuge, al que se dirigen esos mismos afectos, sólo que tematizados de un modo diferente, por más íntimo y comprometido.

Por consiguiente, *no parece extraño que resulte brutal la escisión a que se somete la afectividad del cónyuge descalificado a través de las críticas a su familia de origen*. Cuando esto sucede, es comprensible que la persona se cuestione muchas cosas y entre otras se pregunte: ¿no será que el otro cónyuge sólo quiere para sí una parte de mí, mi inteligencia, mi cuerpo, mi compañía, etc., sin que me quiera por completo, tal y como la persona que soy?, ¿no será que no me quiere y sólo me desea parcialmente?, ¿acaso puede fundamentarse una unión radical y libre de condicionamientos, como la que debería haber entre ellos y que, sin embargo, esté hecha de sólo deseos parciales, selectivos, esporádicos y quebradizos?

Por otra parte, *las críticas a los progenitores* ponen de manifiesto otras muchas cosas como, por ejemplo, que aun queriéndola tal como es, *el otro no quiere su querer, no quiere lo que ella quiere, ni a quienes ella quiere o como ella quiere*. Y como este primer querer de ella —el que se refiere a sus padres— es su más antiguo y constante querer —el núcleo sobre el que se fundamenta y vertebra su entera afectividad—, al descalificarlo y frustrarlo, forzosamente se está también arruinando y disolviendo, en algún modo, su querer relativo al cónyuge descalificador.

Pero *si contemplamos este conflicto desde el ámbito del cónyuge descalificador*, los resultados son también nefastos. No se acaba de entender la descalificación que hace del modelo (en este ejemplo, la suegra), a la vez que continúa queriendo el «análogo» de ese modelo (la esposa), al que previamente ha descalificado también. De aquí que *la crítica retorne también contra el descalificador del modelo* y, en ocasiones, logre quebrar su propia afectividad que dice querer al «análogo» y, al mismo tiempo, detesta el modelo al que aquel se parece.

Es cierto que no se ha casado con los padres del otro cónyuge y, por consiguiente, no tiene por qué experimentar idénticos sentimientos hacia aquellos que hacia su mujer. Pero tal argumento no autoriza la crítica mordaz, sesgada y sin apenas fundamento que habitualmente realiza.

Con esas críticas está pidiendo a su pareja que deteste a sus progenitores, es decir, que abomine de ellos, que sea desleal con ellos. Si esto es así, ¿en virtud de qué principio puede luego pedirle lealtad respecto de él mismo, cuando una y otra —la que se refiere a los padres y a su cónyuge— tienen un único fundamento y son por ello la misma y única lealtad?

Si el marido descalifica a su mujer —«cada día se parece más a su madre»—, tal afirmación —de ser verdadera— debería salir garante de una cierta coherencia y con la misma intensidad con que detesta a quien se parece (la madre), detestar a esta (su esposa) que tanto parecido tiene con aquella. Y es que no se le puede pedir al cónyuge descalificado —en tanto que semejante al modelo materno— que cambie su manera de ser, que rompa con su identidad para configurarse de un modo completamente nuevo, según el diseño establecido por el cónyuge descalificador.

Esto no se le puede pedir, porque además de ser un imposible metafísico —no se puede cambiar de la noche a la mañana el talante afectivo, el modo personal de expresar sus emociones y la identidad personal—, pone de manifiesto al mismo tiempo la inautenticidad de los sentimientos del cónyuge descalificador.

La solicitud y el apremio de un cambio de identidad en la otra persona demuestran que no se le quería en ningún modo, puesto que no se le quiere como quien es, sino fantásticamente, a lo más como un cierto ideal, inexistente en la realidad, cuya existencia no va más allá del modo como había sido concebida por la mente del descalificador.

Esto demuestra que *lo único que el descalificador quiere es el icono o representación que de esa persona ha concebido en su cabeza*, con mejor o peor fortuna. Y, a lo que parece, casi siempre con muy mala fortuna, porque no hace justicia a quien es y como es la otra persona. Tal icono, así concebido, no suele ser coincidente con la persona. Entre otras cosas, porque si fuera coincidente no habría que solicitar de ella tal cambio de identidad.

Las críticas a los progenitores de la esposa es algo muy frecuente en nuestra cultura, como se demuestra, por ejemplo, en los numerosos refranes, dichos y tópicos existentes sobre esta cuestión. Por eso, aunque constituye un hecho de frecuente circulación social, una verdad de Perogrullo, que dicen algunos, no se entiende que no se haya estudiado como es menester. Hay varias cuestiones que es preciso formular y responder adecuadamente: ¿por qué estas críticas son, precisamente, tan frecuentes?, ¿por qué muchos conflictos conyugales se desencadenan a partir de estas críticas?, ¿cuál es la causa de que uno de los cónyuges critique despiadadamente a los progenitores del otro?

Adviértase que el contenido de muchas de estas críticas no se dirige solamente a los progenitores del otro, sino también a sus tradiciones, a su modo de entender la vida, es decir, a su peculiar *estilo de vida*. Ese estilo es desde luego discutible, pero adviértase que es el suyo, el que le pertenece y en el que se ha asentado y crecido desde el principio de su existencia. Y esto, naturalmente, *exige respeto*. Un respeto que es menester satisfacer siempre, aun cuando puedan cambiarse impresiones acerca de la conveniencia o no de esa forma de conducirse.

Es muy probable que lo que determina muchas de estas críticas sean, en cierto modo, los diferentes *estilos de apego* en que se han nucleado los cónyuges, a través de las relaciones habidas con sus respectivos padres. Su gran frecuencia podría explicarse apelando a los muy diversos estilos en que el apego familiar se concreta y a las especiales dificultades que se concitan al tratar de armonizar y aunar dos o más estilos de vida diversos.

Habría también que explicar *por qué tales críticas van acompañadas de tan intensas respuestas emocionales*, que casi siempre generan conductas muy controvertidas e irreconciliables. Pero esto último se comprende mucho mejor si apelamos a los estilos de apego, a los que ya se aludió con anterioridad en esta misma publicación.

Cuando las calificaciones proceden de la mujer hacia la familia de origen del marido, varían un tanto las expresiones de que suelen valerse. Las más frecuentes formulaciones en nuestra cultura son las siguientes: «*mi marido está todo el día pegado a las faldas de su madre*» o «*cada día te pareces más a tu padre, en lo tacaño*».

Estas descalificaciones respecto de los suegros son tan graves como las anteriores, aunque tengan un diferente estilo, tal y como se han formulado. En efecto, en ellas no se vaticina nada acerca de cuál será el futuro comportamiento del marido respecto de sus padres. Simplemente, se le arroja un diagnóstico negativo que se circunscribe exactamente al presente. Esos argumentos son más que suficientes para armar la polémica y aun la discusión conflictiva en la pareja.

Al etiquetado que se ha proferido suelen seguir otras duras expresiones (*«te he dicho que a mis padres ni me los menciones»*) o se pasa sin más a tratar de verificar su contenido estableciendo comparaciones acerca de quién de ellos está más apegado a sus padres (quién les llama todos los días, en casa de quién se pasan las vacaciones, etc.) o comienzan las indagaciones para tratar de verificar o no lo que se acaba de mencionar («*¿a ti *te ha faltado alguna vez algo?*», «*¿acaso no te doy tanto dinero cuando me pides?*»).

A nada suelen conducir estas comprobaciones, a no ser a ahondar todavía más las heridas que se han producido. En este punto considero que hay *tres estrategias* que podrían ser muy beneficiosas para las parejas.

En primer lugar, *la estrategia de no hablar nada negativo de los padres del otro*, si por cada característica negativa que se mencione no se apela inmediatamente antes o después a señalar al menos dos o tres características positivas.

En segundo lugar, *la estrategia de no comparar al otro cónyuge sólo con las supuestas o reales caracterizaciones negativas de sus padres*. Lo mejor es no compararle con nadie. Pero si se le compara con sus padres es muy conveniente poner de relieve en esa comparación aquellos aspectos positivos que se dan en su manera de ser, que también son coincidentes en sus padres.

Y, en tercer lugar, *la estrategia de aceptar la persona del otro tal cual esa persona es*, también con sus limitaciones y peculiaridades negativas, y eso con independencia de que estas sean visibles o no en el comportamiento de sus padres.

El tema de *la acogida* y de *la aceptación de la persona del otro cónyuge* exigiría una exposición aparte. En esta cuestión son muchas las parejas cuyas relaciones chirrían. *Para algunas personas es mucho más fácil dar o incluso darse que aceptar al otro tal y como el otro es*. Y es preciso hacer un esfuerzo, pues de ello depende, por ejemplo, algo tan importante como que la donación de quien se da a sí mismo se cumpla o no como tal donación. Acoger y aceptar al otro es amarle tal cual el otro es y no como desearía que fuera la persona que le acoge.

Sucede aquí algo parecido a lo que acontece con los hijos. A fuerza de quererles tanto y de querer de ellos que sean mucho mejor de lo que son, la mirada de sus padres se vuelve un tanto estrábica y desenfocada. Tal vez por eso adoptan una especial sensibilidad para percibir sólo sus peculiaridades negativas y no las positivas.

Con el tiempo, este modo de percepción puede cambiar lo que acerca de ellos piensan, el concepto que de ellos se han formado. Surgen entonces *las tan reiteradas como inútiles correcciones, siempre las mismas acerca de lo mismo y con las mismas expresiones*. Lo que acaba por arruinar la autoridad de los padres sin que sus hijos cambien en nada los respectivos comportamientos, que se intentaban corregir.

Aceptar al otro como es significa percibirlo como la persona singularísima e irrepetible que es, imposible de ser descrita o conocida en su totalidad y casi siempre dotada de muchas más condiciones positivas —en número y en intensidad— que negativas.

Si cualquier cónyuge tuviera en cuenta estas elementales cuestiones es muy probable que *disminuirían las críticas a los suegros*, lo que, sin duda alguna, aliviaría en mucho las tensiones de la pareja y, lo que es más importante, *aumentaría la autoestima del cónyuge* que no percibe en el otro ningún reproche acerca de sus padres. Y todo esto, ¿no contribuiría acaso *a mejorar la estima de la pareja* y a hacer innecesaria la consulta al terapeuta familiar?

9. La infidelidad conyugal y la quiebra del encuentro amoroso

La infidelidad conyugal es lo más grave que puede ocurrir en la pareja; es, sin duda alguna, *la enfermedad mortal del matrimonio.* Y ello no porque se traspase ningún precepto moral —cosa, por lo demás obvia—, sino porque se rompe la misma estructura lógica que vertebra la donación y aceptación interpersonales. Hay mucho de natural, es decir, de la estructura natural y específica de la relación amorosa que inevitablemente se rompe con la infidelidad, que fragmenta un precepto moral que hace referencia natural al bien y al mal de la persona, independientemente de cuáles sean las creencias religiosas de los cónyuges.

Un hecho que apoya lo que se acaba de afirmar lo pone de manifiesto. *El primer indicador de riesgo de divorcio en el mundo*, en la actualidad —poco importa las variables relativas a la raza, cultura, género, edad, sexo, creencias religiosas, etc.—, *es precisamente la infidelidad conyugal* (Gottman, 1994). Naturalmente este hecho tozudo no puede fundamentarse únicamente en las creencias religiosas, como algunos pretenden. Entre otras cosas porque esa única causa sería insuficiente para explicar un hecho de dimensiones universales que afecta a toda la población general, con independencia de cuáles fueren sus creencias y convicciones religiosas.

En cierto modo —como demuestra su mayor potencia, gravedad y radicalidad—, la infidelidad conyugal no es algo análogo a lo que sucede ante la posible amenaza de que se interrumpan, aunque sólo sea parcial o temporalmente, las relaciones amorosas entre dos jóvenes —a causa de la infidelidad de uno de ellos—, a los que todavía no les une un vínculo y un compromiso como el que es característico y específico en el ámbito del matrimonio.

Salvando las necesarias distancias, no puede establecerse una cierta analogía entre la infidelidad conyugal y la *infidelidad amorosa antes del matrimonio*, aunque algunas de sus consecuencias o efectos sean parecidos en el comportamiento de la pareja. Basta con que, por ejemplo, una chica manifieste al chico con el que sale que «*posiblemente el próximo verano saldré con un amigo de mi primo*», para que la relación que existía entre ellos languidezca, se debilite y amenace con extinguirse. Y eso a pesar de que ninguno de ellos ha comprometido su ser «para siempre» en esa relación.

La sola amenaza posibilista tiene ya efectos yatrógenos y letales para la relación entre los prometidos. En ese caso puede apelarse también a una causa moral que justifique la ruptura entre ellos, pero es de muy diversa naturaleza a cuando acontece en el matrimonio. El hecho, en sí mismo considerado, se repite de continuo, cualesquiera que sean las personas, lugares o circunstancias donde acontezca. Por eso, no parece que sea improcedente considerar *la necesidad de fidelidad en la pareja como algo natural.*

Parece conveniente acercarnos ahora al concepto mismo de infidelidad. El hecho de la infidelidad supone el conocimiento previo del concepto contrario, dado que *la infidelidad es la negación de la fidelidad.* Tal vez sea más oportuno por ello explicar antes qué se entiende por *fidelidad.*

El término fidelidad procede de la voz latina *fides,* que significa fe. También está vinculada con *fidere,* que significa confiar, confianza, fiarse de. La fidelidad sólo puede darse entre personas o entre estas y las instituciones. Se promete algo a alguien cuando ese «alguien», por los valores que le adornan y por ser quien es para nosotros, es digno merecedor del valor de ese «algo» que se le promete. Por eso se dice que *la fidelidad es la respuesta adecuada a una promesa;* una promesa que no es sino una *propuesta que libremente se hace en un momento determinado.* Sólo las personas pueden proponer, prometer y cumplir sus promesas.

Pero cualquier promesa y su cumplimiento implica la duración y la *temporalidad.* Lo que se promete no es de suyo actual, pues de lo contrario no se propondría o prometería sino que sencillamente se respondería. El futuro es el «todavía-no» de la duración, algo afectado por la incertidumbre de lo que puede o no llegar a ser. *Prometer algo que ha de cumplirse en el futuro es alzarse sobre la duración temporal y someterla a la continuidad y permanencia del valor por el que se optó.*

Este *señorío de la persona sobre la temporalidad* descansa y se fundamenta sobre un señorío previo: el que ha de tener la persona que promete sobre sí misma. Porque lo prometido no se realiza en el vacío y mucho menos desde el anonimato. Lo prometido *exige siempre la comparecencia de una persona que prometa.* Y las vidas de las personas están sujetas al cambio, lo que introduce una incertidumbre todavía mayor en el hecho de prometer. Así pues, nos encontramos con dos tipos de incertidumbres: la que procede de la temporalidad —del «*todavía-no*»— y la que procede del devenir y los cambios personales —«*ser el mismo, pero no lo mismo*».

En el ámbito de la *pareja,* a esas dos incertidumbres hay que añadir una tercera, la relativa a los cambios que acontezcan en *la relación de las personas* que se prometen. Dado que la vida de la pareja gira en torno a muchas variables personales impredecibles —la mayor parte de ellas muy versátiles como, por ejemplo, la afectividad, la salud, los comportamientos, los hijos, etc.—, parece lógico que la fidelidad tenga mucho que ver con el riesgo. Es decir, la *fidelidad es una aventura y no una rutina, la fidelidad es arriesgada, en igual o parecida forma que la libertad,* en cuyo estricto ámbito, precisamente, aquella se alza.

En el ámbito de la filosofía existencial, es probablemente Jaspers uno de los autores que más se han ocupado del tema. Para Jaspers, el núcleo de la fidelidad reside en *la decisión absoluta de una conciencia por medio de la cual se pone, por así decirlo, un fundamento a sí misma, en una «identificación de la existencia consigo misma».*

En Gabriel Marcel (1935), la fidelidad es uno de los fundamentos ontológicos de la existencia. *La fidelidad es lo que nos permite huir de la aniquilación de sí mismo.* Con la fidelidad, la persona se inscribe en un tiempo diverso del cronológico, un tiempo en cierto modo supratemporal, en tanto que instala nuestro vivir en el reconocimiento de lo permanente y durable. El nuevo ámbito en que tiene lugar ese reconocimiento no es el de un juicio objetivo acerca de las cosas, sino *la condición misma de la persistencia del propio yo en el curso de los actos trascendentes.* Vivir en la fidelidad o vivir en el amor no es una mera forma de vida al lado de otras vidas posibles, sino tan sólo el fundamento de la existencia, la condición que la hace posible.

Para Nédoncelle (2002), la fidelidad es esencialmente fidelidad a una fe, a un valor o a los seres o «valores vivientes». La fidelidad puede definirse, según este autor, como *«la creencia activa en la constancia de un valor»*; como *«una disposición a guardar la presencia de un ser en tanto que él mismo es depositario del valor y en la medida que esta presencia depende de nuestro consentimiento».* La fidelidad es la que hace posible la realización y el cumplimiento de la persona, porque tiene una significación metafísica y no sólo psicológica o moral: *la continuidad y permanencia de la trayectoria biográfica de la persona en donde se desvela y trasluce su identidad.*

Después de las anteriores citas acerca de la fidelidad, la infidelidad se nos manifiesta como *la traición a una relación: el pacto conyugal,* o como *la violación de un convenio o el incumplimiento de un contrato.* El único lujo que se intercambia en una aventura extramarital no es el sexo, sino la intimidad. *La traición más profunda en la infidelidad no es la del sexo, sino la del corazón.*

Pero el problema se agrava todavía más cuando se considera que el contenido del contrato son dos personas que se dan y se aceptan a sí mismas, desde las libertades de cada una de ellas, y recíprocamente. A esto hay que añadir siempre la incorporación de una «tercera persona» a esa relación bipersonal, que acaba por desnaturalizarla. Se trata, pues, de *la inclusión de una persona intrusa en una relación de por sí exclusiva.*

Algunos terapeutas sostienen que casi el 50 % de las parejas que inician la terapia familiar —uno o ambos— han tenido una o varias aventuras extramatrimoniales.

No obstante, se da la paradoja de que el 90 % de las parejas desaprueban las relaciones extramatrimoniales. En una investigación realizada por *The American Association for Marriage and Family Therapy* (AAMFT, 2002), a nivel nacional en Estados Unidos, se encontró que el 15 % de las viudas y el 25 % de los maridos habían tenido alguna experiencia extramarital en el curso de su vida conyugal. La incidencia de relaciones emocionales o intimidad sexual se elevó en esta población al 20 %, cuando se consideraba no sólo la etapa de matrimonio sino la entera biografía de los cónyuges.

A lo que parece, *la incidencia de infidelidad* varía mucho a lo largo del *ciclo vital familiar. Durante el enamoramiento y la etapa del noviazgo*

—si este no se prolonga mucho o no está sometido a numerosos conflictos, rupturas y reconciliaciones— la fidelidad entre ellos suele ser muy alta. *Al principio del matrimonio* la fidelidad suele aumentar, en función del grado de satisfacción de las expectativas que la pareja haya concebido. La frustración de estas expectativas, en cambio, suele favorecer la infidelidad. *Durante el embarazo, nacimiento y crianza del primer hijo* y/o de otros hijos, la fidelidad de la pareja no suele presentar dificultades, a no ser que la concepción de esos hijos no fuera deseada por uno de los cónyuges (Lusterman, 1998; Patterson, Willliams, Grauf-Grounds y Chamow, 1998).

En *la larga y prolongada etapa siguiente* es cuando suelen presentarse los problemas de infidelidad. Los padres ya no están tan pendientes de los hijos, porque estos no necesitan tanto de aquellos; muchas expectativas dejan de ser satisfechas y se frustran; la satisfacción emocional y la comunicación conyugal entran en crisis; la rutina de la vida de la pareja produce hastío y aburrimiento; y la nostalgia de la felicidad no alcanzada puede empujar o arrastrar a uno de los cónyuges a la búsqueda de las emociones perdidas.

En la etapa del «nido vacío» la actitud hacia la infidelidad no suele variar; la prevalencia de este comportamiento tampoco. Todo depende de cómo se haya vivido la fidelidad durante las etapas anteriores. La conducta infiel puede ser más frecuente en algunos matrimonios durante esta etapa. De una parte, disponen de más tiempo, puesto que ya apenas si se han de ocupar de los hijos. De otra, comienzan a experimentar los síntomas del envejecimiento, mientras los deseos de aventuras se hacen más apremiantes, sobre todo si les surge una oportunidad, porque la consideran como su «*última oportunidad*».

El hecho de que uno de los cónyuges advierta o conozca un acto de infidelidad en el otro constituye un grave atentado a la relación que hay entre ellos, a pesar incluso de que, en algunos casos muy excepcionales, de ese atentado pudiera salir fortalecida la relación conyugal (Subotnik y Harris, 1999).

Esto demuestra que la robustez y fortaleza del amor interpersonal puede soportar, en alguna ocasión excepcional —y siempre que no sea reiterada—, el grave y monstruoso reto de la infidelidad conyugal.

La infidelidad de uno de los cónyuges hace que sea imposible el encuentro amoroso entre ellos. La infidelidad es algo de mayor alcance que el mero «desencuentro». Algo definitivo se pierde y malogra para todos y para siempre con la infidelidad. No es raro que después de haberse conocido tan triste noticia —y la crispación, humillación y desgarramiento que siguen a aquella en los cónyuges e hijos—, aunque los esposos se busquen no puedan encontrarse.

Son muchas *las causas* que conducen o pueden conducir a la infidelidad: desde la debilidad de la condición humana a la falta de prudencia en una determinada situación; desde la búsqueda de compensaciones a una moderada o grave frustración a la incapacidad de someter las pasiones; desde la voracidad de los sentimientos y de los instintos que oscurecen la inteligencia a la primitivización del comportamiento por el consumo de alcohol. Y esto sin apelar a otras muchas razones de índole psicopatológica (Weil, 1993).

En cualquier caso, lo ideal es que ninguno de los dos cónyuges incurra nunca en la infidelidad. Si alguna vez ocurriese —aunque fuese un acto muy excepcional y único— la experiencia de la terapia familiar nos enseña que es mejor afrontar la situación por ambos cónyuges.

A la persona infiel hay que persuadirle de la necesidad de *pedir perdón*, de *rectificar*, de *arrepentirse* de lo que ha hecho, una vez por todas y para siempre.

A la persona ofendida hay que animarle a que sea capaz de *perdonar y olvidar*; es decir, de volver a *aceptar* al otro, aunque sea bajo la apariencia todavía de quien es la causa, sin duda, de sus más crueles sufrimientos.

La infidelidad conlleva la triple erosión de la estima. En primer lugar, *la erosión de la estimación por el otro* —la persona infiel—, porque se percibe ahora con la natural ofuscación de quien le ha engañado y defraudado, robándole algo que le pertenecía: su intimidad. En segundo lugar, *la erosión de la estimación por la relación entre ellos*, porque esta se ha quebrado y anda rota, hasta el punto de que todo lo que hasta entonces unía, ahora desune. Y, en tercer lugar, *la erosión de la autoestima del cónyuge fiel y del infiel.* Del primero, porque sin apenas percatarse de ello se comparará con la otra persona, con quien el cónyuge fue infiel, y se sentirá desestimada e infravalorada. Del segundo, porque los sentimientos de culpa que han hecho eclosión en su persona acaban por arruinar su dignidad, imagen y autoestima personal, sea o no perdonada por la otra persona.

¿Qué suele ocurrir, en realidad, cuando un marido o una esposa ha sido infiel al otro cónyuge, en una ocasión aislada? En cualquier caso, lo que ha sucedido, es que *el cónyuge infiel ha arrancado su yo del corazón del otro donde estaba hincado, ha arrebatado al otro —con o sin malicia— algo que ya no era suyo, que no le pertenecía y aquello que era del otro lo ha arruinado de forma vergonzante con una «tercera persona»*, en una situación precaria, instantánea y definitivamente provisional.

La infidelidad es tan grave porque transforma la temporalidad del «*para siempre*» en apenas «*un instante*»; porque *fractura la continuidad del sentido biográfico*, tanto de la persona infiel como del otro cónyuge; porque *constituye un hurto del propio «yo»* que, vacío de significado, fractura la integridad de la donación biográfica continuada. Es decir, un despropósito completo que empobrece, arruina, envilece y avergüenza a quien así se comporta. Y, como consecuencia de ello, también a la persona a la que con anterioridad se había dado y, ciertamente, pertenecía.

Ahora bien, en muchas situaciones lo que la verdad de la infidelidad está gritando es el error que se ha producido bien en el entendimiento, bien en la voluntad, o en ambos, de la persona infiel. Por consiguiente, la única solución humana posible a la infidelidad es *el abordaje de este conflicto mortal desde las orillas del entendimiento y de la voluntad de los cónyuges*.

Se trata, pues, de que la persona que ha resultado onerosamente dañada se adentre en la consideración de este problema, en el entendimiento y la voluntad del cónyuge infiel, desde su entendimiento y voluntad. Si la relación amorosa que vincula a los cónyuges está presidida por «querer el bien del otro», y la infidelidad es un mal —como ciertamente lo es—, la infidelidad se sitúa por derecho propio en el extremo opuesto de cualquier posible estimación del otro, causando la negación misma de esa relación.

Es posible que el cónyuge infiel haya optado por el error como la apariencia de una cierta «verdad» y que se haya decidido por la relación infiel como si se tratara de un supuesto «bien». Es decir, que haya cometido *un doble error*, que será más o menos culpable —aunque siempre culpable—, en función de otras muchas consideraciones (advertencia, consentimiento, debilidad, circunstancias, relaciones de la pareja, etc.), pero que, por la naturaleza de la materia que entraña —la sustancia misma del compromiso amoroso contraído entre un hombre y una mujer—, es siempre extraordinariamente grave.

Ahora bien, *responder con un mal a otro mal no es un bien*, ni apariencia de bien, sino sencillamente un mal. De aquí que responder al mal de la infidelidad con el mal (relativo) de la separación o el mal (absoluto) del divorcio, en modo alguno resuelve el problema.

Es mejor *responder con un bien a un mal*, siempre y cuando se tomen las necesarias cautelas para que ese mal jamás se repita, pues de lo contrario se trataría apenas de *un bien ingenuo y superficial, de un bien aparente* que no extinguiría o aboliría al mal y dejaría por ello mismo de ser un bien.

Si el cónyuge ultrajado continúa queriendo el bien del otro —y esto es lo que suele suceder en la mayor parte de los casos—, el bien querido por él, exige una relativa aceptación —con las cautelas prudenciales antes apuntadas— del doloroso mal que el otro le ha infringido. Y esto con independencia de cuál sea la intensidad del sufrimiento espiritual que la infidelidad produzca. No es el momento, en unas circunstancias como estas, de guiar la conducta personal desde la visceralidad de unos sentimientos que forzosamente han de estar desgarrados.

La lucha contra la infidelidad, en general, admite muchos y diversos frentes y, desde luego, una más sutil profundización acerca de qué clase de infidelidad se trata, puesto que esta no es reductible únicamente a la carne, sino también a la cabeza y al corazón, aunque estas dos últimas casi nunca sean consideradas, como debería hacerse.

CAPÍTULO 11

LA AUTOESTIMA Y LOS ABUELOS, Y... CÓMO SACAR PROVECHO DE TODO ESTO

1. Introducción
2. Los abuelos y la autoestima
3. La autoestima de los abuelos y la equidad intergeneracional
4. La cuestión acerca del origen
5. La levedad del ser
6. La fragilidad de la vida humana
7. La debilidad de la condición humana
8. ¿Cómo sacar provecho de todo esto?
9. El arte de ayudar a los demás

1. Introducción

Hablar de la autoestima exige hablar de la familia. Familia y autoestima no son términos sinónimos, como queda patente en esta publicación, pero la una no se da sin la otra. Una familia en que sus miembros no se estimen entre sí será cualquier otra cosa menos una familia. Por el contrario, un grupo de personas que se estimen entre sí se parecen a una familia y aunque no lo sean ni puedan serlo, el hecho es que apelan a la metáfora de la «familia» —se entiende, de las familias bien avenidas— para tratar de explicar las relaciones y el clima que hay entre ellos.

Pero definir como familia a un grupo cualquiera de personas con tal de que comparezca entre ellas un cierto vínculo afectivo constituye un craso error que conducirá a aumentar todavía más la confusión acerca de lo que es la familia y la autoestima.

Se ha tratado de probar en los capítulos anteriores la poderosa vinculación existente entre la autoestima personal y la estimación a los otros, por lo que no se insistirá más sobre ello. El mismo título de esta publicación, *Familia y autoestima*, pone de manifiesto la necesidad de estudiar y afirmar las relaciones que hay entre ellas: que la estima emerge en condiciones normales en el contexto familiar; que la familia es el *humus* natural más apropiado para el enraizamiento y desarrollo de la autoestima; y que no podría explicarse casi nada de la autoestima de no remontarnos a sus orígenes, es decir, a la familia en cuyo seno ésta comenzó.

El problema está en que en lo relativo a la autoestima, esta se ha reducido a sólo la consideración de la *familia nuclear*. Como si la *familia extensa* no constituyera la muralla de la fortaleza que protege a la familia nuclear —respetando su autonomía—, al mismo tiempo que robustece, completa y perfecciona la autoestima personal de todos los familiares.

En este amplio y necesario perímetro de la *familia extensa* es donde las primeras insinuaciones de la autoestima pueden resultar fortalecidas o no, en función de que *sus raíces estén hincadas* allí donde principia y continúa la saga de la que procede.

Los abuelos constituyen una clave irrenunciable en la explicación de este proceso. *Los abuelos* son la primera generación, los socios fundadores sobrevivientes de la segunda generación, los que han alentado y acompañado a los cónyuges hasta alcanzar ese segundo puesto generacional que lucraron con la llegada de sus hijos; los ancestros que todavía pueden ser conocidos por los nietos (tercera generación), a fin de que tengan la opción de ponerse en contacto con «sus raíces» y entiendan con un poco más de claridad de dónde proceden.

2. Los abuelos y la autoestima

«La ancianidad no es una enfermedad sino un proceso "natural", que cabe esperar en la vida de muchas personas, de todas aquellas en que se cumplen las actuales expectativas de vida. Los ancianos, al menos, han llegado a esa edad en que la vida atardece y se inicia el ocaso progresivo y silencioso. Los ancianos, por eso, harían muy bien de felicitarse, pues otras muchas personas desearon llegar donde ellos y, sin embargo, no lo lograron: sencillamente, se quedaron en el camino de la vida» (Polaino-Lorente, 2001c).

Los abuelos —con independencia de cuál sea su edad— están más próximos a la ancianidad que sus hijos y nietos. Pero esto en modo alguno ha de cambiar su autoestima. Es cierto que a esa edad comienzan a aparecer los «achaques» propios del proceso de envejecimiento, pero esas dificultades añadidas son naturales y de muy diversa índole en las personas, por lo que no debieran causarles tristeza alguna.

En la tercera edad sucede un poco lo que en la primera edad, a propósito de la autoestima: que se es mucho *más dependiente de la estima de los demás*. Esta sí que es una realidad elocuente que puede comprobarse con relativa facilidad. De otra parte, es lógico que sea así. En los niños, por sentirse desvalidos y no disponer todavía de la necesaria capacidad de autonomía; en los abuelos, por no recibir de buen grado las naturales limitaciones que, como consecuencia de su edad, les van sobreviniendo y, en consecuencia, sufrir su autonomía un cierto revés más o menos intenso.

Unos y otros se percatan de que necesitan de los demás, que son más vulnerables a lo que los otros familiares decidan por ellos, que están más expuestos al modo acertado o no en que les tratan, en definitiva, que no disponen de ese espíritu de independencia y autonomía personal que, *prima facie*, nada o muy poco tiene que ver con la dependencia afectiva.

En los abuelos suele ser más dolorosa que en los niños la percepción de esta dependencia, por la sencilla razón de que en ellos supone la pérdida de algo muy valioso de lo que se dispuso durante tantos años. En los niños y nietos, en cambio, la dependencia de los otros no es pérdida alguna sino ausencia de ganancia, sensación de no haber llegado a lo que ya se anticipa y sospecha que llegará.

Esta característica, relativamente común a los abuelos y nietos, constituye en algunos casos el puente de unión entre las personas de la primera y tercera generación. A los abuelos les cuesta menos demandar la ayuda de sus nietos que la de sus hijos, tal vez por razones muy diversas. A los nietos, en cambio, les suele costar menos prestar algún pequeño servicio a sus abuelos que a sus padres. Es como si se diera una *mayor solidaridad entre generaciones* distantes que entre generaciones muy próximas entre sí.

Pero es también probable que haya otras muchas razones que explican este natural acercamiento —y excelente ensamblaje, en ocasiones— entre abuelos y nietos. Los abuelos mandan de una forma muy distinta a como lo suelen hacer los padres; los buenos abuelos suelen ser más comprensivos y no riñen con la dureza —y, sobre todo, con la rapidez y vehemencia— de los padres; los abuelos saben preguntar a sus nietos y gustan de interesarse sinceramente por sus asuntos, acogiendo muy bien lo que estos les cuentan; los abuelos tienen una larga memoria y una densa y dilatada vida almacenada en ella y tampoco tienen inconveniente alguno en contar historias y anécdotas biográficas que fascinan a los nietos; los abuelos disponen de tiempo, tal vez de mucho tiempo, por lo que pueden darse al amable menester de la narración con la parsimonia bondadosa que ella precisa.

La exposición de las anteriores características no es hacer de menos a los padres como educadores de sus hijos. *Son los padres —y no los abuelos— los que han de educar a los hijos*. Pero es tanto lo que puede recibir un niño del contacto con su abuelo que se debería hacer posible ese tipo de relaciones con mayor frecuencia.

De otra parte, los nietos sintonizan a veces mejor con los abuelos que con sus padres y suelen tener mayor facilidad para comunicarse con aquellos que con éstos, aunque no respecto de todo el amplio espectro de asuntos que les preocupan.

Esa sintonía entre abuelo y nieto no debiera ser percibida por los padres de forma engañosa. Y se altera esa percepción de la relación, cuando se suscitan los celos de los hijos respecto de sus padres a causa de los nietos o cuando se etiqueta el misterio dulce y candoroso de esa sintonía entre abuelos y nietos con la frecuente descalificación de *«me lo están malcriando, porque le consienten todo cuanto pide»*.

De comprobarse que eso es así, entonces habría que poner en antecedentes a los abuelos de qué es lo que deben hacer con sus nietos. Pero en muchas ocasiones —especialmente cuando el conflicto surge entre abuela paterna y nuera— esto en modo alguno es así. Lo que acontece más bien es que se trata de resolver las diferencias en otros muy diversos ámbitos, entre suegra y nuera, en la relación del nieto con sus abuelos. Esto suele ocurrir con cierta frecuencia, lo que extiende todavía más el conflicto, especialmente entre marido y mujer.

La buena sintonía entre nietos y abuelos es de vital importancia para los nietos, porque les hace crecer en su conocimiento personal, les afianza en su autoestima, les hace experimentar un cierto orgullo de pertenencia y les facilita la comprensión del sucederse de unas generaciones a otras y, por tanto, les aproxima a desvelar la cuestión del propio origen. Todo esto conlleva una afirmación de su autoestima personal.

Algo parecido sucede en los abuelos, que también se benefician —¡y mucho!— de la relación con sus nietos. En efecto, las relaciones con ellos les rejuvenece y les hace sentirse más útiles y menos dependientes de sus hijos, porque toman conciencia de que todavía es mucho lo que pueden dar a sus nietos —que, por otra parte, tanto necesitan de ellos—, al mismo tiempo que se olvidan un poco de sus limitaciones y de llamar la atención de sus hijos.

Los abuelos toman conciencia de que las limitaciones que ahora experimentan y los sufrimientos tal vez experimentados a lo largo de sus vidas no han sido inútiles y absurdos. Todo aquello ha valido la pena, pues sin aquello sus nietos no estarían presentes o, simplemente, no serían. De otra parte, la relación con los nietos les ofrece la oportunidad de aceptar con mejor talante las consecuencias del envejecimiento, pues sin este, sin la acumulación de los años, no hubiera sido posible contemplar ahora la ingenuidad y pillería en los rostros de sus nietos. Es necesario que unos envejezcan para que otros crezcan, de manera que las generaciones a las que pertenecen unos y otros puedan encontrarse en el camino de la vida.

Esto contribuye a ayudar a los abuelos no sólo a sufrir el envejecimiento sino también a aceptarlo. La autoestima de los abuelos se afianza en el esplendor —a veces ensordecedor y fatigante— del bullir de la sangre joven. Aquellos son hijos de sus hijos y sangre de su sangre; y sin sus hijos sus nietos no serían o al menos no serían quienes son. Esto da consistencia y hace reverdecer la autoestima de los abuelos.

No se trata de exaltar aquí la tan denostada *figura del patriarca*, sino sólo de hacerle justicia. Algunos autores han conseguido desterrarla de la actual sociedad —sobre todo en lo que se refiere a su significado político—, y, a lo que parece, hasta de enterrarla para siempre. Pero los patriarcas siguen vivos —al menos, en lo que respecta al contexto familiar— y continúan siendo solicitados por sus nietos.

Siguen vivos como lo pone de manifiesto la mera convivencia esporádica y leve entre nietos y abuelos. De esas relaciones se benefician los nietos, quienes precisan de saber, de tener contacto, de tratar a sus abuelos; se benefician los abuelos, a los que ya se ha aludido; y se benefician los hijos y no sólo y precisamente en el ámbito de la duración temporal y de la ganancia de un cierto y necesario espacio para el encuentro conyugal, gracias a que los abuelos se ofrecen a cuidar de los nietos, sino también como generación intermedia gracias a la cual se unen la primera y la tercera.

Si todos ganan y nadie pierde, no se entiende por qué ese afán en desarticular a la familia nuclear de la familia extensa, indisponiendo a los cónyuges con los padres políticos y privando a los nietos de las beneficiosas relaciones con sus abuelos.

Hay una cuestión que con relativa frecuencia suele observarse en la terapia familiar: *los conflictos con la familia de origen del otro cónyuge* o, si se prefiere, el problema relativo a *los celos* entre suegros e hijos e hijas políticas, como consecuencia de las relaciones entre abuelos y nietos.

Los padres de la segunda generación estiman a sus progenitores y a los del otro cónyuge, y es lógico que sea así, puesto que de ellos proceden y a ellos deben mucho de su vida personal. Y, sin embargo, por el estilo de vida azacanado que en la sociedad urbana hoy se vive, les es muy difícil ocuparse de ellos como debieran, que no es otra cosa que vivir la virtud de la *pietas*, que forma parte de la justicia. Dado que esto es muy común, lo natural sería que esa estima que los abuelos necesitan, y que sus propios hijos en muchas circunstancias no pueden satisfacer, la delegaran en sus propios hijos, es decir, que fueran en parte los nietos los que en esto tomaran el relevo a la segunda generación y satisficieran algunos de esos deberes de sus padres respecto de sus abuelos.

De otra parte, la observación del afecto recíproco entre abuelos y nietos, ¿no constituye en sí misma una satisfacción para los padres?, ¿es que acaso ver pasar la antorcha del afecto de unas a otras manos, de una a otra generación, no colabora a la unidad de la familia y a robustecer el orgullo de pertenencia?, ¿es que tal vez los padres de cada cónyuge les educaron tan mal que ellos tratan ahora de evitar que a sus hijos, los nietos, les suceda algo parecido? Porque de ser positiva la respuesta a la última cuestión aquí planteada habría que concluir, entonces, que los cónyuges —con independencia de que tengan o no problemas en su pareja— participan de una carga dramática muy difícil de soportar: la de los *demonios familiares* de las familias de procedencia. De no resolverse esta circunstancia, constituye un relevante indicador de riesgo de que probablemente emerjan otros posibles conflictos de pareja y familiares en la propia familia.

3. La autoestima de los abuelos y la equidad intergeneracional

La autoestima de los abuelos crece y se vigoriza en la medida que los vínculos con sus descendientes se adensan y generan ámbitos para la convivencia entre ellos. Conviene no olvidar que son los nietos los que hacen a los padres ser abuelos, de la misma forma que son los hijos los que hacen que el marido y la mujer sean padre y madre. Esto demuestra que esa vinculación que reverdece la autoestima de los abuelos tiene un fundamento natural.

De otra parte, la obligada dependencia de los abuelos respecto de otros familiares, por sus limitaciones, no debiera convertirse en una percepción vergonzante, algo que es preciso ocultar y no satisfacer, a fin de que no se manifieste la quiebra de la independencia de la que hasta ahora se había dispuesto.

También en el sometimiento a los demás y las demandas de ayuda —cuando estas son precisas— puede la persona afirmarse. Acoger con naturalidad y sencillez las propias limitaciones constituye un signo de autoafirmación personal, y precisamente de la afirmación que más cuesta: la de reconocer que uno no se vale ya por sí mismo.

Pero esto no debiera percibirse socialmente —como ahora parece acontecer— como una herida purulenta de la que avergonzarse y ocultar a la mirada humana. Si no fueran acogidas por la familia y la sociedad esas limitaciones como debieran —con independencia de que los abuelos las acojan o no personalmente—, constituiría un signo envilecedor de la arrogancia y deshumanización de las personas, que sólo han estado pendientes de la autoafirmación de sí mismas, de una afirmación que únicamente se ocupa de la epidermis pero no de la interioridad, de lo superficial pero no de la profundidad del vivir humano, de la ficción de sólo los años jóvenes y no de la fuerte y humanizadora realidad del declive de la persona hasta su total extinción.

La autoestima ha de cuidarse con confianza y esmero hasta el último hálito de la persona. Precisamente porque no depende de la afirmación del poderoso yo, sino de la humilde, sencilla y natural dignidad humana. ¿Y hay algo más natural, sencillo y digno que cualquier nieto que estime a sus abuelos?, ¿es que acaso no constituye esta forma de comportarse un modo eficaz de vigorizar la autoestima personal de las personas más débiles, los abuelos, de las que somos tan deudores?

No parece que haya mejor procedimiento en lo personal para *satisfacer la equidad entre generaciones*. Si un niño ha sido un buen nieto, ¿no tendrá facilitada la trayectoria para llegar a ser un buen hijo? Si un padre ha sido buen hijo, ¿no llevará ya mucho aprendido para ser un buen padre? Si un cónyuge ha sido un buen nieto y un buen padre, ¿no habrá adelantado mucho para llegar a ser un buen abuelo? Si un padre ha sido buen padre, ¿no llevará ya mucho aprendido para ser un buen abuelo?

La *equidad intergeneracional* forma parte de la virtud de la justicia y en el contexto de las estirpes familiares resulta hoy especialmente irrenunciable. *La familia* —vuelvo a insistir en ello— *constituye el mejor sistema de seguridad social posible y para muchas personas y situaciones el único.*

Una generación es justa y se compadece de la generación siguiente, cuando con su esfuerzo y el modo de conducir su vida deja un legado o patrimonio espiritual a sus hijos o nietos tan rico al menos como el que recibió.

Esto significa, en primer lugar, que no ha arruinado sino que ha conservado o incrementado el patrimonio que recibió (por patrimonio aquí ha de entenderse no sólo la cuantía de los bienes materiales, sino sobre todo los espirituales); y, en segundo lugar, cuando respecto de las generaciones anteriores, de las que procede, ha conservado o mejorado comparativamente el modo de estimarles, en relación a como las personas de esas generaciones lo hicieron en lo que se refiere a quienes les precedieron.

4. La cuestión acerca del origen

Hay hechos obvios en que, acaso por su propia evidencia, apenas si se reflexiona sobre ellos, como sería de desear. Uno de estos, qué duda cabe, es *la cuestión acerca del origen*.

Es un hecho evidente que nadie se ha hecho a sí mismo, que ninguna persona es el origen de ella misma, que cualquier persona, que toda persona procede de otras personas.

Esta cuestión acerca de la procedencia y el origen del ser humano está radicada sustantivamente en el matrimonio —especialmente en la *maternidad* y la *paternidad*—, que constituye la *oukia* natural y fontal de la que procede el ser de los hijos.

A pesar de su obviedad o precisamente por ella, resulta lógico que desde la orilla misma de esta cuestión del origen cada persona se sienta interpelada. De hecho, resulta imposible contestar, en la práctica, a la pregunta más elemental acerca de uno mismo —¿*quién soy yo?*— sin que simultáneamente comparezcan otras personas (*los padres*), como los seres preexistentes de los que se procede, a través del acto fundacional de la persona que cada uno es.

Nada de particular tiene que esta cuestión acerca del origen atraviese de forma ininterrumpida, al modo de un eje vertebrador de la propia existencia, el devenir, el proyecto biográfico de cada persona y su autoestima personal. Por eso, la pregunta acerca de uno mismo, la pregunta acerca del propio yo remite siempre a la pregunta acerca de los padres, de *la procedencia en el origen*.

La vinculación entre el ser del hijo y el ser de los padres, con independencia de que aquel se olvide o no de estos y estos de aquel, es tan natural y obligada que no parece que sea renunciable. Es esta, pues, una *vinculación radical* por estar en la base y el inicio del ser que cada persona es.

Hay numerosos indicios, empíricamente verificables, de esta vinculación radical y, a la vez, radicada en el propio ser. En cierto modo, resulta impensable que desde el hondón de la intimidad humana pueda hablarse con total independencia acerca de los padres o que se descontextualice el propio ser, desvinculándolo de su origen, y se omita ese sentido de procedencia y pertenencia respecto de ellos.

La psicología y la psiquiatría han confirmado este hecho a través de las mil y una manifestaciones y consecuencias en que, más tarde, cuando adulto, se desvelan en el hijo.

No obstante, *la pregunta acerca del origen* queda casi siempre insatisfecha por las respuestas que a ella se dan en el primer e inmediato análisis. Cualquiera que fuere la respuesta que de forma inmediata se dé a ella (la vinculación entre el ser personal y el de los padres), emerge un cierto prurito e insatisfacción que conduce en seguida a formular nuevas cuestiones y a realizar más indagaciones.

Esto es, por ejemplo, lo que motiva la investigación, no siempre fácil, del árbol genealógico del que procede cada persona. Se diría que el anhelo de saber acerca de sí se torna persistente en su búsqueda a través del modo de esclarecer el encadenamiento de unas a otras generaciones, de las que se procede.

Esto desvela que la cuestión acerca de sí —lo que, sin duda alguna, más interesa a cada quien— no se limita a la mera corporalidad, sino que, yendo más allá de ella, se postula de forma inquisidora respecto de la forma del propio ser.

El término *origen* procede del sustantivo *origo* y éste del verbo latino *orior*, que significa nacer, aparecer, levantarse. Como *fundamento* o *causa*, el término *origen* designa el principio real del cual algo o alguien procede con una relativa dependencia en el ser.

Los conceptos de «dependencia» y «dependencia en el ser» exigen una aclaración previa. El término origen enfatiza más la «procedencia» que la «dependencia», respecto de lo originado. En este sentido, el término origen denota algo activo y ontológico, el fundamento o causa de un comienzo. Esto es especialmente significativo en lo que se refiere a la paternidad humana.

En la paternidad humana, los padres son el origen del hijo y en cierto modo causa de él, sin que se agoten en ellos mismos la pluralidad de las causas que pudieran distinguirse a propósito de la generación del hijo. En la paternidad humana, el término origen no se refiere a todas las causas que se concitan en el origen del hijo, sino *sólo a las causas material y eficiente, pero no a la final ni a la formal*.

De aquí que, en el caso de la paternidad humana, los padres constituyan el principio real e ineludible del que procede el hijo, pero como no son ni su causa formal ni final, no ha lugar para que se establezca, de suyo, la dependencia (causal) del hijo, respecto de sus padres.

Es cierto que los hijos dependen en muchas cosas de sus progenitores, especialmente durante las primeras etapas de la vida. Este es el caso, por ejemplo, de su dependencia en lo que atañe a la alimentación, cuidados, prácticas de crianza, salud, crecimiento y desarrollo, afectividad, etc.

Pero a medida que el hijo crece y va emergiendo en él la autonomía necesaria para valerse por sí mismo —lo que comporta mayores grados de libertad—, ni siquiera en los aspectos a que antes se ha aludido puede sostenerse que el hijo continúe siendo dependiente de sus padres.

El hecho de que los padres no sean la causa final y formal de sus hijos pone de manifiesto la sana y natural independencia de estos respecto de aquellos. Precisamente, cuando por las razones que fuere, se mantiene un fuerte grado de dependencia entre hijos y padres —lo que acontece cuando no se educa a los hijos en la libertad—, entonces se les hace un flaco servicio, se tergiversa su naturaleza, se distorsiona el desarrollo de su personalidad hasta un extremo enfermizo y, en definitiva, no se respeta el ser que cada uno es.

Muchos trastornos psicopatológicos en el adulto, que hoy se engloban en el lenguaje coloquial bajo el término de «inmadurez de la personalidad» —y que a pesar de no estar bien definidos tienen su equivalencia en algunos de los diagnósticos tipificados como «trastornos de la personalidad»; confrontar el DSM-IV (1995)—, están relativamente condicionados en su inicio por una *dependencia patológica de los hijos respecto de los padres* (cfr. Vargas y Polaino-Lorente, 1996).

Obsérvese la relevancia psicológica y psiquiátrica al considerar esta cuestión etiológica acerca del origen de la persona. A las personas les va en ello su misma libertad. De aquí que la dependencia de los hijos respecto de los padres debiera manifestarse siempre como una dependencia menor, relativa y transitoria. De hecho, *nadie puede vivir su vida al dictado o por encargo de lo que otras personas decidan por él*. Cada persona ha de alcanzar su propio destino y para ello precisa de la libertad, que en modo alguno es delegable y/o renunciable. Pues, como decía Agustín de Hipona, «Dios que te ha hecho sin ti, no te salvará sin ti».

Nada tan cierto como el olvido del ser en la vida cotidiana de los hombres. Y, sin embargo, nada tan obvio como el ser, aunque nada como él tan misterioso. Es este un hecho tozudo, cuya verificación resulta demasiado fácil.

Hasta cierto punto es «comprensible» este olvido del ser, toda vez que la andadura humana se ha tornado azacanada y desfondada en el activismo del mero «hacer». Ni siquiera la relación del hombre con las cosas —una vez que se ha prescindido en ellas del ser que les es propio— constituye una condición más o menos favorable a la emergencia de la pregunta acerca del ser.

Parece lógico que sea así, una vez que de las cosas apenas si interesa conocer su esencia; lo que tan sólo interesa es conocerlas para dominarlas. Es precisamente este tipo de conocimiento, subordinado al dominio y a la utilidad, lo que impide el conocimiento de su ser, que queda siempre relegado y sumergido en la indiferencia que alimenta su olvido.

No tiene nada de particular que la persona, extraviada como está en su relación con las cosas mismas y familiarizada en exceso sólo con ese tipo de relaciones —tal y como antes se ha apuntado—, se haya olvidado también de su propio ser.

En la actualidad, *la principal amnesia de la persona es el olvido de la «casa del ser», que es el propio hombre*. Y eso a pesar de la nostalgia subyacente —una nostalgia inoperante, a pesar de lo que tiene de vuelta a su primera inocencia—, que palpita casi siempre en las cuestiones penúltimas del modo de pensar humano contemporáneo.

El olvido del ser, el olvido de este necesario fundamento, ha impactado muy gravemente en la *paternidad humana*. *Si la persona está amnésica respecto de su origen, es porque desconoce la participación gratuita en el ser.* El olvido del ser —como señala Cardona (1997)—, a quien hasta aquí hemos seguido, supone también el olvido de la opción intelectual por la que aquel se olvidó, *la extinción del recuerdo del propio origen así como del sentido, dirección y destino de la propia vida.*

Un olvido este que, en su radicalidad, ha olvidado hasta la primera e inmediata consecuencia de aquel olvido inicial: el remordimiento. Es lógico que el hombre amnésico de nuestro tiempo no haga pie en su propia existencia y perciba amenazada su identidad personal.

En tales circunstancias, se comprende que se haya quedado sin fundamento en el que poder asentar su paternidad. *El olvido del ser* que conlleva esta particular amnesia ha conducido al hombre contemporáneo, entre otras cosas, a *la renuncia a la paternidad*.

Hoy es urgente recuperar esa facultad que es la *memoria*. «La memoria —escribe Giussani (1996)— es la continuidad de la experiencia de algo presente, la continuidad de la experiencia de una persona presente, de una presencia que no tiene ya las cualidades y la inmediatez de cuando uno agarra la nariz de otro y tira de ella [...]. *La memoria es la conciencia de una Presencia*» (la cursiva es nuestra).

5. La levedad del ser

El olvido del ser arrastra consigo otros olvidos no menos relevantes acerca del ser de la persona como, por ejemplo, la levedad del ser, la fragilidad de la vida y la debilidad de la condición humana, a las que se destinarán las líneas que siguen.

La levedad del ser —del ser humano, se entiende— es algo obvio y, acaso por eso, algo en lo que cabe hacer todavía un mayor esfuerzo de reflexión. El tema, qué duda cabe, ha hecho fortuna editorial, como se hace patente en el libro que, con este mismo título —«la levedad del ser»—, se ha convertido en un *best-seller* en algunos países.

El ser humano, sin ninguna duda, es un ser finito, contingente, relativo. Sólo que ese «relativo» no lo es del todo, sino que es más bien un ser «relativamente absoluto». El ser humano es, sin duda alguna, *un ser relativamente absoluto*. Esto significa que es relativo, puesto que no es *el* ser, sino apenas *un* ser; y, sin embargo, es un ser que tiene vocación de eternidad, es decir, que está diseñado de tal forma que jamás perecerá.

No obstante, en modo alguno es un ser absoluto. Pero esa apertura natural hacia lo absoluto, esa insatisfacción radical que experimenta —y esto es común a todos los hombres, a todas las personas, cualquiera que sea su condición— demuestra que no es un ser meramente relativo o, si se prefiere, absolutamente relativo. Esto quiere decir que el ser humano no es, en modo alguno, absolutamente relativo, sino un ser relativamente absoluto.

No es igual la condición de un ser absolutamente relativo que la de un ser relativamente absoluto. La primera denota que ese ser, absolutamente relativo, es casi un no-ser, un ser fútil, una sobrenada que nada en la nada, es decir, un ser que de no haber existido nunca no condicionaría en absoluto —es absolutamente relativo— la existencia de los otros.

En opinión de quien esto escribe, la anterior afirmación no es verdadera, pues aunque sólo transitoria y temporalmente, al menos los familiares y amigos se dolerían cuando un ser así se extinguiera. Ciertamente ese dolor no es muy perdurable, porque el tiempo cicatriza cualquier herida por lacerante que sea —«hay que rehacer la vida», dicen también los familiares y amigos y «el tiempo lo cura todo»—. Pero aunque ese dolor sólo fuera transitoria y provisionalmente, el hecho es que los más cercanos, los más próximos, se condolerían al menos en el momento de su desaparición.

Esto constata que no es un ser absolutamente relativo. Pero hay también numerosos argumentos de mayor calado que este último de tipo emotivo al que se ha apelado. Este es el caso, por ejemplo, de que *la persona sea el ser que puede conocer la verdad y que, de hecho, la conoce*. Lo que demuestra que no es un ser absolutamente relativo.

Por contra, el autor de estas líneas es de la opinión que el ser humano es un ser relativamente absoluto. *Es relativo*, porque no es un ser necesario y, por consiguiente, hubo un tiempo en que no existió en este mundo y nadie le echó en falta. Pero, al mismo tiempo, *es absoluto*, porque aunque en el orden temporal y humano no hubiera pasado nada si no hubiera existido (¿?), en el orden transhumano sí habrían ocurrido muchas cosas de no haber existido.

Además, no es cierto que en el orden meramente humano no sucediera nada por su inexistencia. Antes al contrario, habría que concluir que habrían pasado muchas cosas —en la vida, a la vista está, de las personas que con ese ser se han encontrado y relacionado— en las trayectorias biográficas de las personas que con él hayan podido relacionarse.

En todo caso, lo que importa aquí es más el orden transhumano que el meramente humano. Y en aquel, hay que concluir con toda razón que la existencia de tal ser relativamente absoluto no es en modo alguno fútil ni accidental.

Admitamos, por consiguiente, que la persona es un ser relativamente absoluto. Es relativo porque es apenas *un* ser —he aquí su levedad—, pero no es *el* ser —de aquí su relatividad—. Pero, al mismo tiempo, *es un ser cuya presencia en el mundo tiene un sentido, un significado, un destino*. Y ese sentido, significado y destino participan de lo absoluto, están abiertos a lo absoluto, más aún, corresponden a un «programa» que ha sido diseñado y causado desde el horizonte de lo absoluto.

Afortunadamente el ser humano no se agota en la futilidad innecesaria de lo circunstancial e innecesario, sino que está abierto —gratuitamente, como un regalo más— a algo, a otros, y a Alguien para quienes representa, con toda objetividad, un alguien que no es prescindible, ni sustituible, ni intercambiable, es decir, un alguien que es mejor que exista que lo contrario, que no exista.

En consecuencia, el ser humano es un ser que sin ser «el ser», *participa del Ser*, un ser que es participado y que de acuerdo con ello goza —aunque sea misteriosamente y de una forma gratuita— de ciertas características suyas, por cuya virtud *es familiar a Aquel, dependiente de Él y, sin embargo, libre, imagen y semejanza suya*.

De un ser así, como el que aquí se ha descrito, ¿puede predicarse, con toda razón, la levedad del ser —una futilidad casi—, de la que hoy tanto se habla? En opinión de quien esto escribe, no. El ser del hombre no es algo fútil, un mero accidente que pudo o no haber existido, apenas una circunstancia irrelevante, algo —y no alguien— circunstanciado, cuya existencia ignota nadie echaría en falta.

No, la vida del ser humano, de cualquier ser humano, *no es una vida-basura*, no es la vida de la nada —si es que la vida pudiera predicarse de la nada—, que nada aporta a la nonada de la vida de sus congéneres y contemporáneos.

Si no fuera así, ¿por qué, por ejemplo, el aborto genera siempre una culpabilidad, en muchos casos inextinguible a lo largo de toda la vida de la mujer que un día abortó? Si el ser humano fuera así, ¿por qué cada ser humano es único, irrepetible, insustituible, no predecible, incognoscible, no intercambiable?

Las anteriores propiedades ponen de manifiesto que a pesar de su relatividad —característica obvia, que en modo alguno aquí se niega—, hay algo que trasciende esa relatividad. Y lo que trasciende esa relatividad es algo decididamente absoluto, sólo que el absoluto que trasciende su relatividad no está generado en la misma relatividad, sino que es algo regalado, que le adviene al ser relativo que es, por el Ser absoluto del que procede. Por eso, el ser humano es un ser relativamente absoluto, y no un mero ser relativo, y mucho menos un ser relativamente relativo o absolutamente relativo.

Hemos de estar de acuerdo, desde luego, en la levedad del ser, incluso en su labilidad, pero en modo alguno en su absoluta relatividad. Es leve —porque no es el ser— y es lábil —porque la persona es un ser compuesto, que está abierto de continuo al cambio y que es mudable—, pero en modo alguno es absolutamente relativo.

Esa relatividad absoluta —una relatividad a la que se le añaden algunas propiedades que de por sí le son impropias, a no ser por lo absoluto del que participa— *pone de manifiesto su natural vocación de apertura al Ser que, no siendo él, sin embargo, de Él participa*.

Y como el Ser del que participa es absoluto, por vía de esa participación, se reviste de un cierto *absoluto participado* que, de suyo —el ser relativo que es—, no tiene, y que, sin embargo, propiamente le pertenece.

Aquí se condensa la grandeza y miseria del ser humano: un ser que siendo relativo tiene ciertas peculiaridades del Ser absoluto —y esas peculiaridades que tiene forman parte de su «haber» natural— del que su existencia participa. He aquí el misterio insondable del ser humano, que no por misterioso e insondable ha de limitarse su conocimiento al mero reduccionismo enteco y sin sentido de lo fútil, innecesario y absolutamente relativo.

La autoestima debiera estar fundada en el ser, porque su comprensión —aunque misteriosa— está vinculada en el mismo origen de su ser personal (cfr. Polaino-Lorente, 2003c).

6. La fragilidad de la vida humana

Atendamos ahora a la fenomenología del despliegue de la vida humana en el ámbito que le es propio a la persona. La vida humana, ciertamente, es frágil. Cualquiera que disponga de un mínimo de conocimientos acerca de lo que es la salud y la enfermedad, por ejemplo, entenderá lo que se quiere significar con el término de *fragilidad*.

Esta fragilidad propia de la persona no está varada en sólo lo meramente circunstancial y relativo a lo sano y lo enfermo. Más allá de la salud y la enfermedad, la fragilidad de la vida humana lo que indica y a lo que apunta es a la *contingencia* del ser humano. En efecto, cualquier persona que en este momento sea —usted mismo como lector de este trabajo o yo como autor del mismo— reconocerá que hubo un tiempo en que no existió e intuirá que habrá un tiempo en que no será, al menos en este mundo.

Esto quiere decir que la vida de cada persona está afectada por la *duración* y que, por tanto, tiene un principio y un final en este mundo, es decir, una limitación temporal. De hecho, desde Adán y Eva hasta aquí, la inmensa mayoría de las personas que nos han precedido no están ahora vivas, no han sobrevivido a un determinado período temporal y, en consecuencia con ello, puede y debe predicarse de ellas la *finitud*.

Sin embargo, es tal la fragilidad de la vida humana que, de ordinario, vivimos y nos comportamos como si fuéramos a existir siempre. Bastaría para ello revisar en la agenda de cualquier persona en plena madurez el día de hoy, los días de la semana próxima y hasta el último mes del próximo año.

Tan persuadida está la persona de que continuará viviendo que se agolpan en su agenda anotaciones respecto a lo que ha de hacer dentro de seis, doce meses, o dos años. Pero en modo alguno la persona tiene certeza de que su vivir será conforme con el tiempo y los contenidos así programados.

En cierto modo, es natural que la persona se comporte así. Es decir, hay algo de *connaturalidad en ese modo de comportarse*. De lo contrario, si viviéramos sólo la vida al instante, la vida al segundo, ninguno seríamos capaces de anticipar el futuro ni de futurizar el presente y, en consecuencia, no lograríamos concebir ningún proyecto ni trayectoria biográfica y mucho menos llevarlos a cabo.

Es cierto que es mejor vivir sólo el instante presente en lugar de optar por ese continuismo —en ninguna manera asegurado— de la vida humana. Esto último estaría más puesto en razón, pero conlleva también ciertas dificultades. Vivir sólo el instante presente contribuiría todavía más al desfondamiento personal y una vida un tanto descomprometida y sin proyecto por atenerse tan sólo al instante fugitivo.

Por eso es razonable que la persona anticipe el futuro y que desde el presente futurice su vida, que elabore proyectos en los que a sí misma se proyecta y con los que forzosamente ha de comprometerse. Pero esa connaturalidad —cuya funcionalidad algorítmica y pragmática es obvia— es al fin una *connaturalidad dependiente*. Esto quiere significar que tal connaturalidad es una condición que viene reclamada por la mera y simple continuidad del sentido biográfico y de la trayectoria personal por la que se ha optado, pero que en modo alguno emerge de la natural condición de la fragilidad de la vida humana. Por consiguiente, *es una connaturalidad dependiente del Ser que tiene la última palabra acerca de la duración del vivir humano.*

No deja de ser curioso que ante la muerte de un amigo, de un conocido, las personas se extrañen y manifiesten sorprendidas y casi escandalizadas: «Pero cómo, no me digas que Fulano ha muerto. Es algo que no puedo creérmelo. Pero si estaba tan bien. Hace una semana le vi, y estaba como siempre.»

No deja de ser paradójico este modo de responder al hecho ineludible —y más cierto que cualquier otro— de la fragilidad de la vida humana. En el ejemplo anterior, lo lógico es que nadie se extrañara de que Fulano haya muerto. Lo lógico, lo natural es que a Fulano, como a cualquier otra persona, le haya llegado su fin.

En esta perspectiva, lo natural sería que ante la manifestación de tal acontecimiento, ninguna persona se extrañara de lo acontecido. Lo lógico también es que todos nos extrañáramos de que Fulano continuase vivo cuando con él nos encontramos, hasta el punto de afirmar: «Pero ¿cómo..., o sea, que Fulano sigue vivo? No me lo puedo creer. Yo más bien me maliciaba que Fulano, como cualquier otra persona, a lo mejor o a lo peor, le había llegado ya su fin. No parece sino un milagro el hecho de que continúe vivo. Por eso me alegro tanto de lo que me dices.»

Este último modo de pensar sería mucho más realista y estaría más en consonancia con la fragilidad de la vida humana. Sin embargo, conviene hacer alguna indagación acerca del porqué de esa supuesta connaturalidad dependiente de la continuidad —¿persistencia y robustez, tal vez?— de la vida humana.

Es cierto que lo más puesto en razón sería que viviésemos la vida al instante. Pero no es menos cierto que, de vivir así, nuestro esfuerzo adaptativo a la realidad habría de ser gigantesco. Más aún, estaríamos siempre en un permanente estado de alerta, porque cualquier acontecimiento ordinario que sobreviniera a nuestras vidas exigiría de nosotros un exceso de esfuerzo para ajustarnos a ello.

Dicho de otra manera, *la vida al instante* no es vivible, simplemente porque la persona no dispone ni de la suficiente energía para adaptarse a ella ni de la suficiente paciencia para soportarla. No se puede vivir la vida en un sobresalto continuo, aunque sí desde la sabiduría y a la espera de que su desenlace llegue en cualquier momento.

Por otra parte, si viviéramos la vida al instante, ¿para qué entonces la libertad de que disponemos?, ¿es posible vivir así y no disponer de ningún proyecto que anticipe y se adentre en el camino siempre incierto de lo porvenir?, ¿de qué serviría la libertad humana si la persona no pudiera proyectarse, salir de sí, adelantarse a lo que todavía no es, poner las condiciones para que en el futuro sea lo que ahora quiere que sea y todavía no es? Desde la perspectiva de la libertad humana, *la connaturalidad dependiente* a la que aquí se alude no sólo viene exigida por *la fragilidad de la vida*, sino que es ineludible. Otra cosa es que sean muchas las personas que viven «como si» pudieran eludir el hecho cierto de que la vida tiene un final inaplazable.

Se puede vivir la vida al instante cuando se dan una de las dos condiciones siguientes:

1. Cuando no se hace ningún uso de la libertad humana, lo que significa que la vida no está disponible.
2. Cuando la libertad se sacrifica e inmola en el holocausto que constituye la experiencia del *abandono radical*, siempre y cuando este abandonarse en alguien sea libremente querido.

La primera de las anteriores opciones no es viable, porque forma parte de la textura humana —de su consistencia ontológica—, la apertura del ser, por medio de la libertad. En cambio, la segunda opción sí que es viable, sólo que en muy contados casos: en aquellos en que la persona es consciente de la fragilidad de la propia vida y libremente decide *abandonarse en Otro*. Ese Otro, lógicamente, no es un otro cualquiera. Es el Otro del que el propio ser depende y por cuya virtud ha sido constituido en el ser que realmente es. Sólo en estos casos puede admitirse esa donación perpetua y constante que acontece en el abandono de sí, exigido por el hecho de vivir la vida al instante.

Salvo el caso último que se ha apuntado, lo lógico es que las personas configuren su vida y vivan de acuerdo a un proyecto determinado. En tanto que proyecto, está abierto al futuro y, por consiguiente, ajeno y contrario al hecho significado por la vida al instante.

En cierta manera, esto es lo que los autores ingleses denominan, aunque en un contexto empobrecido por lo estrictamente funcionalista, con el término *preparedness*. Un término este que traduce la actitud de estar siempre en continua preparación para llegar a algo que todavía-no-es, pero que puede llegar a ser.

La relevancia psicológica de este término es grande si se considera desde la perspectiva de la adaptación. La economía vital exige esta consideración, puesto que, «aunque la vida dependa de un hilo», hay que vivir —se vive de hecho—, sin embargo, en una cierta «instalación», en algún lugar donde enraizarse, en un ámbito donde hacer pie para desde allí desplegar el propio ser.

Pero conviene advertir a los navegantes desorientados que tal instalación es ficticia, pues siempre estará tejida con la provisionalidad que corresponde a la contingencia de la vida humana. En definitiva, que esa connaturalidad dependiente de seguir viviendo es algo prestado, apenas un punto de apoyo, que viene exigido por la levedad del propio ser.

Por eso, parece muy acertada la opción de quienes, conociendo las entrañas de la fragilidad de la vida humana, se les ha hecho *la merced del regalo que supone conocer la dependencia del Otro*, en cuyas manos abandonan la temporalidad de sus respectivas existencias, su radical finitud y, no obstante, continúan haciendo uso de su libertad, asumen un proyecto en el cual proyectan sus vidas y, simultáneamente, viven sus vidas al instante.

Es este un excelente procedimiento para afrontar la contingencia de la propia existencia. Pero repárese en que incluso tal procedimiento tiene algo de gratuidad, algo que la persona no se ha dado a sí misma, sino que también le ha sido regalado con la existencia.

Vivir la vida al instante, al mismo tiempo que con la connaturalidad dependiente de quien sigue con ella adelante, como si no fuera nunca a morir, *reafirma la autoestima de la persona*. Pero esa *autoestima* no está replegada en el laberinto interior de la persona, sino que está centrada en el Otro y es, por tanto, *una autoestima descentrada del «Yo» y centrada en el Otro* (cfr. Polaino-Lorente, 2003c).

7. La debilidad de la condición humana

Consideremos, por último, *la debilidad* de la condición humana. Es cierto que la persona, por estar dotada de libertad, puede elegir esto o aquello, o incluso no elegir. La elección depende del querer de la voluntad, que es precisamente donde la libertad encuentra su justificación.

Según esto, habría que concluir que la persona elige lo que quiere y, naturalmente, quiere lo que elige. Pero la experiencia común de la mayoría de las personas nos demuestra que esto no es así. Son muchos los que, por ejemplo, hacen lo que no eligen o eligen lo que no hacen, o tal vez, no quieren lo que eligen ni eligen lo que quieren.

«Elegir», «querer» y «hacer» no constituyen, al parecer, acciones firmemente articuladas, hasta el punto de salir garantes de la coherencia de algunas personas. La observación de muchas biografías parece conducirnos a la conclusión contraria: a *la incoherencia personal*.

Se es incoherente cuando la libertad se autodetermina y compromete con un contenido que, siendo apetecido, insatisface y contradice el querer de la voluntad. Se es incoherente cuando lo que se hace es contrario —en su contenido o en su forma— a lo que se ha elegido. *Hoy son muchas las personas que hacen lo que no quieren, no hacen lo que quieren, no quieren lo que hacen y quieren lo que no hacen.*

Esto significa que la articulación entre el querer de la voluntad, la libertad personal y la acción humana no funciona como un todo sinérgico, sino como fragmentos disueltos en un tiempo y un espacio fragmentarios, incapaces de vertebrar, con un cierto sentido, las trayectorias biográficas de las personas. He aquí la manifestación de *la debilidad humana*.

Es muy difícil explicar lo que se acaba de decir. En cierto modo, no disponemos de un argumento legitimador para ello. Tal vez por eso haya que apelar a la debilidad de la condición humana. Ahora bien, ¿no se había dicho que el ser humano estaba caracterizado por ser único, incognoscible, insustituible, no abarcable, etc.?, ¿son las anteriores supuestas características de la persona acordes con este mal uso que hacen de la libertad?, ¿es que acaso no están puestas en razón aquellas características o es que tal vez el uso de la libertad que hacen no es tan errático?, ¿cuál de estas dos hipótesis es cierta?

Resulta difícil responder a las anteriores cuestiones; todo depende de lo que se entienda por «debilidad de la condición humana». Desde la perspectiva antropológica, una vez que han sido admitidas las anteriores características —y el autor de estas líneas está de acuerdo con ellas—, no parece sino que esa «debilidad» de la que aquí se habla sea una debilidad fingida y un tanto simulada.

Sin embargo, si se apela a lo que acontece en el vivir cotidiano de la persona, hay que afirmar con toda entereza que sí, que la persona está afectada por una cierta debilidad que la traspasa.

La aparente contradicción entre estas dos perspectivas es radical y determinante —y probablemente insoluble— si nos olvidamos de una cuestión fundamental y casi simultánea a la condición humana en que esta última se sustenta: la cuestión del origen (cfr. Polaino-Lorente, 1999).

Dado que nadie se ha dado el ser a sí mismo y que, por consiguiente, nadie tiene en sí la razón de su origen, lo lógico es que ninguna persona se autoposea totalmente a sí misma. El conocimiento personal —la forma de posesión más radical y relevante de todas— es siempre limitado, incluso muy limitado en la mayoría de las personas.

La insuficiencia de la pertenencia-de-sí, que caracteriza a cada persona, es posible que tenga su justificación, precisamente, en la cuestión del origen. Más difícil de explicar sería que no habiéndose dado la persona el ser a sí misma, pudiera en cambio autoposeerse únicamente desde sí.

Si el origen de cada persona es anterior y ajeno a ella, lo lógico es que su conocimiento personal —la inabarcabilidad cognitiva de su propio ser— resulte insuficiente y limitado, aunque abierto también al conocimiento de la verdad, un conocimiento este tampoco exento de error y, desde luego, restringido.

Una persona que no se conoce cabalmente a sí misma, es lógico que tenga algún que otro tropiezo al usar de la libertad para conducirse a donde debe llegar.

Esa debilidad de la condición humana asienta primordialmente en el limitado conocimiento de la persona, además de en otras funciones que también son propias de la persona humana. Me refiero aquí, por ejemplo, a los aspectos instintivos, tendenciales o afectivos, ingredientes naturales e irrenunciables en tanto que constitutivos de la persona que cada uno es.

En una persona normalmente constituida estas funciones suelen estar subordinadas y sometidas a su conocer y su querer, lo que garantiza en cierta medida el buen uso que puede hacer de su libertad. Pero nada de particular tiene que, en otras ocasiones, estas funciones se insubordinen y rebelen contra su conocer y su querer, a pesar de que tal comportamiento genere la quiebra de la unicidad, sentido, significado y, en cierto modo, la misma continuidad de la vida personal.

Sin tal insurrección, no se suscitarían la mayoría de los conflictos humanos. Si estos acontecen, es casi siempre como consecuencia de aquella. La experiencia común es pródiga en enseñarnos que estos conflictos acontecen en la mayoría de las personas. Ninguna persona debería escandalizarse por ello. Antes al contrario, es algo con lo que todos debiéramos contar como un presupuesto previo e insoslayable del que estuviéramos suficientemente advertidos para llevar a buen puerto el ejercicio de nuestra libertad.

La aparente contradicción entre entendimiento e instintos, querer y apetecer, gustar y deber, es sólo aparente si la consideramos en el marco en que justamente debiera considerarse: el de una persona que siendo libre no se conoce por completo ni su conocimiento está del todo libre de error; de una persona que queriendo el bien, en ocasiones su entendimiento resulta errado en la dilucidación de lo que es bueno y lo que es malo, mientras que en otras no distingue entre el bien de la voluntad y la satisfacción de los instintos, entre la felicidad y el placer.

Otras veces la verdad es correctamente apresada por el entendimiento, pero a la voluntad se le ofrece el aparente bien de otra «verdad» diferente a aquella y, por debilidad, elige este último en lugar del primero. En otras circunstancias el entendimiento es oscurecido por algunas pretensiones y propuestas que le sobrevienen desde las tendencias, pulsiones e instintos, sin que disponga de la suficiente capacidad para discriminar entre ellos, por lo que, en consecuencia, descubre una «verdad» donde no la había, al mismo tiempo que su contenido se ofrece a la voluntad bajo las apariencias de un cierto «bien», que no es tal.

Esta aparente e insoluble contradicción se esclarece si consideramos la cuestión del origen, es decir, la de un ser que no se ha dado el ser a sí mismo y que, en consecuencia, depende de otro. Esa dependencia es, no obstante, compatible con su libertad personal. Pero esa dependencia manifiesta también la debilidad de su condición, la posibilidad de errar, de equivocarse, de no acertar con el sendero que le encamina a su propio destino. Esto no obsta para que admitamos las peculiaridades positivas a las que se han aludido antes, que también caracterizan y distinguen a la persona.

En cualquier caso, tal contradicción se presenta como un misterio que parcialmente se desvanece e ilumina relativamente sólo cuando se articula con otro misterio vinculado en el origen: el del pecado original. En cierto modo se trata de un misterio que es respectivo de otro y que sólo se esclarece en el otro.

Pero adviértase que el segundo —el del pecado original— es un misterio que sólo se desvela mediante el regalo inmerecido de la luz de la fe (el misterio de los misterios). Cuando este último regalo alcanza a su destinatario y este libremente lo acoge, se disuelve la aparente contradicción, aunque sin esclarecerse del todo el misterio, pero sí en grado suficiente como para que sea entendible y atendido por la persona.

En este caso ambos extremos pueden ser ensamblados, sin renunciar a las peculiaridades que adensan la dignidad de la persona humana y sin volver la espalda a los errores y limitaciones que esta manifiesta a todo lo ancho de su comportamiento.

La autoestima está condicionada también por la debilidad humana. Si no se parte de este hecho, si no se le reconoce es casi imposible en la práctica que la autoestima pueda lograr el grado de satisfacción que le es debido.

La levedad, fragilidad y debilidad de la persona constituyen los puntos cardinales que siempre debieran estar presentes en las travesías biográficas humanas, de manera que contando con estas notas —sin escándalos ni contradicciones, aparentes o no—, cada persona pueda alcanzar con mayor facilidad su propio destino.

Esto sí que pone de manifiesto la grandeza, más que la miseria de la condición humana: un ser que a pesar de su *levedad* puede apelar a la largueza de su más extensa consistencia; que a pesar de la *fragilidad* de su vida puede macizarla y adensarla hasta extremos inimaginables; y que a pesar de su *debilidad* puede hacer germinar en ella una fortaleza y potencia inimaginables. Y todo eso porque en algún modo su levedad, debilidad y fragilidad están apoyadas y como sostenidas en la consistencia, densidad y potencia del Ser del que dependen, desde su mismo origen.

8. ¿Cómo sacar provecho de todo esto?

Hemos estudiado, a lo largo de estas páginas, algunas peculiaridades acerca de cómo la autoestima es causa y consecuencia de las relaciones familiares, ninguna de las cuales escapa a su penetración. En estas penúltimas líneas se trata de entender cómo sacar provecho de todo esto. Para ello es necesario dilatar e intensificar el concepto de autoestima de forma que se le haga justicia o, si se prefiere, que se considere en la máxima amplitud de su dimensión social.

En cierta forma, lo que aquí se está postulando es que una persona no dispondría de autoestima alguna, no sería ella misma si se hubiese aislado de todos los demás. Tal vez porque uno de los principales hitos a estudiar en la apertura irrestricta de la condición humana es precisamente la *relación*.

Para llegar a ser quien se es se precisa del *encuentro* y la *relación* con los otros. Muchos de los gestos, comportamientos, expresiones verbales y estilos de comportamiento que definen a alguien como la persona que es se han originado gracias a múltiples encuentros y relaciones interpersonales muy variadas, sólo que cada persona toma determinados segmentos de ellos y los adecua —y luego también los expresa y manifiesta— según su peculiar y singular forma de ser.

Tan craso error sería considerar que *la persona no debe nada a nadie* como considerar que su entera personalidad está determinada por el todo social a que pertenece.

En cierto modo, al tratar de contestar a la pregunta «*¿quién soy yo?*», una de las respuestas que de forma inmediata comparece es aquella relativa al origen, sea el origen generativo (los padres) o sean el espacio y el tiempo en el que se vino a este mundo (la ciudad y el año), o sea la comunidad y el pueblo en que fue naturalmente acogido.

Estas *relaciones*, que podríamos llamar *genéticas*, no determinan el modo de ser personal, pero sí que lo condicionan y de forma más relevante de lo que algunos consideran (Polaino-Lorente, 1999). ¿Qué sería de una persona que no dispusiera de lenguaje?, ¿puede adquirirse el lenguaje en una situación de total aislamiento sin relacionarse con ninguna persona parlante? A esta cuestión hay que contestar que no.

Pero no sólo es importante la relación interpersonal y social en lo que afecta al lenguaje que, por otra parte, resulta obvio. Es que incluso *la misma persona encontraría graves dificultades para conocerse a sí misma*, para saber algo acerca de sí, para autoposeerse, de no haberse relacionado con otras muchas personas.

Hasta cierto punto es lógico, por eso, que la forma en que se modula nuestra personalidad esté mediada por estas relaciones sociales. Pero, a la vez, la familia, la comunidad y la cultura según las cuales se modulan la personalidad humana dejan en ella necesariamente su impronta, hasta el punto de que las muy determinadas conductas que singularizan a cada persona no sólo desvelan la singularidad de esa persona, sino que también desvelan o manifiestan, a su modo, el grupo de pertenencia social, la comunidad y la cultura que le acogió y le hizo suya desde el principio.

No deja de ser curioso que *el carácter irrepetible de cada persona esté también singularizado, modalizado y formalizado por la cultura* que le acogió. La modalización que, no obstante, por efecto de la cultura resulta, no hace más débil su singularidad irrepetible, sino que, al contrario, la fortalece.

De aquí que lo social no sea una mera yuxtaposición, añadido o adherencia que, sobrevenido nadie sabe cómo, le fue impuesto a la persona desde una instancia ajena a ella, contribuyendo a desfigurarla.

En este punto todavía continúa abierto el debate entre lo innato y lo adquirido, lo genéticamente heredado y lo socialmente aprendido. Un debate un tanto artificial por cuanto que todo lo que asume la persona —y esto que llamamos formalización social es también plenamente asumible— se hace no sólo desde la instancia social formalizante, sino también según el modo de ser, la naturaleza *sui generis* de quien la asume.

Por esto la asunción social con que se modaliza nuestra personalidad *no la deforma, sino que la conforma como quien es* y, además, no de un modo mimético y repetitivo sino singularizante y personalizado.

El modo en que se despliega nuestro ser, personal y biográfico, es en cierta forma deudor del entorno social al que pertenecemos. Pues, como escribe Stein, «qué se despliegue y cómo lo haga depende de las influencias que reciba de su entorno. Concretamente, sabemos por experiencia que sin ayuda de otros hombres, separado de todo entorno humano, no se desplegaría en modo alguno, hasta alcanzar su plena condición humana [...]; es por ello muy difícil aislar en un individuo lo que es "innato" de lo que debe su formalización a la influencia del entorno» (Stein, 1998, p. 260).

La importancia que ha de concederse a esta formalización de la persona, en función de la relación, no debiera entenderse —algunos lo han pretendido— como algo esencial y necesario. Sería mejor entenderlo como lo que es: «un orden posible de la existencia humana» (Stein, 1998, p. 260).

De otra parte, hay también un *camino de regreso* desde la persona al grupo social de pertenencia. Con ser mucho lo que cada persona debe a la comunidad en que nació y fue acogida, también es mucho o puede llegar a ser mucho lo que la misma comunidad debe a esa persona.

Porque cada persona, en tanto que forma parte de esa comunidad, contribuye a su *autoconfiguración*; en tanto que realiza acciones que son los hilos que configuran el tejido social (y aquí podría hablarse de contenidos muy diversos de tipo económico, cultural, sanitario, educativo, etc.), está contribuyendo a la *autoconservación* de esa comunidad; y en cuanto que su creatividad revierte en esa misma comunidad contribuye también a *la autoexpresión* de dicha comunidad.

Esto pone de manifiesto no tanto el poder configurador del ambiente sobre la persona, como *la proyección de la persona y sus consecuencias sobre el entorno*. En realidad, lo que se está aquí afirmando no es sino la dimensión social de la estructura de la persona, una dimensión que no se agota en la específica y restringida comunidad de sangre (la familia), sino que yendo más allá de esta, impacta también en el modo de ser característico y propio de un pueblo.

Que esta dimensión es relevante es algo que no es preciso hoy enfatizar, especialmente por los numerosos conflictos y problemas que se generan cuando aparecen obstáculos y dificultades que impiden o bloquean las relaciones entre la persona y la sociedad.

Aunque sólo sea por citar algunos ejemplos, que hoy resultan interpelantes para todos, baste con recordar aquí el debate entre género y sexo, lo masculino y lo femenino, los roles y las personas, *la inmigración y la preservación de las culturas autóctonas, el multiculturalismo y los nacionalismos, la globalización y el individualismo*, etc.

En muchos de estos conflictos lo que subyace es un pequeño problema inicial que puede afectar gravemente a la *personalidad*, sencillamente porque se atendió o resolvió mal.

Dada la intensa movilidad social que en la actualidad caracteriza al estilo de vida de las personas, es lógico que encontremos inicialmente muchos esbozos de problemas que atañen a la *formación de la personalidad*.

Este es el caso, por ejemplo, del hijo de padres de diversas nacionalidades, razas y/o culturas; de la persona que nace en el contexto de una nacionalidad diferente a la de pertenencia de sus padres que, no obstante, conservan todas sus tradiciones sin integrarse socioculturalmente en el nuevo país; de las personas que, educadas en una cultura determinada, realizan y despliegan luego su vida en diversas culturas muy poco afines a aquella en que fueron educadas; a la persona exiliada, con nostalgia de su patria, que jamás se integra en el país que le acoge; etc.

Es posible, además, que una persona pertenezca a un pueblo ya extinguido o en vías de disolución o, por el contrario, que pertenezca a una joven comunidad emergente, que procede de la fusión de restos de otras comunidades que ya se extinguieron. Todo ello exige un estudio atento y muy atenido a la realidad de cada persona, por cuanto que puede incidir decisivamente en la formación de la personalidad y en la futura trayectoria biográfica por la que opte esa persona.

Aquí se plantea, además, otro problema de vital importancia. Es cierto que *la persona debe considerarse deudora de la familia, la sociedad y la cultura de la que forma parte*. En la medida en que se reconozca deudora experimentará la necesidad de satisfacer esa deuda. Pero posiblemente no pueda hacerlo. Tal vez porque, nacido de un pueblo, no forma parte del otro pueblo en que vive, o porque, nacido en una determinada cultura, forma parte de otra cultura diferente.

Esto genera en algunas personas trastornos muy graves que pueden llegar a afectar la *identidad personal*. En cierto modo, la persona también es, relativamente, *un rehén de la comunidad a la que pertenece*, porque sus propias raíces continúan estando hincadas en la comunidad de origen. De aquí que se plantee una cierta *competitividad entre lealtades y deslealtades*, que con frecuencia se presentan de una forma relativamente contradictoria.

Algunas personas pueden experimentar, por este motivo, el *sinsentido* de sus vidas, la *sinrazón* de su comportamiento, la *quiebra de su identidad*, la ausencia de sus tradiciones, es decir, todo lo que configura la vida y biografía de quien se experimenta como *un ser apátrida*.

Por contra, en esas mismas circunstancias otras personas asumen valores del lugar en el que viven, sin sentirse desleales con su patria de origen, y a pesar de ser leales a la patria que las acogió. Estas circunstancias no fuerzan necesariamente a vaciar de sentido la propia vida, a experimentar que es una vida que se anula a sí misma. Pero para ello es necesario contribuir a solucionar los pequeños e iniciales conflictos que están en su origen.

Lo que resulta claro es que la *autoestima*, la *copertenencia* y los *sentimientos* derivados de ella tienen como destino el apresamiento de ciertos *valores*, que en modo alguno son irrelevantes para la persona y la formación de su personalidad.

La vida personal, tal y como estamos observando, tiene mucho que ver con la vida en común, aunque difícilmente se identifiquen una y otra. Por esto mismo *juzgar acerca de si una vida ha tenido o no sentido* —que alcanzase o no la meta que, según parecía, le era propia y a la que estaba ordenada— es algo excesivamente complejo y aventurado, por lo que tal vez sea mejor suspender cualquier juicio e incluso cualquier esbozo de prejuicio.

En todo caso, es posible que una persona sea conmovida por *valores* diferentes a los que creía que le copertenecían por razón de su origen. Esto en modo alguno debiera juzgarse precipitadamente como una manifestación de deslealtad, aunque en algunos casos pueda llegar a serlo. De todas formas, sería menos aventurado no exponerse a esa situación. De acuerdo con lo que sabemos, es tanto más protector del desarrollo personal la continuidad en los valores a los que se apostó la vida. En esto consiste la *lealtad* que adensa y profundiza el *sentido* de la trayectoria biográfica que se ha vivido.

«Alegrarse de lo bello —afirma Stein— quiere decir ser conmovido por un valor. Y dado que los valores no aparecen y desaparecen (sólo los bienes en los que están realizados son en ocasiones perecederos), *ser conmovido por un valor quiere decir a su vez participar de lo eterno*. Amar a una persona implica dar una respuesta a su valor personal y participar de ese valor, así como tratar de protegerlo y conservarlo. Anhelar amor quiere decir anhelar que los demás reconozcan el propio valor personal y nos cerciore a nosotros de la existencia del mismo, así como querer saberlo custodiado por ellos. Dado que *todo conocimiento y reconocimiento de un valor es en sí mismo algo valioso*, y que —con razón de más— lo es todo servicio prestado a lo valioso y a través del cual se trate de incrementar su valor, la comunidad es algo valioso, y tanto más valioso cuanto más altos sean los valores y más intensa la dedicación personal a los mismos, esto es, cuanto mayor sea el grado en que es una comunidad y la pureza con que lo sea» (Stein, 1998, pp. 282-283; la cursiva es nuestra).

«El criterio último del valor de un hombre no es la comunidad popular tal y como sea de hecho, y tampoco lo es la "idea" de su pueblo con relación a la que se evalúe ese modo de ser de hecho. Existe ciertamente una responsabilidad del individuo para con su pueblo, pero hay además otras cosas que tiene que proteger y de las que ha de responder» (Stein, 1998, p. 284).

En el último fragmento citado se perciben ciertas resonancias autobiográficas de su autora, quien teniendo una profunda conciencia de ser judía se convirtió al catolicismo, y hubo de sufrir por ello la incomprensión, el desamor y la desaprobación de los suyos.

La *estructura de la persona humana* nos pone al fin de manifiesto que los *valores iniciales* que se nos han regalado y con los que hemos nacido están llamados a ser completados y optimizados. Ese es también nuestro *destino*.

Ante la cuestión de *¿cómo sacar provecho de todo esto?*, hay que afirmar que se trata de tomar la vida personal en las propias manos para hacer con ella la mejor persona posible. Y la haremos si perfeccionamos esa natural *perfección perfectible* que es cada uno de los valores que adornan naturalmente nuestro modo de ser.

Ahora bien, si esas perfecciones perfectibles —los valores de los que inicialmente disponemos gratuitamente— no se perfeccionaran —y esto depende de nuestra libertad y del propio comportamiento—, forzosamente devendrían en perfecciones no perfeccionadas, en perfecciones sin un «valor añadido», es decir, en *imperfecciones*.

Conducir la vida hacia la *imperfección* no es otra cosa que dejar de desarrollar esas perfecciones iniciales de que hemos sido dotados. Y si esa ausencia fuera libremente elegida, tal omisión sería negligible, penalizable y punible. Entre otras cosas, *porque esos valores no se nos dieron (regalo) para que sirvieran a sólo su poseedor, sino más bien para que contribuyéramos, mediante su crecimiento, a ayudar a los otros a que sean felices, haciendo crecer también sus propios valores*.

En cierto modo, si la propia conciencia —como instancia juzgadora que es— tuviera que realizar una sentencia completa de la totalidad de nuestra biografía, la pondríamos en un grave aprieto. Pero le sería muy fácil salir de allí si, sencillamente, se atuviera a contestar a *sólo dos preguntas*.

La primera podría formularse de la siguiente forma: *¿cuántos de los valores que recibí inicialmente los he hecho crecer, han disminuido en su valor, o simplemente se han conservado, en función de cómo me he comportado?*

Para responder a esta cuestión *bastaría con restar el cómputo alcanzado por cada valor, al final de nuestra vida, de la puntuación inicial que cada valor tenía al inicio de ella*, en nuestra propia persona. Si un valor no crece, disminuye. Si el valor inicial (regalo) no se hace crecer (mediante el propio esfuerzo), el resultado final es el crecimiento cero o una inflación del valor.

Por consiguiente, la *definición axiológica* de una persona que se comportase así sería la siguiente: alguien que ha perdido por el camino de la vida los valores iniciales con que fue dotado para servir y ayudar a los demás.

La otra pregunta que podría facilitar la tarea a la conciencia juzgadora puede formularse del siguiente modo: a todo lo largo de mi vida, *¿cuántos problemas he contribuido a resolver y cuántos problemas ha generado mi comportamiento?* Se entiende, claro está, que no se trata sólo de los problemas que uno soluciona o genera en sí mismo o para sí mismo, sino más bien de los problemas que, solucionados o generados por uno, afectan a los demás.

En realidad, ambas preguntas pueden muy bien articularse, porque cuanto más crezcamos en los propios valores personales mayor será nuestra capacidad de contribuir a solucionar los problemas de los demás y menos numerosos serán nuestros problemas personales. En cambio, *cuanto más disminuyan los valores de que inicialmente fuimos dotados, tanto más aumentarán los problemas personales y tanto menos contribuiremos a solucionar los problemas ajenos.*

El sentido de la existencia, siguiendo a Edith Stein, dependerá de que la persona satisfaga o no la tarea que se le ha señalado y que libremente considera le pertenece. Y esto con independencia de que pertenezca a una comunidad mayor o menor o que sea consciente o no de su pertenencia a dicha comunidad.

El sentido de su existencia se cumplirá o no en función de que haya puesto o no todas sus capacidades al servicio de los demás, siempre que haya sentido la llamada a realizarlo. Lo que es o puede ser el sentido de la existencia se muestra coincidente con lo que se puede hacer con la vida para sacar provecho de todo esto que sabemos acerca de la autoestima. Porque de esto depende, en definitiva, la autoestima propia y ajena.

En otros casos, se satisfará o no el sentido de la existencia, en función de que se haya separado o no de la comunidad de pertenencia para servir más globalmente a toda la humanidad, si así se ha sentido llamado.

Esta sí que es otra forma de medir el valor de las personas, pues, como escribe Edith Stein, «el criterio último del valor de un hombre no es qué aporta a una comunidad —a la familia, al pueblo, a la humanidad—, sino si responde o no a la llamada de Dios» (Stein, 1998, p. 290).

9. El arte de ayudar a los demás

Hemos llegado a las últimas líneas con que se finaliza esta publicación. Estoy persuadido de que la gente tiene buen corazón —no conozco a nadie que no lo tenga—, y es posible que más de uno de los lectores del texto hayan notado que su corazón se estremecía ante tanta cosa como queda por hacer. Alguno se estará preguntando tal vez, «¿cómo podría ayudar a los demás, de manera que se estimasen mejor a ellos mismos y a los demás, y fueran así más dichosos?».

La respuesta no es fácil —ninguna respuesta lo es—, pero aunque sólo fuere por las casi cuatro décadas de ejercicio profesional ininterrumpido en el difícil y arriesgado ámbito de la psiquiatría, en el que el autor tiene experiencia, considera que sería de justicia aconsejar algo al lector, ayudarle a que satisfaga esos buenos deseos —acaso todavía sin ningún destino— que barbotan y se agitan en su intimidad, anhelantes por transformarse en cualquier pequeña acción, por modesta que sea. El autor de estas páginas considera que a eso no puede, no debe negarse.

Ahora recuerdo que un colega y amigo entrañable, el doctor Cardona Pescador, con el que tanto tiempo he departido acerca de los problemas psiquiátricos hoy más acuciantes, me obsequió en cierta ocasión con un texto de uno de los filósofos que más admiro: Sören Kierkeggard. He rebuscado entre mis viejos papeles y al fin he encontrado lo que quizá pueda ser una valiosa ayuda para contestar a la cuestión antes apuntada.

El texto que sigue es desde luego un poco largo, pero vale la pena leerlo de un tirón, y dejarse penetrar por su contenido. Luego, sería conveniente releerlo más despacio, incluso de forma fragmentaria, y reflexionar y formularse cuestiones a las que personalmente hay que tratar de responder. Tal vez sea este un procedimiento modesto pero eficaz de encontrar una respuesta a la pregunta antes formulada. El texto seleccionado dice lo que sigue (Kierkegaard, 1988):

«Si el auténtico éxito es lograr el esfuerzo de llevar a un hombre a una definida posición, ante todo, es preciso fatigarse para *encontrarle donde está*. Este es *el secreto del arte de ayudar a los demás*. Todo aquel que no se halle en la posición de él, se engaña cuando se propone ayudar a los otros. Para ayudar a otro de manera eficaz, yo debo entender más que él; pero ante todo, sin duda, *debo entender lo que él entiende*.

»Si no sé eso, mi mayor entendimiento no será de ninguna ayuda para él. Si de todos modos, estoy dispuesto a empecinarme con mi mayor entendimiento, es porque soy vanidoso, un orgulloso; de forma que en el fondo, en lugar de beneficiarle a él lo que deseo es que me admiren.

»En cambio, *todo auténtico esfuerzo para ayudar empieza en la autohumillación*: el que ayuda debe primero humillarse y ponerse debajo de aquel a quien quiere ayudar, y, por tanto, debo comprender que ayudar no significa ser soberano, sino *criado*; que ayudar no significa ser ambicioso, sino *paciente*; que ayudar significa tener que *resistir en el futuro la imputación de que uno está equivocado y no entiende lo que el otro entiende*.

»Tomemos el caso de *un hombre que es apasionadamente colérico*, y supongamos que realmente está equivocado. A menos que se pueda empezar con él haciéndole creer que es él el que tiene que instruirnos y a menos que se pueda hacer esto de manera que el hombre colérico, demasiado impaciente para escuchar una sola de vuestras palabras, se halle contento al descubrir en vosotros un oyente complaciente y atento, no os será posible ayudarle en absoluto.

»O tomemos *el caso de un enamorado* que ha sido desgraciado en amores, y supongamos que la forma en que se somete a su pasión es realmente irrazonable, implacable, no cristiana. Si no podemos empezar con él de forma que halle un auténtico descanso al hablar con nosotros sobre su sufrimiento y que pueda enriquecer su mente con interpretaciones éticas que nosotros le sugerimos, sin saber que no compartimos su pasión y queremos librarle de ella, si no podemos hacer eso, no le podemos ayudar en absoluto; *se recluye lejos de nosotros, se ensimisma* y entonces nosotros sólo charlamos con él.

»Tal vez gracias al poder de vuestra personalidad podréis obligarle a reconocer que se halla en falta. ¡Ah!, queridos míos, inmediatamente escapará por un sendero escondido para acudir a una cita con su oculta pasión, a la que apetece ardientemente, temiendo casi que haya perdido algo de su seductor calor, porque ahora, *gracias a vuestro comportamiento, le habéis ayudado* a enamorarse otra vez, *a enamorarse ahora de su misma desdichada pasión*. ¡Y vosotros sólo charláis con él!» (pp. 36-38; la cursiva es nuestra).

A pesar de su luminosidad o precisamente por ella, no es fácil resistirse a hacer siquiera unas breves glosas de las ideas fundamentales que comparecen en el texto anterior.

En efecto, no toda ayuda alcanza su fin, por muy virtuosa que sea la persona que toma la iniciativa de ayudar a otro. Es preciso, además de la buena voluntad, «encontrarle donde está [...] y entender lo que él entiende». Hay muchas personas que no escuchan o tal vez no sepan escuchar. Por eso, mientras parece que escuchan lo que la otra persona les cuenta, no oyen.

Toman con toda atención la información que el otro les facilita, pero no para ponerse en su lugar, comprender al otro y sentir en la propia carne sus sentimientos, angustias y preocupaciones, tal y como esa persona los experimenta. Con la información que obtienen comienzan a articular sus propias teorías; unen unas hipótesis —meras conjeturas— a otras, y luego acaban por ensamblarlas con algún principio ético que las atraviese de parte a parte.

Pero no han sentido, ni experimentado, ni compartido ninguno de los sufrimientos ajenos. Y... al final se atreven a comunicar al otro enfáticamente —con la seguridad de quien no se equivocó jamás— su consejo: «Tú lo que tienes que hacer es...»

Escuchar es embeberse en la intimidad del otro dejando fuera —siquiera sea por un momento— la propia. Escuchar es poner el acento en el otro y no en el propio yo. Escuchar no es pensar lo que en esa ocasión parece más conveniente decir. Para escuchar no hay que decir nada. A la escucha le sobra con su propio esfuerzo. Por eso escuchar es una humillación, porque exige la abstracción del propio «Yo», al que se pone entre paréntesis, porque lo único que en verdad importa en esos momentos es lo que el otro dice, cómo lo dice y qué experimenta cuando lo cuenta: si se siente comprendido y descansa o no.

Escuchar es olvidarse de uno mismo y tratar de ser, por un momento, el otro con todas sus circunstancias, sin que ni estas ni aquel sean todavía juzgadas. Escuchar es la mejor forma de darse y, transitoriamente, aniquilarse en beneficio del otro, y por eso constituye una «autohumillación», porque el que atiende no dispone en esos momentos de ningún orgullo ni pretende que le admiren, sino que se transforma en el criado paciente de quien habla.

Quien escucha no hace cuestión de sí —¿cómo podría hacerla si está con los cinco sentidos pendiente del otro?—, sino que se somete —así, como suena— al otro, aun con el riesgo de no acabar de entenderlo del todo, aunque quiera entenderlo. Escuchar constituye una forma de arriesgarse —la más humana, por otra parte—, de no hacerse cargo de lo que a la otra persona le sucede y, por eso, quien escucha ha de estar dispuesto a «resistir en el futuro la imputación de que uno está equivocado y no entiende lo que el otro entiende».

Si no nos ponemos en su lugar no compartiremos con la otra persona su padecer. Pero si «no compartimos su pasión», no es posible que podamos «librarle de ella». De aquí que si se siente incomprendido, el otro «se recluye lejos de nosotros, se ensimisma y entonces nosotros sólo charlamos con él».

Quien escucha es posible que juzgue con toda prudencia, pero de nada o muy poco servirá ese juicio a la otra persona. Ese juicio será todavía menos eficaz si en lugar de poner el bálsamo de la comprensión que une y comparte su dolor, se le aplican y recuerdan los principios que han de regular su conducta. El culpable no tiene necesidad alguna de que alguien ande hurgando y acreciendo la culpabilidad que ya ha experimentado. De aquí que, como escribe Kierkegaard, «es posible que podréis obligarle a reconocer que se halla en falta», pero eso en nada le hará cambiar su comportamiento.

Quien escucha tal vez dé excelentes consejos. Pero si esos consejos no van amasados con la comprensión serán muy poco útiles. Son más ineficaces todavía cuando quien escucha permite que se traduzca su dolor ante la persona a la que escucha, pero no tanto porque comparta y divida con ella el dolor que esta última experimenta, sino simplemente porque quien escucha es también humano, quizá demasiado humano.

Escuchar es acoger lo que el otro dice, hacerlo nuestro, interiorizarlo y transvivirse en su vivir, para desde allí hacerse cargo de lo que al otro le pasa y poder así aconsejarle y ayudarle mejor. Si quien escucha no acoge así el mensaje dolorido del otro, habría que recordarle lo que el autor del texto citado sostiene: «Gracias a vuestro comportamiento, le habéis ayudado a enamorarse otra vez, a enamorarse ahora de su misma desdichada pasión.»

Al fin y al cabo, ¿quién no es una persona que esté dolorida?, ¿puede convivir el dolor y la autoestima?, ¿quién se siente dolorido y no precisa de que le escuchen?, ¿podremos renunciar a ser escuchados?, ¿qué sucederá con la autoestima personal, luego de esa renuncia?

Ayudar a la autoestima de quienes nos rodean exige, en primer lugar, que les escuchemos, que aprendamos a escucharles.

BIBLIOGRAFÍA

Abel, M. H. (1996): «Self-esteem: Moderator or mediator between perceived stress and expectancy of success?». *Psychological Reports*, 79, 2, 635-641.
Achenbach, T. M. (1985): *Assesment and taxonomy of child and adolescent psychpathology*. Sage Publications. Nueva York.
Achenbach, T. M. y Edelbrock, C. S. (1978): «The classification of child psychopathology: A review and analysis of empirical efforts». *Psychological Bulletin*, 85, 1275-1301.
Affleck G., Tennen H., Croog S. y Levine S. (1987): «Causal attribution, perceived benefits, and morbidity after a heart attack: an 8-year study». *Journal of Consulting and Clinical Psychology*; 55 (1), 29-35.
Affleck, G., C. Pfeiffer, H. Tennen, J. Fifield (1987): «Attributional processes in rheumatoid arthritis». *Arthr. and Rheum*; 30, 927-931.
Aguiló, A. (2001): *Educar los sentimientos*. Palabra. Madrid.
Agustín, san (1967): La ciudad de Dios, 14, 13, en *Opera Omnia*. BAC. Madrid.
Ainsworth, M. D. S. (1967a): «The development of infant-mother attachment», *Review of Child Development Research*, 3, 1-84.
— (1967b): *Infancy in Uganda: Infant care and the growth of love*. League of America. Baltimore.
— (1972): *The development of infant-mother attachment*. Johns Hopkins University Press. Baltimore.
— (1989): «Attachments beyong infancy». *American Psychologist*, 44, 709-716.
Ainsworth, M. D. S.; Bell, S. y Stayton D. (1971): «Individual differences in strange situation behavior of one-years-olds», en H. R. Schaffer (ed.), *The origins of human social relations*, 17-57. Academic Press. Nueva York.
American Psychological Association (1996): APA presidential task force on violence and the family report. Author. Washington, DC.
Anastasiow, N. J. (1986): *Development and disability*. Paul. H. Brookes. Baltimore. Londres.
Andersen, S. M. y Williams, M. (1985): «Cognitive/affective reactions in the improvement of self-esteem: when thoughts and feelings make a difference». *Journal of Personality and Social Psychology*, 49, 4, 1086-1097.
Antonopoulou, C. (1999): «Domestic violence in Greece». *American Psychologist*, 54, 63-64.
Aramburu Oyarbide, M. y Guerra Plaza, J. (2001): «Estudio de componentes motivacionales de la personalidad: Yo Real, Yo Ideal y Yo Deber, Locus de control,

Estilos de atribución, Autoeficacia percibida y otras variables clínicas en sujetos universitarios». *Interpsiquis* 2, 1.
Argyle, M., Alkema, F., y Gilmour, R. (1971): «The communication of friendly and hostile attitudes bay verbal and non-verbal signals», en *European Journal of Social Psychology*, 1, 385-402.
Argyle, M., Salter, V., Nicholson, H., Williams, M. y Burgess, P. (1970): «The communication of interior and superior attitudes by verbal and non-verbal signals», en *British Journal of Social and Clinical Psychology*, 9, 222-231.
Asensio Aguilera, J. M. (2002): «Las actitudes en la reforma: un aspecto de la educación emocional». *Revista Española de Pedagogía*, 221: 51-64.
Ashkanasy, N. M. (1997): «Attributions for the performance of self and other: It matters who the "other" is». *Australian Journal of Psychology*, 49, 1, 14-20.
Asociación Americana de Psiquiatría (1995): *DSM-IV. Manual diagnóstico y estadístico de los trastornos mentales*. Masson. Barcelona.
Bacciagaluppi, M. (1989): «Attachment theory as an alternative basis of psychoanalysis». *The American Journal of Psychoanalysis*, 49, 4.
Bacciagaluppi, M. y Bacciagaluppi, M. (1982): «The relevance of ethology to interpersonal psychodynamics and to wider social issues». *Journal of the American Academy of Psychoanalysis*, 10, 1, 85-111.
Bandura, A. y Walters, R. H. (1963): *Social learning and personality development*. Holt. Traducción española en Alianza Editorial. Madrid.
Barnett, R. C. y Baruch, G. K. (1987): «Determinants of father's participation in family work», *Journal of Marriage and the Family*, 49, 29-40.
Baumrind, D. (1975): «Some Thougths about childrearing». En U. Bronfenbrenner & M. Mahoney (eds.): *Influences on human development*. Dryden Press. Hinsdale, IL.
Beck, A. T. (1998): *Con el amor no basta*. Paidós. Barcelona.
Beck, A. T., Rush, A. J., Shaw, B. F. y Emery, G. (1980): *Cognitive Therapy of depression*. The Guilford Press. Nueva York.
Bednar, R., Wells, G. y Peterson, S. (1989): *Self-Esteem. Paradoxes and innovations in clinical theory and practice*. APA. Washington DC.
Bell, S. M., y Ainsworth, M. S. D. (1972): «Infant crying and maternal responsiveness». *Child Development*, 43, 1171-1190.
Belsky, J. y Rovine, M. (1988): «Nonmaternal care in the first year of life and the security of infant-parent attachment», *Child Development*, 59, 157-167.
Belsky, J., Garduque, L. y Hrncir, E. (1984b): «Assessing free play elicited play and executive capacity in infant exploration: Relations to home environment attachment». *Development Psychology*, 20, 406-417.
Belsky, J., Gilstrap, B. y Rovine, M. (1984a): «The Pennsylvania Infant infant and father-infant interaction in a family setting at one, three and nine months». *Child Development*, 55, 692-705.
Bender, L. y Yarnell, H. (1941): «An observation nursery: A study of 250 children in the psychiatric division of Bellevue Hospital». *American Journal of Psychiatry*, 97, 1158-1174.
Berman, W. H., y Sperling, M. B. (1990): «Paternal and maternal attachment in late adolescence». *Annual Convention of the American Psychological Association*. Fordham University.
Blanchard, R. W. y Biller, H. B. (1971): «Father availability and academic perfomance among third grade boys». *Developmental Psychology*, 4.
Bloom-Feshbach, J. y Bloom-Feschbach, S. (1987): «Introduction: Psychological

separateness and experience of loss», en J. Bloom-Feshbach y S. Bloom-Feshbach (eds.): *The Psychology of Separation and Loss*. Jossey-Bass. San Francisco.
Bornstein, M. H. y Tamis-Lemonda, C. S. (1990): «Activities and interactions of mothers and their first born infants in the first six months of live: covariation, stability, continuity, correspondence, and prediction». *Child Development*, 1206-1217.
Bowlby, J. (1940): «The influence of early environment in the development of neurosis and neurotic character». *International Journal of Psychoanalysis*, 21, 454-178.
— (1958): «The nature of the child's tie to his mother». *International Journal of Psychoanalysis*, 39, 350-373.
— (1969): *Attachment*. Basic Books. Nueva York.
— (1989): *Una base segura: Aplicaciones clínicas de una teoría del apego*. Paidós. Buenos Aires.
Branden, N. (1969): *The psychology of self-esteem*. Bantam. Nueva York.
— (1983): *Honoring the self*. Tarcher. Los Ángeles.
— (1987): *How to raise your self-esteem*. Bantam. Nueva York.
Brannon, R. y David, D. (1976): *The Forty-Nine Percent Majority*. Addison Wesley.
Brazelton, T. B. (1973): «Neonatal behavioural assessment scale». *Clinics in Development Medicine*, 50. S. I. M. P, con Heinemann. Londres; Lippincott. Filadelfia.
— (1983): «Precursor for the development of emotions in early infancy». En: R. Plutchik. y H. Kellerman (ed.): *Emotions in Early Development*. Vol. 2: The Emotions. Academic Press. Nueva York.
Bridges, L. J., Connell, J. P. y Belsky, J. (1988): «Similarities and differences in infant-mother interaction in the strange situation: A component process analysis». *Development Psychology*, 32, 92-100.
Brod, M., Stewaart, A. L. y Sands, L. (1999): «Conceptualization of quality of life in dementia». *Journal of Mental Health and Aging*, 5, 1, 7-19.
Brown, M. A. y Broadway, M. J. (1981): «The cognitive maps of adolescents: confussion about inter-town distances». *Professional Geographer*, 33, 315-125.
Brown-Gorton, R. (1988): «Teaching mothers to imitate their handicapped children: effects on maternal mand». *The Journal of Special Education*, 22, 1.
Brumfitt, S. (1998): «The measurement of psychological well-being in the person with aphasia». *International Journal of Language Communication Disorders*, 33, 116-120.
Bruner, J. (1985): «Vygotsky: A historical and conceptual perspective». En: J. V. Wertsch (ed.): *Culture, Communication, and Cognition*. Cambridge University Press. Cambridge.
— (1991): *Actos de significado. Más allá de la revolución cognitiva*. Alianza. Madrid.
Buceta, J. M., Polaino-Lorente, A. y Parrón Solleiro, P. (1982): «Déficit de autoestima y de tipo emocional del "Learned Helplessness" en un estudio experimental con estudiantes no depresivos y depresivos leves». *Análisis y Modificación de Conducta*, 8, 18, 191-211.
Burns, R. B. (1979): *The Self Concept. Theory, Measurement, Development and Behaviour*. Longman Inc. Nueva York.
Buss, D. (1997): «*The Evolution of Desire*. Basic Books. Nueva York.
Caldwell, B. M. (1962): The usefulness of the critical period hypothesis in the study of filiative behavior». *Merrill-Palmer Quarterly*, 8, 229-242.

Campbel, J. C. (ed.) (1995): *Assessing dangerousness: Violence by sexual offenders, batterers and child abusers*. Sage. Newbury Park, CA.
Canevaro, A. A. (1982): «El contexto trigeneracional en terapia familiar». *Terapia familiar*, 9. A.C.E.
— (1985): «Crisis maritales y contexto trigeneracional. Un modelo sistemático de terapia breve». *Terapia familiar*, 15. Ed. A.C.E.
Cardona, C. (1987): *Metafísica del bien y del mal*. Eunsa. Pamplona
— (1997): *Olvido y memoria del ser*. Eunsa. Pamplona.
Carey, S. (1985): *Conceptual change in childhood*. M. I. T. Press. Cambridge, M. A.
Carlson, V., Cicchetti, D., Barnett, D. y Braunwald, K. G. (1989): «Finding order in disorganization: Lessons from research on maltreated infant's attachment to their caregivers». En: D. Cicchetti., V. Carlson. (eds.): *Child Maltreatment: Theory and research on the Causes and Consequences of Maltreatment*, 494-526. Cambridge University Press. Nueva York.
Carter, B. y McGoldrick, M. (1998): *The Expanded Family Life Cycle: Individual and Social Perspectives*, 3.ª edición. Allyn & Bacon. Boston.
Cassidy, J. (1988): «Child-mother attachment and the self in six-year-olds». *Child Development*, 59, 121-134.
Cassidy, J. y Berlin, L. J. (1994): «The insecure/ambivalent pattern of attachment. Theory and research». *Child Development*, 65, 4, 971-991.
Castillo, M., Tuzzato, R. y Marrero, E. (1990): «Interacción madre-hijo y sus efectos en el desarrollo». *Revista Niños*, XXV, 71.
Chalk, R. y King, P. A. (eds.) (1998): *Violence in the families: Assessing prevention and treatment programs*. National Academy Press. Washington DC.
Chase-Lansdale, P. L. y Owen, M. T. (1987): «Maternal employment in a family context: Effects on infants-parent attachemnt». *Child Development*, 58, 1505-1512.
Cheung, S. K. (1996): «Development of a depressive experiences inventory for use with Chinese early adolescents». *Psychologia: An International Journal of Psychology in the Orient*, 39, 3, 203-212.
Clarkin, J. F. y Miklowitz, D. J. (1997): «Marital and family difficulties», en *DSM-IV Sourcebook*, vol. 3. Edited bay Widiger, T., Frances, A. J., *et al.*, American Psychiatric Association. Washington, D.C.
Collings, J. A. (1994): «International differences in psychosocial well-being: A comparative study of adults with epilepsy in three countries». *Seizure*, 3, 3, 183-190.
Colwell, J., Grady, C. y Rhaiti, S. (1995): «Computer games, self-esteem and gratification of needs in adolescents». *Journal of Community and Applied Social Psychology*, 5, 3, 195-206.
Conner, K. R. y Ackarley, G. D. (1994): «Alcohol-related bettering: developing treatment strategies». *Journal of Family Violence*, 9, 143-155.
Conti, C. T., Moncure, M., Hines, J., Clck, Z., Smith, T. y Simpkis, C. O. (1998): «Measurement of self-steem in repeat assault victims». *Journal of the National Medical Association*, 90, 3, 171-175.
Coopersmith, S. (1967): *The antecedents of self-esteem*. Freedman & Company. San Francisco.
— (1981): *Self-Esteem Inventories*. Consulting Psychologist Press. Palo Alto.
Corsi, J. (1999): «Treatment for men who batter». *American Psychologist*, 54, 64.
Costanzo, P. R., Musante, G. J., Friedman, K. E., Klern, L. S. y Tomlinson, K. (1999): «The gender specificity of emotional, situational and behavioral indi-

cators of binge eating in a diet-seeking obese population». *International Journal of Eating Disorders*, 26, 2, 205-210.
Crigger, N. J. (1996): «Testing an uncertainty model for women with multiple sclerosis». *Advances in Nursing Science*, 18, 3, 37-47.
Crittenden, P. M. (1990): «Internal representation models of attachment relationships». *Infants Mental Health Journal*, 11, 3.
Crockenberg, S. J. y McCluskey, K. (1986): «Change in maternal behavior during the baby's first year of live». *Chil Development*, 57, 746-753.
Crouter, A. C., Perry-Jenkins, M., Huston, T., y McHale, S. M. (1987): «Processes underlying father involment in dual-earner and single-earner families». *Developmental Psychology*, 23, 431-440.
Culp, L. N. y Beach, S. R. H. (1998): Marriage and depressive symptoms: «The role and bases of self-esteem differ by gender». *Psychology of women quarterly*, 22, 4, 647-663.
D.R.A.E. (2001): *Diccionario de la Real Academia Española*. Espasa Calpe. Madrid.
Darwin, Ch. (1984): *La expresión de emociones en los animales y en el hombre*. Alianza Editorial. Madrid.
David, P. y Johnson, M. A. (1998): «The role or self in third-person effects about body image». *Journal of Communication*, 48, 4, 37-58.
De Aquino, T. *In Ep I ad Cor.*, cap. 8, lect. 1, ed. Marietti, n. 425.
Díaz, C. (1993): *Diez miradas sobre el rostro del otro*. Caparrós Editores. Madrid.
Díaz, R., Neal, C. y Amaya W. M. (1993): Orígenes sociales de la autorregulación. En Luis C. Moll (comp.): *Vigotsky y la Educación*. Aique. Buenos Aires.
Doménech, E. (1982): «Signos de alarma en el examen psicológico del neonato». *An. Esp. Pediat*, 17, Sup. 14, 131-145.
— (1995): «Psicopatología en la temprana infancia», en J. Rodríguez Sacristán. *Psicopatología del niño y del adolescente*. Universidad de Sevilla. Sevilla.
Domken, M., Scott, J. y Kelly, P. (1994): «What factors predict discrepancies between self and observer ratings of depression?». *Journal of Affective Disorders*, 31, 4, 253-259.
Duva, D. y Lester, D. (1997): «Eating disorder and body image». *Perceptual and motor-skills*, 85, 1, 58.
Echeburúa, F., Corral, P., Sarasua, B. y Zubizarreta, I. (1996): «Tratamiento cognitivo-conductual del trastorno de estrés postraumático crónico en víctimas de maltrato doméstico: un estudio piloto». Comunicación personal.
Echeverría, A. (1994): «Sesgos atribucionales». En Morales, J. F. (ed.): *Psicología social*, 253-268. Macgraw Hill. Madrid.
Ehrenberg, A. (1998): *La fatigue d'êter soi. Depréssion et société*. Odile Jacob. París.
Eiser, C., Eiser, J. R. y Havermans, T. (1995): «The measurement of self-esteem: Practical and theoretical considerations». *Personality and Individual Differences*, 18, 3, 429-432.
Ekman, P. (1973): *Darwin and facial expresión: A century of research in review*. Academic Press. Nueva York.
Ekman, P., Friesen, W. V. y Ellsworth, P. C. (1972): *Emotion in the human face*. Pergamon Press. Nueva York.
Ekman, P. y Friesen, W. V. (1974): «Non verbal laekage and clues to deception». *Psychiatry*, 32, 88-106.
— (1975): *Unmasking the face*. Prentice-Hall. Englewood Cliffs.
Ellsberg, M., Caldera, T., Herrera, A., Winkvist, A. y Kullgern, G. (1999): «Domes-

tic violence and emotional distress among Nicaraguan women: Results from a population based study». *American Psychologist,* 54, 30-36.
Emde, R. N., Harmon, R. J. y Good, W. V. (1986): «Depressive feelings in children: A transactional model for research». En M. Rutter, C. E., Izard y P. B. y Read, L. (eds.): *Depression in young people: Developmental and clinical perspectives* (pp. 135-160). Guilford Press. Nueva York y Londres.
Ende, M. (1988): *Mono.* Alfaguara. Madrid.
Epstein, S. (1973): «The Self-Concept Revisited». *American Psychologist,* 28, 403-416.
— (1985): «The implications of cognitive-experiential self-therapy for research in social psychology and personality». *Journal for the theory of social behavior,* 15, 283-309.
— (1985): *The self-concept resvisited.* American Psychologist, 1973, pp. 403-416 (traducción castellana en A. Fierro: *Lecturas de Psicología de la personalidad.* Alianza. Madrid).
Erickson, M. F., Sroufe, L. A. y Egeland, B. (1985): «The relationship between quality of attachment and behavior problems in preschool in a high-risk sample», en I. Breteherton y E. Waters (eds.): *Growing points of attachment. Theory and research, Monographs of the Society for Research in Child Development,* 50, 147-166.
Eron, L. D., Gentry, J. H. y Schlegel, P. (eds.) (1994): *Reason to hope: A psychological perpesctive on violence and youth.* American Psychological Association. Washington DC.
Faulkner, K., Stolemberg, C.D., Cogen, R., Nolder, M. y Shooter, E. (1992): «Cognitive-behavioral group treatment for male abusers». *Journal of Family Violence,* 7, 37-55.
Fawcett, G., Heise, L., Isita-Espejel, L. y Pick, S. (1999): «Chaning community responce to wife abuse: A research and demostration project in Iztacalco», México. *American Psychologist,* 54, 41-49.
Fernández-Montalvo, J. y Echeburúa, E. (1997): «Variables psicopatológicas y distorsiones cognitivas de los maltratadores en el hogar: un análisis descriptivo». *Análisis y Modificación de Conducta,* 23, 151-180.
— (1998): «Hombres maltratadores». En E. Echeburúa y P. Corral. *Manual de violencia familiar.* Siglo XXI. Madrid.
Ferrater Mora, J. (1979): *Diccionario de Filosofía.* Alianza. Madrid.
Fierro, A. (1986): «Autoestima implícita: su medición y sus correlatos». *Psychological Assessment,* 2, 2, 73-98.
— (1998): «El conocimiento de sí mismo». En Alfredo Fierro (comp.), *Manual de psicología de la personalidad.* Paidós. Barcelona.
Fitts, W. H. (1964): *Tennessee Self-concept Scale.* Western Psychological Services. Los Ángeles.
Fontana, D. (1996): *La disciplina en el aula. Gestión y control.* Santillana. Buenos Aires.
Foster, Y. A. (1997): «Brief aikido training versus karate and golf training and university students' scores on self-esteem, anxiety and expression of anger». *Perceptual and Motor Skills,* 84, 2, 609-610.
Francis, L. J. (1997a): «Coopersmith's model of self-esteem: Bias toward the stable extravert?». *Journal of Social Psychology,* 137, 1, 139-142.
— (1997b): «The relationship between Rosenberg's construct of self-estcem and Eysenck's two dimensional model of personality». *Personality and individual differences,* 22, 1, 139.

Francis, L. J. y Wilcox, C. (1995): «Self-esteem: Coopersmith and Rosenberg compared». *Psychological Reports*, 76, 3, 1, 1050.
Frankl, V. E. (1988): *La voluntad de sentido*. Herder. Barcelona.
Freud, S. (1938): *An outline of psychoanalysis*, Hogarth. Londres.
García Hoz, V. (1977): *Educación Personalizada*. Miñón. Valladolid.
García Villamisar, D. y Polaino-Lorente, A. (2000): *El autismo y las emociones. Nuevos hallazgos experimentales*. Promolibro. Valencia.
García-Noblejas, J. J. (1994): «Sociedad civil y violencia televisiva». *Nuestro Tiempo*.
Garrido, V., Stangeland, P. y Redondo, S. (1999): *Principios de criminología*. Tirant Lo Blanch. Valencia.
Gaudium et spes, n.º 24.
Gecas, V. (1982): «The Self Concept». *Annual Review of Sociology*, 8, 1-33.
Gelman, R. y Spelke, E. (1981): «The development of thoughts about animate and inanimate objets. Implications for research on social cognition». En *Social Cognitive Development*.
Giussani, L. (1996): *¿Se puede vivir así?* Encuentro. Madrid.
— (2003): *El hombre y su destino*. Encuentro. Madrid.
Glick, I. D., Berman, E. M., Clarkin, J. F. y Rait, D. S. (2003): *Terapia conyugal y familiar*. Aula Médica, 4.ª edición. Barcelona.
Goldberg, S. (1977): «Social competence in infancy: A model of parent-infant interaction». *Merrill-Palmer Quarterly*, 23, 163-177.
Goleman, D. (1996): *Inteligencia emocional*. Kairós. Madrid.
Goleman, D. y Bloomsbury, C. (1977): *Emotional Intelligence: Why it can matter more than IQ*. Bantam. Nueva York.
González, M. C. y Tourón, J. (1992): *Autoconcepto y rendimiento escolar*. Eunsa. Pamplona.
Gottman, J. M. (1994): *What predicts divorce?* Erlbaum. Hillsdale, NJ.
Gregorio Magno, san (1955): «Catena Aurea», vol. VI: 299, en *Obras de San Gregorio Magno*. BAC. Madrid.
Grossmann, K. E., Grossmann, K., Hubert, F. y Wartner, V. (1981): «German children's behavior toward their mothers at 12 months and their fathers at 18 months in Ainsworth's strange situation». *International Journal of Behavioral Development*, 4, 157-181.
Grün, A. (1999): *Portarse bien con uno mismo*. Sígueme. Salamanca.
Haeussler, I. y Milicic, N. (1995): *Confiar en uno mismo: programa de autoestima*. Dolmen. Santiago de Chile.
Harlow, H. F. (1958): «The nature of love». *American Psychologist*, 13, 673-685.
— (1961): «The development of affectional patterns in infant monkeys». En: B. M. Foss (ed.): *Determinants of infant behavior I*. Methuen. Londres; Wiley. Nueva York.
Hayes, E. y Drummond, R. J. (1998): «The culture-free self-esteem inventory and the multidimensional self-esteem inventory». *Psychological Reports*, 82, 3, 1, 953-954.
Hayes, S. D., Crocker, P. R. E. y Kowalski, K. C. (1999): «Gender differences in physical self-perceptions, global self-esteem and physical activity: Evaluation of the physical self-perception profile model». *Journal of Sport Behavior*, 22, 1, 1-14.
Heider, F. (1958): *The Psichology of interpersonal relations*. Wiley. Nueva York.
Heider, F. y Simmel, M. (1944): «An experimental study of apparent behaviour». *American Journal of Psychology*, 57, 243-259.

Hellamn, C. M. y McMillin, W. L. (1997): «The relationship between psychological reactance and self-esteem». *Journal of Social Psychology*, 137, 1, 135-138.
Hersch, O. (1999): *A tribe apart*. Ballantine Books. Nueva York.
Horne, S. (1999): «Domestic violence in Russia». *American Psychologist*, 54, 55-61.
Houwen, H. J. M. (1994): *El regreso del hijo pródigo. Meditaciones ante un cuadro de Rembrand*. PPC. Madrid.
Hunter, J. A., Platow, M. J., Bell, L. M., Kypri, K. y Lewis, C. A. (1997): «Intergroup bias self-evaluation: Domain specific self-esteem, threats identity and dimensional importance». *British Journal of Social Psychology*, 36, 4, 405-426.
Instituto Mexicano de Investigación de Familia y Población.
Irala, N. (1985): *Control cerebral y emocional*. LEA. Buenos Aires.
Jacobson, N. y Gottman, J. (1998): *When men batter women: New insights into ending abusive relationships*. Simon & Schuster. Nueva York.
Jacobson, N. y Christensen, A. (1996): *Integrative Couples Therapy: Promoting Acceptance and Change*. WW Norton. Nueva York.
James, W. (1981): *The Principless of Psychology*. Harvard University Press. Cambridge.
Jaspers, K. (1932): *Philosophie*, t. II, p. 137.
Johnson, M. (1998): «Self-esteem stability: The importance of basic self-esteem and competence strivings for the stability of global self-esteem». *European Journal of Personality*, 12, 2, 103-116.
Jones, E. E. y Davis, K. E. (1965): «From acts to disposition: the attribution process in person perception». En Berkowitz, L. (ed.): *Advances in experimental social Psycology*, vol, 2. Academic Press. Nueva York.
Jones, S. S., Raag, T. y Collins, K. L. (1990): «Smiling in older infants: Form and maternal response». *Infant Behavior and Development*, 13, 147-165.
Kelley, H. H. (1967): «Attribution theory in social psychology». En Levine, D. (ed.): *Nebraska symposium on motivation*. Vol. 15. University of Nebraska Press. Lincoln, 192-238.
Kelly, G. A. (1955): *The Psychology of Personal Constructs*. Norton. Nueva York.
Kierkegaard, S. (1988): *Mi punto de vista*. Aguilar. Madrid.
Kindlom, D. y Thompsom, M. (2000): *Raising Cain. Protecting the emotional life of boys*. Ballantine Books. Nueva York.
Kohlberg, L. y Meyer, R. (1972): «Development as the aim of Education». *Harvard Educational Review*, 42, 440-446.
Kozu, J. (1999): «Domestic violence in Japan». *American Psychologist*, 54, 50-54.
Kumler, E. y Butterfield, M. (1998): *Gender difference in map reading*. University of Colorado.
Lamb, M. E. (1981): «Fathers and child development: An integrative overview», en M. E. Lamb (ed.): *The role of the father in child development*, J. Wiley & Sons. Nueva York.
— (1986): «The changing roles of fathers», en M. E. Lamb (ed.), *The role of the father in child development*. Wiley. Nueva York.
Lamb, M. E., Chase-Lansdale, L. y Owen, M. T. (1979): «The changing American family and its aplications for infants social development», en M. Lewis y L. A. Rosenblum (eds.): *The child and its family: Genesis of behavior*, vol. 3. Plenum Press. Nueva York.
Lamb, M. E., Hwang, C. P., Frodi, A. y Frodi, M. (1982): «Security of mother and father-infant attachment and its relationship to sociability with stranges in

traditional and nontraditional Swedish families». *Infant Behavior and Development*, 5, 355-367.
Lamb, M. E., Pleck, J. H., Charnov, E. y Levine, J. A. (1987): «A biosocial perspective on paternal behavior and involvement», en J. B. Lancanter, J. Altman, A. Ross y L. Sherrod (eds.): *Parenting across the lifespan: Biosocial perspective*, Aldine. Chicago.
Lasch, Ch. (1999): *La cultura del narcisismo*. Andrés Bello. Barcelona.
Lazarus, R. S. (1982): «Thoughts on the Relations Between Emotion and Cognition». *American Psychologist*, 37, 9, 1019-1024.
Leach, P. (1995): *Los niños primero*. Paidós. Barcelona.
Lecorgne, L. L. y Laosa, L. M. (1976): «Father absence in low-learning children who were assigned part-time to regular classes». *American Journal of Mental Deficiency*, 62, 254-262.
Leitenberg, H., Yost, L. W. y Carroll-Wilson, M. (1986): «Negative cognitive errors in children: Questionnaire development, normative data and comparison between children with and without self-reported symptoms of depression, low self-esteem, and evaluation anxiety». *Journal of Consulting and Clinical Psychology*, 54, 4, 528-536.
León, I. G. (1984): «Psychoanalysis, Piaget and attachment: The construction of the human object in the firs year of life». *Int. Rev. Psycho-Anal.*, 11, 255.
Lerner, J. V. y Galambos, N. L. (1986): «Child development and family change: the influence of maternal employment in infants and toddlers». *Advances in Infancy Research*, 4, 40-87.
Lester, B. M., Hoffman, J. y Brazelton (1985): «The rhytmic structure of mother-infant interaction in terms and preterms infants». *Child Development*, 56, 15-27.
Lévinas, E. (1991): *Ética e infinito*. Visor, Madrid.
Levine, L. V., Tuber, S. B., Slade, A. y Ward, M. J. (1991): «Mother's mental representations and their relationship to mother-infant attachment». *Bulletin of the Menninger Clinic*, 55, 4, 454-469.
Lewis, C. H. y Gregory, S. (1987): «Parents' talk to their infants: the importance of context». *First Laguage*, 7, 201-216.
Lewis, C. S. (1988): *Los cuatro amores*. Universitaria. Santiago de Chile.
Lipovetsky, G. (1986): *La era del vacío. Ensayos sobre el individualismo contemporáneo*. Anagrama, Barcelona.
Liss, M. y Stahly, G. (1993): «Domestic violence and child custody». En M. Hnsen y M. Harway (eds.): *Battering and family therapy: A feminist perspective*. Sage. Newbury Park, CA
Llano, A. (2002): *La vida lograda*. Ariel. Madrid.
Lledó, E. (1996): *La memoria del Logos*. Taurus. Madrid.
López, F. (1997): Abuso sexual: un problema desconocido. En J. Casado, J. A. Díaz y C. Martínez (eds.): *Niños maltratados*. Díaz de Santos. Madrid.
Lorenz, K. (1957): «Companionship in bird life», en C. H. Schiller (ed.): *Instinctive behavior*, International Universities Press. Nueva York.
Loutre, N. (1972): «El retraso de origen afectivo». *Bulletin of Psychology*, XXVI, 660-668.
Lusterman, D. D. (1998): *Infidelity: A Survival Guide*. New Harbinger.
Lynn, D. B. (1974): *The father: His role in child development*. Brooks/Cole. Monterrey, California.
Lynn, D. B. y Sawrey, W. L. (1959): «The effect of father absence on norwega in boys and girls». *Journal of Abnormal and Social Psycholoy*, 59, 258-262.

Lyons-Ruth, H., Connell, D. B., Grunebaum, H. U. y Botein, S. (1990): «Infants at social risk: Maternal depression and family support services as mediators of infant development and security of attachment». *Child Development*, 61, 85-98.
Lyons-Ruth, K. (1991): «Rapprochement or approchement: Mahler's theory reconsidered from the vantage point of recent research on early attachment relationships». *Psychoanalytic Psychology*, 8, 1, 1-23.
Macintyre, A. (1992): *Tres versiones rivales de la ética*. Rialp. Madrid.
Maddox, J. E., Norton, L. W. y Stolenberg, C. D. (1986): «Self-efficacy expectancy, outcome expectancy and outcome value: Relative effects on behavioral intentions». *Journal of Personality and Social Psychology*, 51, 4, 783-789.
Mahler, M., Pine, F. y Berman, A. (1975): *The psychological birth of the human infant: Symbiosis and individuation*. Basic Books. Nueva York.
Mahler, M. y Gosliner, R. (1955): «An symbiotic psychosis: Genetic, dinamic, and restitutive aspects». *Psychoanalytic Study of the Child*, 10, 195-212.
Main, M. E. y Weston, D. (1981): «The quality of the toddler's relationship to mother and father: Related to conflict behaviour and the readiness to establish new relationships». *Child Development*, 52, 932-940.
Main, M., Kaplan, N. y Cassidy, J. (1985): «Security in infancy, childhood, and adulthood: A move to the level of representation». En: I. Bretherton. y E. Waters (ed.): *Growing points of attachment theory and research. Monographs of the Society for Research in Child Development*, 50, 1-2, 209, 66-104. University of Chicago Press. Chicago.
Marcel, G. (1935): *Journal métaphysique*, p. 39.
Marchand, A., Goupil, G., Trudel, G. y Belanger, L. (1995): «Fear and social self-esteem in individuals suffering from panic disorder with agoraphobia». *Scandinavian Journal of Behavior Therapy*, 24, 4, 163-170.
Margerison, A. (2000): «Self-Esteem: Its Effect on the Development and Learnig of Children Whith EBD», en Leonard Abbedutto (comp.): *Taking Sides. Educational Psychology*. Mc Graw-Hill. Dushkin.
Marías, J. (1971): *Antropología metafísica*. Revista de Occidente. Madrid.
Marina, J. A. (1997): *El laberinto sentimental*. Anagrama. Barcelona.
— *El misterio de la voluntad perdida*. Anagrama. Barcelona.
— *La selva del lenguaje. Introducción a un diccionario de los sentimientos*. Anagrama. Barcelona.
Marsh, H. W. y Yeung, A. S. (1999): «The lability of psychological ratings: The chameleon effect in global self-esteem». *Personality and Social Psychology Bulletin*, 25, 1, 49-64.
Mas, B. (1995): «Trastornos de estrés postraumático: el abuso sexual infantil y su tratamiento», en J. M. Buceta y A. M. Bueno (eds.): *Psicología y salud: control del estrés y trastornos asociados*. Siglo XXI. Madrid.
Maslow, A. (1985): *La personalidad creadora*. Kairós. Barcelona.
— (1993): *El hombre autorrealizado*. Troquel. Buenos Aires.
— (1993): *Motivation and personality*. Harper. Nueva York.
McIntosh, D. (1986): «The ego and the self in the thought of Sigmund Freud». *International Journal of Psycho-Analysi.*, 67, 429-448.
McKinley, N. M. (1998): «Gender differences in undergraduates' body esteem: The mediating effect of objectified body consciousness and actual/ideal weight discrepancy». *Sex Role*, 39, 1-2, 113-123.
McWhirter, P. T. (1999): «La violencia privada: Domestic violence in Chile». *American Psychologist*, 54, 37-40.

Mèlich, J. C., Palou, J., Poch, C. y Fons, M. (2001): *Responder del otro*. Síntesis. Madrid.
Meloy, J. R. (1988): *The psychopathic mind*. Northvale, NJ: Aronson.
Meltzoff, A. N. (1990): «Towards a developmental cognitive science». *Annuals of the New York Academic of Sciences*. 608.
Mercer, R. T. y Ferketich, S. L. (1990): «Predictors of paternal attachment during early parenthood». *Journal of Avanced Nursing*, 15, 268-280.
Millán-Puelles, A. (1993): *La libre afirmación de nuestro ser*. Rialp. Madrid.
Moss, H. A., Ryder, R. G. y Robson, K. S. (1967): «The relationship between preparental variables assessed at the newlywed stage and later maternal behaviours. Paper presented at the meeting of the Society for research», en *Child Development*, Nueva York.
Mruk, Ch. (1999): *Auto-estima. Investigación, teoría y práctica*. Desclée de Brouwer. Bilbao.
Nédoncelle, M. (2002): *La fidelidad*. Palabra. Madrid.
Nelson, D. M., Horan, J. J., Keen, B. St., Peter, C. C. *et al.* (1996): «An attempt to improve self-esteem by modifying specific irrational beliefs». *Journal of Cognitive Psychotherapy*, 10, 2, 137-149.
Newbegin, I. y Owens, A. (1996): «Self-esteem and anxiety in secondary school achievement». *Journal of Social Behavior and Personality*, 11, 3, 521-530.
Newman, B. y Newman, P. (1987): *Development through life: A psychosocial Approach* (4.ª ed.). Dorsey Press. Chicago.
Ninio, A. y Rinott, N. (1988): «Father's involvement in the care of their infants and their attributions of cognitive competence to infants». *Child Development*, 59, 652-663.
O'Connor, M., Sigman, M. y Brill, N. (1987): «Disorganization of attachment in relation to maternal alcohol consumption». *Journal of Clinical and Consulting Psychology*, 55, 831-836.
Oliver, A., Pastor, A. y Tomas, J. M. (1996): «Análisis funcional confirmatorio de matrices multirrasgo-multimétodo aplicado a la atenuación de efectos de método en medidas de autoestima». *Psicologemas*, 10, 20, 177-191.
Olson, D. H. (1989): «Circumplex model of family systems VIII: Family assessment and intervention», en D. H. Olson, C. S. Russell y D. H. Sprenkle (eds.): *Circumplex model: Systematic assessment and treatment of families*. Haworth Press. Binghamton.
Orbach, I., Mikulincer, M., Blumenson, R., Mester, R. y Stein, D. (1999): «The subjective experience of problem irresolvability and suicidal behavior: Dynamics and measurement». *Suicide and Life Threatening Behavior*, 29, 2, 150-164.
Ortega y Gasset, J. (1967): *En torno a Galileo*. Revista de Occidente. Madrid.
Palkovitz, R. (1984): «Parental attitudes and fathers' interactions with their 5-months-old infants». *Developmental Psychology*, 6, 1054-1060.
Papousek, H. y Papousek, M. (1992): «Beyond emotional bonding: the role of preverbal communication in mental growth and health». *Infant Mental Health Journal*, 13, 1.
Papousek, M., Papousek, H. y Bornstein, M. H. (1985): «The naturalistic vocal environment of young infants: On the significance of homogeneity and variability in parental speech». *Social Perception in Infants*, 269-297.
Parke, R. D., Power, T. G., Tinseley, B. R. y Hymel, S. (1981): «El papel del padre en el sistema familiar». *Infancia y aprendizaje*, 15, 39-51.

Patterson, J., Willliams, L., Grauf-Grounds, C. y Chamow, L. (1998): *Essential Skills in Family Therapy*. The Guilford Press.
Pedersen, F. A., Rubinstein, J. y Yarrow, L. J. (1979): «Infant development in father-absent families». *Journal of Genetic Psychology*, 135, 51-61.
Peterson, C., Seligman, M. E. P. y Valliant, G. E. (1988): «Pessimistic Explanatory Style is a Risk Factor for Physical Illness: A Thirty-five Year Longitudinal study». *Journal of Personality and Social Psychology*, 55, 23-27.
Piaget, J. e Inhelder, B. (1956): *The child's conception of space*. Humanities Press. Nueva York.
Piers, E. V. (1969): *Manual for the Piers-Harris Children's Self-Concept Scale*. Counselor Reconding and Test. Nashvillle, Tennessee.
Platón. *Teeteto*.
Polaino-Lorente, A. (1979): «Psicopatología y antropología del dolor». *Folia Humanística*, XVII, 197: 255-268.
— (1981): «Indefensión aprendida: un modelo experimental animal. Revisión crítica». *Psiquis*, 5, 196-180.
— (1982a): «Reformulación del modelo "Learned Helplessness" desde el punto de vista de la psicología atribucional». *Revista de Psicología General Aplicada*, 37, 1: 13-29.
— (1982b): «La indefensión aprendida: ¿Un modelo experimental de depresión?». *Revista del Departamento de Psiquiatría de la Universidad de Barcelona*, IX, 3: 175-193.
— (1982c): «La "indefensión aprendida" en el hombre. Revisión crítica y búsqueda de un algoritmo explicativo». *Estudios de Psicología*, 11, 69-89.
— (1982): «Déficit de autoestima y de tipo emocional del "Learned Helplessness" en un estudio experimental con estudiantes no depresivos y depresivos leves». *Análisis y Modificación de Conducta*, 8, 18: 191-211.
— (1983a): «Algunos aspectos de las terapias comportamentales y cognitiva en el tratamiento de las depresiones reactivas», en: Mayor, J. y Labrador, F. J. (ed.): *Manual de modificación de conducta*. Alhambra Universidad. Madrid, 661-690.
— (1983b): «Personalidad depresiva: planteamiento actual desde la psicología atribucional». *Galicia Clínica*, 7 y 8, 391-406.
— (1984a): *Depresión: actualización psicológica de un problema clínico*. Alhambra. Madrid.
— (1984b): «Psicopatología de la depresión: parámetros neurofisiológicos y terapias cognitivas». En Mayor, J. (ed.): *Actividad humana y procesos cognitivos. Homenaje a J. L. Pinillos*. Alhambra, pp. 341-366. Madrid.
— (1985): *Capacity for planning among young people of today*. Actas del Congreso UNIV'85: 19-34. Roma.
— (1987a): *La agonía del hombre libertario*. Asociación de la Rábida-Universidad de Piura, Madrid.
— (1987b): *Las depresiones infantiles*. Morata. Madrid.
— (1987c): «Terapia cognitiva y conductual en la depresión: una revisión polémica y crítica». En VV. AA. (ed.): *Terapias conductuales y cognitivas en psicopatología infanto-juvenil*. 91-119. Alhambra. Madrid.
— (1988): «El tema del autoconcepto y sus implicaciones en las investigaciones clínicas», en VV. AA.: *Identidad, norma y diversidad*. Universidad del País Vasco. San Sebastián, 29-52.
— (1990): *Madurez personal y amor conyugal. Factores psicológicos y psicopatoló-*

gicos. Rialp, Madrid. (Traducción italiana. A. Polaino-Lorente. *Amore coniugale e maturitá personale*. San Paolo. Milán, 1994.)
— (1991*a*): *Hijos celosos*. CEAC. Barcelona.
— (1991*b*): «Theory of communication and psychiatry», en A. I. Seva (dtor.): *The european handbook of psychiatry and mental health*. Anthropos. Barcelona.
— (1992*a*): «Avances en el tratamiento cognitivo-conductual de la anorexia mental». *Actualidad Psiquiátrica*, 20-40.
— (1992*b*): «El manso y decidido afán de afirmar al otro en su valer». *Themata. Revista de Filosofía*, 9: 271-288.
— (1993*a*): «Intervention Programs for developing positive self-concepts in hospitalized children». *International Review of Education*, 39, 3: 229-234.
— (1993*b*): «La ausencia del padre y los hijos apátridas en la sociedad actual». *Revista Española de Pedagogía*, LI, 196: 427-461.
— (1994*a*): «La familia ante la salud y la enfermedad». En Seva Días, A. (ed.): *Psicología médica*, 455-471. INO. Zaragoza.
— (1994*b*): «Algunos aspectos de las terapias comportamental y cognitiva en el tratamiento de las depresiones reactivas». En: Mayor, J. y Labrador, F. J. (eds.): *Manual de modificación de conducta*, 661-686. Alhambra. Madrid.
— (1996*a*): «Cómo hacerse sin deshacerse». *Arvo*, 150, 1-4.
— (1996*b*): *Psicología Patológica*. UNED. 7.ª ed. Madrid.
— (1997): «¿Cómo saber si se está o no enamorado?». *Letras de Deusto*, 27, 75, 13-42.
— (1998*a*): «El "workaholism"» como neurosis de autorrealización en el trabajo», en Buendía, J. (ed.): *Estrés laboral y salud*. Biblioteca Nueva. Madrid, 159-172.
— (1998*b*): «Marginación, psicología atribucional y enfermedad mental». *Psiquiatría del siglo XV al XXI. Sociedad de Psiquiatría de la Comunidad Valenciana*, 2, 1, 7-13.
— (1998*c*): «Padres y profesores como agentes motivadores del niño». *Cuadernos de Realidades Sociales*, 51-52, 81-98.
— (1999): «La cuestión acerca del origen. El olvido del ser y la necesidad de la anamnesis en la actual paternidad humana». *Familia et vita*, 2-3, 68-94.
— (2000*a*): «Una introducción a la psicopatología de la autoestima». *Revista Complutense*, 11, 1, 105-136.
— (2000*b*): *¿Síndrome de Peter Pan? Los hijos que no se marchan de casa*. Desclé de Brouwer, 2.ª ed. Bilbao.
— (2000*c*): *Manual de Bioética General* (dir.): Rialp, 4.ª ed. Madrid.
— (2000*d*): *¿Qué puede hacer el médico por la familia del enfermo?* Rialp. Madrid.
— (2001*a*): «Autoestima, madurez personal y comunicación interpersonal». *Seminario impartido en la Escuela de Educación de la Universidad Austral*, Buenos Aires.
— (2001*b*): *Cinco lecciones sobre la educación familiar en la autoestima* (cinco vídeos): Clínica Universitaria de la Universidad de Navarra.
— (2001*c*): «Los mayores ante la muerte», en Orduna, G. y Naval, C. (editoras): *Gerontología educativa*. Ariel. Madrid, 123-151.
— (2003*a*): «El desarrollo de la identidad sexual en los varones: líneas de actuación para el tercer milenio». *Ponencia al Simposium Internacional de Educación* (en prensa).
— (2003*b*): *¿Hacia una cultura del individualismo?* Letras de Deusto (en prensa).
— (2003*c*): *En busca de la autoestima perdida*. Desclée de Brouwer. Bilbao.
— (Dir.) (2003*d*): *Fundamentos de Psicología de la Personalidad*. Rialp. Madrid.
— (2003*e*): *Cómo mejorar la comunicación conyugal*. Rialp. 2.ª ed. Madrid.

Polaino-Lorente, A. y Carreño, P. A. (2000): *Familia: Locura y sensatez*. GER. México.
Polaino-Lorente, A. y De las Heras, J. (1996): «Síntomas psicopatológicos en niños con deprivación afectiva y cultural». *Psicopatología*, 16, 4, 127-132.
Polaino-Lorente, A. y García Villamisar, D. (1985): «Análisis del estilo atribucional entre sujetos no depresivos desvalidos y normales». *Revista del Departamento de Psiquiatría de la Facultad de Medicina de Barcelona*, 12, 1, 7-22.
Polaino-Lorente, A. y Martínez Cano, P. (1997): *Procedimientos de evaluación familiar* (manuscrito): Instituto de Ciencias de la Familia. Universidad de Navarra. Pamplona.
— (1999): *La comunicación en la pareja*. Rialp. Madrid.
Polo, L. (1977): «Los límites del subjetivismo». *Nuestro Tiempo*, 24, XLVII, 273, 5-22.
— (1981): *Quién es el hombre. Un espíritu en el mundo*. Rialp. Madrid.
Pope, A., McHale, S. y Craighead, E. (1988): *Self-esteem enhancement with children and adolescent*. Pergamon Press. Nueva York.
Radin, N. (1981): «Child-rearing fathers in intact families». *Merril-Palmer Quarterly*, 27, 489-514.
Ranzijn, R., Keeves, J., Luszcz, M. y Feather, N. T. (1998): «The role of self-perceived usefulness and competence in the self-esteem of elderly adults: Confirmatory factor analyses of the bachman revision of Rosenberg's Self-Esteem Scale». *Journals of Gerontology: Series B: Psychological Sciences and Social Sciences*, 53B, 2, 96-104.
Rheingold, H. L. (1961): «The effect of environmental stimulation upon social and exploratory behavior in the human infant». En: B. M. Foss (ed.), *Determinants of infant behavior*, 143-178. Methnrn. Londres; Willey. Nueva York.
Rogers, C. R. (1951): *Client-Centered Therapy; its Cuirrent Practice, Implications and Theory*. Houghton Mifflin. Boston.
Rosenberg, M. (1965): *Society and the adolescent self-image*. Princenton University Press. Princenton.
— (1979): *Conceiving the self*. Basic Books. Nueva York.
Rotter, J. B. (1966): «Generalized expectancies for internal versus external control or reinforcement». *Psychological Monographs*, 80 (núm. 609).
Ruiz Paz, M. (1999): *Los límites de la educación*. Grupo Unisón Producciones. Madrid.
Russell, A. y Russell, G. (1987): «Mother-child and father-child relationships in middle childhood», *Child Development*, 58, 1573-1585.
Ryckman, R. M., Robbins, M. A., Thornton, B., Gold, J. A. y Kuehnel, R. H. (1985): «Physical self-efficacy and actualization». *Journal of Research in Personality*, 19, 288-298.
Sackeim, H. A. y Gur, R. C. (1983): «Facial asymmetry and communication of emotion». En Cacioppo, J. T. y Petty, R. E. (eds.): *Social psychophysiology: A source book* (300-322). Guilford Press. Nueva York.
Sagi, A. (1982): «Antecedents and consequences of various degrees of paternal involvement child rearing: The Israeli Project», en M. E. Lamb (ed.): *Nontraditional families: Parenting and Child Development*. Lawrence Erlbaum Associates Inc. Hillsdale, NJ.
Sahota, K. y Chesterman, P. (1998): «Mentally ill sex offenders in a regional secure unit II: Cognitions, perceptions and fantasies». *Journal of Forensic Psychiatry*, 9, 1, 161-172.
Saint-Exupéry, A. de (1982): *El principito. The little prince*. Edición bilingüe. Enrique Sainz Editores. México.

Schaffer, H. R. y Crook, C. K. (1978): «The rol of the mother in early social development». En: H. Mc Gurck (ed.): *Issues in Chi Social Development*, 55-78. Methuen. Londres.
Schneider, E. L. (1991): «Attachment theory and research: review of the literature». *Clinical Social Work Journal*, 19, 3.
Schoetzau, A. y Papousek, H. (1977): «Mütterliches verhalten bei der aufnahme von blickkontakt mit dem neugeborenen». *Zeitschrift für entwicklungspsychologie und pädagogische psychologie*, 9, 1088-1089.
Seligman, M. E. P. y Beagley, G. (1975): «"Learned helplessness" in the rat». *Journal of Comparative and Physiological Psychology*, 88, 534-541.
Senchak, M. y Leonard, K. (1992): «Attachment styles and marital adjustment among newlywed couples». *Journal of Social and Personal Relationship*, 9, 51-64.
Séneca, L. A. *Epistolas*, 6, 4.
Simpson, J. A., Rholes, W. S. y Nelligan, J. S. (1992): «Support seeking and support giving within couples in an anxiety-provoking situation: The role of attachment styles». *Journal of Personality and Social Psychology*, 62, 3, 434-446.
Smelser, N. J. (1989): «Self-esteem and social problems. An introduction». En A. M. Mecca, N. J. Smelser y J. Vasconcellos (eds.): *The social importance of self-esteem* (pp. 294-326). University of California Press. Berkeley.
Sorokin, P. (1962): *Sociedad, cultura y personalidad. Su estructura y su dinámica*. Aguilar. Madrid.
Sperling, M. B. y Berman, W. H. (1991): «An attachemnt classification of deperate love». *Journal of Personality Assesment*, 56, 1, 45-55.
Spitz, R. A. (1945): «Hospitalism: An inquiry into the genesis of psychiatric conditions in early chilhood». *The Psychoanalytic Study of the Child*, 1, 53-74. International Universities Press. Nueva York.
Sroufe, L. A. (1985): «Attachment classification from the perspective of infant-caregiver relationships and infant temperament». *Child Development*, 56, 1-14.
Stanley, K. D. y Murphy, M. R. (1997): «A comparison of general self-efficacy with self-esteem». *Genetic, social and general psychology monographs*, 123, 1, 79-99.
Stein, E. (1998): *La estructura de la persona humana*. Madrid. BAC.
Steinberg, B. E. y Shaw, R. J. (1997): «Bulimia as a disturbance of narcissism: Self-steem and the capacity to self-soothe». *Addictive Behaviors*, 22, 5, 699-710.
Steiner, Y. (1999): «Prevention and intervention for high-risk girls in Israel and Arab sectors». *American Psychologist*, 54, 64-65.
Stifter, C. A., Coulehan, C. M. y Fish, M. (1993): «Linking employment to attachment: The mediating effects of maternal separation anxiety and interactive behavior». *Child Development*, 64, 1451-1460.
Stolz, L. M. (1954): *Father relations of war-born children: the effect of post-war adjustment of fathers on the behavior and personality of first children born while the fathers were at war*. Standford University Press. Stanford.
Subotnik, R. y Harris, G. (1999): *Surviving Infidelity: Making Decisions, Recovering from the Pain*. Bob Adams Press.
Suess, G. J., Grossman, K. E. y Sroufe, L. A. (1992): «Effects of infant attachment to mother and father on quality of adapton in preschool: From dyadic to individual organization of self». *International Journal of Behavioral Development*, 57, 746-753.
Takahashi, K., Tamura, J. y Tokoro, M. (1997): «Patterns of social relationships and psychological well-being among the elderly». *International Journal of Behavioral Development*, 21, 3, 417-430.

Tausch, R. y Tausch, A. M. (1981): *Psicología de la educación.* Herder. Barcelona.
Tedman, S., Thornton, E. y Baker, G. (1995): «Development of a scale to measure core beliefs and perceived self efficacy in adults with epilepsy». *Seizure,* 4, 3, 221-231.
The American Association for Marriage and Family Therapy. AAMFT. (2002): http: www.aamft.org.
The American Psychological Association Task Force on Violence and the Family (1996).
Tronick, E. Z., Ricks, M. y Cohn, J. F. (1982): «Maternal and infant affective exchange: patterns of adaptation». En: T. Field y A. Fogel (ed.): *Emotion and early interaction.* Erlbaum. Hillsdale, NJ.
Tronick, E., Als, H., Adamson, L., Wise, S. y Brazelton, B. (1978): «The infant's response to entrapment between contradictory messages in face-to-face interaction». *American Academy of Chil Psychiatry,* 17, 1-13.
Van den Boom, D. C. (1994): «The influence of temperament and mothering on attachment and exploration: An experimental manipulation of sensitive responsiveness among lower-class mothers with irritable infants». *Child Development,* 65, 1457-1477.
Vargas Aldecoa, T. y Polaino-Lorente, A. (1996): *La familia del deficiente mental. Un estudio sobre el apego afectivo.* Pirámide. Madrid.
Vázquez Mezquita, B. y Calle, M. (1995*): Agresión sexual. Evaluación y tratamiento en menores.* Siglo XXI. Madrid.
Volling, B. L. y Belsky, J. (1992): «Infants, father and maternal antecedents of infant-father attachment security in dual-earner families». *International Journal of Behavioral Development,* 15, 1, 83-100.
Walker, L. E. (1999): «Psychology and domestic violence around the world». *American Psychologist,* 54, 21-29.
Walker, L. E. A. y Snokin, D. J. (1995): *JurisMonitor stabilization and empowerment programs.* Endolor Communications. Denver, CO.
Walker, L. E. A. y Meloy, J. R. (1998): «Satlking and domestic violence». En J. R. Meloy (ed.): *The psychology of stalking: Clinical and forensic perspectives.* Academic Press. Nueva York.
Walters, R. H. y Parke, R. D. (1965): «The role of the distance receptors in the development of social responsiveness». En: L. P. Lipsitt y C. C. Spiker (eds.): *Advances in Child Development and Behavior,* 59-96. Academic Press. Nueva York.
Watson, J. (1979): «Perception of contingency as a determinant of social responsiveness». En: E. B. Thoman (ed.): *Origins of the infant's social responsiveness.* Erlbaum. Hillsdale, N.J.
Weil, B. E. (1993): *Adultery: The Forgivable Sin.* Birch Lane Press.
Weiner, B. (1979): «A theory of motivation for some classroom experiences». *Journal of educational psychology,* 71, 3-25.
— (1990): *Attribution,* 465-485. Guilford. Nueva York.
— (1992): *Human motivations.* Sage. New-Bury Park. C.A.
— (1995): «La atribución en psicología de la personalidad». En Avia, M. D. y Bernardos, M. L. (eds.): *Personalidad: aspectos cognitivos y sociales.* Madrid. Pirámide, pp. 297-326.
Wells, L. E. y Marwell, G. (1976): *Self-Esteem: Its Conceptualization and Measurement.* Sage Publications. Beverly Hills, CA.
Wertheimer, M. (1961): «Psychomotor coordination of auditory and visual space at birth». *Science,* 134.

White, R. (1963): «Ego and reality in psychoanalytic theory: A proposal regarding independent ego energies». *Psychological Issues*, 3, 3, 125-150.
Witkin, H. (1962): *Psychological Differentiation*. Wiley. Nueva York.
Wolf, P. H. (1959): «Observations on newborn infants». *Psychosomatic Medicine*, 21, 110-118.
— (1966): *The causes, controls and organization of behaviour in the neonate*. International Universities Press. Nueva York.
Wood, A., Waller, G. y Gowers, S. (1994): «Predictors of eating psychopathology in adolescent girls». *European Eating Disorders Review*, 2, 1, 6-13.
Wylie, R. C. (1979): *The Self-Concept* (vol. II). *Theory and Research on Selected Topics*. University of Nebrasca Press. Lincoln.
Yárnoz Yaben, S. (1993): «El papel del padre como figura de apego: su relación con el trabajo materno», en M. J. Ortiz Barón y S. Yárnoz Yaben (eds.): *Teoría del apego y relaciones afectivas*. Universidad del País Vasco. Bilbao.
Yarrow, L. J. (1963): «Research in dimensions of early maternal care», *Merryll-Palmer Quarterly*, 9, 101-114.
Yepes Stork, R. (1996): *Fundamentos de Antropología*. Eunsa. Pamplona.
Yepes Stork, R. y Aranguren Echevarría, J. (2001): *Fundamentos de antropología. Un ideal de la excelencia humana*, 5.ª ed. Eunsa. Pamplona.
Zinet, S. G. y Farley, G. K. (1987): «How do emotionally disturbed children report their competencies and self-worth?». *Journal American Academy Child Adolescence Psychiatry*, 26, 1, 33-38.
— (1996): «Four perspectives on the competence and self-esteem of emotionally disturbed children beginning day treatment». *Journal of the American Academy of Child Psychiatry*, 25, 1, 76-83.